일본어
명사 표현력

이학의 지음

SAMJI  BOOKS

머리말

　어학 학습에 승패는 단어싸움이라고 누차 강조하고 있는 저로서는, 그 단어를 어떻게 효율적으로 익히고, 이해하고 자신의 것으로 만들 것인지가, 즉 어떻게 하면 학습자에게 보다 쉽고 보다 효과적인 학습서가 없을까 하는 생각 끝에, 지금까지의 단순한 어휘관련 학습장에서 벗어나, 학습서로서의 보다 다양한 방법론을 제시하고자 새로운 형식의 학습서를 내게 되었습니다.

　本書에 수록 된 명사는 「국제교류기금 재단법인 일본국제교육협회」에서 제시하는 「일본어 능력시험 출제기준」의 3급과 4급의 명사를 모아, 그 명사로 표현할 수 있는 동작[동사]과 상태[형용사·형용동사]의 단문을 정리하였습니다.

　비록 本書에 제시된 명사는 가장 기본적인 단어이지만, 그에 따른 동작·작용 그리고 상태를 나타내는 단문표현들은, 일본어능력시험 2급·1급 아니 그 이상의 실력을 요하는 표현들로서, 우리가 실제의 생활에서 늘 동작하고 늘 느낄 수 있는 많은 표현들로 구성되어 있습니다.

　동작을 나타내는 표현은 실제로 몸으로 따라해 보고, 작용과 상태를 나타내는 표현은 실제로 몸으로 느끼고 음미하면서 몸에 익힐 수 있을 것입니다.

　처음에는 일본어 능력시험 1급 2급의 명사까지 모두 정리하였으나, 편집 후에 그 양이 너무 많아 3급과 4급만을 책으로 엮게 되었습니다. 추후에 1급과 2급의 명사를 이용한 표현들도 학습자에게 선보이게 될 것입니다.

　끝으로 本書가 완성되기까지 표현에 도움을 주신 加藤(가또-) 陵奈(아야나)님의 노고에 진심으로 감사드립니다.

2004년 여름　저자 올림

일러두기

1. 한자에 대하여.

한자는 일본의 문무성에서 제시하고 있는 교육한자와 상용한자를 위주로 표시했으며, 한자 앞에 첨자로 「ˣ」로 표시된 것은 학습상 참고할 필요성을 갖는 한자이다.

2. 전성명사 및 복합동사 그리고 주의표현에 대하여.

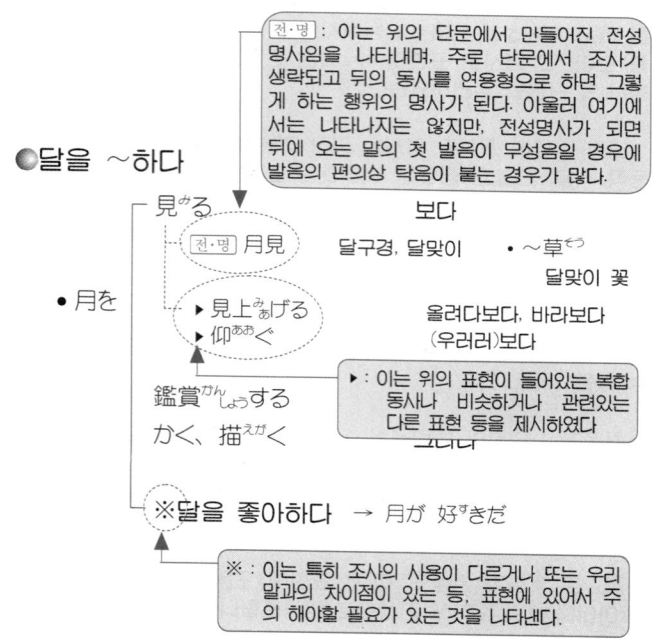

3. 관용구에 대하여,

◉ 이름이 ~(하)다

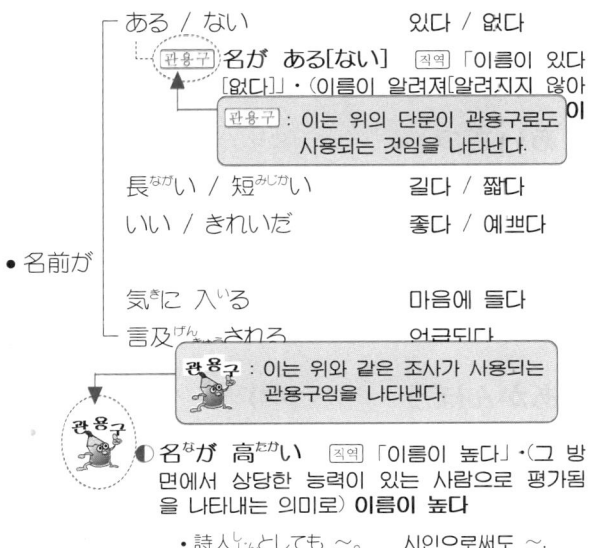

- 名前が
  - ある / ない   있다 / 없다
    - 관용구 名が ある[ない] 직역 「이름이 있다[없다]」·(이름이 알려져[알려지지 않아]...)
    - 관용구 : 이는 위의 단문이 관용구로도 사용되는 것임을 나타낸다.
  - 長ない / 短みじかい   길다 / 짧다
  - いい / きれいだ   좋다 / 예쁘다
  - 気きに 入いる   마음에 들다
  - 言及げんきゅうされる   언급되다

관용구 : 이는 위와 같은 조사가 사용되는 관용구임을 나타낸다.

● 名なが 高たかい 직역 「이름이 높다」·(그 방면에서 상당한 능력이 있는 사람으로 평가됨을 나타내는 의미로) 이름이 높다

• 詩人しじんとしても ~。   시인으로써도 ~.

3. 복합명사에 대하여,

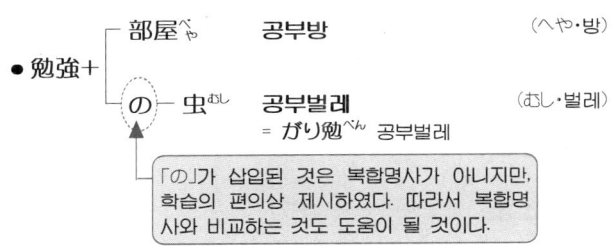

- 勉強 +
  - 部屋へや   공부방   (へや·방)
  - の - 虫むし   공부벌레   (むし·벌레)
    = がり勉べん 공부벌레

「の」가 삽입된 것은 복합명사가 아니지만, 학습의 편의상 제시하였다. 따라서 복합명사와 비교하는 것도 도움이 될 것이다.

목차

※ 페이지가 없는 것은 본문에서 다루지 않는 것을 나타내며, 아울러 발음과 한자를 좌우로 배치하여, 발음을 보고 한자를, 한자를 보고 발음을 연습할 수 있도록 했습니다.

あ ✓는 어학능력시험 3급 명사이고, ●는 4급 명사입니다.

- ● **あいさつ** ―――― 「인사」 ―――― (挨拶)
- ● **あいだ** ―――― (42) ―――― 間
- ✓ **あき** ―――― (519) ―――― 秋
- ● **あかちゃん** ―――― (44) ―――― あかちゃん
- ● **あかんぼう** ―――― (44) ―――― 赤ん坊
- ✓ **あさ** ―――― (45) ―――― 朝
- ✓ **あさって** ―――― (48) ―――― (明後日)
- ✓ **あし** ―――― (49) ―――― 足[脚]
- ● **あじ** ―――― (62) ―――― 味
- ✓ **あした** ―――― (65) ―――― 明日
- ● **あす** ―――― (65) ―――― 明日
- ● **あそび** ―――― 「놀이」 ―――― 遊び
- ✓ **あたま** ―――― (67) ―――― 頭

✓ あと	(74)	後
✓ あに	(80)	兄
✓ あね	(80)	姉
✓ あめ[1]	(83)	雨
✓ あめ[2]	(87)	あめ
○ あんしん	「안심」	安心
○ あんぜん	「안전」	安全
○ あんない	「안내」	案内
✓ いえ	(89)	家
○ いか	「이하」	以下
○ いがい	「이외」	以外
○ いがく	「의학」	医学
✓ いけ	(92)	池
○ いけん	「의견」	意見
○ いし	(94)	石
✓ いしゃ	(98)	医者
○ いじょう	「이상」	以上

✓ いす	(99)	椅子
● いちにち	「하루」	一日
● いと	(101)	糸
● いない	「이내」	以内
● いなか	「시골」	田舎
✓ いぬ	(104)	犬
✓ いま	(108)	今
✓ いもうと	(80)	妹
✓ いりぐち	(440)	入口
✓ いろ	(109)	色
✓ うえ	(114)	上
● うけつけ	「접수」	受付
✓ うしろ	(122, 581)	後ろ
● うそ	(128)	[嘘]
✓ うた	(131)	歌
✓ うち	(133)	内
● うで	(136)	腕

✓ うみ	(140)	海
○ うら	(143)	裏
✓ うわぎ	(146)	上着
✓ え	(147)	絵
✓ えいが	「영화」	映画
✓ えいがかん	「영화관」	映画館
○ えいご	「영어」	英語
✓ えき	(150)	駅
○ えだ	(152)	枝
✓ えんぴつ	(155)	鉛筆
○ えんりょ	「염려」	遠慮
○ おいわい	「축하」	お祝い
○ おおせい	「많은 사람」	大勢
✓ おかあさん	(515 ☞ 【はは】)	お母さん
○ おかげ	「덕분」	おかげ
✓ (お)かし	(157)	(お)菓子
✓ (お)かね	(220)	(お)金

- (お)きゃく ---- (254) ---- (お)客
- ✓ おくさん ---- 「(남의) 부인」 ---- 奥さん
- おくじょう ---- 「옥상」 ---- 屋上
- おくりもの ---- 「선물」 ---- 贈り物
- (お)こめ ---- (331) ---- (お)米
- (お)さけ ---- (344) ---- (お)酒
- (お)さら ---- (348) ---- (お)皿
- おしいれ ---- 「서랍」 ---- 押し入れ
- ✓ おじさん ---- 「백부, 숙부, 아저씨」 ---- おじさん
- ✓ おじいさん ---- 「할아버지」 ---- おじいさん
- おたく ---- 「댁」 ---- お宅
- ✓ (お)ちゃ ---- (159) ---- (お)茶
- おっと ---- (163) ---- 夫
- おつり ---- (165) ---- お釣り
- ✓ おてあらい ---- (447) ---- お手洗い

● おと	(166)	音
✓ おとうさん	(515 ☞ [ちち])	お父さん
✓ おとうと	(80)	弟
✓ おとこ	(168)	男
✓ おととい	「그저께」	(一昨日)
✓ おととし	「재작년」	(一昨年)
✓ おとな	(173)	大人
● おどり	「춤」	踊り
✓ おなか	(176)	おなか
✓ おにいさん	「형」 표현은 64쪽 참조	お兄さん
✓ おねえさん	「누나」 표현은 64쪽 참조	お姉さん
✓ おばさん	「백모숙모, 아주머니」 492쪽 참조	おばさん
✓ おばあさん	「할머니」 표현은 492쪽 참조	おばあさん
✓ (お)ふろ	(566)	(お)風呂
✓ おべんとう	「도시락」	お弁当
● (お)まつり	(586)	(お)祭り
✓ おまわり(さん)	(178)	お巡り(さん)

- **おみまい** ……… (179) ……… **お見舞い**
- **(お)みやげ** ……… (180) ……… **(お)土産**
- **おもちゃ** ……… (181) ……… **おもちゃ**
- **おもて** ……… (182) ……… **表**
- **(お)ゆ** ……… (636) ……… **(お)湯**
- **(お)れい** ……… (184) ……… **(お)礼**
- ✓ **おんがく** ……… 「음악」 ……… **音楽**
- **おわり** ……… (185) ……… **終わり**
- ✓ **おんな** ……… (168) ……… **女**

か

✓는 어학능력시험 3급 명사이고, ●는 4급 명사입니다.

- **かいがん** ……… 「해안」 ……… **海岸**
- **かいぎ(しつ)** ……… 「회의(실)」 ……… **会議(室)**
- ✓ **がいごく(じん)** ……… 「외국(인)」 ……… **外国(人)**
- ✓ **かいしゃ** ……… 「회사」 ……… **会社**
- **かいじょう** ……… 「회장」 ……… **会場**
- ✓ **かいだん** ……… 「계단」 ……… **階段**

✓ かいもの	(187)	**買い物**
● かいわ	「회화」	**会話**
✓ かお	(188)	**顔**
● かがく	「과학」	**科学**
● かがみ	(196)	**鏡**
✓ かぎ	(197)	**[鍵]**
✓ がくせい	「학생」	**学生**
✓ かさ	(199)	**傘**
● かじ	(201)	**火事**
✓ かぜ[1]	(203)	**風**
✓ かぜ[2]	(208)	**風邪**
✓ かぞく	「가족」	**家族**
● かた	(210)	**肩**
● かたち	(214)	**形**
● かっこう	(215)	**格好**
✓ がっこう	(216)	**学校**
● がくせい	「(주로 대학교) 학생」	**学生**

✓ **かてい**	「가정」	**家庭**
● **かど**	(218)	**角**
● **かない**	(219)	**家内**
✓ **かね**	(220)	**金**
● **かのじょ**	(225)	**彼女**
✓ **かばん**	(226)	**かばん**
✓ **かびん**	「꽃병」	**花瓶**
● **かべ**	(227)	**壁**
✓ **かみ**[1]	(230)	**紙**
● **かみ**[2]	(233)	**髪**
✓ **からだ**	(236)	**体**
● **かれ**	(225)	**彼**
✓ **かわ**	(241)	**川[河]**
● **かんけい**	「관계」	**関係**
● **かんごぶ**	「간호사」	**看護婦**
✓ **かんじ**	「한자」	**漢字**
✓ **き**	(244)	**木**

きかい・・・・・・・・・・・・・・・・・・・ 15 ・・・・・・・・・・・・・・・・・・・きゃく

- きかい¹⁾ ——————「기계」—————— **機械**
- きかい²⁾ ——————「기회」—————— **機会**
- きしゃ ——————「기차」—————— **汽車**
- ぎじゅつ ——————「기술」—————— **技術**
- きせつ ——————「계절」—————— **季節**
- きそく ——————「규칙」—————— **規則**
- きた —————————(535)—————————— **北**
- きっさてん ——————「찻집」—————— **喫茶店**
- きって —————————(248)—————————— **切手**
- きっぷ —————————(249)—————————— **切符**
- きぬ —————————(250)—————————— **絹**
- きのう¹⁾ ——————(065)—————————— **昨日**
- きのう²⁾ ——————「기능」—————— **機能**
- きぶん ——————「기분」→「きもち」참조—— **気分**
- きもち —————————(251)—————————— **気持ち**
- きもの —————————(253)—————————— **着物**
- きゃく —————————(254)—————————— **客**

- きゅうこう ……「급행」…… 急行
- ぎゅうにく ……「쇠고기」…… 牛肉
- ぎゅうにゅう ……「우유」…… 牛乳
- きょう ……(065)…… 今日
- きょういく ……「교육」…… 教育
- きょうかい ……「교회」…… 教会
- きょうしつ ……「교실」…… 教室
- きょうそう ……「경쟁」…… 競争
- きょうだい ……「형제」…… 兄弟
- きょうみ ……「흥미」…… 興味
- きょねん ……「작년」…… 去年
- ぎんこう ……「은행」…… 銀行
- きんじょ ……「근처」…… 近所
- ぐあい ……(255)…… 具合
- くうき ……(256)…… 空気
- くうこう ……「공항」…… 空港
- くさ ……(258)…… 草

✅ くすり	(260)	薬
✅ くだもの	(263)	果物
✅ くち	(265)	口
✅ くつ	(281)	靴
✅ くに	(284)	国
○ くび	(286)	首
○ くも	(291)	雲
✅ くもり	「흐림」	曇/曇り
✅ くるま	(294)	車
○ け	(297)	毛
✅ けいかん	「경관」	警官
○ けいけん	「경험」	経験
○ けいざい	「経済」	経済
○ けいさつ	「경찰」	警察
○ けが	(300)	怪我
○ けさ	「오늘 아침」	今朝
○ けしき	(301)	景色

- けしゴム ……………… 「지우개」 ……………… **消しゴム**
- げしゅく ……………… 「하숙」 ……………… **下宿**
- けっこん ……………… 「결혼」 ……………… **結婚**
- げんいん ……………… 「원인」 ……………… **原因**
- けんか ……………… (302) ……………… **(喧嘩)**
- けんかん ……………… 「현관」 ……………… **玄関**
- げんき ……………… (304) ……………… **元気**
- けんきゅう(しつ) ……… 「연구(실)」 ……… **研究(室)**
- けんぶつ ……………… (305) ……………… **見物**
- こ ……………… (307) ……………… **子**
- こうえん ……………… 「공원」 ……………… **公園**
- こうがい ……………… 「교외」 ……………… **郊外**
- こうぎょう ……………… 「공업」 ……………… **工業**
- こうこう(せい) ……… 「고교(생), 고등학생」 ……… **高校(生)**
- こうさてん ……………… 「교차로」 ……………… **交差点**
- こうじょう ……………… 「공장」 ……………… **工場**
- こうちゃ ……………… 「홍차」 ……………… **紅茶**

- こうちょう ……「교장」…… **校長**
- こうつう ……「교통」…… **交通**
- こうどう ……「강당」…… **講堂**
- こうばん ……「파출소」…… **交番**
- こうむいん ……「공무원」…… **公務員**
- こえ ……(309)…… **声**
- こくさい ……「국제」…… **国際**
- ごご ……「오후」…… **午後**
- こころ ……(313)…… **心**
- ごぜん ……「오전」…… **午前**
- こたえ ……(321)…… **答え**
- ことし ……「금년, 올해」…… **今年**
- ことば ……(322)…… **言葉**
- こども ……(173)…… **子供**
- ごはん ……(326)…… **御飯**
- ごみ ……(329)…… **ごみ**
- こめ ……(331)…… **米**

- ☑ **こんげつ** ──「이번 달」── **今月**
- ☑ **こんしゅう** ──「이번 주」── **今週**
- ○ **こんど** ──「이번」── **今度**
- ☑ **こんばん** ──「오늘 밤」── **今晩**
- ○ **こんや** ──「오늘 밤」── **今夜**

さ ☑는 어학능력시험 3급 명사이고, ○는 4급 명사입니다.

- ○ **さいきん** ──「최근」── **最近**
- ○ **さいご** ──「최후」── **最後**
- ○ **さいしょ** ──「최초」── **最初**
- ○ **さいこう** ──「최고」── **最高**
- ☑ **さいふ** ──(334)── **財布**
- ○ **さか** ──(336)── **坂**
- ☑ **さかな** ──(337)── **魚**
- ☑ **さき** ──(340)── **先**
- ☑ **さくぶん** ──「작문」── **作文**
- ○ **さけ** ──(344)── **酒**

✓ ざっし	—	「잡지」	**雑誌**
✓ さとう	—	(346)	**砂糖**
○ さら	—	(348)	**皿**
○ さらいげつ	—	「다(음)다음달」	**再来月**
○ さらいしゅう	—	「다(음)다음주」	**再来週**
✓ さらいねん	—	「내후년」	**再来年**
○ さんぎょう	—	「산업」	**産業**
✓ さんぽう	—	(349)	**散歩**
○ じ	—	(350)	**字**
○ しあい	—	「시합」	**試合**
✓ しお	—	(352)	**塩**
✓ じかん	—	「시간」	**時間**
○ じこ	—	(354)	**事故**
✓ しごと	—	(355)	**仕事**
✓ じしょ	—	(358)	**辞書**
○ じしん	—	(360)	**地震**
✓ した	—	(361)	**下**

☑	したく	(364)	支度
◯	しっぱい	「실패」	失敗
☑	しつもん	「질문」	質問
◯	しつれい	「실례」	失礼
◯	じてん	(358)	辞典・字典
☑	じてんしゃ	「자전거」	自転車
☑	じどうしゃ	「자동차」	自動車
◯	しなもの	(365)	品物
☑	じぶん	(366)	自分
◯	しま	(367)	島
◯	しみん	「시민」	市民
◯	じむしょ	「사무실」	事務室
◯	しゃかい	「사회」	社会
☑	しゃしん	「사진」	写真
◯	しゃちょう	「사장」	社長
◯	じゃま	(369)	邪魔
◯	じゆう	「자유」	自由

○ しゅうかん	「습관」	**習慣**
○ じゅうしょ	「주소」	**住所**
○ じゅうどう	「유도」	**柔道**
✓ じゅぎょう	「수업」	**授業**
✓ しゅくだい	「숙제」	**宿題**
○ しゅうじん	「주인」, ※「ご主人」→「남의 남편」	**主人**
○ しゅっせき	「출석」	**出席**
○ しゅっぱつ	「출발」	**出発**
○ しゅみ	「취미」	**趣味**
○ じゅんび	「준비」	**準備**
○ しょうかい	「소개」	**紹介**
○ しょうがつ	「정월」	**正月**
○ しょうがっこう	「초등학교」	**小学校**
○ しょうせつ	「소설」	**小説**
○ しょうたい	「초대」	**招待**
✓ しょうゆ	(371)	**(醤油)**
○ しょうらい	「장래」	**将来**

● しょくじ	「식사」	**食事**
✓ しょくどう	「식당」	**食堂**
● しょくりょひん	「식료품」	**食料品**
● じょせい	「여성」	**女性**
● じんこう	「인구」	**人口**
● じんじゃ	(372)	**神社**
● しんぱい	(373)	**心配**
✓ しんぶん	(375)	**新聞**
● すいえい	「수영」	**水泳**
● すいどう	「수도」	**水道**
● すうがく	「수학」	**数学**
● すな	(377)	**砂**
● すみ	(380)	**隅**
● すり	(382)	**すり**
✓ せ	(383)	**背**
● せいかつ	「생활」	**生活**
● せいさん	「생산」	**生産**

- せいじ ─── 「정치」 ─── **政治**
- せいと ─── 「(주로 중·고등) 학생」 ─── **生徒**
- せいよう ─── 「서양」 ─── **西洋**
- せかい ─── 「세계」 ─── **世界**
- せき ─── (386) ─── **席**
- せっけん ─── (387) ─── **石けん**
- せつめい ─── 「설명」 ─── **説明**
- せなか ─── (389) ─── **背中**
- せびろ ─── 「(일반 정장으로 입는) 신사복, 양복」 ─── **背広**
- せわ ─── (391) ─── **世話**
- せん ─── (392) ─── **線**
- せんげつ ─── 「지난 달」 ─── **先月**
- せんしゅう ─── 「지난 주」 ─── **先週**
- せんせい ─── 「선생님」 ─── **先生**
- せんそう ─── 「전쟁」 ─── **戦争**
- せんたく ─── 「세탁, 빨래」 ─── **洗濯**
- せんぱい ─── 「선배」 ─── **先輩**

- ✓ せんぶ ── 「전부」 ── **全部**
- ○ せんもん ── 「전문」 ── **専門**
- ✓ そうじ ── (393) ── **掃除**
- ○ そうだん ── 「상담」 ── **相談**
- ○ そつぎょう ── 「졸업」 ── **卒業**
- ✓ そと ── (395) ── **外**
- ✓ そば ── (397) ── **側**
- ✓ そら ── (399) ── **空**

た ✓는 어학능력시험 3급 명사이고, ●는 4급 명사입니다.

- ○ たいいん ── 「퇴원」 ── **退院**
- ✓ たいがく(せい) ── 「대학(생)」 ── **大学(生)**
- ✓ たいしかん ── 「대사관」 ── **大使館**
- ✓ だいどころ ── 「부엌」 ── **台所**
- ○ たいふう ── 「태풍」 ── **台風**
- ○ たたみ ── (403) ── **畳**
- ✓ たて ── (404) ── **縦**

☑ たてもの	(406)	建物
○ たな	(407)	棚
☑ たばこ	(409)	たばこ
☑ たべもの	(411)	食べ物
☑ たまご	(413)	卵
☑ たんじょうび	「생일」	誕生日
○ だんせい	「남성」	男性
○ だんぼう	(662)	暖房
○ ち	(415)	血
○ ちかてつ	「지하철」	地下鉄
☑ ちかく	「근처」	近く
☑ ちかてつ	「지하철」	地下鉄
○ ちから	(418)	力
☑ ちず	(422)	地図
☑ ちち	(515)	父
☑ ちゃ	(159)	茶
☑ ちゃいろ	「갈색」	茶色

✓ ちゃわん	(424)	**茶わん**
● ちゅうい	「주의」	**注意**
● ちゅうがっこう	「중학교」	**中学校**
● ちゅうし	「중지」	**中止**
● ちゅうしゃ	「주사」	**注射**
● ちゅうしゃじょう	「주차장」	**駐車場**
● ちり	「지리」	**地理**
● つき	(425)	**月**
✓ つぎ	(427)	**次**
✓ つくえ	(428)	**机**
● つごう	「형편」	**都合**
● つま	(163)	**妻**
✓ て	(429)	**手**
✓ てがみ	(438)	**手紙**
✓ でぐち	(440)	**出口**
● てら	(441)	**寺**
● てん	(442)	**点**

- てんいん ……「점원」…… **店員**
- てんき ……(443)…… **天気**
- でんき ……「전기」…… **電気**
- でんしゃ ……「전차」…… **電車**
- でんとう ……「전등」…… **電灯**
- でんぽう ……「전보」…… **電報**
- てんらんかい ……「전람회」…… **展覧会**
- でんわ ……(444)…… **電話**
- と ……(445)…… **戸**
- ドア ……(445)…… **ドア**
- トイレ ……(447)…… **トイレ**
- どうぐ ……「도구」…… **道具**
- どうぶつ ……「동물」…… **動物**
- とくい ……(449)…… **得意**
- とおり ……「(사람・차가 다니는) 길」…… **通り**
- とけい ……(450)…… **時計**
- ところ ……「곳」…… **所**

✓ とし	(453)	**年**
✓ としょかん	「도서관」	**図書館**
● とちゅう	「도중」	**途中**
● とっきゅう	「특급」	**特急**
✓ となり	(455)	**隣**
✓ ともだち	(457)	**友達**
✓ とり	(459)	**鳥**
● どろぼう	(461)	**泥棒**

な ✓는 어학능력시험 3급 명사이고, ●는 4급 명사입니다.

✓ なか	(463)	**中**
✓ なつ	(519)	**夏**
✓ なまえ	(466)	**名前**
● におい	(470)	**(臭い)**
✓ にく	(471)	**肉**
✓ にし	(535)	**西**
● にっき	(474)	**日記**

✓ にもつ	(475)	荷物
✓ にわ	(477)	庭
○ にんぎょう	(479)	人形
✓ ねこ	(104)	猫
○ ねだん	(480)	値段
○ ねつ	(481)	熱
○ ねっしん	「열심」	熱心
✓ ノート	(482)	ノート
○ のど	(483)	喉
✓ のみもの	「음료수」	飲み物
○ のりもの	「탈 것」	乗り物

は ✓는 어학능력시험 3급 명사이고, ○는 4급 명사입니다.

○ は¹⁾	(485)	葉
✓ は²⁾	(489)	歯
○ ばあい	(493)	場合
✓ はいざら	(494)	灰皿

はがき	(495)	葉書
はこ	(496)	箱
はし¹⁾	(498)	橋
はし²⁾	「젓가락」	はし
はじめ	(500)	初め
ばしょ	(501)	場所
バス	(502)	バス
はつおん	「발음」	発音
はな¹⁾	(504)	花
はな²⁾	(507)	鼻
はなし	(511)	話
はなみ	(504)	花見
はは	(515)	母
はやし	(517)	林
はる	(519)	春
はれ	「맑음」	晴れ
ばん	「저녁」	晩

ばんぐみ	(523)	番組
ばんごう	(524)	番号
ばんごばん	「저녁밥」	晩御飯
はんぶん	(525)	半分
ひ[1]	(526)	日
ひ[2]	(530)	火
ひがし	(535)	東
ひかり	(536)	光
ひげ	(539)	ひげ
ひこうき	「비행기」	飛行機
ひこうじょう	「비행장」	飛行場
ひじゅつかん	「미술관」	美術館
ひだり	(541)	左
ひつよう	「필요」	必要
ひと	(543)	人
ひとり	(552)	一人・独り
ひま	(554)	暇

✓ びょういん	「병원」	**病院**
✓ びょうき	「병」	**病気**
✓ ひる	(555)	**昼**
✓ びん	(556)	**瓶**
✓ ふうとう	「봉투」	**封筒**
✓ ふく	(558)	**服**
● ふくざつ	「복잡」	**複雑**
● ふくしゅう	(561)	**復習**
✓ ぶたにく	「돼지고기」	**豚肉**
● ぶちょう	「부장」	**部長**
● ふつう	「보통」	**普通**
● ふとん	(562)	**布団**
● ふね	(563)	**船**
✓ ふゆ	(519)	**冬**
✓ ふろ	(566)	**風呂**
● ぶんか	(568)	**文化**
● ぶんがく	「문학」	**文学**

● ぶんしょう	「문장」	文章
● ぶんぽう	「문법」	文法
✓ へや	(569)	部屋
✓ べんきょう	(572)	勉強
● へんじ	(575)	返事
✓ ぼうし	(576)	帽子
● ほし	(577)	星
✓ ホテル	(659)	ホテル
✓ ほん	(579)	本
● ほんやく	「번역」	翻訳

ま ✓는 어학능력시험 3급 명사이고, ●는 4급 명사입니다.

● まいあさ	「매일 아침」	毎朝
● まいげつ	「매월」	毎月
● まいしゅう	「매주」	毎週
● まいつき	「매달」	毎月
● まいにち	「매일」	毎日

まいねん	「매년」	毎年
まいばん	「매일 밤」	毎晩
まえ	(581)	前
まち	(585)	町
まつり	(586)	祭(り)
まど	(588)	窓
まわり	(590)	周り
まんか	「만화」	漫画
まんねんひつ	「만년필」	万年筆
みぎ	(541)	右
みず	(591)	水
みずうみ	(595)	湖
みせ	(596)	店
みそ	「된장」	みそ
みち	(598)	道
みなと	(602)	港
みなみ	(535)	南

✓ みみ	(603)	耳
○ みやげ	(180)	(お)土産
○ みんな	「모두(모든 사람)」	みんな
○ むかし	(607)	昔
○ むこう	(609)	向こう
○ むし	(610)	虫
○ むすこ	(613)	息子
○ むすめ	(613)	娘
✓ むら	(585)	村
✓ め	(615)	目
✓ めがね	(628)	眼鏡
○ もちろん	「물론」	勿論
○ もめん	「무명, 모직 ; 솜」	木綿
○ もり	(517)	森
✓ もんだい	「문제」	問題

や ✅는 어학능력시험 3급 명사이고, 🔵는 4급 명사입니다.

✅	やおや	(630)	八百屋
🔵	やくそく	「약속」	約束
✅	やさい	(631)	野菜
✅	やすみ	「휴일」	休み
✅	やま	(632)	山
🔵	ゆ	(636)	湯
✅	ゆう(がた)	(045)	夕(方)
✅	ゆうびんきょく	「우체국」	郵逓局
✅	ゆうべ	「어젯밤」	ゆうべ
✅	ゆき	(637)	雪
🔵	ゆび	(640)	指
🔵	ゆめ	(642)	夢
🔵	ようい	(645)	用意
🔵	ようじ	(646)	用事
🔵	ようび	(647)	曜日
🔵	ようふく	「(서양풍의 의복) 옷」	洋服

✓ よこ	(648, 404)	横
○ よしゅう	(561)	予習
○ よてい	「예정」	予定
○ よのなか	(651)	世の中
○ よやく	(653)	予約
✓ よる	(654)	夜

5 ✓는 어학능력시험 3급 명사이고, ○는 4급 명사입니다.

✓ らいげつ	「다음 달」	来月
✓ らいしゅう	「다음 주」	来週
✓ らいねん	「내년」	来年
✓ ラジオ	(657)	ラジオ
○ りゆう	「이유」	理由
✓ りゅうがくせい	「유학생」	留学生
○ りよう	「이용」	利用
✓ りょうしん	「양친」	両親
○ りょうほう	「양쪽」	両方

✓ りょうり	(658)	**料理**
● りょかん	(659)	**旅館**
✓ りょこう	(660)	**旅行**
✓ れいぞうこ	(662)	**冷蔵庫**
● れいぼう	(663)	**冷房**
● れきし	(664)	**歴史**
✓ れんしゅう	(665)	**練習**
● れんらく	(666)	**連絡**
✓ ろうか	(667)	**廊下**

わ ✓는 어학능력시험 3급 명사이고, ●는 4급 명사입니다.

● わけ	(668)	**訳**

본문

3급 間 あいだ

(두 물체간에 끼어 비어 있는 부분) **사이**

短文에서 조사가 생략되고 뒷말은「동사는 연용형, 형용사와 형용동사는 어간」으로 바뀌어, "~하기" "~하는 것[사람]" 등의 명사로 전성되기도 하며, 이 때 뒷말의 첫 글자가 무성음일 경우에 발음의 편의상 탁음이 붙기도 한다.

● 사이가 ~(하)다

- 間が
  - 広ひろい / 狭せまい　　　　넓다 / 좁다
    - ▶広く[狭く] なる　　　넓어[좁아]지다
  - 離はなれる　　　　　　　떨어지다
  - 広ひろがる　　　　　　　벌어지다
  - あく　　　　　　　　　　비다

● 사이를 ~하다

- 間を
  - あける / 置おく　　　　벌리다, 떼다 / 두다
  - 裂さく　　　　　　　　떼다, 가르다
  - つめる　　　　　　　　채우다

● ~사이에서 ~하다

※「~에서」가 장소를 나타내는 경우에, 그 동작이 행해지는 "행위의 장소"이면 조사「~で」로, 그 동작과 작용이 그곳에서부터 발생 또는 발견하게 되었다는 "행위·발생의 기점 및 출처"를 나타낼 경우에 조사「~から」로 표현되며, 아울러「~から」는「~(으)로(부터)」로도 해석되기도 한다.

- ~間で - (何なにかを) する　　　(뭔가를) 하다

- ~間から - 抜ぬけ出でる　　　　빠져 나오다

○ ~사이로(부터) ~하다

※「~(으)로」가 장소를 나타내는 경우에, 그 지점을 대상으로 한 "목적 또는 도달지점"이면 조사 「~に」로, 그 동작과 작용이 그곳에서부터 발생 또는 발견하게 되었다는 "행위·발생의 기점 및 출처"를 나타낼 경우에 조사 「~から」로 표현되며, 아울러 「~から」는 「~에서)」로도 해석되기도 한다.

- ~間に - 通^{とお}る　　　　　　　　지나다

- ~間から ┌ 見^みえる　　　　　　보이다
　　　　　└ 抜^ぬけ出^でる　　　　　빠져 나오다

○ 사이에 ~하다

- 間に ┌ 座^{すわ}る　　　　　　앉다
　　　│ 置^おく　　　　　　두다, 놓다
　　　│ ある、いる　　　　있다
　　　└ 挟^{はさ}む　　　　　 끼우다

> ※ しばらくの間^{あいだ}に → 잠깐사이에
> ※ いつの間^まに → 어느 사이[틈]에

- 間-柄^{がら}　　1) 사이　　2) (사람끼리의) 관계

(사계절의 하나) 가을 ☞ page 519 「春^{はる}」

3급 あかちゃん (「あかんぼう」의 애칭)

赤あかん坊ぼう (뱃속의 또는 갓난) 아기

短文에서 조사가 생략되고 뒷말은「동사는 연용형, 형용사와 형용동사는 어간으로 바뀌어, "~하기" "~하는 것[사람]" 등의 명사로 전성되기도 하며, 이 때 뒷말의 첫 글자가 무성음일 경우에 발음의 편의상 탁음이 붙기도 한다.

◎아기가 ~(하)다

- 赤ん坊が
  - かわいい　　　　　　　　귀엽다
  - 生うまれる　　　　　　　 태어나다
  - 寝ねる　　　　　　　　　자다
    - ▶すやすやと 寝ねて いる　새근새근 자고 있다
    - ▶ぐっすり 寝入ねいって いる
      　　　　　　　　　　　곤하게 잠들어 있다
  - 目めを 覚さます　　　　　잠이 깨다
  - 笑わらう / 泣なく　　　　웃다 / 울다
    - ▶にこにこ 笑う　　　　생글생글 웃다
  - むずかる　　　　　　　　보채다, 칭얼대다

◎아기를 ~하다

- 赤ん坊を
  - 寝ねかせる / 起おこす　　재우다 / 깨우다
  - あやす　　　　　　　　　달래다
    - [비교]「あやす」는 우는 아기나 아이의 비위를 맞추어 달랜다는 의미이다. 이에 같은 의미로, 「なだめる」가 있는데, 슬퍼하거나 화가 난 사람의 마음을 진정시키기 위해 달랜다는 의미로서, 아기가 슬퍼하거나 화내는 경우가 없으므로 쓸 경우가 없을 것이다.

(날이 밝고 해가 그다지 높지 않은 사이) **아침**

(날이 저물 무렵) **저녁**

短文에서 조사가 생략되고 뒷말은「동사는 연용형, 형용사와 형용동사는 어간으로 바뀌어, "~하기" "~하는 것[사람]" 등의 명사로 전성되기도 하며, 이때 뒷말의 첫 글자가 무성음일 경우에 발음의 편의상 탁음이 붙기도 한다.

◎아침[저녁]이 ~(하)다

- 朝[夕]が
  - 明ける / 来る　　　　　밝다 / 오다
    - 전·명 朝明け : 동이 틈, 아침이 밝음
  - (焼ける)　　　　　　　(타다)
    - ・朝の空が 焼ける。　　아침 하늘이 타다.
    - 전·명 朝[夕]焼け : 아침[저녁]노을
  - 待たれる, 待ち遠しい　　기다려지다

◎아침[저녁]을 ~하다

- 朝[夕]を
  - 待つ　　　　　　　　기다리다
  - 迎える　　　　　　　맞다
  - (パンで) すます　　　(빵으로) 때우다

◎아침[저녁]에 ~하다

※ 때를 나타내는 말의 기간이 확실히 정해지지 않은 경우에 조사「に」는 생략된다

- 朝[夕](に)
  - 起きる　　　　　　　일어나다
    - 전·명 朝起き : (비교적 아침 일찍 일어나는 것)
      아침 일찍 일어남
      ↔ 朝寝 (늦잠)
  - 出掛ける　　　　　　나서다

```
            ┌ 寝ねる                      자다
            │  ┊┄ 전·명 朝寝 : 늦잠
            │              • ~坊ぼう            잠꾸러기
            │              • ~(坊)を する      늦잠을 자다
            │            참고 (昼寝ひるね)を する  (낮잠)을 자다
            │
            │  帰かえる                    돌아오다
            │  ┊┄ 전·명 朝帰かえり : (외박이나 철야를 하고 아침에 돌
            │                        아오는 것) 아침귀가
            └ カササギが 鳴なく           까치가 울다
```

복합어

복합어가 되면, 뒤에 오는 단어의 첫 글자가 무성음일 경우에 발음의 편의상 탁음이 붙는 경우가 많다.

```
        ┌ 日ひ        아침해
        │ 風かぜ      아침 바람
        │ 露つゆ      아침 이슬   ↔ 夜よ露  밤이슬
        │ 霧ぎり[もや·がすみ]   아침 안개
        │                  ↔ 夕ゆう·霧[もや] (저녁안개)
● 朝 +  │                    夜よ霧         (밤안개)
        │
        │ [비교] 모두 대기 중에 수증기가 응고되어 낮게
        │       깔리는 작은 물방울을 가리키는 「안개」를
        │       나타내지만, 「霧」는 기상용어로 사용되는
        │       가장 기본적인 의미로서, 앞이 보이지 않을
        │       정도로 뿌연 상태의 것을 가리키고, 특히
        │       가을에 끼는 경우가 많으며, 「かすみ」는 멀
        │       리서 하얗게 어렴풋이 보이는 현상으로서,
        │       특히 봄에 수증기를 머금고 떠 있는 안개
        │       나 먼지가 떠 있는 것을 가리키기도 한다.
        │       「もや」는 습도가 낮고 투명하게 깔린 상태
        │       를 나타내며, 또한 연기가 깔린 것을 나타
        │       내기도 한다.
        │
        └ 焼やけ    아침놀   ↔ 夕ゆう焼け 저녁놀
```

	ご飯^{はん}[飯^{めし}]	아침밥, 조반 ↔ 夕^{ゆう}ご飯 저녁밥
		관용구 朝飯 前^{まえ} 직역「아침밥 전」·(아침식사 전인 짧은 시간에 손쉽게 할 수 있다는 의미에서) **식은 죽 먹기, 누워서 떡 먹기**
	方^{がた}	아침녘 ↔ 夕方^{ゆうがた} 저녁녘
	間^ま	아침결
	寒^{さむ}	아침추위
	夕^{ゆう}	1) 아침저녁, 조석 2) [부사] 항시
	市^{いち}	아침(시)장 ・~が 立^たつ ~이 서다
	酒^{さけ}	아침술 cf) 해장술 → 迎^{むか}え酒^{さけ}
	顔^{がお}	나팔꽃
	立^だち	(아침 일찍 떠나는 것) = 早^{はや}だち
の	日差^{ひざし}	아침햇살
	うち(に)	아침나절(에)

부사적용법

	早^{はや}く	아침 일찍
	っぱら	아침 일찍 (속어표현으로서, 주로 바람직하지 않은 일에 대해 사용된다)
●朝+	夕^{ゆう}	1) 항시 2) 조석, 아침저녁
	に夕^{ゆう}に	아침저녁으로
	な夕^{ゆう}な	아침저녁으로
	から 晩^{ばん}まで	아침부터 밤까지

4급

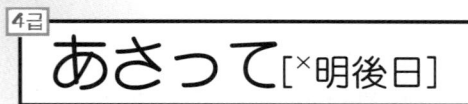　　(내일의 다음날) **모레**

- **明後日の方**^{ほう}　[직역]「모레의 쪽」・(완전히 예상과 다른 엉뚱한 방향임을 나타내는 의미로) **엉뚱한 방향, 삼천포**

  ・話が ～に 向^むいて いく。　　　이야기가 ～(으)로 흘러가다.

  ・そんな ～を いくら 捜^{さが}しても ありっこないよ。
  　　　　　　　　그러한 ～을 아무리 찾아도 있을 리 없어요.

4급 足[脚]あし

(인체 또는 물건의) **다리, 발**

※ 보통은「足」를 사용하나 가구의 다리나 다리를 비유하는 말은 어느 쪽을 사용해도 좋다.

短文에서 조사가 생략되고 뒷말은「동사는 연용형, 형용사와 혼용동사는 어간으로 바뀌어, "〜하기" "〜하는 것[사람]" 등의 명사로 전성되기도 하며, 이 때 뒷말의 첫 글자가 무성음일 경우에 발음의 편의상 탁음이 붙기도 한다.

●다리[발]が/に 〜(하)다

- 足が
  - 大おおきい / 小ちいさい　(발이) 크다 / 작다
  - 長ながい / 短みじかい　(다리가) 길다 / 짧다
  - まっすぐだ / 曲まがる　(다리가) 곧다 / 굽다

  - 速はやい / 鈍にぶい　(발이) 빠르다 / 굼뜨다
    - 전·명 足早あしばや : (걸음이 빠른 모습 또는 빠른 발로 걷는 모습) **발 빠름**
      - 〜に 歩あるく　〜게 걷다
    - 전·명 早足はやあし : (빠른 걸음 걸이) **빠른 걸음, 잰걸음**
      - 〜で 歩あるく　〜으로 걷다
    - 관용구 足が 鈍にぶる　직역「다리가 둔해지다[무디어 지다]」・(힘이 들거나 또는 갈 마음이 없어져 걸음걸이가 늦어지다) **발이 무뎌지다**

  - 重おもい / 軽かるい　(발이) 무겁다 / 가볍다
    - 관용구 足が 重おもい[軽かるい]　직역「발이 무겁다[가볍다]」・(뭔가 마음에 걸리거나 내키지 않는 점이 있어[없어] 발걸음이 무겁다[가볍다]는 의미) **발걸음이 무겁다[가볍다]**

  - 弱よわい / 丈夫じょうぶだ　(다리가) 약하다 / 튼튼하다
  - 痛いたい　　아프다
  - 折おれる / しびれる　부러지다 / 저리다, 시리다

震ふるう, 震ふるえる	흔들리다, 떨리다
ぐらつく	휘청거리다
開ひらく	벌어지다
むくむ・はれる	붓다

※「はれる」와「むくむ」의 비교 ☞ page 189
※[참고]「足が 棒ぼうに なる」☞ page 52

着つく / 届とどく	닿다 / 닿다, 미치다

[비교]「着く」는 기본적으로 "도착하다"라는 의미로서, 즉 발이 그곳에 도달되어 안착되는 것을,「届く」는 기본적으로 "다다르다"라는 의미로서, 발을 뻗어 그곳까지 미쳐 건드리는 것을 나타낸다.

- 川かわの 底そこに 足が つか[届か]ない。
  강바닥에 발이 닿지 않는다.

- いくら 伸のばしても スイチに 足が 届かない。
  아무리 뻗어도 스위치에 발이 닿지 않는다.

付つく / 離はなれる	붙다 / 떨어지다

- (怖こわくて) 足が 離れない。
  (무서워) 다리가 떨어지지 않는다.

- ほかの 人ひとは 足を 失うしなったが、私わたしの 足は まだ 付いて いる。
  다른 사람은 다리를 잃었지만, 나의 다리는 아직 붙어있다.

[관용구] 足が 付つく [직역]「다리가 붙다」・(도망간 사람의 행방을 알게되거나 뭔가의 단서로 누구의 범행인지 탄로 나다) 꼬리[단서]가 잡히다

[관용구] 足が 地ちに 付つかない [직역]「발이 땅에 닿지 않는다」・(기분이 들뜨거나 흥분되거나 또는 안정되지 않아, 행동에 있어서도 확실한 안정감이 전혀 보이지 않는 모습) 안절부절못하다

- 不安ふあんで[うかれて] ~ 불안해서[기뻐서] ~

(水みずたまりに) はまる	(웅덩이에) 빠지다
浸ひたる	잠기다

掛かる 걸리다

전·명 足掛かり
① (높은 곳에 오를 때에 밟고 오르는) **발 디딜 곳**
② (일을 풀어 가는 데에 있어서의 기초가 되는 것)
  단서 = いとぐち

- ～を つかむ   ～를 잡다
- ～に する[なる]   ～로 하다 / ～가 되다

(すき間に) 挟まる (틈에) 끼이다

- 歯の 間に 挟まる   이 사이에 끼이다

▶挟まれる 끼이다, 끼워지다

↳ 이는 동사「挟む (끼우다)」에 조동사「～れる (～함을 당하다)」가 접속된 표현으로서, 뭔가에 의해 그렇게 "끼인·끼워져 있는" 수동의 상태를 나타낸다.

- お金は 本の 間に 挟まれて いる。
  돈은 책 사이에 끼워져 있다.

からむ 휘감기다

전·명 足がらみ : (유도나 씨름에서 발을 걸어 넘어뜨리는 기술) **호미걸이, 낚시걸이**

- ～を かける   ～를 하다
- ～で 倒す   ～로 넘어뜨리다

관용구

● 足が すくむ 직역「다리가 움츠러들다」・(무서거나하여, 다리가 오므라든 것 같이 되어 움직일 수 없게 되다) **오금이 저리다**

- 犬が いたら 足が すくんで 歩けない。
  개가 있으면, 오금이 저려 걸을 수 없다.

● 足が 出る 직역「발이 나오다」・(지출이 예상외로 많아 비용이 모자라게 되다) **펑크가 나다**

(참고) 穴が あく (구멍이 나다)

● 足が 鈍る ☞ page 49

● 足が 遠とおのく 직역「발이 멀어지다」·(이전보다 왕래가 적어지다) **발길이 멀어지다[뜸해지다]**

● 足が 棒ぼうに なる 직역「발을 몽둥이가 되다」·(오랫동안 걷거나 서 있어서 다리가 피곤하게 됨을 비유하여) **다리가 퉁퉁 붇다**

●다리[발]를/을 ~하다

※ ↓발을 사용한 의지적인 움직임

• 足を

使つかう[使用しようする]　　　쓰다[사용하다]
動うごかす　　　　　　　　　움직이다
伸のばす　　　　　　　　　(길게) 뻗다, 펴다

┈ 관용구 足を 伸ばす 직역「발을 뻗다」라는 동작의 행위를 나타내는 의미이다. 그러나 다음과 같은 관용적인 표현으로도 사용된다.

1) (활동영역을 넓힘을 비유하여) **발을 뻗치다**
2) (예정보다 더 먼 곳까지 가는 것을 비유하여)
   발을 내치다

• 足を 伸して 釜山プサンまで 行って きた。
  발을 내쳐 부산까지 갔다왔다.

上あげる、乗のせる / 下[降]おろす　올리다 / 내리다

┈ [비교]「上げる」는 발을 위로 향하도록 "들어올리다"라는 의미이며, 「乗せる」는 뭔가에 발[다리]을/를 "올려 놓다"는 의미이다.

振ふる / 震ふるわす、震ふるわせる　흔들다 / 떨다
曲まげる　　　　　　　　　　구부리다
広ひろげる / 閉とじる　　　　　　벌리다 / 모으다
付つける / 外はずす　　　　　　　붙이다 / 떼다

浸ひたす、沈しずめる　　　　　　　담그다

┈ [비교]「浸す」는 일부만을 「沈める」는 전부 담금을 나타낸다.

入いれる / 出だす¹⁾　(뭔가의 안에) 넣다 / 빼다, 꺼내다
　▶ 踏ふみ入いれる　　　　들여놓다

出だす²⁾ / 引ひく¹⁾　(발을 앞으로) 내밀다 / 집어넣다
　▶ 差さし出だす　　　　내밀다
　▶ 突つき出だす　　　　쑥 내밀다
　▶ 踏ふみ出だす　　　　내디디다

のける　　　　　　　치우다, 옮기다
　[참고]「のける」는 그 장소에서 다른 장소에 이동시키는 의미로 사용된다.

止とめる　　　　　　멈추다
　[전·명] 足止とめ　: 금족, 외출금지
　　　・~を する[される]　~을 하다[당하다]
　　　・~を 食くらう[食くう]　발이 묶이다

引ひく²⁾　　　　　　끌다
　▶ (ずるずる) 引きずる　(질질) 끌다
　▶ 引っ張ばる　　　　당기다

　[관용구] 足を 引ひっ張ばる　[직역]「발을 당기다」・(남의 성공이나 앞길을 방해하거나 여러 사람이 뭔가를 할 때에 한사람이 전체가 불리한 입장에 빠지게 하는 행위를 비유하여) 발목을 잡다[걸다]

する　　　　　　　　쓸다, 끌다
　[전·명] すり足　:(발바닥을 바닥에 대어 끌면서 걷는 걸음) 바닥을 쓸 듯이 걷는 걸음
　　　・~で 歩あるく　~으로 걷다

こする　　　　　　　비비다
　こすり合あわせる　　서로 비비다

組くむ　　　　　　　꼬다

そろえる　　　　　　　　　　　가지런히 하다, 맞추다
並ならべる　　　　　　　　　　나란히 하다

┈ 전·명 足並なみ ：(행동을 통일시키는) 손발, 보조
- ～が そろう。　　손발이 맞다.
- ～を そろえる。
　　　　　　손발을[보조를] 맞추다.

※ ↓발에 대한 인위적인 동작

洗あらう　　　　　　　　　　　씻다

┈ 관용구 足を 洗う　직역 「발을 씻다」·(지금까지의 바람직하지 않은 생활을 청산한다는 의미) 손을 씻다

　　　[참고] 지금까지 관여하던 일에서 관계를 끊다라는 의미의 "발을 빼다"는 「手を 引く」로 표현된다

踏ふむ　　　　　　　　　　　　밟다, 디디다

┈ 전·명 足踏ふみ　(동작이나 일이 진전되지 않는 상태) 답보, 제자리걸음
- ～を する
　　　제자리걸음을 하다. 답보상태다

┈ ▶踏まれる ：밟히다
　　　※ 이는 동사 「踏む」에 조동사 「～れる(～함을 당하다)」가 접속된 수동표현으로서, 남에 의해 밟힘을 당하다라는 의미이다.

┈ ▶踏み誤あやまる·踏み損そこなう　잘못 디디다
　▶踏み外はずす　　　　　　　헛디디다
　▶踏みにじる　　　　　　　　짓밟다
　▶踏み出だす　　　　　　　　내디디다
　▶踏み入いれる　　　　　　　들여놓다
　▶踏み鳴ならす　　　　　　　구르다

取る　　　　　　　　　　잡다

[전·명] 1) 足取り : (씨름에서 다리를 잡아 쓰러뜨리는 수) **다리 잡기**

2) 足取り 1) (발을 옮기는 모습) **발걸음**
- 〜が 軽い　　〜이 가볍다
- 〜を 速める　〜을 빨리 하다

2) (범인의 경로나 지금까지 걸어온 길) **행로, 행적**
- 〜を 追う　　〜를 쫓다

[관용구] 足を 取られる　[직역]「발을 잡히다」・(「取られる」는 「取る (잡다)」의 수동형으로서, 어떤 장해물로 인해 또는 술에 취해 생각과 같이 제대로 걸을 수 없게 되다는 의미) **발목을 잡히다**

- ぬかるみに[飲みすぎで] 足を 取られて ろくに 歩けない。
  진창에[너무 마셔] 발목을 잡혀 자대로 걸을 수 없다.

結ぶ、縛る / くくる　　묶다, 동여매다 / 감다

[비교]「結ぶ」는 이인삼각 경기에서 와 같이 두 다리가 떨어지지 않도록, 묶는 것을, 「縛る」는 움직이지 못하도록 양다리를 묶는 것을 나타낸다.

×蹴る　　　　　　　　　차다

[전·명] 足げ : (발로 차는 것) **발길질**

- 〜を する　〜을 하다
- 〜に する (실제로 발로 차거나 또는 비유적으로 남에게 심한 짓을 하다) **발길질(을) 하다**
- 〜に される　〜을 당하다

▶ ×蹴られる　　　　차이다
▶ ×蹴飛ばす　　　걷어차다[내차다・내지르다]

払う　　　　　　　　　후려치다

[전·명] 足払い : (유도에서) **다리 후려치기**

掛ける　　　　　　　　　　　　　걸다, 걸치다
┊… [전·명] 足掛け ①(유도나 씨름 등에서) 다리 걸기
　　　　　　　②(햇수로 세는 말) 햇수로 ↔ 丸(만)
　　　　　・～ 10年になる
　　　　　　　　　　　　　　～10년이 되다

からめる　　　　　　　　　　　　휘감다

↓발에 대한 부주의의 작용

痛める・怪我する　　　　다치다
┊… [비교]「痛める」는 몸에 통증이나 상처가 나도록 한 행위를 나타내며,「怪我する」는 사고나 과실로 몸이 파손된 상태를 나타낸다.

くじく・捻挫する　　　　삐다
(石に) ぶつける　　　　　(돌에) 부딪치다
(犬に) かまれる　　　　　(개에게) 물리다
(とげ・かに) 刺される　　(가시·모기에) 찔리다, 물리다
失う　　　　　　　　　　　잃다

● 足を 運ぶ　[직역]「발을 옮기다」・(뭔가의 목적으로 일부러 오거나 들르는 의미로) **발길을 옮기다**

● 足を 奪う　[직역]「발을 빼앗다」・(어떤 사건과 사고로 오도가도 못하게 하다는 의미) **발을 묶다**
・足を 奪われる。　　　발이 묶이다

● 足を 速める　[직역]「발을 빠르게 하다」・(걸음걸이를 보다 빠르게 하는 행동) **발길을 서두르다, 걸음을 재촉하다**

● 足を 棒に する　[직역]「발을 몽둥이로 하다」・(오랫동안 걷거나 서 있는 등 하여 다리를 피곤하게 함을 비유하여) **다리를 혹사하다[퉁퉁 부어가다]**
・足を 棒に して 探した。　발을 퉁퉁 부어가며 찾았다.

●다리[발]로 ～하다

- 足で
  - ×蹴ける — 차다
    - ▶ ×蹴ゖ飛とばす — 걷어차다[내차다·내지르다]
  - 踏ふむ — 밟다
    - ▶ 踏みにじる — 짓밟다
    - ▶ 踏みつぶす — 짓뭉개다
  - 防ふせぐ — 막다
  - ×掻かく — 긁다
    - ¤足ぁ掻かく — 발버둥치다, 몸부림치다
      - 전·명 足掻き : 발버둥, 몸부림, 허위적거림

●다리[발]에 ～하다

- 足に
  - 合あう — 맞다
    - ▶ ぴったり 合う — 딱 맞다
    - ▶ 合わせる — 맞히다
  - 付つける — 붙이다
  - 力ちからを 入いれる — 힘을 주다
  - 傷きずが 付つく — 상처가 나다
  - あざが できる — 멍이 들다
  - まめが できる — 굳은살이 생기다
  - (とげが) 刺ささる — (가시가) 박히다

- ❶ 足に 任まかせる 직역「발에 맡기다」·(특별한 목적지 없이 마음내키는 대로 걸어다니다) 발길이 닿는 대로 다
  - • 足に 任せて 歩あるく 발길 닫는 대로 걷다

- 足の踏ふみ場ばも ない 직역「발 디딜 곳도 없다」·(온통 어지럽혀져 있어 발을 들여놓을 곳도 없다) **발 디딜 곳도 없다**

복합어가 되면, 뒤에 오는 단어의 첫 글자가 무성음일 경우에 발음의 편의상 탁음이 붙는 경우가 많다.

- 足 +

  指ゆび　　　**발가락**

  首くび　　　**발목**
  　　　　　• ~を くじく[ねんざする]　~을 삐다

  手て　　　**손발** (보통은「手足てあし」라고 한다.
  　　　　　• ~まとい(に なる) (일과 활동에 있어서 방해가 되는 것) **걸림돌**(이 되다)
  　　　　　　　　　　　　　cf)「にもつ」짐

  音おと　　　**발소리**　• ~を 立たてる[しのばせる]
  　　　　　　　　　　　발소리를 내다[죽이다]

  形がた　　　① (걸은 후에 남아 있는) **발자국 모양**
  　　　　　② (구두나 버선을 만들 때의 목재 틀) **발틀**
  　　　　　　= 足型がた

  跡あと　　　**발자국, 발자취, 행적[업적], 종적**
  　　　　　• ~が つく[残のこる]　발자국이 나다[남다]
  　　　　　• ~を 追おう　　　종적[발자국]을 쫓다
  　　　　　• ~を くらます[残のこす]
  　　　　　　　　　　　종적을 감추다[남기다]
  　　　　　• ~を しのぶ　　행적[업적]을 기리다

  場ば　　　**발 디딜 곳, 발판**
  　　　　　• ~を 失うしなう　발판을 잃다
  　　　　　• ~を 固かためる　발판을 다지다

  拍子びょうし　　**발장단, 발 박자**
  　　　　　• ~を とる　　~을 맞추다

技[業]^{わざ}	(유도나 씨름 등에서의) **발기술**
×枷^{かせ}	**족쇄**　　cf) 手^て×枷 수갑 • ~を はめる[解^とく]　~을 채우다[풀다]
癖^{ぐせ}	① (걸을 때나 앉을 때의 버릇) **발 버릇** • ~が 悪^{わる}い　　~이 나쁘다 ② (씨름에서의 발기술) **발 재간** • ~が ある　　~이 있다
代^{だい}	**다리 (품)삯** • ~として 千円^{せんえん} もらった。 　　　　~으로서 1000엥 받았다.
下[元]^{もと}	1) **발 밑** • ~に 気^きを つけて ください。 　　　　~을 조심해 주십시오. 2) **기반** • ~を 固^{かた}める　　~을 다지다

관용구

● ~から 鳥^{とり}が 立^たつ (갑자기 생각난 듯이 뭔가를 시작하는 모습) **떡본 김에 제사 지내다**

● ~に 火^ひが 付^つく (위험이 느껴져 가만히 있을 수 없게 되다) **발등에 불이 떨어지다**

● ~にも 及^{およ}ばない
= 足下にも 寄^よりつけない

● ~にも 寄^よりつけない[およばない] (비교가 안될 정도로 뛰어나 있는 모습) **발 밑에도 못 미친다**

● ~の 明^{あか}るいうちに ("발 밑이 밝은 동안에" 즉, 피할 수 없는 입장에 몰리기 전에 라는 의미로서 미리 대책을 세워야 함을 나타낸다) **발등에 불이 떨어지기 전에**

がかり	(높은 곳에 올라 갈 때에 발을 디뎌 지탱할 수 있는 곳) **발 디딜 곳**
つき	**걸음걸이, 걸음새** • 妙みょうな ～　　묘한～
付つき	(기물에 다리가 달려 있음과 또한 그러한 물건) **다리가 달린 것**
継つぎ	(높이를 높이기 위해 다리 부분을 덧대어 끼우는 일 또는 그것) **덧받침(대)**
止どめ	☞ page 53
並なみ	☞ page 54
取どり	☞ page 55
取どり	☞ page 55
慣ならし	(특히 병 치료 후에 몸을 추스르기 위한 재활·회복 운동) **회복운동** • ～を する　　～을 하다

の ┌ 裏うら　　　　　　　　　　**발바닥**
　　└ 甲こう　　　　　　　　　　**발등**

○ 前まえ　　　　　　**앞다리**
　後うしろ　　　　　　**뒷다리**
　手て　　　　　　　**손발, 수족**
　脂あぶら　　＋足　(지방분이 많아 땀이 나는 발) **땀 (잘 나는)발**
　力ちから　　　　　(일본씨름에서 선수가 힘을 담기 위하여, 양다리를 벌리고서 한 다리씩 좌우로 번갈아 높이 올렸다가 내리는 동작) **발 다지기**
　　　　　　　　　• ～を 踏ふむ　　～를 하다

　出で　　　　　① (일이 처음 시작될 때의 모양새) **첫발, 스타트**
　　　　　　　　② (사람들이 지나 다니는 모양새) **왕래, 발길**
　　　　　　　　③ (일본 씨름에서 선수가 공격할 때에 내딛는 발의 움직임) **발 내딤**

無駄_{むだ}		헛걸음
早_{はや}		(보행속도가 빠른 것) **빠른 걸음**
刻_{きざ}み		(좁은 보폭으로 바닥에 새기듯이 서둘러 걷는 걸음새) **총총걸음**
忍_{しの}び	+足	(발소리를 죽이고 걷는 걸음새) **발소리를 죽임**
急_{いそ}ぎ		(급하게 재촉하여 걷는 걸음새) **종종걸음**
引_ひき		① 질질 끌며 걷는 걸음새 ② 뒷걸음치는 발짓
駆_かけ		(빨리 달려 가는 것) **달음박질, 구보** • ~で 行_いく ~로 가다
揚_あげ		(유도나 씨름에서, 허공에 올라간 다리를 나·내는 의미에서 온 표현으로 상대의 말꼬투리를 나타낸다) **말꼬투리** • ~を とる 말꼬투리를 잡다
バタ		물장구
素_す		**맨발**

| ○ 雨_{あめ} |]の足 | **빗발** (「あまあし」라고도 한다) |
| 雲_{くも} | | **구름발** (「くもあし」라고도 한다) |

- 足 +
  - まめだ   바지런하다
  - しげく   뻔질나게, 발길 잦게
  - ※ ~(と) その足で   (~하자) 그 길로

3급 味 あじ — (혀가 느끼는 미각 또는 몸으로 느껴지는) 맛

短文에서 조사가 생략되고 뒷말은「동사는 연용형, 형용사와 형용동사는 어간」으로 바꾸어, "~하기" "~하는 것[사람]" 등의 명사로 전성되기도 하며, 이 때 뒷말의 첫 글자가 무성음일 경우에 발음의 편의상 탁음이 붙기도 한다.

● 맛이 ~(하)다

- 味が
  - いい　　　　　　(맛있다고 느껴지는 맛이) 좋다
  - ある　　　　　　(해볼만하다고 느껴지는 맛이) 있다
    - [참고] 느껴지는 미각을 나타내는 의미의「맛(이) 있다[없다]」는 각각「おいしい」「まずい」로 표현된다.
  - 濃ºい / 薄ºすい　　진하다 / 약하다
  - する　　　　　　(먹고 느껴지는 맛이) 나다
  - 出ºる・つく　　　들다
  - 変かわる　　　　　변하다
  - 生いきる　　　　　살다
  - 落おちる　　　　　떨어지다

● 맛을 ~하다

- 味を
  - 見ºる　　　　　　보다
    - [전·명] 味見 : 맛보기　• ~を する　맛[간]을 보다
  - 付ºける　　　　　내다
    - [전·명] 味付け : 맛내기, 조미
      - • ~のり　　맛 김
      - • ~を する　맛을 내다

知る	알다
感じる	느끼다
生かす	살리다
覚える	기억하다
占める	들이다, 붙이다
引き出す	우려내다

● 味を 占める　[직역]「맛을 점하다」・(한번 맛을 느끼거나 재미를 본 곳을 잊지 못하고 계속해서 그것을 기대하는 의미로) 맛을 붙이다, 재미를 붙이다

・味を しめて、毎日 やって いる。
　　　　　　　맛을 들여 매일 하고 있다.

● 味も 素っ気も ない　[직역]「맛도 멋도 없다」・(아무런 멋이 없는 모습) 맛도 멋도 없다, 무미하다

・何の～　아무런 맛도 멋도 없다

복합명사

- 味 – 塩しお　　　　　　　　　맛소금

- 持もち ┐
  塩しお │ + 味　(원래 가지고 있는 맛) **원래 맛**
  後あと ┘
  　　　　　　(소금을 넣어 간을 한 음식의) **소금 맛**
  　　　　　　(뭔가 끝난 뒤의 불쾌하게 남는 느낌) **뒷맛**
  　　・～が 悪わるい。　　～이 나쁘다.

- 味覚みかく : 酸味さんみ　(酸すい[酸すっぱい] 味あじ)　신맛
  　　　　　　甘味あまみ　(甘味あまい 味あじ)　단맛
  　　　　　　苦味にがみ　(苦にがい 味あじ)　쓴맛
  　　　　　　辛味からみ　(辛からい 味あじ)　매운맛
  　　　　　　塩味しおみ　(塩しお辛からい[しょっぱい] 味あじ)　짠맛

복합형용사

- 味 - 気けない　　1) 무미하다　2) 따분하다
  　　　・生活が ～　　생활이 ～

- 매운 맛을 보다　→　ひどい目めに 会あう
- 따끔한 맛을 보다　→　痛いたい目めに 会あう
- 맛을 겪다　→　危険きけんな目めに 会あう
- 쓴맛단맛을 다 (맛)보다 (인생에 있어 "괴로움과 즐거움을 모두 경험하다"라는 의미로)
  → 酸すいも甘あまいも みんな 味あじわう[かみ分わける]

4급 明日 あした[あす] / 今日 きょう / 昨日 きのう

내일   **오늘**   **어제**

※[참고] 그저께 → おととい   그끄저께 → さきおととい
         모레 → あさって   글피 → しあさって

短文에서 조사가 생략되고 뒷말은「동사는 연용형, 형용사와 형용동사는 어간」으로 바뀌어, "~하기" "~하는 것[사람]" 등의 명사로 전성되기도 하며, 이때 뒷말의 첫 글자가 무성음일 경우에 발음의 편의상 탁음이 붙기도 한다.

◎내일[오늘·어제]이/가 ~(하)다

- 明日 ┐
  今日 │ が ┬ 行いく   가다
  昨日 ┘   └ 待またれる、待まち遠どおしい   기다려지다

◎내일[오늘·어제]을/를 ~하다

- 明日 ┐
  今日 │ を
  昨日 ┘

  ┬ 持まつ   기다리다
  │   ▶ 指折ゆびおり待つ   손꼽아 기다리다
  │   ▶ 待ち焦こがれる   애타게 기다리다
  │   ▶ 首くびを 長ながくして 待つ   학수고대하다
  ├ 約束やくそくする   약속[기약]하다
  ├ 期待きたいする   기대하다
  ├ 備そなえる   대비하다
  ├ 振ふり返かえる   돌아다보다
  │
  └ ※~을 위하여   → ~のために

●내일[오늘·어제]로 ~하다

※「~으로」가 때를 나타내는 말에 붙는 경우에, 1) 그 시점으로 인해 어느 사항이 맺어짐을 나타낼 때에는 「~で」로 표현되고, 2) 시기에 변화를 주는 때를 나타내는 경우에는 「~に」로 표현된다.

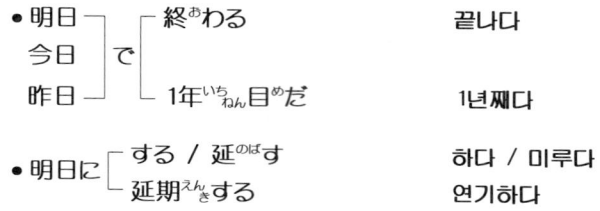

- 明日に ┌ する / 延ばす   하다 / 미루다
　　　　└ 延期する   연기하다

◐ 明日に 向かって 走れ   [직역]「내일을 향해 달려라」· 내일을 향해 뛰어라

◐ 明日は 明日の 風が 吹く   [직역]「내일은 내일의 바람이 분다」·(오늘 어떠한 어려움이 있어도 내일은 사정이 바뀌어 좋아질 수가 있다는 의미로서, 스스로 희망을 갖거나 남에게 희망을 주는 말) 내일은 내일의 해가 뜬다

頭 あたま

(사람과 동물의 목 위의 얼굴이 있는 부분) 머리

短文에서 조사가 생략되고 뒷말은「동사는 연용형, 형용사와 형용동사는 어간으로 바뀌어, "~하기" "~하는 것[사람]" 등의 명사로 전성되기도 하며, 이 때 뒷말의 첫 글자가 무성음일 경우에 발음의 편의상 탁음이 붙기도 한다.

◉머리가 ~(하)다

- 頭が
  - 悪い / いい・よい   나쁘다 / 좋다
  - 鋭い / 鈍い   예리하다 / 둔하다
  - 古い   낡다
  - 固い   단단하다
    - 관용구 頭が 固い [직역]「머리가 단단하다」·(기존의 사고방식에 빠져 그때 그때의 상황의 변화에 대응하지 못하는 모습을 나타내는 의미로) 고지식하다
    - [비교] 融通が きかない   융통성이 없다
    - ▶固く なる   굳(어 지)다
  - 変だ[変に なる]   이상하다[이상해 지다]
  - 重い / 軽い   무겁다 / 가볍다
  - 大きい / 小さい   크다 / 작다
  - 痒い   가렵다
  - 痛い   (병이나 충격으로) 아프다
    - 관용구 頭が 痛い [직역]「머리가 아프다」·(좋은 해결·처리 방법을 찾지 못해) 골치[머리]가 아프다
      - 結婚の問題で ~。
        결혼문제로 골치가 아프다.
  - さえる   맑아지다
    - ▶さえて くる   맑아지다, 맑아져오다

こんがらがる	어수선하다, 복잡하다
(早はやく) 回まわる	(빨리) 돌다

  [참고] "미치다"는 의미의 「머리가 돌다」는 「気きが 狂くるう」로 표현된다.

(柱はしらに) ぶつかる	(기둥에) 부딪치다
割われる	(참을 수 없을 정도로 아픈 상태) 깨지다
▶割れるように 痛いたい	빠개질 듯이 아프다
はげる	벗겨지다
切きれる	잘리다

● 頭が 上あがらない 직역 「머리가 올라가지 않는다」

① (상대가 강하거나 약점을 잡혀 대등한 입장으로 대할 수 없다는 의미로) **고개를 들 수 없다**

② (상대의 호의에 대하여 미안하거나 면목이 없다는 의미로) **얼굴을 들 수 없다**

● 頭が 下さがる 직역 「머리가 내려가다」· (상대방에게 감명을 받거나 존경의 마음이 생겨 저절로 머리가 내려감을 나타내는 의미로) **머리가 숙여진다**

● 머리를 ~하다

	上あげる / 下さげる	들다 / 숙이다
	▶しきりに 下げる	조아리다

  [**참고**] 「頭を もたげる」→ 관용구

• 頭を	(後うしろに) 反そらす	(뒤로) 젖히다
	垂たれる	떨구다, 떨어뜨리다
	回まわす	돌리다

振ふる　　　　　　　　　　　　흔들다

　[관용구] 頭を 横よこに 振ふる [직역]「머리를 가로로 흔들다」・ (반대할 때에 머리를 가로로 흔든다는 것을 나타내어) **머리를 (가로)젓다**

　　[참고]「首くびを 横に 振る」라고도 한다.

　[관용구] 頭を 縦たてに 振ふる [직역]「머리를 세로로 흔들다」・ (찬성할 때에 머리를 세로로 흔든다는 것을 나타내어) **머리를 끄덕이다**

　　[참고]「首くびを 縦に 振る」라고도 한다.

突つき出だす　　　　　(앞으로 불쑥) **내밀다**

×搔かく　　(가렵거나 미안하거나 또는 쑥스러워) **긁(적이)다**

なでる　　　　　　　　　　　　쓰다듬다

抱かかえる　　　　　　　　　　감싸다

押おさえる、抑おさえる　　(위에서) **누르다**

　[비교]「頭を 押さえる」는 손에 힘을 주어 머리를 움직이지 못하도록 (억)누름을, 「抑える」는 밖으로 나오려고 하거나 올라오려고 하는 머리를 저지하여 (억)누름을 나타낸다.

　▶押おさえ付つける　　　　　　짓누르다

(頭あたまで) 突つく　　　　　(머리로) **받다**
　▶突き合あわせる　　　　　　맞대다

打うつ / 殴なぐる　　　　　　치다 / 때리다

×掠かすめる, かする　　　　　스치다

なやます　　　　　　　→ 골치를 섞이다

痛いためる, けがする　　　다치다, 부상 입다

使つかう　　　　　　　　　　쓰다

絞しぼる・×捻ひねる　　(이것저것·이리저리 궁리하는 행위) **짜다, 굴리다**

冷やす　　　　　　　　식히다

[참고] 「冷やす」는 흥분을 가라앉히거나 냉정을 찾기 위함이며, 이와 같이 해석되는 「冷ます」가 있는데, 이는 뜨거운 것의 열을 떨어뜨림을 나타낸다.

去らない　　　　　　 떠나지 않는다

(柱に) ぶつける　　　(기둥에) 부딪치다

割る　　　　　　　　 깨다, 나누다, 부서뜨리다

[전·명] 頭割り : (돈이나 물건을 사람수대로 나누는 것) 머릿수대로 [・~に する　~ 하다]

※머리를 감다[깎다]　→　髪を 洗う[刈る]

※머리를 가르다 (= 가르마를 타다)
　　　　　　　　　　→　髪を 分ける

※머리를 풀다
　→ ①(묶었던 머리를)　髪を ほどく
　　 ②(상을 당하여)　　喪に 服する

관용구

● 頭を もたげる　[직역] 「머리를 쳐들다」・(지금까지 눈에 띄지 않거나 의식되지 않았던 움직임이나 사고 등이 서서히 알려지거나 표면에 떠오르는 의미로) **고개를 (쳐)들다**

● 頭を 丸める　[직역] 「머리를 둥글게 하다」・(절에 들어가 중이 된다는 의미로) **머리를 깎다**

● 頭(を) 隠して 尻(を) 隠さず　[직역] [직] 「머리(를) 감추고 꼬리(를) 숨기지 않는다」・(꿩이 숨을 때에 머리만을 숨기는 데에서 나쁜 일이나 결점의 일부만을 숨기고 전부를 숨긴 양으로 하고 있음을 비웃는 표현) **머리(를) 숨기고 꼬리(를) 숨지지 않는다**

◎머리로 ~하다

- 頭で ┌ 突つく　　　　　　　　　　받다
　　　└ 勝負しょうぶする / 勝かつ　　승부하다 / 이기다

◎머리에 ~하다

- 頭に
　┌ (帽子ぼうし) かぶる　　　　　(모자를) 쓰다
　│　└▶ かぶらせる　　　　　　　　씌우다
　│
　│ 載のせる、いただく　　　　없다 / 이다
　│　[비교] 「載せる」는 차에 물건을 싣듯이 여기서는 인위적으로 머리에 올려놓음을, 「いただく」는 원래 받는다는 의미로서, 눈이나 꽃가루 또는 오색종이 등이 머리에 내려앉아 머리에 인 것 같이 보임을 나타낸다.
　│
　│ 巻まく　　　　　　　　　두르다, 감다
　│　├▶ 巻きつける　　　　　　　동여매다
　│　└▶ 鉢巻はちまきを する　　　　머리띠를 하다
　│
　│ 浮うかぶ　　　　　　　　떠오르다
　│ 入いれる / 入はいる　　　넣다 / 들어오다
　│ 穴あなが あく　　　　　　구멍이 나다
　│　└▶ 穴を あける　　　　　　구멍을 내다
　│
　│ こぶが できる　　　　　혹이 생기다
　│ 当あたる　　　　　　　　맞다
　└ 突つかれる　　　　　　받히다

관용구

● 頭に 来くる　[직역] 「머리에 오다」·(매우 불쾌해 화가 난다는 의미로) 화가 치밀다

복합어가 되면, 뒤에 오는 단어의 첫 글자가 무성음일 경우에 발음의 편의상 탁음이 붙는 경우가 많다.

● 頭 +
- 数ゕず (사람의 수를 비유하는 말) **머릿수**
  - ~が そろう[足りない]
    ~가 갖추어지다[부족하다]
  - ~を そろえる[増ます]
    ~를 갖추다, 맞추다[늘리다]
  - ~で 割る　　~로 나누다
- 株ゕぶ (집단의 주[중심]이 되는 사람) **우두머리**
- 金きん (할부로 물건을 살 때에 처음으로 내는 돈) **선금**
- でっかち ① (머리가 보통이상으로 큰 것. 또는 그런 사람) **가분수**
  ② (머리에 든 것은 있으나 행동으로 보이지 않는 것 또는 그런 사람) **말뿐임, 말뿐인 사람**

- の
  - 上うえ **머리 위**
    관용구 頭の上のハエを 追おう　직역 「머리 위의 파리를 쫓다」・(주로 명령표현인 「頭の上の蝿を 追え (네 앞가림이나 해라)」와 부정표현인 「頭の上の蝿も 追わない (제 앞가림도 못한다)」의 형태로, 남의 일을 참견하기보다 먼저 자신의 일에 대하여 먼저 처리하라, 또는 그렇지도 못하다는 의미로 사용된다)
  - 先さき **머리끝**
  - 天辺てっぺん **머리끝, 머리꼭지, 머리꼭대기**
    관용구 頭の天辺から 足ぁしの爪先つまさきまで　직역 「머리끝에서 발톱 끝까지」・(몸의 전체를 나타내는 의미로) **머리 끝에서 발끝까지**
  - 回転かいてん **머리 회전**　・~が 早はやい
    　　　　　　　　　　　　　　~이 빠르다

- 石いし ┐
- 金かなづち ┘頭   (머리가 단단한 사람) **돌 머리**

　　　　　　　　① (머리회전이 나쁜 사람) **돌대가리**
　　　　　　　　② (융통성이 없는 사람) **고지식한 놈**

● 頭 +
- から — (남의 의향이나 입장은 완전히 무시하고 일방적인 태도를 취하는 모습) **애당초부터, 처음부터**
  - ～ 信しんじて いた　　～ 믿고 있었다
- ごなしに — (남의 변명 따위는 전혀 들으려도 하지 않고 처음부터 특히 야단치거나 나무라는 것) **다짜고짜, 무턱대고**
  - ～ しかる　　～ 야단치다
- 越こしに — **머리너머로**　・～ 見みる　　～ 보다
- 割わりに — **머릿수대로** ☞ page 70

74 명사 표현력

① (어떠한 상황이 끝난 뒤나 순서적으로 뒤쪽 부분) **뒤**
② (현재를 기준으로 한 이후의 시간, 시간이 흐른 후) **뒤, 나중**

※ 시간·기간을 나타내는 말 앞에서 「앞으로~」라는 부사적으로 사용되기도 한다.

短文에서 조사가 생략되고 뒷말은「동사는 연용형, 형용사와 형용동사는 어간으로 바뀌어, "~하기" "~하는 것(사람)" 등의 명사로 전성되기도 하며, 이때 뒷말의 첫 글자가 무성음일 경우에 발음의 편의상 탁음이 붙기도 한다.

① (어떠한 상황이 끝난 뒤나 순서적으로 뒤쪽 부분) **뒤**

●**뒤[나중]가 ~(하)다**

	有利[不利]だ	유리[불리]하다
	いい / 悪い	좋다 / 나쁘다
	怖い	무섭다
・後が	おもしろい	재미있다
	心配だ[問題だ]	걱정이다[문제다]
	心丈夫だ	마음 든든하다
	絶える	끊기다

●**後が ない** [직역] 「뒤가 없다」·(더 이상은 뒤로 물러설 곳이 없다는 의미로) (뒤로) 물러설 곳이 없다

●**뒤[나중]를 ~하다**

・後を	見る / ふり向く / 見回す	보다 / 돌아 보다 / 둘러보다
	追う / つける	쫓다 / 밟다

継つぐ　　　　　　　(앞의 것에 뒤의 다른 것을) 잇다

관용구 後を 継ぐ　직역「뒤를 잇다」・(자손이나 후임자를 대가 끊이지 않도록 잇는다는 의미로서의) 뒤를 잇다

※ 부모의 가업을 상속받아 잇는다는 의미로의 "뒤를 잇다[이어받다]"는「跡あとを 継ぐ」로 표현된다.

전·명 後[跡]継ぎ : 1) 대를 이음, 상속(자)
　　　　　　　　　 2) 후계자

▶引ひき継ぐ　　　　　　　　이어받다

考かんがえる　　　　　　　　생각하다
心配しんぱいする　　　　　　　걱정하다
頼たのむ　　　　　　　　　부탁하다
片かたづける　　　　　　　　치우다

전·명 後片づけ　(뭔가를 한 뒤에 어질러져 있는 것을 정리하는 일) 뒷정리

비교) 後あと始末しまつ

관용구

● 後を 引ひく　직역「뒤를 당기다」・

① (일이 끝난 뒤에도 아직 그 영향이 가시지 않고 남아, 개운하지 않고 꺼림칙한 감이 있다는 의미로) (뒤가) 껄껄하다

• 仲直りを したけれど、まだ 気持ちは 後を 引いて いる。
　화해를 했지만, 아직 기분은 (뒤가) 껄껄하다.

② (한번 입에 대면 조금 더 조금 더하면서 그만두지 못한다는 의미로) 입맛을 끌다[당기다]

• 後を 引きそうな うまさ。
　입맛을 끄는 듯한 달콤함.

• 味あじが 後を 引く。　맛이 입맛을 끈다.

전·명 後引き　　　　　입맛을 끔
　　　後引き上戸じょうご　　술자리가 질긴 술꾼

●뒤(쪽)[나중]에 ～하다

※「뒤(쪽)에」는 시간적으로 일의 뒤쪽[나중]이냐 아니면 먼저 무엇인가를 하고 난 뒤[다음]이냐에 따라서, 전자는「後に」로「後で」로 표현된다.

- 後に
  - つく　　　　　　　　　붙다
    - ▶ついて くる　　　　따라오다
  - する　　　　　　　　　(하는 순서를 바꾸어) 뒤로하다

● 後にも 先さきにも　직역「나중에도 전에도」·(그것을 제외하고는, 외에 동류의 예가 완전히 눈에 띄지 않는 모습) 전무후무하게, 이전에도 나중에도

- そんなことは ～ ないだろう。
  그러한 일은 ～ 없을 것이다.
- そんな 話はなしは ～ 聞きいたことが ない。
  그러한 이야기는 ～ 들은 적이 없다.
- 先生せんせいが 私わたしを ほめたのは、～ あの 時ときだった。
  선생님이 나를 칭찬한 것은 ～ 그 때뿐이었다.

- 後で
  - する [後悔こうかいする…]　　하다 [후회하다…]
  - 書かく　　　　　　　　　쓰다
    - 전·명 後書がき　(편지·저술 등에서 뒤에 첨가하는 글)
      후기　　　↔ 前まえ書がき
  - 残のこる / 残のこされる　　남다 / 남겨지다
  - 払はらう　　　　　　　　　지불하다
    - 전·명 後払はらい　　후불　↔ 前まえ払はらい
  - 言いう　　　　　　　　　말하다
    - ▶ごちゃごちゃ 言う　　지저분하게 말하다
    - ▶ごちゃごちゃ 言わない　뒤끝이 없다
  - ※나중에 탈이 없다 → 後腐あとくされが ない
    (뒤탈이 없다)
    [참고] 後腐くされ : 뒤탈

●뒤(쪽)에서 ~하다

※ 장소를 나타내는 명사에 붙는 「~에서」가, 1) 그 동작이 행해지는 "행위의 장소"이면 조사 「~で」로, 2) 그 동작과 작용이 그곳에서부터 발생 또는 발견하게 되었다는 "행위·발생의 기점 및 출처"이면 조사 「~から」로 표현한다.

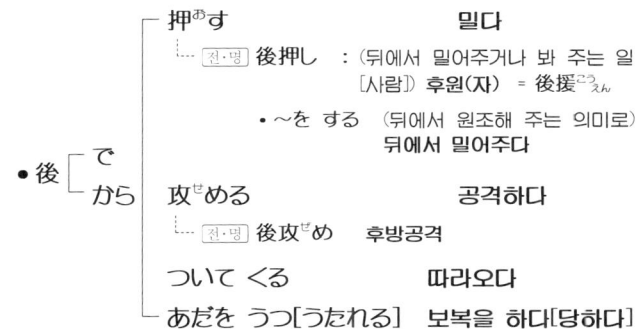

●뒤(쪽으)로 ~하다

※ 장소를 나타내는 명사에 붙는 「~(으)로」는, 그 행위의 진행이 1) 그쪽 방향으로 향하고 있다는 "행위의 방향"이면 조사 「~へ」로, 2) 그 지점을 목적지로 향하고 있다는 "행위의 도달지점"이면 조사 「~に」로 표현된다.

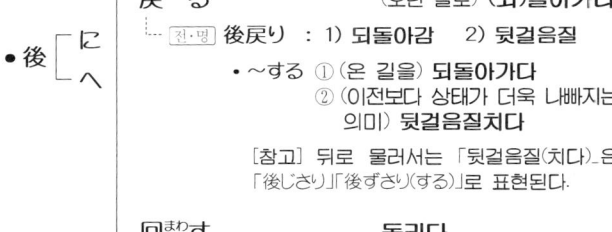

- **後の祭り** [직역]「나중의 축제」·(시기를 잃고 나서 이것저것 해봐도 아무런 도움도 안됨을 비유해) 소 잃고 외양간 고치기, 버스 지나간 뒤 손 흔들기, 사후 약방문, 원님 행차 뒤에 나팔불기
  - 今頃、気が 付いても ～だ。　이제서, 알아차려도 ～(이)다.

- **後は 野となれ 山となれ** [직역]「나중은 들이 되든 산이 되든」·(눈앞의 일만이 잘 처리되면, 뒤의 일은 어떻게 되든 상관없다고 내팽겨침을 비유해) 나중에 삼수갑산을 갈지라도, 나중은 죽이 되든 밥이 되든

복합어가 되면, 뒤에 오는 단어의 첫 글자가 무성음일 경우에 발음의 편의상 탁음이 붙는 경우가 많다.

● 後 ＋

- 足（네다리 동물의）뒷발, 뒷다리　↔ 前足
  - 犬が ～で 立つ　～로 서다

  [관용구] **後足で 砂を かける** [직역]「뒷발로 모래를 뿌리다」·(신세를 진 사람의 집 등을 나오면서, 은혜를 갚기는커녕 오히려 폐를 끼치는 것을 비유하는 말) 뒤통수를 치다

- 味（뭔가 먹고 난 뒤의 맛과 느낌）뒷맛

  [관용구] **後味が いい[悪い]** [직]「뒷맛이 좋다[나쁘다]」·(뭔가의 언행 뒤에 불쾌한 응어리가 남아 개운하지 않은 느낌) 뒷맛이 좋다[나쁘다]

- 金（물품을 인수한 뒤에 내기로 한 대금）후불대금
  - ～を 払う　～을 지불하다

口 ぐち ① (뭔가를 신청·대기 등의 차례) **뒷 번호[순서·차례]** ↔ 先口 せんぐち

・〜を もらう　〜를 받다

② (뭔가를 먹거나 말하거나 또는 일이 끝나고 나서 쓸데없는 것까지 또는 상대의 마음을 상하게 한 것은 아닌가하고 염려되는 기분) **뒷맛** ＝ 後味

・〜が 悪 わるい[苦 にがい]　〜이 나쁘다[쓰다]

・〜に すいかを たべる
　　　　　　입가심으로 수박을 먹다

先 さき　(순서적인 의미와 앞뒤의 사정 또는 결과적인 의미로) **앞 뒤**

・〜に なる　(순서의)(앞뒤가) 뒤바뀌다

・〜を わきまえる[考 かんがえる・見 みる]
　　　(사정의) 앞뒤를 가리다[생각하다·보다]

[비교]「前後 ぜんご」: (장소·방향·시간적인) 전후

復 ばら　(원래는 출산 후의 복통을 나타내는 의미이며, 이는 일이 끝난 뒤, 일어나는 고통과 장해를 나타내는 후유증의 의미로도 쓰임) **후유증** [後遺症 こういしょう]

・〜を 病 やむ　　〜을 앓다

始末 しまつ　(일이 끝난 뒤의 정리나 불미스러운 일에 대한 뒤에 수습·처리하는 일) **뒷정리, 뒤처리 ; 뒤치다꺼리** ＝ 後片 あとかたづけ

・〜を する[まかせる]　〜를 하다[맡기다]

後 あと　(그로부터 쭉 한참 뒤) **한참 뒤, 먼 훗날**

・〜のために　〜을 위하여

腐 くされ　**뒤탈** ・〜が ない　〜이 없다

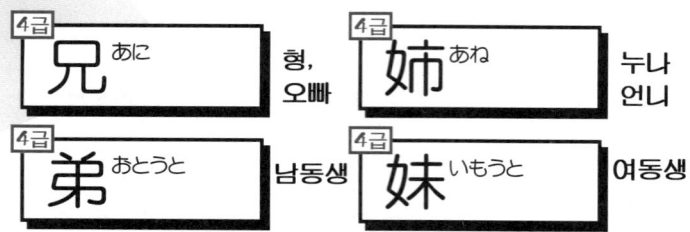

[참고] 이는 관계를 구분 짓는 표현으로서, 자신의 가족을 남에게 지칭할 때에는 그대로 표현하지만, 자신의 위의 형제를 정중하게 각각 「(お)にいさん (형)」「(お)ねえさん (누나)」이라고 하며, 특히 남의 가족을 지칭하거나 부를 때의 호칭으로서는 각각 「おにいさん」「おねえさん」「おとうとさん」「いもうとさん」이라고 한다.

● 형(오빠)[누나(언니)]이/가 ~(하)다

- ~が
  - いる / いない　　　　　　있다 / 없다
    [비교]「いる[いない]」는 사람·동물의 有無를 나타내며, 참고로「ある[ない]」는 사물의 有無를 나타낸다.
  - やさしい / 怖(こわ)い　　　 상냥하다 / 무섭다
  - しかる / たたく　　　　　　야단치다 / 때리다

● 형(오빠)[누나(언니)]을/를 ~하다

- ~を
  - 待(ま)つ　　　　　　　　　기다리다
  - したう　　　　　　　　　　따르다
  - 慕(した)う　　　　　　　　사모[그리워]하다
  - 見下(みくだ)す　　　　　　얕[깔]보다, 우습게 보다
  - あおる / おだてる　　　　부추기다 / 치켜세우다
  - 唆(そそのか)す　　　　　　꼬드기다

●형(오빠)[누나(언니)]과/와 ~하다

- ~と
  - ˣ喧ˣ嘩ｹﾝｶを する　　　　싸움을 하다
  - 一緒ｲｯｼｮに (する・…)　　함께 (하다・…)
  - 年ﾄｼの差ｻがある　　　　나이 차가 있다
  - 年子ﾄｼｺだ　　　　　　　연년생이다

●형(오빠)[누나(언니)]으로서 ~하다

- ~として
  - 一言ﾋﾄｺﾄ 言ｲう　　　　　한마디하다
  - 責任ｾｷﾆﾝを とる　　　　책임을 지다

●형(오빠)[누나(언니)]에게 ~하다

※ 대상을 나타내는 명사에 붙는「~에게」가, 1) 어느 동작과 작용이 그 대상을 상대로 그 대상에게 행해지거나 발생되는 경우, 즉 "동작과 작용이 미치는 대상"을 나타내는 경우와 2) 반대로 그 대상에게 어느 동작과 작용을 받는다거나 또는 그 대상에게 영향을 받아 그렇게 하게/되게 된다는 "수동적인 동작과 작용의 대상"을 나타낼 경우에는 조사「~に」로 표현된다.

- ~に
  - あげる / もらう　　　　주다 / 받다
  - 話ﾊﾅす / 言ｲう　　　　　이야기하다 / 말하다
  - 聞ｷく　　　　　　　　듣다, 묻다
  - 頼ﾀﾉむ　　　　　　　　부탁하다
  - 借ｶりる　　　　　　　　빌리다
  - 食ｸって かかる　　　　대들다
  - ほめられる / しかられる
    　　　　　　　　칭찬 받다 / 야단맞다, 혼나다
  - ぶたれる、なぐられる　　(매)맞다

그러나 「~から」는 원래 때와 장소를 나타내는 말에 붙어 「~부터」라는 "시발점"을 나타내는 의미이듯이, 대상을 나타내는 말에 붙어서는 즉, 그 대상으로부터 그렇게 이루어지게 되었다는 "출처나 출처가 되는 주체"를 나타낸다.

- ~から
  - もらう   받다 / 받다
  - 聞く   듣다
  - 借りる   빌리다
  - ほめられる / しかられる   칭찬 받다 / 야단맞다, 혼나다
  - ぶたれる、なぐられる   (매)맞다

복합어가 되면, 뒤에 오는 단어의 첫 글자가 무성음일 경우에 발음의 편의상 탁음이 붙는 경우가 많다.

- 兄 +
  - 貴き   (『兄』의 경칭 또는 조직사회의 윗사람) **형님**
  - 弟子で   (자신보다 먼저 수제자가 된 사람) **사형**
  - 嫁よめ   (『兄』의 처) **형수**

- 姉さん +
  - 女房にょうぼう   (남편보다 나이가 많은 부인) **연상의 부인**
  - ▽被かぶり   (특히 여성들이 집안 일을 할 때에 수건으로 머리를 감싸는 한 방법으로, 넓게 펼친 수건의 중앙을 이마에 대고, 양쪽 끝을 머리 뒤로 돌려 한쪽 끝을 머리 위로 올려 끼우는 방법)

- 腹はらちがい / 親おやがかり の 兄[姉・弟・妹]
  - 이복 ~
  - (나이가 들어서도) 부모에게 의지하는 ~

4급 雨 あめ

(대기중의 수증기가 높은 곳에서 냉각에 의해 응고되어 떨어지는 물방울) 비

短文에서 조사가 생략되고 뒷말은「동사는 연용형, 형용사와 형용동사는 어간」으로 바뀌어, "~하기" "~하는 것[사람]" 등의 명사로 전성되기도 하며, 이 때 뒷말의 첫 글자가 무성음일 경우에 발음의 편의상 탁음이 붙기도 한다.

◉비가 ~(하)다

- 雨が
  - 降る / 止む / あがる   내리다, 오다 / 멎다 / 개다
    - 전·명 雨降り : 비가 옴, 비가 오는 날[날씨]
      - ~の日は 家で 遊ぶ。
        비가 오는 날에는 집에서 논다.

    - 雨上がり : 막 비가 갬[갠 뒤]
      - ~の空に 虹が かかる。
        비가 갠 하늘에 무지개가 뜬다.

    - 관용구 雨(が) 降って 地(は) 固まる 직역「비(가) 오고 땅이 굳는다」· (어떠한 일을 겪은 뒤에 오히려 좋아짐을 비유하여) 비(가) 온 뒤 땅(은) 굳는다

      雨が 降ろうと ×槍が 降ろうと 직역「비가 오든 화살이 오든」· (어떠한 일이 일어나도 한번 마음먹은 것은 하고 만다는 의미로) 하늘이 무너져도
      = 火が 降っても ×槍が 降っても

  - 降ったり 止んだり する   오락가락하다
  - どしゃ降りに なる   퍼붓다
  - 降り注ぐ   쏟아지다

  > ※ 비가 오는 모습
  > - しとしと (부슬부슬)   • しっとり (촉촉히)
  > - じゃあじゃあ(と) (쫙쫙)

```
├─ 落ちる                        떨어지다
│   └─ 전·명  雨あま落ち ①(낙수가 떨어지는 곳)
│                         ②(극장 등의 무대 맨 앞의 관람석)
│
├─ 垂たれる                      드리우다
│   └─ 전·명  雨あま垂たれ : 낙숫물        = 雨の滴しずく
│       • ~が 落おちる              ~이 떨어지다.
│       • ~が 石いしを うがつ       ~이 돌을 뚫는다.
│       • ~ 拍子びょうし    (낙숫물이 속도가 일정하게 떨
│                                 어지듯이) 똑같은 박자
│
└─ 漏もる[漏もれる]               새다
    └─ 전·명  雨あめ[あま]漏り : 비가 샘[새는 것]
            • ~を とめる        ~을 막다
            • ~する            비가 새다
```

●비를 ~하다

```
          ┌─ ふせぐ / 遮さえぎる      막다 / 가리다, 차단하다
          │  よける                   피하다
          │   └─ 전·명  雨あまよけ : ①(비에 젖지 않도록 덮는 것) 비
          │                             마개 = 雨あまおおい
          │                          ②(비를 피하는 것) 비 피하기
          │                            • ~する       ~를 하다.
          │
• 雨を ──┤  覆おおう                   덮다[가리다]
          │   └─ 전·명  雨あま覆い : 비를 막는 덮개
          │
          │  待まつ                    기다리다
          │  乞こう                    청하다
          │   └─ 전·명  雨あま乞ごい : (비가 오길 바람) 祈雨
          │
          │  催もよおす                재촉하다
          │
          └─ ※비를 맞다 →  雨に 打うたれる
                             雨に 当あたる
```

◉비로 ~하다

- 雨で
  - 欠席(けっせき)する　　　　결석하다
  - 曇(くも)る　　　　흐리다
    - [전·명] 雨(あま)曇(ぐも)り : (지금이라도 비가 내릴 것 같이 잔뜩 흐린 상태) 비올 것 같이 흐림
  - 足止(あしど)めを く(ら)う　　　　발이 묶이다

◉비에 ~하다

- 雨に
  - 濡(ぬ)れる　　　　젖다
  - 洗(あら)われる　　　　씻기다
  - さらす　　　　맞히다
    - [전·명] 雨(あま)ざらし : 비에 맞힘
      - ~に なった おもちゃ。
        비에 맞힌 장난감.
  - ※当(あ)たる[打(う)たれる] → 비를 맞다
    - [비교] 「当たる」는 비가 몸에 와 닿음을, 「打たれる」는 심하게 비를 맞음을 나타낸다.

복합명사

복합어가 되면, 뒤에 오는 단어의 첫 글자가 무성음일 경우에 발음의 편의상 탁음이 붙는 경우가 많다.

- 雨(あま) +
  - 雲(ぐも)　　비구름
  - 水(みず)　　빗물
    - ~が あふれる　~이 넘치다
    - ~が たまる　~이 괴다
    - ~が ためる　~을 모으다
  - 粒(つぶ)　　빗방울
  - 音(おと)　　빗소리

傘^{かさ}	비우산	
風^{かぜ} [= あめかぜ] (비와 바람이 동시에 오거나 불거나 또는 고달픔을 비유적으로) 비바람		
• ~が はげしい	~이 심하다	
• ~を ふせぐ	~을 막다	
• ~を 凌^{しの}ぐ	가난하게 살아가다	
支度^{じたく}	비 대비	
宿^{やどり}	비 피하기	• ~を する。 비를 피하다
具^{ぐ}	(비가 때에 사용하는 착용물) 우비	
着^{ぎ}	우의, 비옷	
靴^{ぐつ}	우화, 장화	
足^{あし}	빗발, 빗줄기	※「あめあし」라고도 한다
×霰^{あられ} = あめあられ	① 비와 싸락눈 ② 빗발침	
がえる	청개구리	
空^{ぞら}	① 비가 올 듯이 찌푸린 하늘 ② 비가 내리는 하늘, 우천	
戸^{と}	덧문	
×樋^{とい}	(지붕의 빗물이 흘러내리도록 한) 홈통	
模様^{もよう} = あまもよう	비가 올 듯한 모양	
気^{け}	(비가 올 듯한) 우기 • ~を おびる ~을 띠다	
夜^{よ}	비오는 밤	
間^{ま}	비가 맞은 틈 = 雨^{あま}あい	
あい	비가 맞은 틈 = 雨^{あま}間^{ま}	
がち	비가 오기 일쑤 임	

- 雨^{あめ} + の ┬ 中^{なか} 빗속   • ~を 歩^{ある}く   ~을 거닐다
            └ 音^{おと} 빗소리 = 雨音^{のく}
                    • ~を 聞^{き}く   ~을 듣다

o 通^{とおり}-雨   지나가는 비   (とおる・지나가다)

あめ[×飴]

(전분으로 만든 달콤한 먹을거리) **엿**

短文에서 助詞가 생략되고 뒷말은「동사는 연용형, 형용사와 형용동사는 어간으로 바꾸어, "~하기" "~하는 것[사람]" 등의 명사로 전성되기도 하며, 이 때 뒷말의 첫 글자가 무성음일 경우에 발음의 편의상 탁음이 붙기도 한다.

◉ 엿이 ~(하)다

- ×飴が
  - 甘^{あま}い　　　　　　　　달다
  - 固^{かた}まる / 溶^とける　　굳다 / 녹다
  - 曲^まがる　　　　　　　휘다
    - • 飴のように 曲がる　　엿(가락)처럼 휘다

◉ 엿을 ~하다

- ×飴を
  - 食^たべる　　　　　　먹다
    - [참고] 우리말에 있어서「엿 먹이다」는 즉,「곤경에 빠지다 (苦境^{くきょう}に 陥^{おちい}る)」의 사역표현인「곤경에 빠뜨리다 (苦境^{くきょう}に 陥^{おちい}らせる)」로 표현이 가능하며, 또한 욕을 하는 경우의「엿 먹어라」는「くそ食^くえ (똥 먹어라)」로 표현이 가능하다.
  - しゃぶる / なめる　　빨다 / 핥다
    - 관용구 ×飴を しゃぶらせる　직역「엿을 빨게 하다」・
      - ① 승부에서 상대에게 일부러 져주어 방심하게 하거나 남에게 환심을 사도록 수단을 쓴다는 의미로) **미끼를 던지다**
      - ② (교묘한 말로 상대를 현혹시킨다는 의미로) **사탕발림을 하다, 사탕을 물리다**
    - 관용구 ×飴を なめさせる　직역「엿을 핥게 하다」・
      = 飴を しゃぶらせる

```
┌ 塗ぬる                    바르다
├ 付つける                  묻히다
└ 売うる                    팔다
     [전·명] あめ売り : 엿장수
```

●엿으로 ~하다

- ×飴で － 煮にる   조리다[볶다]
     [전·명] あめ煮 : 조청조림, 설탕조림

- ●×飴と 鞭むち [직역]「엿과 채찍」·(공부나 일 등에 전념하게 하기 위해 상대를 추켜세우는 한편 호되게 야단칠 필요가 있음을 비유해) 당근과 채찍

복합어가 되면, 뒤에 오는 단어의 첫 글자가 무성음일 경우에 발음의 편의상 탁음이 붙는 경우가 많다.

```
         ┌ ん棒ぼう            엿가락
● ×飴 +  ├ 色いろ              (물엿과 같이 투명한 엷은 갈색) 조청색
         └ 玉だま              눈깔사탕
```

4급

家 いえ　　(사람이 사는 건물, 또는 자신이 살고 있는 곳) **집**

短文에서 조사가 생략되고 뒷말은「동사는 연용형, 형용사와 형용동사는 어간으로 바뀌어, "~하기" "~하는 것[사람]" 등의 명사로 전성되기도 하며, 이때 뒷말의 첫 글자가 무성음일 경우에 발음의 편의상 탁음이 붙기도 한다.

●집이 ~(하)다

- 家が
  - ※いい → ① 집이 좋다　② 집안이 좋다
  - 古ふるい / 新あたらしい　낡다[오래되다] / 새것이다
  - むさ苦くるしい / 狭苦せまくるしい　누추하다 / 비좁다
  - 空あく　　　　　　　　　　비다
  - 流ながされる　　　　　　　떠내려가다
  - (大雨おおあめで) 沈しずむ、つかる　(홍수로) 잠기다
    - [비교] 여기서의 「沈む」는 보이지 않게 완전히 잠김을, 「つかる」는 일부가 잠김을 나타낸다.
  - (土つちに) うずもれる　　(흙에) 파묻히다
  - 立たち並ならぶ　　　　　즐비하다, 늘어서다
    - ▶家や並なみ : 집이 늘어섬
  - (一方いっぽうに) 傾かたむく　(한쪽으로) 기울다
  - 目めの前まえだ　　　　　목전[눈 앞]이다

- ※ 집이 나다 → ① (구하려는 집이) 売うり家が 出でる
  　　　　　　② (바둑에서) 地ちが できる

- ※ 집이 나가다 → 家が 売うれる

●집을 ~하다

- **家を**
  - 立てる … 세우다, 짓다
  - 作る … 만들다
    - 전·명 家作り : (집을 짓는 일) 집 만들기
  - 崩[壊]す … 헐다
  - 買う / 売る … 사다 / 팔다
    - ▶売りに出す (팔려고) 내놓다
  - 捜す … 찾다[구하다]
    - 전·명 家や捜し : (집을 찾음) 집 구함
  - 見回す … 둘러보다
  - 持つ … 가지다
    - 전·명 家持ち : ①(자기소유의) 집을 가짐[가진 사람]
      ② 가정을 가진 사람 = 家長ちょう
  - 出る … 나가다, 나오다
    - 전·명 家出 : (몰래 집을 빠져나와 돌아·오지[가지] 않는 것) 가출 • ~少年ねん ~소년
    - ▶抜け出る 빠져·나가다[나오다]
  - 空ける … 비우다
    - ※ 이는 살고 있던 집을 다른 사람에게 넘기기 위해 "집을 비우다"는 의미이다.
      그러나 집을 외출이나 볼일로 잠시 집을 나가 "집을 비우다"와 "집을 지키다"는 다음과 같이 표현된다.
      - 집을 비우다 → 留守るすに する
      - 집을 지키다 → 留守る番ばん(を) する
    - ▶空け渡す 비어주다
  - 飛び出す … 뛰어나오다
  - 離れる … 떠나다
  - 滅ぼす … 망치다
  - 目の前に する … 목전에 두다

◉집에서 ～하다

※ 장소를 나타내는 명사에 붙는 「～에서」가. 1) 그 동작이 행해지는 "행위의 장소"이면 조사 「～で」로. 2) 그 동작과 작용이 그곳에서부터 발생 또는 발견하게 되었다는 "행위·발생의 시발점 및 출처"이면 조사 「～から」로 표현한다.

- 家で － する[遊あそぶ・休やすむ・待まつ …]

  하다[놀다·쉬다·기다리다 …]

- 家から ┌ 出でる   나오다
        └ 見みえる   보이다

◉집에 ～하다

- 家に ┌ 居いる / ある   있다
      │ 残のこる / こもる   남다 / 틀어박히다
      │ (ガレージが) 付つく   (차고가) 딸리다
      │   ⋮ 전·명 家付つき : (원래부터 집에 딸려 있는 것) 집이 딸림
      │   ・～の土地。 집이 딸린 토지.
      └ ※～ 家に 生うまれる → ～ 집(안)에 태어나다
           ・貧乏びんぼうな 家に 生まれる。
             가난한 집안에 태어나다.

복합어가 되면, 뒤에 오는 단어의 첫 글자가 무성음일 경우에 발음의 편의상 탁음이 붙는 경우가 많다.

- 家 + ┌ ばえ   집파리
      │ ばと   집비둘기
      │ 主ぬし   (임대한 집의 주인) 집주인 ※「やぬし」라고도 함
      │ 柄がら   (집의 격식) 가풍
      │ 筋すじ   (내려오는 집안의 혈통) 집안 혈통 = 家系けい
      │ 構がまえ 집 구조
      └ 路じ   (집으로 돌아가는 길) 귀가 길

4급
池 いけ

(특히 정원에 땅을 파서 물을 담은 곳이나 땅에 생긴 웅덩이 물이 모여있는 곳) **연못**
※「湖(みずうみ: 호수)」보다는 규모가 작다.

短文에서 조사가 생략되고 뒷말은「동사는 연용형, 형용사와 형용동사는 어간으로 바뀌어, "~하기" "~하는 것[사람]" 등의 명사로 전성되기도 하며, 이때 뒷말의 첫 글자가 무성음일 경우에 발음의 편의상 탁음이 붙기도 한다.

●연못이 ~(하)다

- 池が
  - 浅 あさい / 深 ふかい   얕다 / 깊다
  - できる   생기다

●연못을 ~하다 (목적을 의한 동작)

- 池を
  - 掘 ほる   파다
  - 回 まわる   돌다
    - ▶くるくる 回る   맴돌다
  - 作 つくる   만들다

●연못에서 ~하다

※ 장소를 나타내는 명사에 붙는「~에서」가, 1) 그 동작이 행해지는 "행위의 장소"이면 조사「~で」로, 2) 그 동작과 작용이 그곳에서부터 발생 또는 발견하게 되었다는 "행위·발생의 시발점 및 출처"이면 조사「~から」로 표현한다.

- 池で
  - 遊 あそぶ   놀다
  - 泳 およぐ   헤엄치다
    - ▶水泳 すいえいする   수영하다
  - (魚 さかなを) 釣 つる / 取 とる   (물고기를) 낚다 / 잡다
    - ▶釣りを する   낚시를 하다

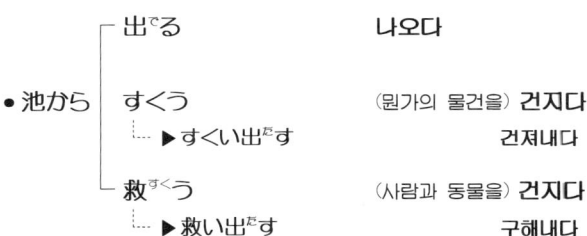

	出る	나오다
・池から	すくう	(뭔가의 물건을) 건지다
	▶すくい出す	건져내다
	救う	(사람과 동물을) 건지다
	▶救い出す	구해내다

●연못에 ～하다

	入る / 飛び込む	들어가다 / 뛰어 들다
・池に	溺れる	빠지다
	水を たたえる	물을 채우다

복합어가 되면, 뒤에 오는 단어의 첫 글자가 무성음일 경우에 발음의 편의상 탁음이 붙는 경우가 많다.

	ほとり	연못가(근처)
・池の +	ふち	연못가(장자리)
	回り	연못가(주위)
	底	연못바닥

3급 石 いし
1) (광물질인) 돌
2) (바둑의) 돌

短文에서 조사가 생략되고 뒷말은「동사는 연용형, 형용사와 형용동사는 어간으로 바뀌어, "~하기" "~하는 것(사람)" 등의 명사로 전성되기도 하며, 이때 뒷말의 첫 글자가 무성음일 경우에 발음의 편의상 탁음이 붙기도 한다.

●돌이 ~(하)다

- 石が
  - 重^{おも}い / 軽^{かる}い　　　무겁다 / 가볍다
  - 固^{かた}い　　　　　　　　단단하다
  - 丸^{まる}い / 平^{ひら}たい　　둥글다 / 넓적하다

  - 転^{ころ}がる / 落^おちる　　구르다 / 떨어지다
  - 割^われる / 砕^{くだ}ける / 壊^{こわ}れる

    쪼개지다, 갈라지다 / 깨지다 / 부서지다

    [비교]「割れる」는 셀 수 있을 정도로 크게 조각이 남을,「砕ける」는 잘게 조감이 남을,「壊れる」는 그 형태를 잃을 정도로 파손됨을 나타낸다.

    ▶ 二^{ふた}つに 割れる　　　둘로 갈라지다
    ▶ こなごなに 砕ける　　　산산이 깨지다
    ▶ こなごなに なる　　　　산산조각이 나다

●돌을 ~하다

1) (광물질) 돌

- 石を
  - (足^{あし}で) △蹴^ける　　(발로) 차다
  - 投^なげる　　　　　　던지다
  - 投げうつ　　　　　　내던지다

  ※바둑에서의 패배를 인정하고 더 이상 두지 않겠다는 의미의「돌을 던지다」는「投^なげを 打^うつ」로 표현된다

割る / 砕く　　　　　　깨(뜨리)다 / 부수다, 바수다
つぶす　　　　　　　　으깨다
切る　　　　　　　　　자르다

　　전·명 石切り : (채석장에서 돌을 자르는 일이나
　　　　　　　　그러한 일을 하는 사람) 채석공

　　　石切り場 : 채석장 　= 採石場

▶ 切り出す　　　　　　　잘라내다

研ぐ・磨く　　　　　　갈다

[비교]「石を 研ぐ」는 돌을 다른 강한 것에 문질러 갊을,「石を 磨く」는 다른 뭔가를 이용하여, 돌을 갊을 나타낸다. 또한「石を 磨く」는 돌을 뭔가를 이용하여 광이 나도록 닦는다는 의미도 있다.

擦する　　　　　　　　(서로 마찰시켜) 비비다
熱っする　　　　　　　달구다
(底に) 敷く　　　　　　(바닥에) 깔다
(木で) 支える　　　　　(나무로) 받치다

2) (바둑의) 돌

決める　　　　　　　　정하다
持つ　　　　　　　　　가지다

▶ 白[黒]の 石を 持つ　　백[흑] 돌을 가지다

打つ　　　　　　　　　두다

※「바둑을 두다」인「棋を 打つ」와 같은 의미로 사용된다.

── ※ (바둑에서) 돌을 던지다 → (바둑에서의 패배를 인정하고 더 이상 두지 않겠다는 의미의) "돌을 던지다"는「投げを 打つ」로 표현된다.

◉돌로 ~하다

- 石で
  - 押^おさえる — 누르다
    - ▶押さえて おく — 눌러놓다
  - 割^わる — 깨다
  - つぶす — 으깨다
  - (下^{した}を) 支^{ささ}える — (밑을) 받치다

◉돌에 ~하다

- 石に
  - 刻^{きざ}む — 새기다
  - つまずく — 걸리다, 채이다
    - ▶つまずいて 転^{ころ}ぶ — 걸려 넘어지다
  - 이끼가 끼다
  - 焼^やく — 굽다
    - 전·명 石焼き : 돌구이 • ~いも 군고구마
  - 擦^する — 갈다
  - 枕^{まくら}する → 돌을 베개삼다

복합어가 되면, 뒤에 오는 단어의 첫 글자가 무성음일
경우에 발음의 편의상 탁음이 붙는 경우가 많다.

- 石 +
  - 頭^{あたま} — 석두, 돌 머리, 돌대가리 (あたま・머리)
    - 비교) 金^{かな}づち頭^{あたま} 쇠대가리
  - 仏^{ほとけ} — 돌부처 (ほとけ・부처)
  - 山^{やま} — (돌이 많거나 돌을 캐는 산) 돌산 (山・산)

垣かき	돌 축대	(かき・울타리)
べい	돌담	(へい・담)
橋ばし	돌다리	(はし・다리)

관용구 石橋を 殴たたいて 渡わたる 직역 「돌다리는 두드리고 건너다」・(작은 방심이나 부주의로 인하여 큰일을 초래할 수 있음을 비유해) 돌다리도 두드려 보고 건너다

うす	① 돌절구 ② 맷돌	(うす・절구)
ころ	(작은) 돌맹이	
段だん	돌층계, 돌계단	
灯どうろう	석등	
工く	(돌을 다듬는 일이나 그러한 일을 하는 사람) 석공 비교) 石切きり ☞ page 95	
のり	돌김	(のり・김)
だい	돌돔	(たい・돔)
もち	조기	(持もつ・가지다)

└ の一 上うえ[中なか・下した]　　돌 위[속・아래]

관용구 石の上にも 三年さんねん 직역 「돌 위에도 3년」・(차가운 돌 위라도 3년 동안 앉아있으면 따뜻해진다는 의미로서, 참고 견디면 언젠가는 좋은 일이 있을 것이다라는 의미를 비유하여) 참고 견디면 좋은 날이 온다

○ 碁ご ┐	바둑 돌	(碁・바둑)
黒くろ │ +石	검은 돌	(くろい・검다)
白しろ │	흰 돌	(しろい・하얗다)
上あげ ┘	(바둑에서) 따낸[잡은] 돌	(上げる・올리다)

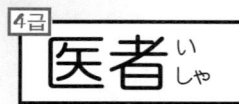

(병과 상처의 진료 및 치료를 직업으로 하는 사람)
의사

短文에서 조사가 생략되고 뒷말인「동사는 연용형, 형용사와 형용동사는 어간」으로 바뀌어, "〜하기" "〜하는 것[사람]" 등의 명사로 전성되기도 하며, 이때 첫 글자가 무성음일 경우에 발음의 편의상 탁음이 붙기도 한다.

●의사가 〜(하)다

- 医者が ┌ 来^くる / 診察^{しんさつ}を する   오다 / 진찰을 하다
          └ ※의사가 되다 → 医者に なる

●의사를 〜하다

- 医者を ┌ 呼^よぶ   부르다
          └ 信^{しん}じる / 従^{したが}う   믿다 / 따르다

●의사에게 〜하다

- 医者に ┌ 行^いく / 任^{まか}せる   가다 / 맡기다
          └ ※의사에게 치료를 받다
              → 医者に かかる ・ 医者の 治療^{ちりょう}を 受^うける
           ※医者に 従^{したが}う   의사에 따르다

○ 歯^は		치과의사	(は・이)
内科^{ないか}	＋ 医(者)	내과의(사)	(ないか・내과)
外科^{げか}		외과의(사)	(げか・외과)

4급 椅子 いす

(허리를 걸쳐 앉을 수 있는 도구) 의자

短文에서 조사가 생략되고 뒷말은「동사는 연용형, 형용사와 형용동사는 어간으로 바뀌어, "~하기" "~하는 것[사람]" 등의 명사로 전성되기도 하며, 이때 첫 글자가 무성음일 경우에 발음의 편의상 탁음이 붙기도 한다.

◉ 의자가 ~(하)다

• 椅子が
  - 長ながい / 短みじかい　　길다 / 짧다
  - 高たかい / 低ひくい　　높다 / 낮다
  - 楽らくだ / 不便ふべんだ　편안하다 / 불편하다

  - 空あく / つまる　　비다 / 차다
  - 揺ゆれる　　　　　흔들리다
  - 壊こわれる、つぶれる　부서지다 / 내려앉다
    └─ [비교]「壊れる」와「つぶれる」 ☞「壊す」와「つぶす」
  - きしむ　　　　　　삐걱거리다
  - ひっくり返かえる　　(뒤로) 넘어가다

◉ 의자를 ~하다

• 椅子を
  - 引ひく　　　　　끌다, (앞으로) 당기다
  - 下さげる　　　　(뒤로) 빼다, 물리다
  - 揺ゆする　　　　흔들다
  - 壊こわす、つぶす　부수다
    └─ [비교]「壊す」는 제 기능을 못하도록 망가뜨림을. 「つぶす」는 위에서 강한 눌러 뭉개지게 함을 나타낸다.
  - 作つくる　　　　만들다

◎의자에 ~하다

- 椅子に ┌ 座^{すわ}る / (腰^{こし})かける   앉다 / 걸쳐 앉다
        └ ペンキを 塗^ぬる   페인트를 칠하다

◎의자에서 ~하다

※ 장소를 나타내는 명사에 붙는 「~에서」가, 1) 그 동작이 행해지는 "행위의 장소"이면 조사 「~で」로, 2) 그 동작과 작용이 그곳에서부터 발생 또는 발견하게 되었다는 "행위·발생의 기점 및 출처"이면 조사 「~から」로 표현한다.

- 椅子で - 寝^ねる   자다

- 椅子から ┌ 立^たち上^あがる   일어서다
          └ 飛^とび降^おりる   뛰어내리다

○ 長^{なが}		긴 의자, 벤치 (長い·길다)
回転^{かいてん}	+ 椅子	회전의자 (かいてん·회전)
安楽^{あんらく}		회전의자 (あんらく·안락)
揺^ゆり		흔들의자 (ゆる·흔들다, 흔들리다)

3급 糸 いと

(명사・모사 또는 생사・합성섬유 등을 방직하여 길게 선 모양으로 이어진 것) **실**

短文에서 조사가 생략되고 뒷말은「동사는 연용형, 형용사와 형용동사는 어간으로 바꾸어, "~하기" "~하는 것[사람]" 등의 명사로 전성되기도 하며, 이 때 첫 글자가 무성음일 경우에 발음의 편의상 탁음이 붙기도 한다.

●실이 ~(하)다

- 糸が
  - 細ほそい / 太ふとい   가늘다 / 굵다
  - 弱よわい / 丈夫じょうぶだ   약하다 / 질기다
  - 切きれる / 切きられる   끊어지다 / 끊어지다, 끊기다
    - [비교]「切れる」는 제멋대로 잘린 현재의 현상을, 「切られる」는 타인이나 다른 영향에 의해 그렇게 되어버린 수동태 표현이다.
  - 垂たれ下さがる   처지다
  - ゆるむ, たるむ   느슨해지다
  - 絡からまる / もつれる   얽히다 / 꼬이다
    - ▶ 絡からみ合あう   얽히다
  - ほどける   풀리다

●실을 ~하다

- 糸を
  - 作つくる / つむぐ   만들다 / 뽑다[잣다]
    - [전·명] 糸作つくり : (오징어나 물고기를 실처럼 가늘게 썰어 만든 회나 그 요리) **채로 썲**
  - 結むすぶ / ほどく   묶다, 매다 / 풀다
  - 切きる   끊다
    - [전·명] 糸切きり歯は : 송곳니 = 犬歯けんし

```
巻まく                          감다
```
└─ 전·명 糸巻き : 실패, 실감개

```
繰くる                          당겨 감다
```
├─ 전·명 糸繰り : (실을 짜는 일이나 사람) 얼레질(하는 사람)

　　　糸繰り車くるま : (실 짜는 도구) 물레

└─ ▶手繰たぐる   (양손으로 번갈아) 잡아당기다

```
引ひく                          ① 당기다
```
└─ 관용구 糸を 引く [직역]「실을 당기다」·(인형극에서 인형을 실을 당겨 움직이듯이, 자신은 표면에 나서지 않고 뒤에서 남을 자신의 생각대로 움직이게 한다는 의미로) 조정하다

　　• 裏うらで 糸を 引いている だれかが いる。
　　　　　　　　뒤에서 조정하고 있는 누군가가 있다.

(針はりに) 通とおす   (바늘에) 꿰다
よる   꼬다
染そめる   물들이다

●실로 ～하다 (수단·재료·도구)

• 糸で ┌ 結むすぶ / くくる   묶다, 매다 / (다발로) 묶다
　　　├ 編あむ   짜다
　　　└ (歯はを) 抜ぬく   (이를) 뽑다

●실에 ～하다

• 糸に ┌ ぶら下さげる / つるす   매달다 / 늘어뜨리다
　　　└ 結むすばれる   묶이다

복합동사 ~~~~~ 복합어가 되면, 뒤에 오는 단어의 첫 글자가 무성음일
경우에 발음의 편의상 탁음이 붙는 경우가 많다.

- 糸 +
  - くず　　　　실밥
  - 筋(すじ)　　実낱　　※~같다 → か細(ほそ)い
  - 目(め)　　　가는 선[금]
  - 眉(まゆ)　　실눈썹
  - のこ　　　　실톱
  - 口(くち)　　(단서) 실마리　　※~を つかむ　~를 잡다
  - 巻(ま)き　　실패
  - 偏(へん)　　(한자부수의 하나) 실사변
  - とんぼ　　　실잠자리
  - みみず　　　실지렁이

참고
※ 실바람 → よそ風
※ 실비　→ こぬか雨(あめ)
※ 실눈　→ 細目(ほそめ)

- つむぎ ┐
- 毛(け)　│
- 絹(きぬ)　├ + 糸　　견사　　※ 면사 → 綿糸(めんし)
- クモ + の ┘

  - 명주실
  - 털실, 모사
  - 견사
  - 거미줄

・・・・・・・・・・・ 104 명사 표현력 ・・・・・・・・・・・

(사람에 의해 길들여진 짐승의 하나) **개**

(사람에 의해 길들여진 짐승의 하나) **고양이**

短文에서 조사가 생략되고 뒷말은「동사는 연용형, 형용사와 형용동사는 어간」으로 바꾸어, "~하기" "~하는 것[사람]" 등의 명사로 전성되기도 하며, 이때 뒷말의 첫 글자가 무성음일 경우에 발음의 편의상 탁음이 붙기도 한다.

●개[고양이]가 ~(하)다

・犬 / ・猫 が

- 大おおきい / 小ちいさい　　　　크다 / 작다
- かわいい / こわい　　　　　　귀엽다 / 무섭다

- 来くる / 行いく　　　　　　　　오다 / 가다
  - ▶ (そばに) 近ちかづく　　　　(옆으로) 다가다
  - ▶ 近ちかづいて くる[いく]　　다가・오다[가다]
  - ▶ 走はしって くる[いく]　　　달려・오다[가다]

- ほえる / 鳴なく　　　　　　　짖다 / 울다
  - ▶ ワンワン ほえる　　　　　멍멍 짖다
  - ▶ ニャーニャー 鳴く　　　　야옹야옹 울다

- 遊あそぶ / 寝ねる　　　　　　　놀다 / 자다
  - ▶ 遊んで[寝て] いる　　　　놀고[자고] 있다

- (うとうと) 居眠いねむりを する　(꾸벅꾸벅) 졸다

- (門もんを) くぐる　　　(문을) (밑으로) 빠져나가다
  - 전·명　犬くぐり : (개가 드나드는) 개구멍

- (頭あたまを) こすりつける　　　(머리를) 비벼대다
- (舌したで) なめる　　　　　　(혀로) 핥다

かく / かむ	긁다 / 물다
┗ ▶かみちぎる	물어뜯다
┗ ▶ひっかく	할퀴다
しっぽを 振る	꼬리를 흔들다[치다]
つめを 研ぐ	발톱을 갈다
歯を むき出す	이빨을 드러내다

※犬[猫]が (大) 好きだ[嫌いだ]
　→ 개[고양이]를 (매우) 좋아하다[싫어하다]

●개[고양이]를 ~하다

・犬
・猫 を

飼う / 育つ	키우다 / 기르다
抱く	안다
触る / なでる	만지다 / 쓰다듬다
(棒で) 殴る	(몽둥이로) 때리다
(足で) ける	(발로) 차다
┗ けっ飛ばす	걷어차다, 내차다
いじめる / 愛する	못살게 굴다 / 사랑하다
┗ ▶虐待する	학대하다
放す	풀어놓다
┗ ▶放し飼いする	풀어(놓아) 기르다

※개를 좋아하다[싫어하다]
　→ 犬が 好きだ[嫌いだ]

● 개[고양이]에게 ～하다

- 犬
- 猫
に
- やる、あげる 주다
- かまれる / なめられる 물리다 / 핥이다
- ひっかかれる 할퀴다

● 개·처럼[와 같이] ～하다

- 犬のように
  - 泳ぐ / (足で) かく 헤엄치다 / (다리로) 긁다
    - 전·명 犬·泳ぎ[かき] : 개헤엄
  - 寝る 자다
  - 死ぬ 죽다
    - 전·명 犬死に : 개죽음

● 고양이·처럼[와 같이] ～하다

- 猫のように
  - 顔を 洗う 세수를 하다
  - 歩く 걷다

복합어가 되면, 뒤에 오는 단어의 첫 글자가 무성음일 경우에 발음의 편의상 탁음이 붙는 경우가 많다.

- 犬 +
  - 子屋 개[고양이]집 (こや·오두막)
  - (っ)ころ 강아지 = 子犬 (こや·오두막)
  - くぐり 개구멍 (くぐる·빠져나가다)
  - ぞり 개 썰매 (そり·썰매)

かき	개헤엄 = 犬泳ぎ		(かく・긁다)
泳ぎ	개헤엄 = 犬かき		(およぐ・헤엄치다)
死に	개죽음		(しぬ・죽다)
狩り	(들)개사냥		(かる・잡다)

● 犬/猫 の

飼えさ	개[고양이] 먹이	(えさ・먹이)
糞ふん	개[고양이]똥	(ふん・분, 똥)
子こ	개[고양이](의) 새끼	(こ・새끼)

○ 子こ / 親おや / 野良のら / 迷まい / 捨すて / 飼かい + 犬/猫

새끼・강아지[고양이] = 犬っころ	(こ・사끼)
어미・개[고양이]	(おや・부모)
들・개[고양이]	(たね・씨)
길 잃은 개[고양이]	(まう・헤매다)
버려진 개[고양이]	(すてる・버리다)
집 개[고양이]	(かう・기르다)

○ 泥棒どろぼう / ペルシア + 猫

도둑 고양이	(どろぼう・도둑)
페르시안 고양이	(ペルシア・페르시아)

 (話者가 이야기하고 있는 현재의 시점) **지금**

短文에서 조사가 생략되고 뒷말은「동사는 연용형, 형용사와 형용동사는 어간으로 바뀌어, "~하기" "~하는 것(사람)" 등의 명사로 전성되기도 하며, 이 때 첫 글자가 무성음일 경우에 발음의 편의상 탁음이 붙기도 한다.

●지금은 ~(하)다

- 今は ┬ 時機尚早だ　　　　시기상조다
        ├ 時では ない　　　때가 아니다
        └ 早い　　　　　　　이르다

●지금이 ~하다

- 今が - チャンスだ　　　　찬스다

- 今 + ┬ すぐ　　　　　지금 곧
        ├ しも　　　　　바로 지금
        ├ 今し方　　　지금 막 = たった今
        ├ 時分　　　　이맘때
        ├ 今だかつて　지금껏, 아직
        ├ さら　　　　이제 와서, 새삼스럽게
        ├ 少しで　　　자칫하면
        ├ か 今かと　이제나저제나 하고
        └ や 遅しと　이제나저제나 하고

4급
色 いろ

(빛을 받아 눈에 느끼는) **색**

短文에서 조사가 생략되고 뒷말은「동사는 연용형, 형용사와 형용동사는 어간으로 바뀌어, "～하기" "～하는 것[사람]" 등의 명사로 전성되기도 하며, 이때 첫 글자가 무성음일 경우에 발음의 편의상 탁음이 붙기도 한다.

◎색이 ～(하)다

- 色が
  - ない / ある   없다 / 있다
  - 濃い / 薄い / 淡い
         진하다, 짙다 / 엷다 / 연하다
    - ▶薄黒い[青黒い]   거무스름하다[검푸르다]
    - ▶青白い   푸[파]르스름하다
  - 明るい / 暗い   밝다 / 어둡다
  - 澄む / くすむ / あくどい
         맑다 / 흐리다 / 칙칙하다
  - 鮮やかだ / かすむ   선명하다 / 희미해지다
  - 奇麗だ   예쁘다, 곱다
  - 派手だ / 地味だ   화려하다 / 수수하다
  - 同じだ / 違う   같다 / 다르다
  - いい / 悪い   좋다 / 나쁘다
  - 合う   맞다
    - 전·명 色合い ① (색의 모습이나 상태) 색깔, 색상
                ② (성격이나 사상 경향 등의 상태) 색깔
    - ▶似合う   어울린다
  - 出る   나다, 나오다
  - つく   들다
  - 生きる / 生かされる   살다 / 살아나다

変かわる / あせる   변하다 / 바래다
- 전·명 色変かわり
  ① (색이 변한 것 또는 그 물건) 퇴색, 변색
  ② (모양과 형태는 같으나 색이 다른 것. 또는 그 물건) 색이 다른 것, 다른 색

- ▶ 変かわっている   색다르다
- ▶ 変かわった + 명사   색다른 + 명사

落おちる / あせる   빠지다 / 바래다
- ▶ 落おち着つく   안정되다

はげる   벗겨지다

● 색을 ~하다

塗ぬる   칠하다, 바르다
付つける / 出だす / 消けす
    (물)들이다 / 내다 / 지우다
- 전·명 色付つけ : (색을 들이거나 칠하는 일) 착색, 채색

• 色を 重かさねる   덧씌우다
抜ぬく   빼다
- 전·명 色抜き : (천에 다시 색을 염색할 때에 먼저의 색을 제거하는 일) 색 빼기

混[交]まぜる   섞다

帯おびる   띠다
浮うかべる   띠우다

生かす 살리다

失う 잃다

[관용구] 色を 失う [직역]「색을 잃다」·(안색이 파래진다는 의미로, 뜻하지 않은 의외의 사태나 생각지 못한 일에, 공포와 놀라움 그리고 절망의 의미로 사용된다) 색을 잃다, 망연자실하다

- 意外な 結果に みんなが 色を 失った。
  의외의 결과에 모두가 망연자실했다.

合わせる (어울리게) 맞추다
当てる (무슨 색인지) 맞히다

区別[分類]する 구별[분류]하다

※色を 染める → 물을 들이다

관용구
● 色を なす [직역]「색을 이루다」·(「なす」는 뭔가를 "이루다"라는 의미로서, 즉 화가 나 불쾌감과 분개를 얼굴에 띄운다는 의미로) 열을 내다

- 話を 聞いて、色を なして 立ち上がった。
  이야기를 듣고, 열을 내며 일어섰다.

● 색으로 ~하다

- 色で ┌ 表す 나타내다
       └ 区別[分類]する 구별[분류]하다

  ※~색으로 물들이다 → ~色で 染める

복합어가 되면, 뒤에 오는 단어의 첫 글자가 무성음일 경우에 발음의 편의상 탁음이 붙는 경우가 많다.

- ●色＋
  - 糸いと : **색실** (いと·실)
  - 鉛筆えんぴつ : **색연필** (えんぴつ·연필)
  - 紙かみ : **색종이** (かみ·종이)
  - 眼鏡めがね : ① 선글라스 등과 같이 색유리로 만든 안경
    ② 편입견과 편견을 가지고 뭔가를 보는 눈) **색안경** (めがね·안경)
    - ~で 見みる ~으로 보다
  - 気け : (적극적인 관심을 띈) **기색**
    - ~を 示しめす (유혹과 권유에 적극적으로 관심을 보인다는 의미로) **기색을 나타내다**
  - 目め : (관심을 보여 보내는) **눈길** (め·눈)
    = 秋波しゅうは
    - ~を 使つかう (관심을 품고 있는 태도를 상대에게 일부러 표시한다는 의미와 특히 여성이 남성에게 마음을 끄는 듯한 표정을 나타낸다는 의미) **눈길을 보내다**

- ○ 赤あか
- 青あお
- 黒くろ
- 紫むらさき
- こうじ
- べに
- 緑みどり
- ねずみ
- 灰はい

＋色

- : **빨강색**
- : **파랑색**
- : **검정색**
- : **보라색**
  - 青紫色   청자주색
  - 赤紫色   적자주색
- : **주황색**
- : **주홍색**
- : **녹색**
- : **쥐색** = 灰色
- : **재색** = ねずみ色

あかね	:	(꼭두서니 뿌리로 물들인 좀 검붉은 색) **꼭두서니 색, 자주색**
枯かれ	:	(초목의 마른 빛깔) **고동색**
下した	:	(그림의) **밑 색, 바탕색**
毛け	:	(동물의) **털 색**

- 色＋
  - めく : 1) (시기에 따라 자연적으로 아름답게 색이 든다) **색을 띠다**
    2) 긴장·불안하게 생각되는 모습이 보이게 되거나 동요하거나 활기를 띠는 모습이 보이다) **술렁거리다**
  - っぽい : (특히 여성이 성적 매력이 있거나 목소리 등이 간드러짐을 나타낸다) **요염하다**
  - とりどり(だ) : **가지각색(이다)**「とりどり(だ)·가지가지(다)」
  - 色いろ(だ) : **여러가지(이다)**
  - よい＋명사 : (기대하는 대로 기대에 미치거나 바람직한 상태임을 나타내는) **만족스러운, 바람직한,** ＝ 好このましい
    - 努力どりょくも しなくて ～ 返事へんじを 得えられるはずが ない。
      노력도 하지 않고, ～ 답변을 얻을 수 있을 리가 없다
  - んな＋명사 : **여러 가지 ＋ 명사**

(높은 곳, 물체의 위의 공간·면·부분) 위

短文에서 조사가 생략되고 뒷말인「동사는 연용형, 형용사와 형용동사는 어간으로 바꾸어, "~하기" "~하는 것(사람)" 등의 명사로 전성되기도 하며, 이 때 첫 글자가 무성음일 경우에 발음의 편의상 탁음이 붙기도 한다.

● (~의) 위가 ~(하)다

1) (물체 및 공간의 위 공간지점 및 위 방향)

- 広ひろい / 狭せまい　　넓다 / 좁다
- 冷つめたい / 温あたたかい　차갑다 / 따뜻하다

2) (물체의 위 부분)

- 太ふとい / 細ほそい　　굵다 / 가늘다
- 澄すむ　　맑(아지)다, 투명하다

　전·명 上うわ澄すみ : (액체 등에 섞여 있던 것들이 모두 바닥으로 가라앉은 뒤의 위의 맑은 부분)

• (~の)上が

3) (물체의 윗면 및 표면)

- 広ひろい / 狭せまい　　넓다 / 좁다
- 冷つめたい / 温あたたかい　차갑다 / 따뜻하다
- 平たいらだ　　평평하다, 평탄하다
- とがる　　뾰족하다
- へこむ / 膨ふくらむ = 膨ふくれる
  움푹 패이다, 꺼지다 / 볼록해지다, 부풀다

　▶ (表面ひょうめんが) でこぼこする
　　(표면이) 올록볼록하다

- 突つき出でる / 出でっ張ばる
  튀어나오다 / 볼록 나오다

◎ (~의) 위를 ~하다

1) (물체의 위 공간 및 위 방향)

- 飛とぶ 날다
  - ▶ 飛び越こえる 뛰어넘다
- 通とおる 지나다
- 見みる 보다
  - 관용구 上うえを 見れば 方図ほうず[きり]が ない
    직역 「위를 보면 한이 없다」・(바램이란 한도 끝도 없음을 나타내는 의미로, 무엇이든 적당한 선에서 만족해야 한다는 것을 비유하여) 올려다보면[욕심이란] 끝이 없다
  - ▶ 見上みあげる 올려다보다
- 向むく 향하다

• (~の)上を

2) (물체의 윗부분)

- 切きる 자르다

3) (물체의 윗면 또는 겉면)

- 覆おおう 덮다
  - 전・명 上うわ覆おおい : (물건의 위를 덮는 천이나 종이) (위) 덮개, 커버
- 滑すべる 미끄러지다
  - 전・명 上うわ滑すべり
    ① (주로 명사나 「~だ」형태의 형용동사로)
      i) (속을 잘 모르고 겉만을 보거나 이해하는 것 또는 그런 모양) 수박 겉 핥기 (식)
      ii) (경솔하고 주의가 부족한 것) 섣부름
    ② (주로 「~する」형태의 동사로 표면이 미끄러운 상태를 나타낸다) 표면이 매끄럽다

※ 위를 향하다 → 上うえに 向むく

116 명사 표현력

● 上を 下への ＋ 명사　[직역]「위를 아래로의」·
(돌발적인 사태로 인하여, 질서가 무너져 사람들이
혼란상태에 빠진 모습을 비유하여) 뒤엉키는 ～

• 地震で ～大騒ぎだった。
　　　　　　　지진으로, 우왕좌왕 대소동이었다.

◎ (～의) 위에서 ～하다

※ 장소를 나타내는 명사에 붙는 「～에서」가, 1) 그 동작이 행해지는 "행위의 장소"이면 조사 「～で」로, 2) 그 동작과 작용이 그곳에서부터 발생 또는 발견하게 되었다는 "행위·발생의 기점 및 출처"이면 조사 「～から」로 표현한다.

- (～の)上で
  - する(寝る·遊ぶ…)　　하다 (자다·놀다…)
  - ※(玄関の)上で 履く
    → (현관) 위에서 신다

  [참고] 여기서의 「上」는 특히 현관에서 올라서는 "실내"를 나타낸다.

  [전·명] 上履き ： (방 또는 건물 내에서 신는)
  　　　　　　　　실내화　　↔　下履き

- (～の)上から
  - 見る　　　　　　　　　보다
    ▶ 見下ろす　　　　　내려다보다
    ▶ 眺める　　　　　　바라보다
  - (下へ) 下りる　　　　(아래로) 내리다
    ▶ 下りて くる[いく]　내려·오다[가다]
    ▶ 飛び下りる　　　　뛰어내리다
  - (下へ) 流れる　　　　(아래로) 흐른다
  - 落ちる　　　　　　　떨어지다
  - 押す · 押さえる　　　누르다

  [비교] 「押さえる」는 위에서 움직이지 않도록 눌러 고정시킴을 나타내며, 「押す」는 어느 물체나 한 부분을 힘을 주어 앞쪽으로 밀거나 아래쪽으로 물러 이동시키는 행위를 나타낸다. 「押す」에는 "밀다"라는 의미도 있다.

◉ (~의) 위에 ~하다

- (~の)上に

ある / いる	있다 / 없다
立つ / 座る	서다 / 앉다
登る	오르다
載せる	얹다, 올려놓다
覆う / かぶせる	덮다 / 씌우다
置く	놓다
書く	쓰다

└─ 전·명 上書き (봉투나 상자 등의 겉면에 글씨를 쓰는 것)

張る	① (걸)치다 ② 붙이다

└─ 전·명 上っ張り : (의복이 더러워지지 않도록 특히 집안 일을 할 때나 아이들이 놀 때에 의복 위에 걸쳐 입는 가운 비슷한 얇은 일본식 옷)

(重ねて) 着る / かける	입다 / 걸치다

└─ 전·명 上着 : ① (겉에 있는 옷) 겉옷
　　　　　　② (上下로 구분되는 옷 중에서 위에 입는) 웃옷

전·명 上がけ : (「上っ張り」와 같은 옷이나 때타는 것을 막기 위해 담요 위에 덧씌우는 담요 등)

(重ねて) 敷く	(겹쳐, 덧) 깔다

└─ 전·명 上敷き
　　① (물건의 위에 까는 것) 보
　　② (마루나 다다미방에 까는 것) 깔개

(重ねて) 塗る	칠하다

└─ 전·명 上塗り : (페인트나 그 무언가를 칠한 곳에 한번 더 칠하여 마무리를 하는 것) (마무리) 덧칠

┌ (重かねて) 当あてる　　　　　　　대다, 괴다
└ (重かねて) 履はく　　　　　　　(겹쳐, 덧) 신다

● 위로 ～하다

※ 장소를 나타내는 명사에 붙는 「～(으)로」가, 그 행위의 진행이 1) 그쪽 방향으로 향하고 있다는 "행위의 방향"이면 조사 「～へ」로, 2) 그 지점을 목적지로 향하고 있다는 "행위의 도달지점"이면 조사 「～に」로 표현된다. 아울러 「～に」는 「～에」로 해석되기도 한다.

• 上 {に / へ}

┌ 登のぼる / 上あがる　　　　　　오르다 / 올라가다
│　⋯ [비교] 「登る」는 위로 향해 올라가는 과정을 나타내고, 「上がる」는 아래에서 위로 높은 위치나 장소로 이동한 결과를 나타낸다.
│　　• 山やまの上に 登る。　　　산 위에 오르다.
│　　• 机つくえの上に 上がる。　책상 위에 오르다.
│
│　⋯ ▶さかのぼる　　　　　　거슬러 오르다
│
│　行いく　　　　　　　　　　가다
│　上あげる　　　　　　　　　올리다
│　⋯ ▶持もち上あげる　　　　들어올리다
│
│　伸のばす　　　　　　　　　뻗다
└　向むく　　　　　　　　　　위(로·를) 향하다
　　⋯ [전·명] 上うわ向むき　　　↔ 下向したむき

　　① (위쪽으로 향해 있는 것) **위 방향, 위를 향함**
　　　• ～に 置おく。
　　　　　위를 향해[위 방향으로] 놓다.

　　② (뭔가 일이 좋은 방향으로 향하거나, 점점 상태가 좋아지는 것) **오름세, 상승세**
　　　• 成績せいせきが ～に なる。
　　　　　성적이～가 되다.

복합동사

복합어가 되면, 뒤에 오는 단어의 첫 글자가 무성음일 경우에 발음의 편의상 탁음이 붙는 경우가 많다.

- 上^{うえ} +
  - 下^{した} **위아래**
    - ●[上下に する] : (위아래를 거꾸로 하다는 의미로) **위아래로 하다, 거꾸로 하다**
    - ●[上下に なる] : (위아래가 거꾸로 되다는 의미로) **위아래로 되다, 거꾸로 되다**
  - 側^{がわ} **위쪽**

- 上^{うわ} +
  - ×顎^{あご} **위턱** ↔ 下顎^{したあご}
  - 唇^{くちびる} **윗입술** ↔ 下唇^{したくちびる}
  - 歯^は **윗니** ↔ 下歯^{したば}
  - 側^{がわ} (물건이 위쪽을 향하고 있는 표면) **윗(측)면**
  - 目^め (얼굴은 들지 않고 눈만을 위로 치켜올려 보는 눈) **눈을 치켜 든 문** ↔ 下目^{したメ}
    - ●[上目使^{づか}い] (얼굴은 들지 않고 눈만을 위로 올려 보는 것 또는 그 눈빛) **눈을 치켜 뜸**
      - ~を する   눈을 치켜 뜨다
      - ~に 見^みる   치켜 뜬 눈으로 보다
  - 紙^{かみ} ① (물건의 표면을 싸는 종이) **겉 종이**
              ② (묶음으로 된 종이의 표지) **겉장**
  - 皮^{かわ} ① (표면의 껍질) **겉껍질**
              ② (물건을 싸고 있는 덮개) **겉 덮개**
  - 前^{まえ} ① (일본의 전통 옷인「きもの」를 입을 때에 겉으로 내는 부분) **겉섶** ↔ 下前^{したまえ}
              ② (남에게 건네야 하는 대금이나 물품의 일부분)
    - ●[上前を はねる] (남에게 건네야 하는 대금이나 물품의 일부분을 가로채 자신의 것으로 만듬) **후무리다, 빼돌리다**
      - = 頭^{あたま}を はねる・ピンはねを する

つ面ᵘわ	(겉으로 보여지는 외관·표면) **겉(면) ; 겉보기、겉치레**

- ~だけ 見ᵐては わからない。
  ~만 봐서는 모른다.
- ~は よさそうだ。 ~에는 좋은 것 같다.

辺ᵇ	= 上ᵘわつ面ᵘわ

薬ᵍʳⁱ	(도자기나 찻잔·사기 그릇의 표면에 광을 내기 위하여 물에 타서 칠하는 유리질의 분) **유약**

靴ᵍʳ[履ʰᵃき]	(건물 안에서 신는 신발) **실내화**

[참고] 「靴(くつ)」는 주로 구두나 운동화와 같은 가죽으로 된 서양식 신발류를, 「履き」는 원래 「履(は)き物(もの)」로서, 주로 샌들이나 슬리퍼와 같은 종류의 일본식 신발이나 보조 신발을 가리킨다)

背ᵇᵉⁱ	(키의 높이) **신장** • ~が ある ~이 있다

手ᵗ	① (일본씨름인 「すもう」에서 양손을 상대의 팔 위에 끼운 손)

② (다른 사람보다 뛰어나 있는 것) **한 수 위**
- 柔道ᵘʷᵘどっは 私ʷᵃᵗᵃˢʰⁱのほうが~だ。
  유도는 나의 쪽이 ~다.

●[上手を 行ⁱく] (무엇보다도 뛰어난 능력·재능·기량 등을 갖추고 있는 상태로서, 바람직하지 않은 일에도 사용된다) **한 수 위를 달리다**

●[上手に 出ᵈる] (상대의 기선을 제압하기 위하여 일부러 우월적인 자세를 취함) **고자세로 나오다**

※[주의] 「上手」는 이외에도 「かみて」라고 읽으면 "위쪽, (강의) 상류"라는 의미와 「じょうず」라고 읽으면 "능숙함"이라는 의미를 나타낸다

役やく　　(회사 등에서 자신 보다 높은 지위나 직책·직무에 있는 사람) **윗사람**　　↔ 下役したやく

[비교] 이에 비해 「上司(じょうし)」는 일반적으로 자신과 같은 부서에서 직접 지시를 받는 윗사람을 가리킨다.

の―空そら　　(다른 뭔가에 마음을 빼앗겨 멍하니 있는 모습) **멍하니 있음, 건성**

- ～で 見みている。　멍하니 보고 있다.
- 彼かれは 何なにを 言いっても ～だ。
  　그는 무엇을 말하더라도 ～이다.

복합동사

● 上うわ +

擦ずる　　① (흥분·긴장으로 기분이 안정되지 않고 흐트러지게 되는 상태가 되다) **상기되다**

- 気分きぶんが 上ずる。　기분이 상기되다.

② (흥분·긴장으로 목소리가 높고 날카로운 상태가 되다) **새되다**

- 興奮こうふんすると、声こえが 上ずってしまう。
  　흥분하면, 목소리가 새되 버린다.

つく　　(기분이 안정되지 않고 들썽들썽하다) **들뜨다**
　　　　[참고] 「浮うわつく」라고도 쓴다

回まわる　　(정해진 수와 양을 넘다) **웃돌다**
　　　　　　　　　　　　　　　　↔ 下回る

- 予想よそうを 上回る。　예상을 웃돌다

向むく　　① **위를 향하다**
② (뭔가의 일의 상태나 기세 등이 좋아지거나 금융·증권 등의 상장이 오르기 시작함) **오름세다**

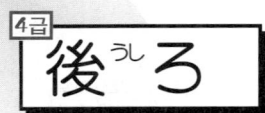

4급 後うしろ

(얼굴과 시선이 향하고 있는 것과 반대의 방향 및 장소) **뒤**　　　↔ 前まえ

短文에서 조사가 생략되고 뒷말은「동사는 연용형, 형용사와 형용동사는 어간」으로 바뀌어, "~하기" "~하는 것[사람]" 등의 명사로 전성되기도 하며, 이 때 뒷말의 첫 글자가 무성음일 경우에 발음의 편의상 탁음이 붙기도 한다.

● **뒤가 ~(하)다**

- 後ろが ┌ 広ひろい　　　　　　　　　　　넓다
　　　　└ 見みえる　　　　　　　　　　보이다

● **뒤를 ~하다**

- 後ろを
　┌ 見みる　　　　　　　　　　　　　　　　보다
　│　⋯ 전·명 後ろ見 ：(뒤에서 돌봐주거나 도와주는 것 또는 그러한 사람) 뒤를 봐줌, 뒤를 봐주는 사람 : 후견(인)
　│
　├ 見みせる　　　　　　　　　　　　　　보이다
　│　⋯ 관용구 後ろを 見せる　직역「뒤를 보이다」·(승산이 없다고 판단하고 체면과 수치도 없이 도망치는 모습을 나타낸다) 뒤를 보이다
　│
　└ 持もつ　　　　　　　　　　　　　　　들다
　　　⋯ ▶持ち上あげる　　　　　　　들어올리다

向むく　　　　　　　(얼굴·몸을 돌려 뒤쪽으로) **향하다**

　전·명　後ろ向き　　　　　　　↔ 前まえ向むき
　① (상대에게 등을 돌리고 있거나 뒤쪽을 향하고 있는 것) **뒤를 향함**
　　• みんなが 前向まえむきに 立たって いるのに、彼かれだけは ~に 立たって いる。
　　　　모두가 앞을 향해 서 있는데, 그만이 뒤를 향해 서 있다.

　② (소극적인 태도를 취하여, 발전·진보에 역행하는 것) **뒷걸음질 침, 퇴행적**
　　• ~に 考かんがえる。
　　　　퇴행적으로 생각하다.

▶ 振ふり向く　　　　　　　**돌아다보다**

― ※뒤를 쫓다[밟다] → 後あとを 追おう

　여기서의 「뒤」는 어느 물체의 앞·뒤를 구분하는 의미가 아니라 그 물체의 뒤쪽방향을 나타내는 의미로서, 이때의 「뒤」는 「あと」로 표현된다.

● 뒤에 ~하다

	ある[いる] / ない	있다 / 없다
• 後ろに	置おく / 座すわる	놓다 / 앉다
	隠かくれる / 隠かくす	숨다 / 숨기다

― ※後ろに 付つく → 뒤에 붙다, 뒤를 따르다

●뒤로 ~하다

※ 장소를 나타내는 명사에 붙는「~(으)로」는, 그 행위의 진행이 1) 그쪽 방향으로 향하고 있다는 "행위의 방향"이면 조사「~へ」로, 2) 그 지점을 목적지로 향하고 있다는 "행위의 도달지점"이면 조사「~に」로 표현된다.

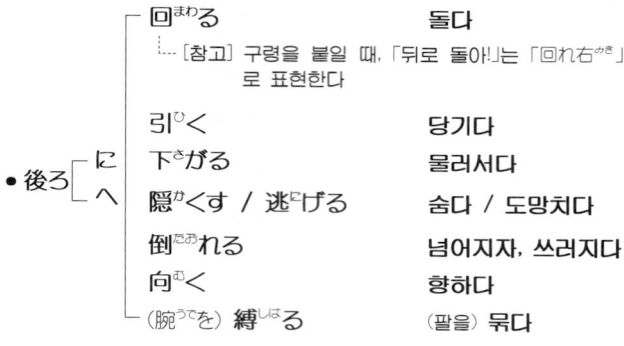

- 後ろ [に / へ]
  - 回まわる — 돌다
    - [참고] 구령을 붙일 때,「뒤로 돌아!」는「回れ右みぎ」로 표현한다
  - 引ひく — 당기다
  - 下さがる — 물러서다
  - 隠かくす / 逃にげる — 숨다 / 도망치다
  - 倒たおれる — 넘어지자, 쓰러지다
  - 向むく — 향하다
  - (腕うでを) 縛しばる — (팔을) 묶다

●뒤에서 ~하다

※ 장소를 나타내는 명사에 붙는「~에서」가, 1) 그 동작이 행해지는 "행위의 장소"이면 조사「~で」로, 2) 그 동작과 작용이 그곳에서부터 발생 또는 발견하게 되었다는 "행위·발생의 기점 및 출처"이면 조사「~から」로 표현한다.

- 後ろで
  - 何なにかを する — 뭔가를 하다
  - 押おす / 引ひく — 밀다 / 당기다
  - 操あやつる — 조종하다

- 後ろから
  - (前まえに) 出でる — (앞으로) 나오다
  - 押おす / 引ひく — 밀다 / 당기다
    - 참고로「押す」는 앞쪽으로 "밀다"와 보턴·스위치 등을 "누르다"라는 의미도 있다.
    - 전·명 後ろ押し : (뒤에서 후원함) 후원 = 後あと押し
  - 聞きこえる — 들리다
  - ついて いく — 따라가다

복합어 : 복합어가 되면, 뒤에 오는 단어의 첫 글자가 무성음일 경우에 발음의 편의상 탁음이 붙는 경우가 많다.

- 後ろ +

  ─ 足^{あし} : (발을 내딛었을 때의) **뒷발** ↔ 前足^{まえあし}

  [비교] (네발동물의)「뒷다리」는 [後足^{あとあし}]로 표현한다. ↔ 前足^{まえあし}

  味^{あじ} : **뒷맛**

  姿^{すがた} : **뒷모습** ↔ 前姿^{まえすがた}

  手^で : (양손을 뒤로 돌리는 것) **뒷짐짐, 뒷결박**
  - ~に 組^くむ   뒷짐을 지다
  - ~に 縛^{しば}られる   뒤로 결박당하다

  髪^{がみ} : **뒷머리(가락)**

  [관용구] 後ろ髪を 引^ひかれる [직역]「뒷머리를 당기다」·(뭔가 미련이 남거나 확신이 서지 않아 과감히 결정하지 못함을 비유하여) **뒤가 개운치 않다**

  盾^{だて} : (뒤에 있어 돕거나 힘이 되어 주거나 하는 것 또는 그렇게 하는 사람) **뒷받침(하는 사람)**

  前^{まえ} : (앞뒤가 거꾸로 반대로 되는 것) **앞뒤**
  - 服^{ふく}を ~に 着^きる。
              옷을 앞뒤 바꾸어 입다.

  [참고] 앞면과 뒷면이 뒤집혀 반대로 되는 것은 「裏返^{うらがえ}し」라고 한다.
  - 服^{ふく}を ~に 着^きる。
              옷을 뒤집어 입다.

  指^{ゆび} : (뒤에서 손가락으로 비난하는 것) **뒷손가락질**

  [관용구] 後指を 指^さす [직역] (뒤에서 비난하거나 욕을 하다) **뒷손가락질을 하다**

  [관용구] 後指を 指^さされる [직역] (뒤에서 비난당하거나 욕을 먹다) **뒷손가락질을 당하다**

げり : (발을 뒤쪽으로 차는 것) 뒷발(길)질

- ~する   뒷발(길)질 하다.

[참고] 「げり」는 "(발로) 차다"라는 동사 「ける」의 연용형표현인 「けり」에서 표현이다.

─の ┌ 人(ひと) : (뒤쪽의 사람) 뒷사람
    └ ほう : (뒤쪽 편) 뒤쪽(편), 뒷전

- ~に 行(い)って 座(すわ)る
        뒤쪽[뒷전]으로 가서 앉다

[참고] 이는 현재의 위치에서의 뒤쪽을 나타내는 의미이며, 해야 할 일을 뒤로 미루거나 태만하는 경우의 「뒷전」은 「後回(あとまわ)し」로 표현한다.

- ~に する   뒷전으로 미루다
- 仕事(しごと)は ~だ 일은 뒷전이다

o 前(まえ) : 앞 뒤 = 後前
- 服(ふく)を ~に 着(き)る。 옷을 ~로 입다.

一歩(いっぽ) : 한발 뒤

真(ま) ┐
左(ひだり) │
右(みぎ) ├ +後ろ
斜(ななめ) ┘

: 바로 뒤①
: 왼쪽 뒤②
: 오른쪽 뒤③
: 대각선 뒤④⑤

[참고] 대각선으로 뒤인 경우에는 오른쪽이냐 왼쪽이냐에 따라서, 「右斜め後ろ⑤」「左斜め後ろ④」라고 표현한다.

[참고] 앞의 의미인 「前」의 경우에도 동일하다.

一番(いちばん) : 맨 뒤

■ 後ろ暗い = 後ろめたい : (바람직하지 않은 일을 하여 양심의 가책으로 받거나 남에게 알려지고 싶지 않은 께름직한 기분이라는 의미로) **뒤가 켕기다, 께름직하다**

• うそを ついたのが ～。
　　거짓말한 것이 께름직하다.

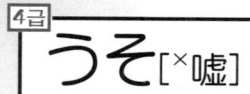 **うそ[×嘘]** (사실과 달리 왜곡하여 만들어 낸 것) **거짓(말)**
↔ 本当ほんとう [참고] 허위 「為いつわり」

 短文에서 조사가 생략되고 뒷말은 「동사는 연용형, 형용사와 형용동사는 어간」으로 바뀌어, "~하기" "~하는 것(사람)" 등의 명사로 전성되기도 하며, 이때 첫 글자가 무성음일 경우에 발음의 편의상 탁음이 붙

●거짓(말)이 ~(하)다

- ×嘘が
  - もっともらしい   그럴듯하다
  - うまい, 上手じょうずだ / 下手へただ
  - 능숙하다 / 서툴다
  - 必要ひつようだ   필요하다
    - ・時には ×嘘も 必要な 時が ある。
      때로는 거짓말도 필요한 때가 있다.
  - 見みえ透すく   뻔하다, 뻔히 들여다보이다
  - 通つうじる   통하다
  - ばれる / はがれる   들키다, 들통나다 / 드러나다
  - 増ふえる   늘다

- ※真まっ赤かな ×嘘   새빨간 거짓말
- ※とんでも ない ×嘘   터무니없는 거짓말
- ※根ねも 葉はも ない ×嘘   근거 없는 거짓말
- ※×嘘のような 話はなし   거짓말 같은 이야기

 ◐×嘘が ×嘘を 産うむ [직역] 「거짓말이 거짓말을 낳는다」・(거짓말을 하면 그것을 감추기 위해 또 다른 거짓말을 하게 됨을 비유하여) **거짓말은 거짓말을 낳는다**

●거짓(말)을 ～하다

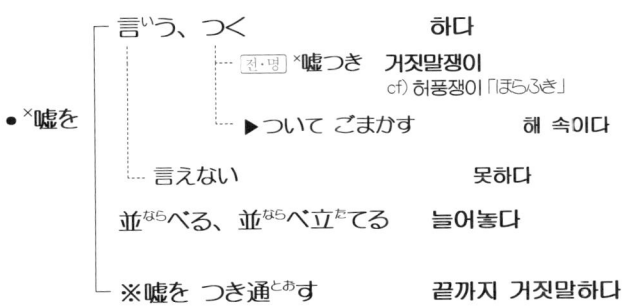

- ×嘘を
  - 言う、つく　　　　　　　　하다
    - 전·명 ×嘘つき　거짓말쟁이
      cf) 허풍쟁이「ほらふき」
    - ▶ついて ごまかす　　해 속이다
  - 言えない　　　　　　　　못하다
  - 並べる、並べ立てる　　　늘어놓다
  - ※嘘を つき通す　　　　　끝까지 거짓말하다

●거짓(말)(으)로 ～하다

- ×嘘で
  - (人を) だます　　　　　　(남을) 속이다
  - ※거짓으로 울다 → 嘘泣きを する
    - 전·명 ×嘘泣き　거짓울음
    - [참고]「거짓웃음」은「作り笑い」로 표현한다.

●거짓(말)에 ～하다

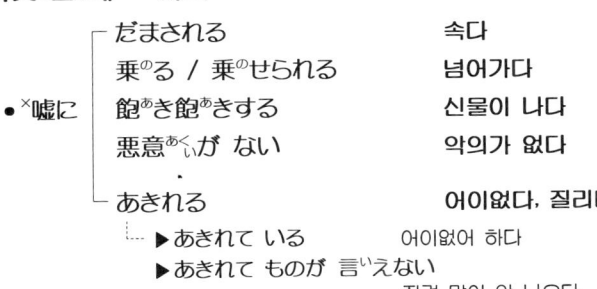

- ×嘘に
  - だまされる　　　　　　속다
  - 乗る / 乗せられる　　　넘어가다
  - 飽き飽きする　　　　　신물이 나다
  - 悪意が ない　　　　　　악의가 없다
  - あきれる　　　　　　　어이없다, 질리다
    - ▶あきれて いる　　어이없어 하다
    - ▶あきれて ものが 言えない
      　　　　　　　　　질려 말이 안 나오다

- ⃝ ×嘘から 出た 誠^{まこと}　[직역]「거짓말에서 나온 진실」·(처음은 거짓말로 말한 것이 우연히 진실로 되는 것) **거짓말이 참말이 됨**

- ⃝ ×嘘も 方便^{ほうべん}　[직역]「거짓말도 방편」·(때에 따라서는 수단으로서 거짓말을 하지 않으면 안되는 즉, 거짓말이 필요한 때도 있음을 나타낸다) **거짓말도 한 방편**

복합어가 되면, 뒤에 오는 단어의 첫 글자가 무성음일 경우에 발음의 편의상 탁음이 붙는 경우가 많다.

● ×嘘 +
- 字^じ　　**틀린 글자**、= 誤字^{ごじ}
- 八百^{はっぴゃく}　(「八百」는 수많은 것을 비유하는 의미로서, 즉, 「嘘八百」는 많은 거짓말 또는 거짓말만을 늘어놓는 것을 나타낸다) **온갖 거짓말**
  - [~を 並^{なら}べる] (어떻게 해서든지 말을 맞추기 위하여, 연달아 거짓말을 계속하는 것) **~을 늘어놓다**
- っぱち　("嘘"의 속어로서 흔히준말) **거짓부렁(이)**
- ばがり　(「ばかり」는 "~만/뿐"이라는 부조사로서) **거짓말투성이**
- つき　　**거짓말쟁이** → 「うそを つく」
- 泣^なき　**거짓울음** → 「うそで 泣く」
- 寝^ね　　**거짓 잠, 자는 체함**
- 発見機^{はっけんき}　**거짓말 탐지기**

 (말에 선율과 리듬을 붙여 목소리 내는 것) 노래

短文에서 조사가 생략되고 뒷말은「동사는 연용형, 형용사와 형용동사는 어간」으로 바뀌어, "~하기" "~하는 것[사람]" 등의 명사로 전성되기도 하며, 이때 첫 글자가 무성음일 경우에 발음의 편의상 탁음이 붙

●노래가 ~(하)다

- 歌が
  - 明あかるい / 暗くらい　　　　　밝다 / 어둡다
  - 悲かなしい / 哀切あいせつだ　　슬프다 / 애절하다
    - ▶もの悲しい　　　　　　(왠지) 구슬프다
  - 聞きこえる　　　　　　　　　들리다
  - (耳みみに) 響ひびく　　　　　(귀에) 울리다

  - 気きに 入いる　　　　　　　마음에 들다
  - はやる, 流行りゅうこうする　　유행하다
  - ヒットする　　　　　　　　　히트 치다
  - 上手じょうずだ / 下手へただ　능숙하다 / 서툴다

  ※歌が うまい → 노래를 잘한다

●노래를 ~하다

- 歌を
  - 歌うたう　　　　　　　　　　부르다
    - 전·명 歌うたい : (「歌手かしゅ」의 속어) 가수쟁이
  - 聞きく　　　　　　　　　　　듣다
  - 作つくる / 習ならう　　　　　만들다 / 배우다
  - 覚おぼえる　　　　　　　　　기억하다, 외다

●노래로 ～하다

- 歌で ┌ (心ここぁを) とらえる、つかむ　　　(마음을) **사로잡다**
       └ (心ここぁを) 慰なぐさめる、紛まぎらす　　(마음을) **달래다**

  > [비교] 마음의 슬픔·불안·피곤 등을 「慰める」는 뭔가의 행동을 하여 직접 마음의 위안을 삼음을, 「紛らす」는 그러한 것을 함으로서, 마음을 다른 데로 돌려 잊게 함을 나타낸다.

●노래에 ～하다

- 歌に ┌ 合あわせる　　　　　　　　　**맞추다**
       │ ほれる / 魅みせられる　　　　**반하다 / 매혹되다**
       │ 乗のる / 引ひかれる　　　　　**이끌리다**

  > [비교] 「乗る」는 가락에 편승되어 따라 움직이게 됨을, 「引かれる」는 노래에 대한 동경이나 가사에 대한 마음의 동요로 인해 이끌림을 나타내는 느낌이 든다.

       │ 心ここぁを 奪うばわれる　　　　**마음을 빼앗기다**
       │ 夢中むちゅうに なる　　　　　　**빠지다**
       │
       └ ※노래에 사로잡히다 → 歌のとりこに なる
         (노래의 포로가 되다)

복합어가 되면, 뒤에 오는 단어의 첫 글자가 무성음일 경우에 발음의 편의상 탁음이 붙는 경우가 많다.

- 歌 + ┌ 声こえ　　　　　　　　**노랫소리**
       │ 歌うたい　　　　　　　(가수를 낮추어 일컫는 말) **노래쟁이**
       │
       └ の ┌ 節ふし　　　　　　**노랫가락, 멜로디** = メロディー
            └ 調子ちょうし　　　**노래장단**

> 참고
> • 노래자랑 → のど自慢じまん

4급

(자신의 집, 가정의 의미의 집) **집**

※ 「うち」는 이외에도 「우리(~)」「~중」이라는 의미도 있다

短文에서 조사가 생략되고 뒷말은「동사는 연용형, 형용사와 형용동사는 어간」으로 바뀌어, "~하기" "~하는 것[사람]" 등의 명사로 전성되기도 하며, 이때 첫 글자가 무성음일 경우에 발음의 편의상 탁음이 붙

◎(우리)집이 ~(하)다

- 内が ┌ 狭^{せま}い / 広^{ひろ}い   좁다 / 넓다
       └ きれいだ / 汚^{きたな}い   깨끗하다 / 더럽다

◎(우리)집을 ~하다

- 内を ┌ 空^あける   (집을 보는 사람 없이 외출을 하여) 비우다
       ├ 出^でる   나서다
       └ 掃除^{そうじ}する   청소하다

◎(우리)집에서 ~하다

※ 조사 「~で」는 그 행위가 벌어지는 "행위의 장소"를, 조사 「~から」는 그 행위가 그곳에서부터 행해져 온다는 "행위의 시발점"을 나타낸다.

- 内で ┌ 遊^{あそ}ぶ   놀다
       └ ごろごろする   빈둥빈둥 거리다

- 内から ┌ 出^でる   나·가다[오다]
         │ ┈▶ 煙^{けむり}が 出る   연기가 나다
         └ 見^みえる   보이다

◉(우리)집에 ~하다

※ 장소를 나타내는 「~に」는 1) 사물의 존재와 동작이 완료되어 현재 존재하고 있는 등의 「존재의 장소」 2) 동작이 진행되어 도달하는 도착지(점)을 나타낸다. 아울러 2)의 경우에는 「~(으)로」로도 해석된다.

- 內に
  - 1) 居^いる / ある　　　있다
  - こもる　　　　　　틀어박히다
  - 2) 遊^{あそ}びに 来^くる[行^いく]　놀러 오다[가다]
  - 帰^{かえ}る　　　　　돌아·오다[가다]
  - 入^{はい}る　　　　　들어·가다[오다]

◉(우리)집으로 ~하다

※ 장소를 나타내는 경우의 「~(으)로」는, 그 장소로의 진행방향을 나타내는 경우에는 조사 「~へ」로, 그 장소가 도착지(점)인 경우에는 조사 「~に」로 표현된다. 아울러 「~に」는 「~에」로 해석되기도 한다.

- 內 [に / へ] [帰^{かえ}る / 入^{はい}る]
  - 돌아·가다[오다]
  - 들어·가다[오다]

복합어가 되면, 뒤에 오는 단어의 첫 글자가 무성음일 경우에 발음의 편의상 탁음이 붙는 경우가 많다.

- 內 +
  - 弁慶^{べんけい}　(집안에서는 큰소리 치면서 밖에 나가면 기개가 없는 것. 또는 그런 사람) **집안 호랑이**
  - 輪^わ　(외부 사람이 끼지 않은 가족 또는 동료만 임) **식구[동료]들만**
    - ・~の集^{あつ}まりだ　　~의 모임이다
    - ・「内輪もめ」 (가족이나 동료끼리 사이의 다툼) **집안싸움, 내(부)분(규)**
  - 外^{そと}　**안팎**　・家^{いえ}の~を 掃除^{そうじ}する
    　　　　　　　　　집의 ~을 청소하다

側がわ	안 측 ↔ 外側そとがわ (바깥 측)	
幕まく	내막	
訳わけ	(돈이나 물품의 전체를 잘 알 수 있도록 항목별로 세분화하여 나누는 것) **내역**	
気き	(소극적이고 걱정하기 일쑤인 성질) **내성적**	
	●「内気・だ」(형용동사) **내성적이다**	
	・〜・な 性格せいかくの 人ひとだ ~적인 성격의 사람	
ゲバ	(집단 속에서의 주도권 싸움) **내분, 폭력사태**	
	※「ゲバ」는 독일어 "Gewalt(폭력)"에서 온 말	
また	**안짱다리** ↔ 外そとまた	
	・〜で 歩あるく ~로 걷다	
掛がけ	(일본 씨름에서, 몸을 안쪽으로 당기면서 자신의 다리로 상대방의 다리를 안쪽으로 걸어서 넘어 뜨리는 기술) **안다리걸기** ↔ 外そと掛け	
回まわり	(특히 복선으로 된 전철의 순환선과 같이 원을 그리며 돌 때에, 안쪽[시계 반대쪽 방향]으로 도는 노선) **내선** ↔ 外そと回り	
	[참고] 「回り」는 동사 「回る(돌다)」의 연용형이다.	
孫まご	**친손자** ↔ 外孫そとまご	

の ┬ 人ひと (부인이 자신의 남편을 남에게 대하여 하는 말) **집사람** ↔ =主人しゅじん

[참고] 남편이 자신의 부인을 남에게 가리키는 "집사람"은 「家内かない」로 표현된다

　　└ 者もの **우리(집) 아이**

3급 腕 うで　　(인체의 어깨에서 손목까지의 부분) 팔

短文에서 조사가 생략되고 뒷말은「동사는 연용형, 형용사와 형용동사는 어간」으로 바뀌어, "~하기" "~하는 것[사람]" 등의 명사로 전성되기도 하며, 첫 글자가 무성음일 경우에 발음의 편의상 탁음이 붙기도

● 팔이 ~(하)다

- 腕が
  - 長ながい / 短みじかい　　길다 / 짧다
  - 太ふとい / 細ほそい　　굵다 / 가늘다
  - 曲まがる　　구부러지다, 굽다
  - 折おれる　　부러지다
  - 抜ぬける　　빠지다
  - しびれる　　저리다

● 腕が いい[よい]　[직역]「팔이 좋다」· 솜씨가 좋다

● 腕が 上あがる　[직역]「팔이 오르다」· ① (기량이 지금까지 보다 한층 좋아지다) 솜씨가 늘다 ② (술을 못 마시던 사람의 주량이 늘다) 술[주량]이 늘다
　　　　　　　　　　　　　　　　　= 手てが 上がる

● 腕が 利きく　[직역]「팔이 듣는다」· (뭔가에 뛰어난 기술을 발휘할 수가 있다) 솜씨가 뛰어나다

[전·명] 腕利き : (솜씨를 지닌 사람) 실력자

● 腕が 鳴なる　[직역]「팔이 울다」· (자신의 뛰어난 능력과 기술을 빨리 발휘해 보이고 싶어 들떠있는 기분을 나타낸다) 손이 울다

●팔을 ~하다

- 腕を
  - 上あげる — 올리다
  - 伸のばす — 뻗다
  - 回まわす — 돌리다
    - ▶振ふり回す — 휘두르다
  - 広ひろげる — 벌리다
  - 立たてる — 세우다
    - 전·명 腕立たて伏ふせ : (엎드려) 팔 굽혀 펴기
  - 曲まげる — 구부리다
  - まくる — 걷다
    - 전·명 腕まくり : 팔을[소매를] 걷어붙임
      - ・~する 팔을 걷어붙이다
    - ▶まくり上あげる — 걷어올리다
  - 引ひく — 당기다
  - とる・つかむ — 잡다
    - [비교]「とる」는 단지 손으로 대어 잡는 행위를 나타내고, 「つかむ」는 도망가지 못하도록 또는 움직이지 못하도록 꽉 잡는 것을 나타낸다.
  - ねじる、ひねる — 비틀다
  - 折おる — 꺾다
  - (手てで) もむ — (손으로) 주무르다
  - 組くむ — 끼다
    - 전·명 腕組くみ : 팔짱 ・~を する ~을 끼다
  - 抜ぬく — 뽑다, 빼다
    - 전·명 腕抜ぬき : (방한용) 토시 = 腕袋ふくろ

관용구

● 腕を こまねく 직역「팔을 끼다」・(자신은 아무 것도 하지 않고, 옆에서 일이 되어 가는 추세만을 지켜봄을 나타낸다) 팔짱을 끼다

● 腕を さする　직역「팔을 문지르다」·（자신의 기량을 발휘하고 싶어 그 시기가 빨리 오기를 이제나저제나 기다리다） **손바닥을 비비다**

● 腕を 比(くら)べる　직역「팔을 비교하다」·
　① **힘을 비교하다**　② **솜씨를 비교하다**

　전·명 腕比べ　① 힘 겨루기　 ＝ 力比べ
　　　　　　　② 솜씨 겨루기

　　　　・料理(りょう)の～を する
　　　　　　요리의 ～를 겨루다

● 腕を 鳴(な)らす　직역「팔을 울리다」·（뛰어난 기예와 능력을 발휘하여 명성을 얻음을 나타낸다） **솜씨를 떨치다**

● 腕を 振(ふ)るう　직역「팔을 휘두르다」·（몸에 익힌 기술과 지니고 있는 능력을 마음껏 발휘함을 나타낸다） **솜씨를 발휘하다**

● 腕を 磨(みが)く　직역「팔을 갈다」·（완벽한 기능을 위하여 갈고 닦음을 나타낸다） **솜씨를 갈고 닦다**

● 腕を 試(ため)す　직역「팔을 시험하다」·（실력이 얼마나 되는지를 테스트해 보다） **솜씨를 시험하다**

　전·명 腕試(ため)し
　　① （힘을 시험하는 것） **힘을 시험삼음**

　　　・～を する　힘을 시험해 보다
　　　・～に 持(も)ち上(あ)げて みる
　　　　　힘을 시험삼아 들어올려 보다

　　② （솜씨를 시험하는 것） **솜씨를 시험삼음**
　　　・～に やって みる
　　　　　솜씨를 시험삼아 해 보다.

● 팔로 ～하다

　・腕で ┌ 打(う)つ　　　　　　　　치다
　　　　└ 抱(だ)く　　　　　　　　안다
　　　　　▶抱き寄(よ)せる　　　　끌어(당겨)안다

●팔에 ～하다

- 腕に ┌ ぶら下がる   매달리다
       └ (かばんを) かける 가방을 걸다

> ● 腕に 覚えが ある　[직역]「팔에 기억이 있다」·(그 일에 대해서는 이전에 기량을 익힌바가 있어서 지금도 충분히 자신이 있음을 나타낸다) **아직 녹슬지 않았다, 아직 자신이 있다**
>
>   ・年は とっても まだ ～　　나이는 들어도 아직 ～
>
> ● 腕に よりを かける　[직역]「팔에 실을 꼬다」·(지니고 있는 능력·기량을 다해 열심히 몰두함을 나타낸다. 간단히「よりを かける」라고도 한다) **있는 솜씨를 다 부리다**

복합어가 되면, 뒤에 오는 단어의 첫 글자가 무성음일 경우에 발음의 편의상 탁음이 붙는 경우가 많다.

- 腕 + ┌ ずもう   팔씨름
       │ 輪わ   팔찌
       │ まくら   팔베개
       │ っ節ぶし   팔 힘   = 腕力わんりょく
       │ 首くび   팔목   = 手首てくび (손목)
       │ 時計どけい   손목시계
       │ 自慢じまん   ① 힘 자랑 ② 솜씨 자랑
       │ 前まえ   (뭔가의 일을 능숙하게 할 수 있는 힘) 솜씨
       │ (っ)こき   (솜씨가 상당히 뛰어난 사람) **실력자**
       │   ※ 120쪽의「腕利き」보다 더 뛰어난 사람을 일컫는다.
       └ ずく   (대화로 해결하지 않고 힘을 휘둘러 억지로 일을 해결하는 것) **완력, 주먹다짐** = 力ちからずく

○ 二にの腕　(어깨에서 팔꿈치까지의 부분)

|4급| 海 うみ   (지구의 표면 중, 해수로 채워져 있는 부분) **바다**

短文에서 조사가 생략되고 뒷말은「동사는 연용형, 형용사와 형용동사는 어간」으로 바뀌어, "~하기" "~하는 것[사람]" 등의 명사로 전성되기도 하며, 이때 첫 글자가 무성음일 경우에 발음의 편의상 탁음이 붙

● 바다가 ~(하)다

- 海が
  - 広ひろい — 넓다
  - 深ふかい / 浅あさい — 깊다 / 얕다
  - 怖こわい — 무섭다
  - 静しずかだ — 조용[고요]하다, 잠잠하다
  - 穏おだやかだ — 평온하다, 잔잔하다

  - 見みえる — 보이다
  - 分わかれる — 갈라지다
  - うねる — 넘실거리다
  - なぐ — 평온해지다, 잔잔해지다
  - 荒あれる — 거칠다
  - 鳴なる — 울다
    - [전·명] 海鳴り (파도가 해안과 바위에 부딪쳐 부서질 때에 전하여 들려오는 소리) **해명, 바다 울음**
      - ~が する[聞こえる]
        ~이 나다[들리다]

◉바다를 ~하다

- 海を
  - 見みる　　　　　　　보다
    - ▶眺ながめる　　　　바라보다
  - 渡わたる　　　　　　건너다
  - 埋うめる　　　　　　매우다
  - 歌うたう　　　　　　노래하다
  - 開ひらく　　　　　　열다
    - 전·명 海開うみびらき : (해수욕장에서 그해 처음 개장함 또는 그 날) 해수욕장 개장(일)

◉바다에서 ~하다

- 海で
  - 泳およぐ　　　　　　헤엄치다
  - 過すごす　　　　　　보내다
  - 住すむ　　　　　　　살다
  - 釣つる　　　　　　　낚다
    - 전·명 海釣うみづり : 바다낚시

◉바다에 ~하다

- 海に
  - 出でる　　　　　　　나가다, 나오다
  - 飛とび込こむ　　　　뛰어들다
  - 浮うかぶ / 沈しずむ　뜨다 /가라앉다
  - 囲かこまれる　　　　둘러싸이다

관용구

● 海に 千年せんねん 山やまに 千年せんねん [직역] 「바다에 천년 산에 천년」·(바다에서 천년 산에서 천년 산구렁이가 용이 된다는 전설에서 온 표현으로서 즉, 온갖 여러 경험을 쌓고 있어 교활하고 못된 꾀를 부리는 것 또는 그런 사람을 비유한다) **산전수전 다 겪음, 천년 묵은 여우** = 海千うみせん山千やません

●바다로 ～하다

※ 장소를 나타내는 명사에 붙는 「～(으)로」가, 그 행위의 진행이 1) 그쪽 방향으로 향하고 있다는 "행위의 방향"이면 조사 「～へ」로, 2) 그 지점을 목적지로 향하고 있다는 "행위의 도달지점"이면 조사 「～に」로 표현된다. 아울러 「～に」는 「～에」로 해석되기도 한다.

- 海 [へ / に] 行いく[向むく]　　　　　　가다[향하다]

복합어가 되면, 뒤에 오는 단어의 첫 글자가 무성음일 경우에 발음의 편의상 탁음이 붙는 경우가 많다.

- 海 +
  - 山やま　(바다처럼 넓고, 산처럼 높은 부모나 스승의 은혜에 비유하여) 하해와 같음
    - ～の恩おん　하해와 같은 은혜
  - 風かぜ　바닷바람　　　　　　cf) 海風かいふう
  - 辺べ　바닷가　　　　　　　cf) 海辺かいへん
  - 路じ　바닷길　= 船路ふなじ (뱃길) cf) 海路かいろ
  - 面づら　바다 표면　cf) 해면 → 海面かいめん
  - 猫めこ　(「猫」는 "고양이"라는 의미이며, 울음소리가 마치 고양이와 같다고 해서) 괭이갈매기
  - の - 幸さち　해물 = 海産物かいさんぶつ　↔ 山やまの幸

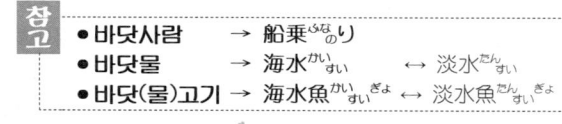

- 바닷사람 → 船乗ふなのり
- 바닷물 → 海水かいすい　↔ 淡水たんすい
- 바닷(물)고기 → 海水魚かいすいぎょ ↔ 淡水魚たんすいぎょ

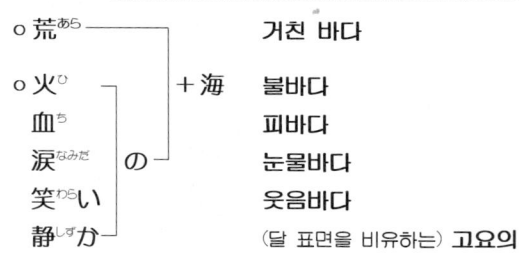

- ○ 荒あら─┐
- ○ 火ひ　│
　 血ち　├ + 海　　거친 바다
　 涙なみだ│　　　　불바다
　 笑わらい│の　　　피바다
　 静しずか─┘　　　눈물바다
　　　　　　　　웃음바다
　　　　　　　(달 표면을 비유하는) 고요의 바다

裏 うら

(어느 물체의 보이지 않거나 가리어져 있는 뒤쪽의 면이나 그에 접해있는 곳) **뒤(의 면), 이면**

短文에서 조사가 생략되고 뒷말은「동사는 연용형, 형용사와 형용동사는 어간」으로 바뀌어, "~하기" "~하는 것[사람]" 등의 명사로 전성되기도 하며, 이때 첫 글자가 무성음일 경우에 발음의 편의상 탁음이 붙

● 뒤(쪽의 면)이 ~(하)다

- 裏が ┬ きれいだ / 汚^{きたな}い   깨끗하다 / 더럽다
       └ 広^{ひろ}い / 狭^{せま}い   넓다 / 좁다

● 뒤(쪽의 면)을 ~하다

- 裏を ┬ 洗^{あら}う   닦다
       ├ 返^{かえ}す   뒤집다
       │   └ [관용구] 裏を 返^{かえ}せば [직역]「뒷면[뒤쪽]을 뒤집으면」
       │   · 뒤집어 말하면
       │   └ [전·동] 裏返^{かえ}す : (뒷면을 앞면이 되도록) **뒤집다**
       └ かける   걸다, (레코드와 같은 양면 중의 뒷면을) **틀다**

● 裏を かく [직역]「뒷면[뒤쪽]을 긁다」·(상대의 목적을 꺾기 위하여 상대의 기대와 예상에 반하는 일을 한다는 의미로) **허를 찌르다**

●뒤(쪽의 면)에서 ～하다

※ 장소를 나타내는 명사에 붙는「～에서」가, 1) 그 동작이 행해지는 "행위의 장소"이면 조사「～で」로, 2) 그 동작과 작용이 그곳에서부터 발생 또는 발견하게 되었다는 "행위·발생의 기점 및 출처"이면 조사「～から」로 표현한다.

- 裏で ┌ 遊あそぶ   놀다
      └ 悪口わるくちを 言いう / 音おとが する
                                       욕을 하다 / 소리가 나다

● 裏で 糸いとを 引ひく 직역「뒤에서 실을 당기다」·
(특히 인형극에서 실로 조정하는 인형을 뒤에 숨어서 실로 조정한다는 의미에서, 뒤에 숨어 남에게 뜻대로 시키는 것을 비유하여) **배후에서 조정하다**
= 陰かげで 糸を 引く

- 裏から ┌ 入はいる / 出でる   들어·오다[가다] / 나오다, 나가다
        └ 音おとが する   소리가 나다

●뒤(쪽의 면)에 ～하다

- 裏に ┌ (～が) ある   (～이/가) 있다
      └ (～を) 書かく / 張はる   (～을/를) 쓰다 / 붙이다

● 裏には 裏が ある 직역「뒤에는 뒤가 있다」·
(뭔가의 사정이 복잡하여 간단하게는 진상이 밝힐 수 없다는 의미로) **알고 싶어도 알 수 없는 것이 있다, 모를 일이 있다**

●뒤(쪽의 면)(으)로 ～하다

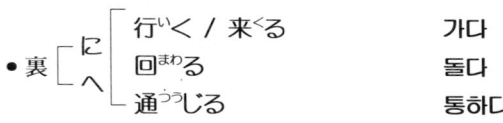

복합어가 되면, 뒤에 오는 단어의 첫 글자가 무성음일 경우에 발음의 편의상 탁음이 붙는 경우가 많다.

- 裏 +
  - 表おもて ① 안팎 ② 겉과 속
    - 「裏表が ある[ない]」 (사람의 言動이 상당히 일관성이 있고 없음을 나타낸다) **겉과 속이 다르다[같다]**
  - 側がわ **뒤쪽, 뒤편**
  - 口ぐち (건물의 뒤에 붙어 있는 출입문 또는 부정입학을 비유하는 의미) **뒷문** ↔ 表おもて口
  - 門もん (건물의 뒤쪽에 있는 문) **뒷문** ↔ 表おもて門・正門せいもん
  - 地じ (옷 등의 안에 대는 천) **안감**
  - 庭にわ **뒤뜰, 뒷마당**
  - 話ばなし (사건에 관한 이야기 중, 사람에게 잘 알려지지 않은 이야기) **숨겨진 이야기**
  - 道みち (뒤쪽을 통하는 길) **뒷길, 샛길**
  - 通どおり (큰[한] 길에 평행을 이르고 있는 좁은 길) **뒷길**
  - 町まち **뒷동네**
  - 作さく (주 작물을 수확한 후에 다음 작물을 심는 것) **그루갈이 작물, 이모작 작물** ↔ 表作おもてさく

복합어가 되면, 뒤에 오는 단어의 첫 글자가 무성음일 경우에 발음의 편의상 탁음이 붙는 경우가 많다.

- 裏 +
  - 切ぎる ①(자기편에 등을 돌려 상대편에 붙다) **배신하다**
    ②(생각하고 있던 것과 반대가 되다) **어긋나다**
  - 返げえす **뒤집다** ☞ page 143
  - 付づける (확실한 것임을 증명해 주다) **뒷받침하다**

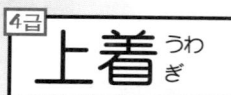

① (상반신에 입는 옷을 말하지만, 보통은 상하로 구별된 정장의 상의를 일컫는다) **상의, 웃옷** ↔ ズボン(바지), スカート(스커트)

② (겹쳐 입는 중에서의 가장 겉의 옷) **겉옷**
　　　　　　↔ 下着したぎ (속옷)

短文에서 조사가 생략되고 뒷말인「동사는 연용형, 형용사와 형용동사는 어간」으로 바뀌어, "~하기" "~하는 것[사람]" 등의 명사로 전성되기도 하며, 이때 첫 글자가 무성음일 경우에 발음의 편의상 탁음이 붙기도 한다.

●상의가 ~(하)다

- 上着が
  - 大おおきい / 小ちいさい　　　크다 / 작다
    - ▶ 大き[小さ]目めだ　　큰[작은]듯하다
  - (ぴったり) 合あう / 似合にあう　(딱) 맞다 / 어울리다
  - きつい / だぶだぶする　꼭 끼다 / 헐렁헐렁하다

●상의를 ~하다

- 上着を
  - 着きる / 脱ぬぐ　　입다 / 벗다
    - ▶ 着替きかえる　　　갈아입다
  - 投なげる　　　　　　던지다
    - ▶ 投げつける　　내던지다
    - ▶ たたきつける　내팽개치다

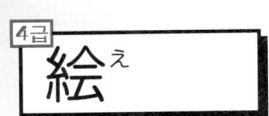

4급 絵 え

(사물의 형태나 모습을 그린 것. 또는 영화나 텔레비전의 화상을 말하기도 한다) **그림**

短文에서 조사가 생략되고 뒷말의「동사는 연용형, 형용사와 형용동사는 어간」으로 바뀌어, "~하기" "~하는 것(사람)" 등의 명사로 전성되기도 하며, 이때 뒷말의 첫 글자가 무성음일 경우에 발음의 편의상 탁음이 붙기도 한다.

●그림이 ~(하)다

- 絵が
  - ある / ない　　　　　있다 / 없다
    - ▶かいて ある　　　그려져 있다

      [참고]「(~が) 타동사의 연용형[음편꼴] + て ある」의 형태로,「(~이) ~해져 있다」라는 누군가에 그렇게 되어 있는 상태를 나타낸다.

  - いい　　　　　　　　좋다
  - すばらしい　　　　　멋지다, 근사하다
  - 上手(じょうず)だ / 下手(へた)だ　　능숙하다 / 서툴다

  - 入(はい)る　　　　　들어가다
  - 気(き)に 入(い)る　　마음에 들다

  - ※絵が うまい → (실력이 좋다) 그림을 잘 그린다

●그림을 ~하다

- 絵を
  - 描(か)く・描(えが)く　　　　그리다
    - 上手(じょうず)に 描(か)く　　능숙하게 그리다
    - 描(か)き入(い)れる　　　　　그려 넣다

    [전·명] 絵描(えか)き : ("画家(が)"의 속된 말) 그림쟁이

  - 見(み)る / 鑑賞(かんしょう)する　　보다 / 감상하다

巻まく　　　　　　　　　　감다
　　└ 전·명 絵巻き(物もの)　(긴 종이나 천에 이야기·그림을 그려 나타내는 것) 두루마기 그림

　　入いれる / 抜ぬく　　　　넣다 / 빼다
　　└ 전·명 絵入いり　(책이나 잡지 등에 삽화가 들어가 있는 것) 그림이 삽입됨
　　　　　・〜の本ほん　　그림이 들어있는 책

　　売うる / 買かう　　　　사다 / 팔다
　　主しゅと する　　　　　주로 하다
　　└ ・絵を 主とした 本を 絵本えほんと いう。
　　　　　그림을 주로 한 책을 그림책이라고 한다.

　　合あわせる　　　　　　맞추다

●그림으로 〜하다

※ 사물을 나타내는 명사에 붙는「〜(으)로」가, 1) 그 사물을 수단·재료·도구로 이용한 동작을 나타내는 경우에는「〜で」로 표현되고, 2) 그 사물을 이전과 다른 새로운 변화의 방법으로 하여 표현하는 경우에는「〜に」로 표현된다.

・絵で
　　┌ 描かく / 説明せつめいする　　그리다 / 설명하다
　　│　・絵で かいて 説明する。　그림으로 그려 설명하다.
　　│　・絵で 説明して ある。　그림으로 설명되어(져) 있다.
　　└ 勉強べんきょうする / 表あらわす　공부하다 / 나타내다

・絵に
　　┌ 描かく　　　　　　　그리다
　　│　관용구 絵に 描かいた 餅もち　직역「그림에 그린 떡」
　　│　・(그림에 그린 떡은 먹을 수 없듯이 실현될 수 없는 계획이나 손에 넣을 수 없는 것이라는 의미로) 그림의 떡
　　└ 表あらわす / 表あらわれる　나타내다 / 나타나다
　　　　・思ったことを 絵に 表す。
　　　　　　　　생각한 것을 그림으로 나타내다.

●그림에 ~하다

- 絵に
  - 色を つける　　　색을 내다
  - 表れる　　　　　나타나다
  - 手を 付ける　　　손을 대다

복합명사
복합어가 되면, 뒤에 오는 단어의 첫 글자가 무성음일 경우에 발음의 편의상 탁음이 붙는 경우가 많다.

- 絵 +
  - 葉書(はがき)　　그림엽서
  - 日記(にっき)　　그림일기
  - 本(ほん)　　　　그림책
  - 筆(ふで)　　　　그림붓
  - 文字(もじ)　　　그림문자

  - 柄(がら)　　(공예품 등의 새겨 놓을 그림) **도안, 모양**
  - 図(ず)
    ① (알기 쉽게 하기 위하여, 설명을 그림으로 그린 그림) **설명도**
    ② (집·토지의 평면도) **그림도면** = 絵図面(えずめん)

  - の
    - 具(ぐ)　　　**그림물감**
      - 油(あぶら) ~　　　유화 ~
      - 水彩(すいさい) ~　　수채화 ~
    - 手本(てほん)　　**그림본**

- 油(あぶら) + 絵　(기름으로 녹인 그림물감으로 그린 그림) **유화**
- 挿(さし) + 絵　(신문이나 책 등의 곳곳에 들어가 있는 그림) **삽화**

4급 駅 えき

(기차・전차・지하철 등이 정차하여, 승객 및 화물의 운송을 취급하는 곳 또는 그 건물) **역**

短文에서 조사가 생략되고 뒷말은「동사는 연용형, 형용사와 형용동사는 어간으로 바뀌어, "~하기" "~하는 것[사람]" 등의 명사로 전성되기도 하며, 이때 뒷말의 첫 글자가 무성음일 경우에 발음의 편의상 탁음이 붙기도 한다.

○역이 ~(하)다

- 駅が ┌ 混こむ   붐비다
       └ 出来できる / 無なくなる   생기다 / 없어지다

○역을 ~하다

- 駅を ┌ 通とおる   지나다
       │   ⋯▶ 通り過すぎる   지나치다
       │ 出でる   나오다
       │   ⋯▶ 抜ぬけ出る   빠져 나오다
       │ 回まわる   (주위를) 돌다
       │   ⋯▶ 一回ひとまわりする   한바퀴 돌다
       └ 背せに する / 後うしろに する 등지다 / 뒤로 하다

─ ※ 역을 마주하다[마주보다] → 駅に 向むかい合あう
─ ※ 역을 끼고 돌다 → 駅に 沿そって 曲まがる

○역에서 ~하다 (행위의 장소)

- 駅で ┌ 待まつ / 会あう   기다리다 / 만나다
       │ 乗のる / 降おりる   타다 / 내리다
       │   ⋯▶ 乗り換かえる   갈아타다

- 売る　　　　　　　　　　　　　팔다
  - [전·명] 駅売り　（역구내에서 뭔가를 파는 것 또는 그 사람) 역에서 팖, 매점사람
    - 駅売りの弁当 = 駅弁
      역에서 파는 도시락

●역에 ~하다

- 駅に
  - 着く / 到着する　　　　닿다 / 도착하다
    - ▶だどり着く　　　　　다다르다
  - 留まる　　　　　　　　　머물다
  - ※駅に 向かい合う → 역을 (서로) 마주하다
  - ※駅に 沿う → 역을 끼다
    - 駅に 沿って いる。　역을 끼고 있다.

복합어가 되면, 뒤에 오는 단어의 첫 글자가 무성음일 경우에 발음의 편의상 탁음이 붙는 경우가 많다.

- 駅+
  - ビル　　　（역과 상점이 함께 있는 건물) **역 상가**
  - 頭とう　　（역이 있는 앞쪽, 그 부근) **역전, 역 부근**
  - 員いん　　**역원**
  - 長ちょう　**역장**
  - 弁べん　　（역에서 파는 도시락) **역 도시락**
  - 伝でん　　（먼 거리를 구분 지어 몇 명의 사람이 이어서 달리는 경주) **역전 마라톤** = 駅伝競走きょうそう

3급 枝 えだ (나무의 줄기에서 나눠져 나온 것) **가지**

短文에서 조사가 생략되고 뒷말은「동사는 연용형, 형용사와 형용동사는 어간」으로 바뀌어, "~하기" "~하는 것[사람]" 등의 명사로 전성되기도 하며, 이 때 뒷말의 첫 글자가 무성음일 경우에 발음의 편의상 탁음이 붙기도 한다.

● 가지가 ~(하)다

- 枝が
  - 太ふとい / 細ほそい   굵다 / 가늘다
  - 多おおい / 少すくない   많다 / 적다
    - ※가지가 앙상하다 → 枝ばかりが 残のこって いる。
      (가지만이 남아 있다)
  - 伸のびる / 出でる   뻗다 / 나오다
  - 折おれる   부러지다
  - 曲まがる / たわむ・しなる   구부러지다 / 휘다
  - 茂しげる   무성하다
  - 絡からみ合あう   (서로) 얽히다
  - (風かぜに) 謡ゆれる   (바람에) 흔들리다
    - ▶風かぜに そよぐ   바람에 살랑거리다
  - 水気みずけを 帯おびて いる   물기를 머금고 있다

● 가지를 ~하다

- 枝を
  - 揺ゆする   흔들다
  - 折おる   꺾다
  - 切きる / 整ととのえる   자르다 / 다듬다
    - ▶切り落おとす   잘라내다
    - ▶切り落おとして 整える   잘라내어 다듬다

伸のびる　　　　　　　　　　뻗다
出だす、張はる　　　　　　　　치다

[비교] 같은 의미로 해석되나,「出す」는 새로운 가지가 나오는 것을,「はる」는 가지가 길게 뻗는 것을 나타낸다.
　　참고로,「はる」는 텐트나 모기장 같이 줄을 길게 늘어뜨려 설치한다는「치다」라는 기본적인 의미로 사용된다.

打うつ / 下おろす / 払はらう　　　치다

[비교] 모두 같은 의미로 해석되기도 하나,「打つ」는 단지 가지에 압력을 가하거나 또는 도구를 이용해 없애기 위하여 압력을 가한다는 것을,「下ろす」는 잘라서 아래로 떨어지게 한다는 것을,「払う」는 주로 잔가지를 "제거하다"라는 의미로 사용된다.

[전·명] 枝打ち(を する) : **가지치기(를 하다)**

●가지에 ～하다

・枝に
　(鳥とりが) 止とまる　　　　(새가) 앉다
　生気せいきが よみがえる　　　생기가 돌다
　枝が 出でる　　　　　　　　가지가 나다

[관용구] 枝に 枝が 出る　[직역]「가지에 가지가 나다」・(가지에 새로운 가지가 나와 여러 갈래로 뻗어 얽히듯이, 이야기 등이 주제를 벗어나 새로운 이야기로 흘러간다는 의미로) **새끼에 새끼를 치다**

・話はなしは 枝に 枝が 出た。
　　　　　　　이야기는 새끼에 새끼를 쳤다.

 복합어가 되면, 뒤에 오는 단어의 첫 글자가 무성음일 경우에 발음의 편의상 탁음이 붙는 경우가 많다.

- 枝 +
  - 葉は
    ① 가지와 나무
    ② (본체에서 갈라져 나간 그다지 중요하지 않은 부분) **지엽적(인 일) 사소한 일, 하찮은 일,**
    - ~に こだわる　~에 구애받다
  - 道みち　(큰길 사이에서 벗어나는 좁은 길) **샛길**
    - ~に それる　~로 벗어나다
  - 振ぶり　(가지가 뻗은 모양) **가지모양**
    - みごとな ~の松まつ
        멋진 가지 모양의 소나무
  - 尺しゃくとり(虫むし)　(곤충) **자벌레**

- 小こ
  枯かれ ┐ + 枝　　잔가지
  上うわ ┤　　　　마른 가지　[참고] 젖은 가지 → ぬれた 枝
  下した ┘　　　　윗가지
  　　　　　　　밑가지

4급 鉛筆 えんぴつ

(필기도구의 하나) 연필

[참고] 볼펜 → ボールペン
　　　만년필 → 万年筆 (まんねんひつ)
　　　붓　　 → 筆 (ふで)

短文에서 조사가 생략되고 뒷말은「동사는 연용형, 형용사와 형용동사는 어간」으로 바꾸어, "~하기" "~하는 것[사람]" 등의 명사로 전성되기도 하며, 이때 첫 글자가 무성음일 경우에 발음의 편의상 탁음이 붙기도 한다.

●연필이 ~(하)다

- 鉛筆が
  - 太ぶとい / 細ほそい　　　　가늘다 / 길다
  - 長ながい / 短みじかい　　　길다 / 짧다
    - ▶細長ほそながい　　　　　가늘고 길다
  - 丸まるい / とがる　　　　　뭉뚝하다 / 뾰족하다
    - ▶丸く なる　　　　　　뭉뚝해 지다
  - よく 書かける　　　　　　잘 써진다
  - 折おれる　　　　　　　　 부러지다
  - ちびる　　　　　　　　　닳(아 뭉딱해지)다
    - 전·명 ちびった鉛筆 : 몽땅한[몽당] 연필
  - 転ころがる　　　　　　　구르다

●연필을 ~하다

- 鉛筆を
  - 削けずる　　　　　　　　깎다
    - 전·명 鉛筆削り : 연필깎이
  - 転ころがす　　　　　　　굴리다
  - 入いれる　　　　　　　　넣다
    - 전·명 鉛筆入れ : 필통
  - 借かりる　　　　　　　　빌리다

●연필로 ～하다

- 鉛筆で
  - 書か く / 描えが く　　　쓰다 / 그림 그리다
    - [참고] 「かく」는 "쓰다" "그리다"라는 의미이지만, 이를 구분을 하기 위하여, "그리다"는 히라가나로 쓰는 것이 일반적이다.
      아울러 「描えが く」는 그림으로 그려 나타낸다는 의미이다.
  - 刺さ す　　　찌르다

●연필에 ～하다

- 鉛筆に - 刺さ される　　　찔리다

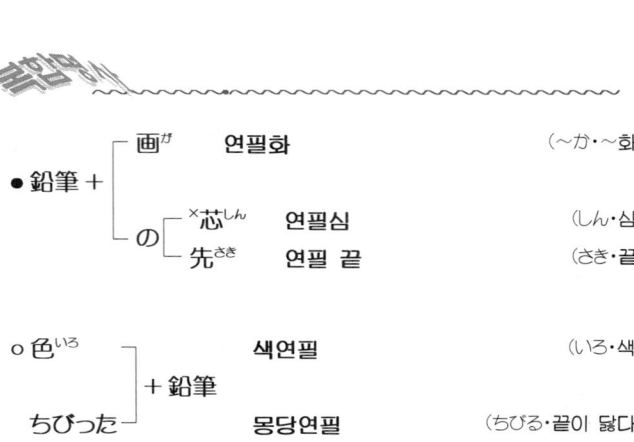

- 鉛筆 +
  - 画が　　연필화　　　　　　　　　(～가・～화)
  - の
    - ×芯しん　　연필심　　　　　　　　　(しん・심)
    - 先さき　　연필 끝　　　　　　　　　(さき・끝)

- ○ 色いろ ┐
  - 　　　　├ + 鉛筆
- ちびった ┘
  - 색연필　　　　　　　　　(いろ・색)
  - 몽당연필　　　　　　　　(ちびる・끝이 닳다)

4급 お菓子か し

(주로 설탕·물엿 등을 곁들여 만든 것으로서, 통상의 식사 이외에 먹는 기호품) **과자**

短文에서 조사가 생략되고 뒷말은「동사는 연용형, 형용사와 형용동사는 어간」으로 바뀌어, "~하기" "~하는 것[사람]" 등의 명사로 전성되기도 하며, 이 때 뒷말의 첫 글자가 무성음일 경우에 발음의 편의상 탁음이 붙기도 한다.

●과자가 ~(하)다

- お菓子が
  - こうばしい / 甘あまい 　고소하다 / 달다
  - おいしい / まずい 　맛있다 / 맛없다
  - (粉々に) 砕くだける 　부서지다
  - 粉々に なる 　가루가 되다
  - なくなる 　없어지다
  - 落おちる 　(아래로) 떨어지다
  - 切きれる 　(다 먹어) 떨어지다

  - ※お菓子が (大だい) 好すきだ[嫌きらいだ]
    → 과자를 (매우) 좋아하다[싫어하다]

●과자를 ~하다

- お菓子を
  - 作つくる 　만들다
  - 食たべる 　먹다
  - 呑のみ込こむ 　삼키다
  - (二ふたつに) 分わける 　(둘로) 쪼개다
  - (粉々こなごなに) 砕くだく 　(산산이) 부수다
  - 選えらぶ 　고르다
  - 落おとす 　떨어뜨리다, 흘리다

● 과자로 ~하다

- お菓子で
  - なだめる — 달래다
  - 誘そう[誘惑する] — 꾀다[유혹하다]
  - 唆す — 꼬드기다, 부추기다
  - (朝を) 済ます — (아침을) 때우다

● 과자에 ~하다

- お菓子に
  - 誘惑される — 유혹되다
  - 味を しめる — 맛들이다
  - 惑わされる — 혹하다
    - = お菓子の誘惑に 負ける
      (과자의 유혹에 지다)

복합어가 되면, 뒤에 오는 단어의 첫 글자가 무성음일
경우에 발음의 편의상 탁음이 붙는 경우가 많다.

- (お)菓子 +
  - 屋 — 과자가게
  - 箱 — 과자상자
  - 折 — (접는) 과자상자
  - 袋 — 과자봉지

- 和
- 洋   + 菓子
- 生
- 氷
  - 일본 전통과자
  - 양과자
  - 생과자
  - 얼음과자

4급
お金 かね

돈 ☞ page 220 「かね」

4급
お米 こめ

쌀 ☞ page 331 「こめ」

4급
お茶 ちゃ

(차나무의 어린잎을 따서, 그것에 뜨거운 물을 내려 만든 음료인 「茶ちゃ」의 정중한 말) **차**

短文에서 助詞가 생략되고 뒷말은「동사는 연용형, 형용사와 형용동사는 어간으로 바뀌어, "〜하기" "〜하는 것[사람]" 등의 명사로 전성되기도 하며, 이 때 뒷말의 첫 글자가 무성음일 경우에 발음의 편의상 탁음이 붙기도 한다.

●차가 ~(하)다

- 濃こい / 薄うすい 　　　　　진하다 / 연하다
  ▶ 香こおり高たかい　　　　　향기롭다

- 熱あつい / 冷つめたい　　　　뜨겁다 / 차갑다
  ▶ ぬるい　　　　　　　　　미지근하다

• お茶が

- 沸わく　　　　　　　　　　　끓다
- 出でる　　　　　　　　　　　나오다

- 冷さめる、冷ひえる　　　　　　식다
  [비교]「冷める」는 미지근하게 됨을, 「冷える」는 차갑게 되어 맛없게 됨을 나타낸다.

●차를 ~하다

- お茶を
  - 入れる — 타다
  - 沸かす、たてる / 煎じる — 끓이다 / 우리다
  - 出す (1. 우려내리다 2. 손님에게 내놓다) — 내다
  - 持て成す、ごちそうする — 접대[대접]하다
  - (茶碗に) つぐ — (찻잔에) 따르다

  - 飲む / する — 마시다 / 하다
    - 전·명 お茶飲み : (차를 즐겨 마시거나 마시는 사람)
      - ~友達 : (나이가 들어 만난 애인) 차 친구

  - 冷ます / 冷える — 식히다 / 차갑게 하다
    - [비교] 「冷ます」는 뜨거운 것을 곧 먹거나 마실 수 있도록 온도를 낮추는 것을, 「冷える」는 냉장고 등에 넣거나 하여 차갑게 해 둠을 나타낸다.

  - 摘む — 따다
    - 전·명 (お)茶摘み : (차의 잎을 따는 일) 찻잎 따기

  - ×碾く — 갈다, 빻다
    - 전·명 (お)茶ひき : (차의 잎을 가는 일) 찻잎 갈기
    - 전·명 ひき茶 : (녹차를 갈아서 분말로 한) 가루 녹차
      ↔ 葉茶[ちゃ(ぢゃ)] (엽차)

  - 習う / 楽しむ — (다도를) 배우다 / 즐기다

●お茶を 濁す 직역「차를 흐리다」· 어떻게든지 그 자리와 상황을 무사히 빠져나가거나 모면하려고 적당히 속이는 의미) 둘러대다
- 適当に お茶を 濁して くる。
  적당히 둘러대고 오다.

●차에 ~하다

- お茶に
  - 招^{まね}く　　　　　초대하다
    ※ 여기서는 "차"보다도 "다과"의 의미로 사용된다.
  - 入^いれる　　　　　넣다

● お茶に する　[직역]「차로 하다」・(일하는 도중에 잠시 쉬는 것) **잠시 쉬다, 티타임을 갖다**

복합어가 되면, 뒤에 오는 단어의 첫 글자가 무성음일 경우에 발음의 편의상 탁음이 붙는 경우가 많다.

- (お)茶+
  - だんす　　그릇장
  - 室^{しつ}　　(차를 접대할 수 있도록 특별히 꾸민 방) **다실**
  - 碗^{わん}　　(차나 밥을 마시고 먹을 때의) **차종, 밥공기**
  - たく　　(찻잔을 바치는 접시모양의 것) **찻잔받침**
  - さじ　　**찻숟가락** = ティースプーン
  - 殻^{がら}　　**차 찌꺼기** = 茶かす
  - こし　　(차 찌꺼기를 거르는 도구) **차 여과기[조리]**
  - 筒^{づつ}　　(차를 담아두는 통) **차 담아두는 통**
  - 店^{みせ}　　(평상을 깔고 차와 과자를 파는) **간이찻집**
  - 色^{いろ}　　(차와 같은 색) **갈색, 다색**
  - 代^{だい}　　**찻값**
  - づけ　　(뜨거운 차에 말아서 먹는 밥) **차(에 말은) 밥**

|　　　┌ 木き　　차나무
|　の│ 葉は　　찻잎
|　　　間ま　　(함께 모여 식사 또는 차를 마시는 공간) 거실
|　　└ 子こ　　1) (차를 마실 때에 곁들여 먹는) **차 과자**
　　　　　　　　　　　　　　= (お)茶・菓子し

　　　　　・[お茶の子さいさい] (뭔가의 일을 아무런 어려움도 없이 행하는 모습을 비유한다) 식은 죽 먹기, 누워서 떡 먹기

○ ひき ┐　　　　　(녹차를 갈아서 분말로 한) **가루 (녹)차**
　葉は　│　　　　　(갓 딴 잎으로 만든 차) **엽차**
　麦むぎ │ ＋茶ちゃ　보리차
　緑りょく│　　　　　녹차
　紅こう │　　　　　홍차
　ゆず │　　　　　유자차
　ウーロン┘　　　　우렁차

|3급| **夫** おっと　　(부부 중에서 남자 쪽의 배우자) **남편**

|3급| **妻** つま　　(부부 중에서 여자 쪽의 배우자) **처**

短文에서 조사가 생략되고 뒷말은「동사는 연용형, 형용사와 형용동사는 어간」으로 바뀌어, "~하기" "~하는 것[사람]" 등의 명사로 전성되기도 하며, 이때 뒷말의 첫 글자가 무성음일 경우에 발음의 편의상 탁음이 붙기도 한다.

●남편[처]이/가 ~(하)다

- 夫[妻]が
  - いる / いない　　　　　있다 / 없다
  - いい / 悪わるい　　　　좋다 / 나쁘다
  - やさしい / 怖こわい　　상냥하다 / 무섭다
  - 出でかける / 帰かえる　　나가다 / 돌아오다
  - 見みる / 聞きく　　　　보다 / 듣다
  - 怒おこる　　　　　　　　화내다
  - 死しぬ / 亡なくなる　　　죽다

●남편[처]을/를 ~하다

- 夫[妻]を
  - 失うしなう / 亡なくす　　잃다 / 여의다

    [참고] 다른 말로 「夫[妻]に 死しなれる (남편을 여의다)」도 있다. 이는 "먼저 떠나 보내다"라는 의미로서 그의 죽음에 의해 남겨진 가족이 여러 면에 있어서 영향을 받고 있음을 나타낸다.

  - 信しんじる / 従したがう　　믿다 / 따르다
  - 愛あいする　　　　　　　사랑하다

| 庇(かば)う | 감싸다 |
| 尻(しり)に 敷(し)く | → (엉덩이에 깔다) 깔고 뭉개다 |

※남편[처]를 의지하다 → 夫[妻]に 頼(たよ)る

[주의] 우리말의 "(누구)를 의지하다"는 즉, "～에게 의지하다"로서 「～に 頼(たよ)る」로 표현된다

참고

● 夫[妻]-の
- 実家(じっか) 시집, 시댁, 시가 / 처가(집)
- 父(ちち) 시아버지 / 장인
- 母(はは) 시어머니 / 장모
- 兄(あね) 시아주머니 / 처남
- 姉(あに) 시누이 / 처형
- 弟(おとうと) 시동생 / 처남
- 妹(いもうと) 시누이 / 처제

3급 お釣つり

(「釣り銭」의 공손한 말) **거스름돈**
※「うおつり」또는「さかなつり」라고도 한다

단문장

●거스름돈은 ~하다

- お釣りは‐ 要らない　　　　　필요 없다

●거스름돈이 ~(하)다

- お釣りが ┬ ない / 足たりない　　**없다 / 모자라다**
  └ ※お釣りが 来くる → (충분하고 게다가 남는다)
  　　　　　　　　　　하고도 남는다
  - 失策しっさくを 補おぎなって なお ~ ゴールだ。
    　실책을 메우고도 더욱이 남는 꼴이다.

●거스름돈을 ~하다

- お釣りを ┬ もらう　　　　　받다
  　　　　├ 渡わたす　　　　　건네다
  　　　　├ 間違まちがえる　　틀리다, 잘못 셈하다
  　　　　└ 用意よういする　　준비하다

4급 お手洗てあらい

화장실　　page 447「トイレ」

音 おと

(사물의 울림) **소리**

[비교] 사람·동물의 음성 기관에서 나는 소리는 「声こえ」로 표현된다.

短文에서 조사가 생략되고 뒷말은「동사는 연용형, 형용사와 형용동사는 어간」으로 바뀌어, "~하기" "~하는 것[사람]" 등의 명사로 전성되기도 하며, 이 때 뒷말의 첫 글자가 무성음일 경우에 발음의 편의상 탁음이 붙기도 한다.

●소리가 ~(하)다

- 音が
  - 大おおきい / 小ちいさい   크다 / 작다
  - 高たかい / 低ひくい   높다 / 낮다
  - 澄すむ / きれいだ / 濁にごる
        맑다 / 깨끗하다 / 탁하다
  - 喧やかましい / 変へんだ   시끄럽다 / 이상하다
  - する、出でる   나다
    - [비교]「音が する」는 소리가 들린다는,「音が 出る」는 지금까지 나지 않았던 소리가 나게 됨을 나타낸다
  - 鳴なる、響ひびく   울리다
    - ▶鳴り·響く[渡わたる]   울려 퍼지다
  - 聞きこえる / こだまする   들리다 / 메아리치다

●소리를 ~하다

- 音を
  - 出だす / 立たてる / 消けす   내다 / 일으키다 / 끄다
  - 聞きく   듣다
    - ▶聞き取とる   알아듣다
  - 大おおきく する / 小ちいさく する
        크게 하다, 키우다 / 작게 하다, 줄이다
  - 作つくる / 区別くべつする   만들다 / 구별하다

●소리로 ~하다

- 音で
  - わかる — 알다
  - 知らせる — 알리다
  - 区別する — 구별하다

●소리에 ~하다

- 音に
  - 驚く / びっくりする — 놀라다 / 깜짝 놀라다
  - 耳を 傾ける — 귀를 기울이다
  - 鼓膜が 破れる — 고막을 찢어지다

● 音に 聞く [직역]「소문에 듣다」· ① (풍문·소문·인편 등으로 들음을 나타낸다) 풍문에[떠도는 소리로] 듣다 ② (풍문으로 떠돌 정도로 유명함을 나타낸다) 평판이 돌다

● 音に 名高い [직역]「소리에 이름높다」·(풍문·소문에 의해 이름 높음을 나타내는 의미로) 평판이 자자하다

足	+音	발소리
波		파도소리
風	の	바람소리
鐘		종소리
鈴		방울소리
ピアノ		피아노(의) 소리

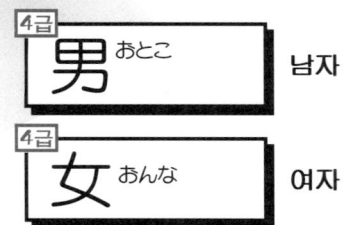

| 4급 | 男 おとこ | 남자 |
| 4급 | 女 おんな | 여자 |

※ 이는 "여자냐 남자냐"하는 단지 性을 구별하기 위한 말이며, 사람을 가리키는 경우에는 어린아이의 경우는 「女の子ㆍ男の子」라고 하고, 성인 여자는 「女の人ㆍ男の人」라고 한다

短文에서 조사가 생략되고 뒷말은「동사는 연용형, 형용사와 형용동사는 어간」으로 바뀌어, "~하기"ㆍ"~하는 것[사람]" 등의 명사로 전성되기도 하며, 이때 뒷말의 첫 글자가 무성음일 경우에 발음의 편의상 탁음이 붙기도 한다.

●남자[여자]는 ~(하)다

- 男[女]は ┬ 弱よわい[軟弱なんじゃくだ] / 強つよい 　약하다[연약하다] / 강하다
        └ 泣なき虫むしだ 　울보다

●남자[여자]가 ~(하)다

- 男[女]が ┬ 出来できる / 懐なつく 　생기다 / 따르다
        │ 泣なく 　울다
        │   전ㆍ명 男泣き : (좀처럼 울지 않는 남자이지만, 참을 수 없을 정도로 복받쳐 오르는 감정) 사나이의 복받침
        │   ㆍ~に 泣く
        │   (사나이의) 복받치는 감정에 울다
        └ ※男[女]が 好すきだ[嫌きらいだ]
            → 남자[여자]를 좋아하다[싫어하다]

  [주의] 좋아하고 싫어하는 상태를 형용하는 형용동사 「好きだ (좋아하다)ㆍ嫌いだ (싫어하다)」는 그 대상을 나타내는 조사「~을/를」은 「~が」를 사용한다.

  전ㆍ명 女[男]好すき : 여자[남자]를 밝힘
    ㆍ~のする 顔かお 여자[남자]를 밝히는 얼굴

●남자[여자]를 ~하다

男[女]を		
	作^{つく}る	만들다
	知^しる	알다
	守^{まも}る	지키다
	冷^{ひや}かす, からかう	놀리다, 조롱하다,
	×苛^{いじ}める	괴롭히다, 못살게 굴다
	誘^{さそ}う・誘惑^{ゆうわく}する	꾀다・유혹하다
	口説^{くど}く	꼬시다
	おだてる	구슬리다, 치켜세우다
	弄^{もてあそ}ぶ	가지고 놀다
	唆^{そそのか}す、けしかける	부추기다, 꼬드기다
	ふる[ふられる]	퇴짜놓다[채이다]
	避^さける	피하다、꺼리다
	遠^{とお}ざける	멀리하다,
	嫌^{きら}う	싫어하다
	嫌^{きら}う	싫어하다

┈ 전・명 女[男]ぎらい : (남성[여성]이 여성[남성]을
　　　　　　　　　　꺼리고 싫어하는 것)
　　　　　　　　　　여자[남자] 기피증

┈ = 男[女]が 嫌^{きら}いだ[好^すきだ]

●남자[여자]로 ~하다

男[女]に		
	変^かわる	변하다
	※男に なる →	(남자로서 한사람 몫의 일을 당당히 할 수 있게 되었다는 의미로) **남자가 되다**

●남자[여자]에게 ～하다

- 男[女]に
  - 甘^{あま}い　　　　　　　무르다
  - 狂^{くる}う　　　　　　　미치다
    - 전·명 女[男]狂^{ぐる}い : (남자[여자]가 여자[남자]에게 미쳐 정사에 빠지는 것)
  - 負^まける　　　　　　지다

●남자[여자]와 ～하다

- 男[女]と
  - 遊^{あそ}ぶ　　　　　　　놀다
    - 전·명 女[男]遊^{あそ}び : (여자[남자]와 놀아나는 것)
  - 付^つき合^あう　　　　　사귀다

- 女 三人^{さんにん} 寄^よれば ×姦^{かしま}しい　직역 「여자 세 명 모이면 시끄럽다」・**여자 셋이 모이면 접시가 깨진다**

- 女 賢^{さか}しゅうて 牛売^{うしう}り 損^{そこ}なう　직역 「여자는 영리해도 소장수 손해본다」・(여자는 영리할 뿐, 멀리 내다보지 못하고, 눈앞의 이익에 눈멀어 실패하는 경우가 많다는 속담) **여자는 영리하나 앞을 내다보지 못한다**

- 女は 氏^{うじ}なくして 玉^{たま}の 輿^{こし}に 乗^のる　직역 「여자는 집안 잃고 옥 가마를 탄다」・(여자는 집이 가난해도 미인이라면, 부잣집으로 시집 갈 수 있다는 속담) **여자는 얼굴이 무기다**

복합어가 되면, 뒤에 오는 단어의 첫 글자가 무성음일 경우에 발음의 편의상 탁음이 붙는 경우가 많다.

- 男[女] +
  - 手で 〈뭔가를 하는데 필요한 일손〉 **여자[남자] 손**
  - 親おや **아버지[엄마]** = 父親ちちおや[母親ははおや]
  - 気け 〈그곳에 있는 것 같이 느껴지는 그 느낌·낌새〉 **남자[여자] 냄새** =男[女]っ気
  - 心ごころ 〈남성[여성]만이 각자 지니고 있는 특유의 심리적인 마음. 또는 바람기를 느낄 수 있는 마음〉 **남자[여자] 마음**
  - 盛さかり 〈여자로서 몸과 마음이 건강하고 한창 꽃 피우는 시기〉 **남자[여자]로서의 한창 때**
  - 所帯じょたい 〈남성[여성]만으로 一家를 이루고 있는 것. 또는 그런 가정〉 **남자[여자] 가정**
  - ひでり 〈남자[여자]의 입장에서 여자[남자]의 수가 적기 때문에 짝이 될 여자를 구하기 곤란한 상태〉 **남자[여자] 기근**
  - 振ぶり 〈남성[여성]으로서의 용모와 자세〉 **남성[여성]스러운 용모** =男[女]っぷり
    - ~が よい ~가 좋다
    - ~が 上あがる 주가가 올라가다
    - ~が 下さがる 주가가 떨어지다

    ※男振りを 上あげる
    〈남자로서의〉 주가를 올리다
  - 向むき 〈여성이 사용하기에 또는 기호에 맞게 만든 것〉 **남성[여성]·용**
  - 持もち 〈남성[여성]이 소지하기에 어울리게 만든 것〉 **남성[여성]·용**
  - 文字もじ 〈남자[여자]의 필적〉 **남자[여자] 글씨**
  - 役やく **남자[여자]·역**

- の ┬ 人ひと　**남자[여자]**
　　│　　↳ 「男・女」는 性을 구분하는 의미이며, 사람을 지칭하는 경우에는「人」를 접속시킨다
　　├ 方かた　**남자[여자]·분**
　　└ 子こ　**남자[여자]·아이**

- 男 + ┬ 女おんな　**남자 같은 여자**
　　　├ 一匹いっぴき　("훌륭한 한사람 몫을 하는 남자"라는 것을 강하게 나타내는 말) **사나이**
　　　├ 気ぎ　(희생을 해서라도 남을 위하여 힘쓰는 남자의 기질) **기사도**
　　　├ 前まえ　(남자답고 잘 생긴 남자) **잘생긴 남자**
　　　└ 勝まさり　(여자이면서 남자도 필적할 수 없을 정도로 굳건함 또는 그런 여자) **남자 못지 않음**

- 女 + ┬ 男おとこ　**여자 같은 남자**
　　　├ たらし　(많은 여성을 능숙하게 유혹하여 가지고 노는 것. 또는 그런 남자) **난봉(꾼)**
　　　├ 殺ごろし　(여성의 마음을 사로잡히게 할 정도의 매력적인 남성) **여자를 깜빡 죽이는 남자**
　　　└ 偏へん　(한자의 부수명 중의 하나) **계집 녀 변**

표현학습, 연습문제

- 男[女] + ┬ らしい　(역시 어울리게) **남자[여자]답다**
　　　　　├ っぽい　(보기에 마치 어른[어린이]와 같다) **남자[여자]스럽다**
　　　　　└ だてらだ　(남성[여성]으로서 어울리지 않는 일을 하는 모습을 비난하는 의미) **남자[여자]답지 못하다**

4급 大人 おとな	「子供(こども)〔어린아이〕」에 대칭되는 표현으로서, 즉 스스로 한사람의 몫을 할 수 있는 성인을 가리키는 말) **어른**
4급 子供 こども	(소아, 아동 또는 자신의 자식) **어린(아)이**

 短文에서 조사가 생략되고 뒷말은「동사는 연용형, 형용사와 형용동사는 어간으로 바꾸어, "~하기" "~하는 것[사람]" 등의 명사로 전성되기도 하며, 이 때 뒷말의 첫 글자가 무성음일 경우에 발음의 편의상 탁음이 붙기도 한다.

●어른[어린(아)이]이/가 ~(하)다

- 大人[子供]が
  - 泣なく　　　　　　울다
  - すべきだ　　　　　해야한다
  - 先さきだ　　　　　 먼저다

●어른[어린(아)이]을/를 ~하다

- 大人[子供]を
  - 敬うやまう　　　　　　　　공경하다
  - 無視むしする　　　　　　 무시하다
  - 泣なかす　　　　　　　　　울리다
  - 抱だき抱かかえる　　　　　껴안다, 끌어안다
  - だます / ごまかす　　　　구슬리다 / 속이다
    - 전·명 子供だまし ： 뻔한[유치한] 속임수
  - なだめす / あやす　　　　달래다 / 어르다
  - おだてる　　　　　　　　 치켜세우다
  - あおる / 唆そそのかす　　 부추기다 / 꼬드기다

◎어른[어린(아)이]에게 ～하다

• 大人[子供]に
- 食ってかかる　　　　대들다
- 丁重だ　　　　　　　정중하다
  - • 丁重に[礼意を正しく] 当たる
    　　정중하게[깍듯이] 대하다
- 聞く　　　　　　　　묻다
- 習う　　　　　　　　배우다
  - • 大人が むしろ 子供に 習う。
    　　어른이 오히려 어린아이에게 배우다.
- 任せる　　　　　　　맡기다
- ※大人に なる　　　→ 어른이 되다
- ※大人に 劣らない　→ 어른 못지 않다
- ※大人も 及ばない　→ 어른 뺨치다

◎어린(아)이로 ～하다

• 大人[子供]に
- 戻る　　　　　　　　(되)돌아가다
- 見える / 見られる
  　　보이다 / 보여진다
- 思われる　　　　　　생각되어지다

복합어가 되면, 뒤에 오는 단어의 첫 글자가 두성음일 경우에 발음의 편의상 탁음이 붙는 경우가 많다.

- 子供 +
  - 扱(あつか)い　　어린이 취급
  - だまし　　뻔한[유치한] 속임수　☞ page 173
  - の-日ᵒ　　어린이의 날

- 大人[子供] +
  - らしい　　（역시 어울리게) **어른[어린아이]답다**
  - っぽい　　（보기에 마치 어른[어린이]와 같다) **어른[아이]스럽다**

- 大人 +
  - しい　　（어른이 아니면서 행동과 성질이 어른스럽게 얌전하다) **얌전하다, 어른스럽다**
  - 気(げ)ない　　**어른스럽지 못하다**

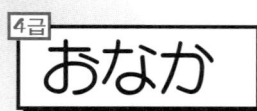

(신체의 일부로서 「腹^{はら}」의 정중한 표현) **배**

短文에서 조사가 생략되고 뒷말은「동사는 연용형, 형용사와 형용동사는 어간」으로 바뀌어, "~하기" "~하는 것[사람]" 등의 명사로 전성되기도 하며, 이 때 뒷말의 첫 글자가 무성음일 경우에 발음의 편의상 탁음이 붙기도 한다.

◉배가 ~(하)다

- おなかが

  - 大^{おお}きい   크다
  - 痛^{いた}い   아프다
  - 苦^{くる}しい   거북하다

  - 出^でる / 入^{はい}る   나오다 / 들어가다
    - ▶ 突^つき出^でる   튀어나오다
    - ▶ 引^ひっ込^こむ   쏙 들어가다

  - ふくらむ / へこむ

     볼록해지다 / 쏙 들어가다

  - すく、減^へる / いっぱいだ   고프다 / 부르다
    - [참고]「すく」는 "비다",「減る」는 "줄다"라는 의미이다. 그것이 배가 "고프다"라는 의미로 사용되는데, 일본어에서는 현재 그렇게 되어 있는 상태임을 감정 표현할 때에 이미 그렇게 되어있는 상태이므로「すいた」「減った」라고 과거꼴로 표현한다.

      아울러「減る」에는「(배가) 빠지다」라는 의미로도 사용된다.

  - 鳴^なる   끓다

  - ※배가 다르다 (형제이지만, 모친이 다르다)
    → 腹違^{はらちが}いだ

◎배를 ~하다

- おなかを
  - 出す / 入れる　　　　내밀다 / 집어넣다
    - ▶突き出す　　　　쑥 내밀다
    - ▶引っ込める　　　쑥 집어넣다
  - 抱える　　　　　　　끌어안다, 감싸다
    - [관용구] おなかを 抱えて 笑う [직역]
      「배를 끌어안고 웃다」・(참을 없이 우습고 재미있을 때에 배를 끌어앉음을 비유하여) 배꼽(을) 잡고 웃다
  - すかす / 満たす　　　곯다 / 채우다
  - つける　　　　　　　(어느 물체에) 대다, 붙이다
  - 痛める　　　　　　　앓다
  - ※おなかを 壊す → 배탈이 나다

◎배로 ~하다

- おなかで
  - 押す / 押さえる　　　밀다 / 누르다
  - 打つ　　　　　　　　치다

◎배에 ~하다

- おなかに
  - 入れる　　　　　　　넣다
    - ▶力を 入れる　　　힘을 주다
  - 載せる　　　　　　　태우다, 얹다

축제　☞ page 586「まつり」

4급 お巡まわりさん　（경찰관을 친근감 있게 일컫는 말）
순경(아저씨)

 短文에서 조사가 생략되고 뒷말은「동사는 연용형, 형용사와 형용동사는 어간」으로 바뀌어, "~하기" "~하는 것[사람]" 등의 명사로 전성되기도 하며, 이때 뒷말의 첫 글자가 무성음일 경우에 발음의 편의상 탁음이 붙기도 한다.

◉순경(아저씨)이/가 ~(하)다

- お巡りさんが ┌ 来くる　　　　　　　　　오다
　　　　　　　│ (泥棒どろぼうを) 捕つかまえる　(도둑을) 잡다
　　　　　　　└ ※순경이 되다 → お巡りさんに なる

◉순경(아저씨)을/를 ~하다

- お巡りさんを ┌ 呼よぶ　　　　　　　　부르다
　　　　　　　└ ※순경을 따르다 → お巡りさんに つく

◉순경(아저씨)에게 ~하다

- お巡りさんに ┌ 行いく　　　　　　　　가다
　　　　　　　│ 聞きく　　　　　　　　묻다
　　　　　　　│ 捕つかまえられる　　　잡히다
　　　　　　　│ 引ひっ張ばられる　　　끌려가다
　　　　　　　└ ※お巡りさんに つく → 순경을 따르다
　　　　　　　　　▶ついて いく[くる]　따라·가다[오다]

3급 お見舞い

(환자와 재난을 당한 사람을 방문하여 위로하거나 무사한지 어떤지 편지로 위로의 편지를 띄우는 것) **병 문안**

短文에서 조사가 생략되고 뒷말은「동사는 연용형, 형용사와 형용동사는 어간」으로 바뀌어, "~하기" "~하는 것[사람]" 등의 명사로 전성되기도 하며, 이때 뒷말의 첫 글자가 무성음일 경우에 발음의 편의상 탁음이 붙기도 한다.

◉병 문안을 ~하다

• お見舞いを する	하다
終える	마치다
通う	다니다

◉병 문안하러 ~하다

- お見舞いに - 行く / 来る　　가다 / 오다
  ▶行って くる　　　　　　　갔다오다

◉병 문안에서 ~하다

- お見舞いから - 帰る　　돌아오다

3급 お土産 みやげ (각 지역의 특산물이나 여행지에서의) **선물**

短文에서 조사가 생략되고 뒷말은「동사는 연용형, 형용사와 형용동사는 어간으로 바뀌어, "~하기" "~하는 것[사람]" 등의 명사로 전성되기도 하며, 이때 뒷말의 첫 글자가 무성음일 경우에 발음의 편의상 탁음이 붙기도 한다.

◉ 선물이 ~(하)다

- お土産が ┌ たっぷり ある   푸짐하다, 많이 있다
          └ 気きに 入いる   마음에 들다

◉ 선물을 ~하다

- お土産を ┌ 買かう   사다
          │ 準備じゅんびする   준비하다
          │ 包つつむ   싸다
          │ やる[あげる] / もらう   주다 / 받다
          │   ▶ やり取とりする   주고받다
          └ 交かわす[交換こうかんする] 나누다[교환하다]

3급 おもちゃ

(주로 어린아이가 가지고 노는 완구를 말하나 심심풀이 기분전환으로 가지고 놀 수 있는 물건이나 사람을 비유하여) **장난감**

短文에서 조사가 생략되고 뒷말은「동사는 연용형, 형용사와 형용동사는 어간으로 바뀌어, "~하기" "~하는 것[사람]" 등의 명사로 전성되기도 하며, 이때 뒷말의 첫 글자가 무성음일 경우에 발음의 편의상 탁음이 붙기도 한다.

●장난감이 ~(하)다

• おもちゃが	多(おお)い / 少(すく)ない	많다 / 적다
	手(て)に 入(はい)る	손에 들어오다
	積(つ)もる	쌓이다
	壊(こわ)れる	부서지다

●장난감을 ~하다

• おもちゃを	売(う)る / 買(か)う	팔다 / 사다
	手(て)に 入(い)れる	손에 넣다
	持(も)って 遊(あそ)ぶ	가지고 놀다
	壊(こわ)す	부수다

表 おもて

(어느 물체의 바깥쪽 면. 또는 위쪽 면) **겉(면)**
↔ 裏うら

短文에서 助詞가 생략되고 뒷말은「동사는 연용형, 형용사와 형용동사는 어간으로 바꾸어, "~하기" "~하는 것[사람]" 등의 명사로 전성되기도 하며, 이때 뒷말의 첫 글자가 무성음일 경우에 발음의 편의상 탁음이 붙기도 한다.

● 겉[앞](쪽의 면)이 ~(하)다

- 表が
  - きれいだ / 汚きたない   깨끗하다 / 더럽다
  - 広ひろい   넓다
  - 出でる   나오다

● 겉[앞](쪽의 면)을 ~하다

- 表を
  - 繕つくろう   (수선하여) 꾸미다 = 겉치레하다
  - 飾かざる   (뭔가를 장식하여) 꾸미다
    - 관용구 表を 飾る 직역「겉을 꾸미다[장식하다]」・(실제로 중요한 내용은 소홀히 하고, 겉만을 고침을 나타낸다) **겉치장하다**
  - 通とおる   (물체의 앞쪽을) 지나다
    - 전·명 表通とおり : (집앞쪽으로 나 있는) 한길
      ↔ 裏通うらとおり
  - 向むく   향하다
    - 전·명 表向き : (표면으로 보이는 것) 표면상, 겉면
  - 編あむ   뜨다 (뜨개질 등에서)
    - 전·명 表編み : (바깥쪽을 뜨는 것) 겉뜨기

おもて 183

○겉[앞](쪽의 면)에 ~하다

- 表に
  - 立たてる　　　　세우다
  - 出でる　　　　　나오다
  - 書かく　　　　　쓰다
    - 전·명 表書かき : (편지·엽서·소포·상자 등의 겉면에 쓰는 주소나 이름 등) **겉봉의 주소·이름**

복합어가 되면, 뒤에 오는 단어의 첫 글자가 무성음일 경우에 발음의 편의상 탁음이 붙는 경우가 많다.

- 表 +
  - 口ぐち　　　　(건물의 정면에 있는 출입구) **앞 출입구**
  - 門もん　　　　(건물의 정면에 있는 출입구의 문) **정문, 앞문**
  - 側がわ　　　　**앞측**
  - 通どおり　　　(집 앞으로 나 있는 큰 길) **한길** ↔ 裏通うらどおり
  - 看板かんばん　① (극장이나 가게 등의 정면 또는 세미나 등이 열리는 건물 앞면에 거는 간판) **앞 간판**
    ② (남에게 내세우는 것이나 내세울 수 있는 점·특기) **얼굴(간판)**
    - 肉にく料理りょうりを ~に する
      고기요리를 ~으로 한다
  - ざた　　　　　(감추어져 있던 일이 세상에 알려지게 되는 것) **공공연한 일** = 公おおやけざた ↔ 内うちざた
  - 作さく　　　　(이모작에서 主가 되는 작물) **첫 작물**

184 명사 표현력

4급

따뜻한 물 ☞ page 636

3급

(감사의 뜻을 전하기 위한 말이나 선물) **사례(의 말[선물])**

●사례(의 말[선물])이 ~(하)다
- (お)礼が - ない　　　　　　　　없다

●사례(의 말[선물])을 ~하다
- (お)礼を ┌ する　　　　　　　　하다
　　　　　 │ 差し上げる　　　　　드리다
　　　　　 │ 述べる　　　　　　　표하다
　　　　　 └ ※お礼を 返す → 답례하다

3급 終わり (끝나는 것 또는 일의 마지막) 끝

◉끝이 ~(하)다

- 終わりが ┬ いい / 悪い　　　　좋다 / 나쁘다
　　　　　├ ない　　　　　　　　없다
　　　　　├ 見える　　　　　　　보이다
　　　　　│
　　　　　└ ※끝이 나다 → 終わりに なる・終わる
　　　　　　　　　　　　　　（끝으로 하다）　（끝내다）

◉끝을 ~하다

- 終わりを ┬ 見る　　　　　　　　보다
　　　　　│ ┊ [참고] 仕事を 締めくくる　일을 매듭짓다
　　　　　├ 全うする （다하다） → 유종의 미를 거두다
　　　　　│
　　　　　└ ※끝을 내다 → 終わりに する・終える

◉끝에 ~하다

- 끝에 와서[이르러] → 終わりに なって　（끝이 되어）
　　　　　　　　　　最終盤に なって
　　　　　　　　　　　　　　　（최종반이 되어）

●끝으로 ~하다

- 終わりに
  - 思う / 見る　　　　　　　생각하다 / 보다
  - ※終りに する → 끝으로 하다, 끝을 내다
    - 今日は これで 終りに します。
      오늘은 이것으로 끝으로 하겠습니다.
  - ※終りに なる → (끝으로 되다) → 끝이 나다

4급

女 おんな　　　**여자**　☞ page 168 「男 おとこ」

4급 買かい物もの

(물건을 사는 것 또는 살 물건과 산 물건) 장(보기) ; 쇼핑(물)

短文에서 조사가 생략되고 뒷말은「동사는 연용형, 형용사와 형용동사는 어간으로 바뀌어, "~하기" "~하는 것[사람]" 등의 명사로 전성되기도 하며, 이 때 뒷말의 첫 글자가 무성음일 경우에 발음의 편의상 탁음이 붙기도 한다.

●장보기[물건사기]가 ~(하)다

- 買い物が
  - 楽たのしい   즐겁다
  - めんどうくさい   귀찮다, 성가시다
  - 難むずかしい   어렵다

●장보기[물건사기]를 ~하다

- 買い物を
  - する   하다 → 장을 보다
  - 楽たのしむ   즐긴다
  - 延のばす   미루다

●장보기[물건사기]로 ~하다

- 買い物で
  - 忙いそがしい   바쁘다
  - 一日いちにちを 過すごす   하루를 보내다

●장[물건]보러/사러 ~하다

- 買い物に - 行いく / 出でかける   가다 / 나가다

4급
顔 かお

(머리의 눈·코·입 등이 있는 앞면 부분) **얼굴**

短文에서 조사가 생략되고 뒷말은「동사는 연용형, 형용사와 형용동사는 어간으로 바꾸어, "~하기" "~하는 것[사람]" 등의 명사로 전성되기도 하며, 이 때 뒷말의 첫 글자가 무성음일 경우에 발음의 편의상 탁음이 붙기도 한다.

◎ 얼굴이 ~(하)다

- 顔が
  - 明あかるい / 暗くらい　　　　　　밝다 / 어둡다
  - 黒くろい / 白しろい　　　　　　　검다 / 희다, 하얗다
    - ▶ 浅黒あさぐろい　　　　　　　　거무스름하다
  - 赤あかい / 熱あつい　　　　　　　빨갛다 / 뜨겁다
    - ▶ 赤く[熱く] なる　　　　　　빨개[뜨거워] 지다
  - 真まっ青さおだ　　　　　　　　　새파랗다, 창백하다
    - ▶ 真っ青に なる　　　　　　　새파래지다, 창백해지다
  - 黄色きいろい　　　　　　　　　　　누렇다

  - 大おおきい / 小ちいさい　　　　　크다 / 작다
  - きれいだ / 汚きたない　　　　　　깨끗하다 / 더럽다
  - 美うつくしい / 醜みにくい　　　　예쁘다 / 못생기다
  - ハンサムだ　　　　　　　　　　　핸섬하다
    - [참고] 남자답게 멋지게 생긴 남자다운 얼굴을 가진 사람을 가리켜「男前おとこまえ」라는 표현도 많이 사용한다.

  - 丸まるい / 四角しかくい　　　　　둥글다 / 네모지다
    - ▶ 角張かくばる　　　　　　　　　　각지다
  - 平ひらべったい / 長ながい　　　　납작하다 / 길다

■얼굴이 ~하게 생기다

※ 이는 그렇게 보인다는 느낌을 나타내는 표현으로서, 다음의 단어에 「연용형(부사꼴) + 見える」로 표현이 가능하다.

• 優^{やさ}しい 상냥하다	• 怖^{こわ}い 무섭다
く 見える	く 見える

• 険悪^{けんあく}だ 험악하다	• 穏^{おだ}やかだ 온화하다
に 見える	に 見える

むくむ ・ 腫^はれる   붓다

[비교] 「むくむ」는 특히 얼굴이나 팔다리가 피부 내부에 물기가 차 부운 듯이 전체적으로 부푼 상태를 나타내며, 이에 비해 「はれる」는 피부의 일부가 벌레에 물렸다든지 하여 "부풀어오르다"라는 의미를 나타낸다.

やせる / 太^{ふと}る   야위다, 마르다 / 살찌다

- ▶ やせこける   홀쭉해지다
- ▶ ふくぶくしい   복스럽다
- ▶ まるまると(して いる) 포동포동(하다)
- ▶ ぽってりと(して いる) 통통[똥똥](하다)

※ 「して いる」는 기본형 「する」에, 현재의 그러한 상태를 나타내는 경우에 「~て いる (~해 있다)」를 접속시킨 표현이다.

やつれる   수척하다, 초췌하다

つぶれる   뭉개지다

[관용구] 顔が つぶれる [직역] 「얼굴이 뭉개지다」・(남에게 창피를 당하거나 자신의 가치를 떨어지다) 얼굴이 깎이다

- ▶ 丸つぶれ・だ[に なる]   묵사발・이다[이 되다]

ゆがむ   일그러지다

ほてる / かっかする　　　달아오르다 / 화끈거리다
　▶かっかと ほてる　　　화끈(화끈) 달아오르다

汚(よご)れる　　　　　　더러워지다

(涙(なみだ)に) 濡(ぬ)れる　　　(눈물에) 젖다
(かがみに) 映(うつ)る　　　(거울에) 비치다
浮(う)かぶ　　　　　　떠오르다
なじむ / 見慣(みな)れる　　(낯)익다 / 익숙해지다
　[비교]「なじむ」는 익숙해져 사이가 좋아짐을 나타내고,「見慣れる」는 자주 보아 눈에 익숙해짐을 나타낸다.
　▶顔なじみ[だ]　　　낯익음[낯(이) 익다]

悲(かな)しみ[愁(うれい)]に 沈(しず)む　슬픔[수심]에 잠기다

武器(ぶき)だ : 무기다 (우리는 「얼굴이 무기다」라고 하면 잘생기거나 못생긴 얼굴을 가리키지만, 일본에서는 잘생긴 얼굴을 나타내며, 그 얼굴을 이용하여, 원하는 것을 한다는 의미로 사용된다)

관용구

◐顔が 広(ひろ)い　[직역]「얼굴이 넓다」·(세상의 많은 사람에게 널리 알려져 있다) **얼굴[발]이 넓다**

◐顔が 効(き)く　[직역]「얼굴이 듣는다」·(상대에게 잘 알려져 있어 억지를 부릴 수 있다) **얼굴이 통하다**

◐顔が 売(う)れる　[직역]「얼굴이 팔리다」·(세상에 이름이 널리 알려져 유명해지다) **얼굴이 팔리다**

◐顔が そろう　[직역]「얼굴이 갖추어지다」·(모여야 할 사람이 모두 모이다) **올 사람은 다 오다**

◐顔が 立(た)つ　[직역]「얼굴이 서다」·(지금까지의 평가에 손상되는 일이 없게 면목이 서다) **얼굴이 서다**

●얼굴을 ~하다

• 顔を

- 洗う / ぬぐう　　　　　　씻다 / 닦다
- 直す　　　　　　　　　　(얼굴화장을) 고치다
- 上げる / うつむける　　　들다 / 숙이다
- 向ける、背ける　　　　　돌리다

  [비교]「向ける」는 보기 위하여 그 쪽 방향으로 "돌리다"는 의미이고,「そむける」는 외면하기 위하여 다른 쪽으로 "돌리다"는 의미이다.

  전·명 顔向け : (남과 얼굴을 대하는 것) 얼굴 대함[마주함]
  - ~ができない。
    얼굴 대[마주]할 수가 없다.

  ▶あお向ける　　　　　　쳐들다

- うずめる、うめる　　　　묻다
- 突き出す・出す　　　　　내밀다

  [참고]「突き出す」는 앞 또는 밖으로 쑥 내미는 것을 나타내고,「出す」는 자신의 존재를 알리거나 또는 참석·출석의 표시로 보인다는 의미로 사용되는 관용적인 표현이다

  ▶突き合わせる　　　　　(앞으로 내밀어) 맞대다

- 寄せる　　　　　　　　　(가까이) 대다
- しかめる / ゆがめる　　　찌푸리다 / 찡그리다

  [비교]「しかめる」는 기분적으로 불쾌하거나 언짢을 때에 미간에 주름을 잡는 듯한 표정을,「ゆがめる」는 고통을 동반하여 얼굴 표정이 일그러지는 것을 나타낸다.

- 赤める、赤くする　　　　붉히다
- 見る　　　　　　　　　　보다
  ▶見詰める　　　　　　　똑바로 바라보다, 응시하다
  ▶見合わせる　　　　　　마주보다

- 描く　　　　　　　　　　그리다

(かがみに) 映うつす	(거울에) 비추다
(懷中電灯で) 照てらす	(휴대전등으로) 비추다
突つく / (腕うでで) 防ふせぐ	찌르다 / (팔로) 막다
(両手りょうてで) 隠かくす	(양손으로) 감추다
覆おおう	덮다, 가리다
▶ 覆い泣なき伏ふす	가리고 쓰러져 울다
かく	긁다
▶ ひっかく・ひっかかれる	할퀴다

※「ひっかかれる」는「ひっかく」의 수동표현이다

殴なぐる	때리다
向むかい合あう	마주 (바라)보다
▶ 向むかい合わせる	마주하다

─ ※얼굴을 향하다 → 顔に 向むかう

─ ※~ㄴ 얼굴을 하다 → ~ 顔を する
- 不機嫌な 顔を する   언짢은 얼굴을 하다
- 改あらたまった 顔を する   정색한 얼굴을 하다

● **顔を 売うる** 직역 「얼굴을 팔다」・(많은 사람에게, 자신을 알리도록 하다, 유명하게 되려고 하다) 얼굴을 팔다[알리다]
- 人ひとに 自分じぶんの 顔を 売る 必要ひつようが ある。
  사람에게 자신의 얼굴을 팔 필요가 있다.

● **顔を 曇くもらせる** 직역 「얼굴을 흐리게 하다」・(걱정스러운 표정이 되다) 얼굴이 무거[어두]워지다
- 話はなしを きいて、顔を 曇らせた。
  이야기를 듣고 얼굴이 어두워졌다.

● **顔を 出だす** 직역 「얼굴을 내다」・(출석・참석했다는 표시로) 얼굴을 내밀다[보이다]

● 顔を つぶす [직역]「얼굴을 뭉개다」·(특히 신세를 진 사람에게 심한 창피를 당하게 하거나 체면에 손상을 입히다) 얼굴을 뭉개다, 체면을 손상하다

• 顔を つぶすことは しないように しなさい。
  얼굴을 뭉개는 일은 하지말도록 하세요.

●얼굴으로 ~하다

• 顔で ┬ 判断[勝負]する　　　　판단[승부]하다
       └ 押し通す　　　　　　　밀어붙이다

●얼굴에 ~하다

• 顔に
  ┬ 現れる / 帯びる　　　나타나다 / 띠다
  │ 書いて いる　　　　　쓰여있다
  │ (何かが) つく　　　　(뭔가가) 묻다
  │ つける / 塗る　　　　바르다 / 칠하다
  │   ⋯ [관용구] 顔に 泥を 塗る [직역]「얼굴에 진흙을 칠하다」·(상대의 지위에 상처를 입히거나 창피를 당하게 한다는 의미로) 얼굴에 먹칠을 하다
  │
  │ ぶっかける　　　　　　뿌리다, 끼얹다
  │ (つばを) 飛ばす　　　(침을) 튀기다
  │ (化粧が よく) 乗る　 (화장이 잘) 먹다
  │ 似合う　　　　　　　　어울리다
  │ (~が) できる　　　　(~이/가) 나다, 생기다
  │   ⋯ • 여드름　：にきび　　• 주근깨 ：そばかす
  │   • 종기, 부스럼 ：腫物　　 • 기미 　：しみ

しわが よる[増ふえる・多おおい]

주름이 지다[늘다・많다]

和なごやかさが 出でる 　　화색이 돋다
血ちの気けが 戻もどる 　　　화색이 돌아오다
陰かげが ある 　　　　　　그늘이 있다[지다]
愁うれいが いっぱいだ 　　수심이 가득하다
垢抜あかぬけする 　　　　　(세련되게 하다) 때벗다

　　　　　　　　　　먹칠을 하다

※顔に 向むかう → 얼굴을 향하다
　• 顔に 向かって ボールを 投なげる。
　　얼굴을 향해 돌을 던지다.

◐顔から 火ひが 出でる　직역「얼굴에서 불이 나오다」(대단히 창피하여 얼굴이 빨개지다) 얼굴이 화끈거리다

복합어가 되면, 뒤에 오는 단어의 첫 글자가 무성음일 경우에 발음의 편의상 탁음이 붙는 경우가 많다.

●顔＋
　　色いろ　　　　　　안색　　　　　　　　　　　(いろ・색)
　　　　　　　　　　　・〜が よくなる　〜이 좋아지다
　　役やく　　　　　　(그 지방 또는 동료들 사이에　(やく・〜역)
　　　　　　　　　　　얼굴이 통하는 사람)

付っき	얼굴표정	(つく・붙다)
立だち	얼굴생김새	(たつ・서다)
合あわせ	(처음 모여 만나는 것) **상견례**	(あわせる・합치다)
×馴染なじみ	(평소 만나서 잘 앎, 또는 그런 사람) **잘 앎[아는 사람]**	(なじむ・익숙해지다)
見み知しり	(깊은 교제는 없지만, 서로 얼굴만은 알고 있다는 정도의 사이 또는 그런 사람) **안면이 있음[있는 사람]**	(みしる・안면 있다)
負まけ	(상대의 솜씨가 너무 좋아 무색하게 함과 뻔뻔함에 당해낼 수 없음을 나타내어) **얼굴 뻡침 [못 듦·못 내밂]**	(まける・지다)

- おとな～の腕前うでまえだ.
　　　어른 뺨치는 솜씨다.
- おとなも ～だ.　어른도 얼굴 못 든다.
- 彼かれの頑固がんこには ～する.
　　　그의 고집에는 얼굴 못 내민다.

ぶれ	(모임·경기 등에 참가하는 사람들) **얼굴들, 멤버들**	(ふれる・닿다)

○ 素す		맨 얼굴
幼おさな		어릴 적 얼굴
笑え		웃는 얼굴
えびす	+顔がお	("えびす"는 일본에서 칠복신 중의 하나로서, 싱글벙글 웃고 있는 상이다. 따라서 싱글벙글 웃는 얼굴을 그것에 비유하는 표현이다)
得えたり		기쁜 듯한 얼굴 • ～で 話す　～으로 이야기하다 • ～を する　～을 하다[짓다]
したり		득의양양한 얼굴
赤あから		불그스름한 얼굴
大おお[小こ]		큰바위얼굴[주먹만한 얼굴]

.... 196 명사 표현력 ....

3급 鏡 かがみ

(빛의 반사를 이용하여, 물건이나 사람의 모습을 비쳐 보는 도구) **우산**

短文에서 조사가 생략되고 뒷말은「동사는 연용형, 형용사와 형용동사는 어간으로 바뀌어, "~하기" "~하는 것[사람]" 등의 명사로 전성되기도 하며, 이 때 뒷말의 첫 글자가 무성음일 경우에 발음의 편의상 탁음이 붙기도 한다.

●거울이 ~(하)다

- 鏡が ┌ きれいだ / 汚(きた)ない　　　깨끗하다 / 더럽다
       └ 落(お)ちる / 割(わ)れる　　　　떨어지 / 깨지다

●거울을 ~하다

- 鏡を ┌ かける / 外(はず)す　　　걸다 / 떼다
       │ 見(み)る　　　　　　　　보다
       │ ぬぐう、ふく　　　　　　닦다, 훔치다
       └ 割(わ)る / 捨(す)てる　　　깨다 / 버리다

●거울에 ~하다

- 鏡に ┌ 映(うつ)す / 映(うつ)る　　　비추다 / 비치다
       └ (ほこりが) つく　　　　　(먼지가) 묻다

○ 手(て) - 鏡(かがみ)　　손거울

·· かぎ 197

4급
かぎ [×鍵]

(자물쇠의 구멍에 집어넣어 문이나 뚜껑 등을 열고 닫기 위한 도구) 열쇠

[참고] 현관의 박혀있는 것을 통틀어 나타내기도 한다. 아울러 자물쇠는 「錠^{じょう}」라고 한다.

短文에서 조사가 생략되고 뒷말은「동사는 연용형, 형용사와 형용동사는 어간으로 바뀌어, "~하기" "~하는 것(사람)" 등의 명사로 전성되기도 하며, 이때 뒷말의 첫 글자가 무성음일 경우에 발음의 편의상 탁음이 붙기도 한다.

◎열쇠가 ~(하)다

- ×鍵が ┌ 入^{はい}る   들어가다
       │ 違^{ちが}う / 同^{おな}じだ   다르다 / 같다
       └ 合^あう / 合^あわない   맞다 / 맞지 않는다

◎열쇠를 ~하다

- ×鍵を ┌ 差^さし込^こむ   꽂다, 끼우다
       │ かける / 開^あける   채우다 / 열다
       │ あつらえる / こしらえる   맞추다 / 만들다
       │ 失^{うしな}う / 落^おとす   잃다 / 잃다[흘리다]
       │ 預^{あず}ける   맡기다
       │ 渡^{わた}す / もらう   건네다, 넘기다 / 받다
       │   ⋮ ▶渡して あげる   건네주다
       │   ▶渡して もらう   건네받다 ; (남이) 건네주다
       │ 隠^{かく}す   숨기다
       │ 握^{にぎ}る   쥐다
       │   ⋮ [관용구] ×鍵を 握る [직역]「열쇠를 쥐다」·(해결에 있어서 유일한 해결방법을 가지고 있다거나 그러한 위치에 있을 나타낸다) 열쇠를 쥐다
       └ 投^なげる   던지다

●열쇠로 ～하다

- ×鍵で
  - 開ける / 閉める   열다/닫다
    - ▶ 開け閉めする   열고 닫다
  - 締める   잠그다

복합어가 되면, 뒤에 오는 단어의 첫 글자가 무성음일 경우에 발음의 편의상 탁음이 붙는 경우가 많다.

- ×鍵 +
  - 穴(あな)   열쇠구멍
    - ・～から のぞく   ～으로 들여다보다
  - 束(たば)   열쇠꾸러미
  - 屋(や)   열쇠가게
  - っ子(こ)   (부모가 맞벌이여서, 아이가 항시 열쇠를 달고 다니며 스스로 문을 열어야 하는 아이) 키 보이

○ 合(あ)い － + ×鍵   비상 열쇠 = スペア キー (스페어 키)
                                  = マスター キー (마스터 키)

> 참고
> - 열쇠고리 → キー ホルダー

4급

かさ

(비 또는 햇살을 막기 위해 머리 위를 가리는 것)
우산

短文에서 조사가 생략되고 뒷말은「동사는 연용형, 형용사와 형용동사는 어간」으로 바뀌어, "~하기" "~하는 것[사람]" 등의 명사로 전성되기도 하며, 이 때 뒷말의 첫 글자가 무성음일 경우에 발음의 편의상 탁음이 붙기도 한다.

●우산이 ~(하)다

- 傘が
  - 開ひらく / つぼむ・すぼむ・閉とじる　펴지다/접히다
  - 破やぶれる　찢어지다
  - 壊こわれる　망가지다
  - 裏返うらがえしに なる　뒤집히다
  - 飛とばされる　날아가다

●우산을 ~하다

- 傘を
  - 持もつ　들다, 가지다
    - ▶持って くる[いく]　가지고 오다[가다]
  - 広ひろげる, 開ひらく　펴다
  - 差さす　쓰다, 받다
  - 畳たたむ、すぼめる、折おる　접다
    - [비교]「畳む」는 ① 펼친 우산을 접는다는 의미와 ② 작게 접는 우산을 원래대로 작게 접는다는 의미를 가지고 있으며, 「すぼめる」는 원래 "오므리다"라는 의미로서, 「畳む」의 ①과 같은 의미로 쓰이며, 「折る」는 「畳む」는 ②의 의미이다. 아울러 「折る」는 그 외에도 「부러뜨리다」라는 의미도 갖는다.
  - 干ほす　말리다
  - 直なおす / 折おる　고치다 / 부러뜨리다
  - 捨すてる　버리다

● 우산으로 ～하다

- 傘で ┌ たたく / 防ふせぐ   치다 / 막다
       └ (ちくちく) つつく   (쿡쿡) 찌르다

● 우산에 ～하다

- 傘に ┌ 穴あなが あく   구멍나다
       │ 入はいる   들어·가다[오다]
       │
       └ ※傘に 入いれる → 우산에 넣다 → 우산을 같이 쓰다

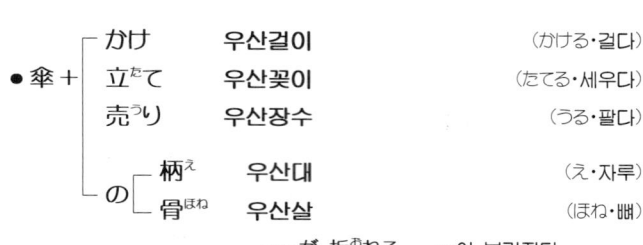

- 傘 + ┌ かけ   우산걸이   (かける·걸다)
       │ 立たて   우산꽂이   (たてる·세우다)
       │ 売うり   우산장수   (うる·팔다)
       │
       └ の ┌ 柄え   우산대   (え·자루)
            └ 骨ほね 우산살   (ほね·뼈)
                 · ～が 折おれる   ～이 부러지다

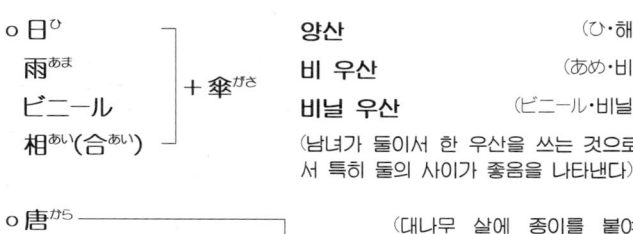

o 日ひ ─┐
  雨あま │
  ビニール │ + 傘かさ   양산   (ひ·해)
  相あい(合あい) ─┘   비 우산   (あめ·비)
                              비닐 우산   (ビニール·비닐)
                              (남녀가 둘이서 한 우산을 쓰는 것으로
                               서 특히 둘의 사이가 좋음을 나타낸다)

o 唐から ──────┐
                │ + 傘かさ   (대나무 살에 종이를 붙여
  折おり畳たたみ(式しき)-の ─┘   기름을 먹인 우산) 지우산
                                      접는 우산   (おりたたむ·
                                                       접어 개다)

3급 **火事** かじ

(건물이나 산림 또는 배 등이 타는 것) **화재, 불**

短文에서 조사가 생략되고 뒷말은「동사는 연용형, 형용사와 형용동사는 어간으로 바꾸어, "～하기" "～하는 것(사람)" 등의 명사로 전성되기도 하며, 이때 뒷말의 첫 글자가 무성음일 경우에 발음의 편의상 탁음이 붙기도 한다.

●화재[불]이/가 ~(하)다

- 火事が
  - 起おこる、起おきる　　　(일어)나다
    - ▶発生はっせいする　　　발생하다
  - (家いえを) 襲おそう　　　(집을) 덮치다
  - (町まちを) 見舞みまう　　　(마을을) 휩쓸다
  - 消きえる　　　꺼지다
    - ▶消けし止とめられる　　잡히다

- ※화재가 되다 → 火事に なる
- ※화재가 잦다 → 火事が よく 起おこる

●화재[불]를/을 ~하다

- 火事を
  - 出だす　　　내다
  - 起おこす　　　일으키다
  - 消けす　　　끄다
    - ▶消けし止とめる　　　잡다
    - ▶鎮火ちんかする　　　진화하다

- ※화재를 입다 → 火事に 遭あう

●화재[불]로 ~하다

- 火事で ┌ 焼ける   타다
         └ 家を 失う   집을 잃다

●화재[불]에 ~하다

- 火事に ┌ 驚く   놀라다
         │ よって 焼ける   의해 타다
         │   ▶よって 焼けて しまう   의해 타 버리다
         └ 見舞われる   휩쓸리다

복합어가 되면, 뒤에 오는 단어의 첫 글자가 무성음일 경우에 발음의 편의상 탁음이 붙는 경우가 많다.

- 火事 + ┌ 場ば   **화재장소**
         │   · [火事場·泥棒どろぼう] : 화재를 틈타 도둑질하는 사람
         └ どろ   火事場·泥棒どろぼう의 준말

○ 山やま ─┐
          ├ + 火事   산불
  対岸の ─┘
                        (관용구 : 자신에게는 피해가 비치지 않아 방관하고 있는 것) **강 건너 불**

(기압이 높은 쪽에서 낮은 쪽으로 향하여 공기의 흐름) **바람**

短文에서 조사가 생략되고 뒷말은「동사는 연용형, 형용사와 형용동사는 어간」으로 바뀌어, "~하기" "~하는 것[사람]" 등의 명사로 전성되기도 하며, 이 때 뒷말의 첫 글자가 무성음일 경우에 발음의 편의상 탁음이 붙기도 한다.

●바람이 ~(하)다

- 強つよい / 弱よわい　　　　　세다 / 약하다
  - ▶強く[弱く] なる　　　　세[약해] 지다
  - ▶弱まる　　　　　　　　수그러들다
- 激はげしい　　　　　　　　심하다
- すずしい / さわやかだ　　시원하다 / 상쾌하다

• 風が
- 吹ふく　　　　　　　　　　불다
  - ▶しばしば 吹く　　　　잦다
- 起おこる、起おきる / 立たつ　일어나다 / 일다
- なぐ / 治おさまる　　　　　자다 / 가라앉다
- 通とおる　　　　　　　　　통하다, 지나다
- 当あたる　　　　　　　　　닿다
  - [전·명] 風当たり : (바람이 와 닿는 강함의 정도) 와 닿는 바람
    • 上うえに 上あがるほど ~が 強い。
      위에 오를 수록 ~이 강하다.
- 出でる / 入はいる　나·오다[가다] / 들어·오다[가다]

> **참고**
> ※ (공·튜브·타이어 등의) **바람이 빠지다**
> 　　　　　　　　→ 空気くうきが 抜ぬける
>
> ※ (무 등의) **바람이 들다** → ×鬆すが 入はいる[立たつ]

●바람을 ～하다

- 風を
  - 待^まつ　　　　　　　　　기다리다
    - 전·명 風待ち　(출항에 앞서) 순풍을 기다림
  - 受^うける　　　　　　　　받다
  - 防^{ふせ}ぐ　　　　　　　　　막다
  - よける　　　　　　　　　피하다
    - 전·명 風よけ : (바람을 막는 일. 또는 물건) **방풍** ; **바람막이**　※「かざよけ」라고도 한다
  - 通^{とお}す　　　　　　　　　통하(게 하)다
    - 전·명 風通し : (바람이 빠지는 것) **환기** ; **통풍**
      ※「かざとおし」라고도 한다
      - ～が いい　　～가 잘된다
  - 起^おこす　　　　　　　　　일으키다

- ※ 바람을 쐬다 → 風に 当^あたる
- ※ 바람을 맞다 → 風に 吹^ふかれる
- ※ 바람을 타다 → 風に 乗^のる

관용구

◐ 風を 切^きる　직역 「바람을 자르다」・(기세 좋은 나아가는 모습을 비유하여) **바람을 가르다**

참고
※ (공·튜브·타이어 등의) 바람을 넣다
　→ 空気^{くうき}を 入^いれる

●바람으로 ～하다

- 風で
  - 乾^{かわ}かす　　　　말리다
  - 倒^{たお}す　　　　　쓰러뜨리다, 무너뜨리다
  - 回^{まわ}す　　　　　돌리다

●바람에 ~하다

• 風に

飛とばす、飛とばされる　　　날리다

[비교] 「飛ばす」는 인위적으로 바람에 날게 함을 나타내고, 「飛ばされる」는 바람에 의해 날아가게 됨을 당한다는 수동의 상태를 나타낸다.

(花^{はな}が) 飛^とび散^ちる　　　　　(꽃이) 흩날리다
(髪^{かみ}が) 振^ふり乱^{みだ}れる　　　　(머리가) 흩날려다
(落^おち葉^ばが) 舞^まい散^ちる　　　(낙엽이) 흩날리다
(ほこりが) 舞^まい上^あがる　　　　(먼지가) 흩날리다
(落^おち葉^ばが) 吹^ふき払^{はら}われる　(낙엽이) 쓸리다
(雪^{ゆき}が) 吹^ふき飛^とばされる　　(눈이) 쓸(려날)리다

(国旗^{こっき}・旗^{はた}が) はためく / 翻^{ひるがえ}る / なびく

　(국기・깃발이) 펄럭이다 / 휘날리다 / 나부끼다

[비교] 「はためく」는 바람에 기세 좋게 소리를 내면서 휘날리는 상태를, 「翻る」는 앞뒤가 번갈아 뒤집히듯이 휘날리는 상태를, 「なびく」는 바람의 움직임에 따라 나부끼는 상태를 나타낸다.

揺^ゆれる、揺^ゆらぐ、揺^ゆらめく　　흔들리다

[비교] 「揺れる」는 상하좌우로 흔들거려 불안정한 상태를 나타내며, 「揺らぐ」는 같은 불안정한 상태이지만, 부동의 자세로 전혀 움직이지 않을 것이라고 생각했던 것이 뿌리 채 흔들거린다는 의미가 강하고, 「揺らめく」는 바람이나 파도에 의해 시각적으로 흔들거리는 상태를 나타낸다.

▶ 揺^ゆれ動^{うご}く　　　　　　(마구) 흔들거리다

震^{ふる}える　　　　　　　　떨리다
あおられる　　　　　　　이끌리다

[참고] 기본형은 「あおる」로서, 부채 등으로 "부치다"라는 의미이며, 수동표현인 「あおられる」를 직역하면 "부채질 당하다"라고 뭔가에 부채질 당하듯이, 그 바람에 움직이거나 흔들림을 나타낸다.

• 風^{かぜ}に あおられて 木^きが 揺^ゆれる。
　　바람에 이끌려 나무가 흔들리다.

倒^{だお}れる	쓰러지다, 무너지다
壊^{くず}れる	부서지다
抜^ぬかれる	뽑히다
落^おちる	떨어지다
任^{まか}せる	맡기다

- ※風に 乗^のる → 바람을 타다
- ※風に 当^あたる → 바람을 쐬다
- ※風に 吹^ふかれる → 바람을 맞다

복합동사

복합어가 되면, 뒤에 오는 단어의 첫 글자가 무성음일 경우에 발음의 편의상 탁음이 붙는 경우가 많다.

● 風^{かざ} +
- 向^むき ① (바람의 방향) **풍향**
  ② (되어 가는) **형세**
- よけ = かぜよけ
- 通^とおし = かぜとおし
- 車^{ぐるま} **풍차**
- 窓^{まど} **통풍창**
- 穴^{あな} 바람구멍
- 足^{あし} 풍속, 바람의 속도
- 上^{かみ}[下^{しも}] 바람이 불어·오는[가는] 쪽

- 風かぜ +
  - 通とおし　（바람이 통하는 것）**통풍** = かぜとおし
  - 当あたり　（바람이 닿는 것. 또는 그 강함）**바람의 들이침**　・~が 強つよい。 ~이 강하다.
  - よけ　（바람을 막는 일이나 그 물건）**바람막이**
    = かざよけ
  - の
    - 便たより　[직]「바람의 소식」・（어디부터인지 모르지만 전해 오는 소문）**풍문**
    - 神かみ　**바람의 신**

- ○ 波なみ　　　　　　　（파도와 바람, 또는 소동）**풍파**
- 潮しお　　　　　　　（바다에서 부는 바람）**해풍** = 海風
- そよ　　　　　　　（산들산들 부는 바람）**산들바람, 미풍**
- 向むかい　　　　　　（맞이하여 부는 바람）**마파람**
- すき間ま　　　　　　**틈새바람, 황소바람**
- つむじ　　+ 風かぜ　（회오리를 쳐 부는 바람）**회오리바람**
    = 旋風せんぷう
- 川かわ　　　　　　　**강바람**
- 雨あめ　　　　　　　**비바람** = 風雨
- 春はる　　　　　　　**봄바람**
- 秋あき　　　　　　　**가을바람**

- 扇風機せんぷうき
- せんす
  - の
    - **선풍기(의) 바람**
    - **부채바람**

참고 ※ 휘파람 → 口笛くちぶえ

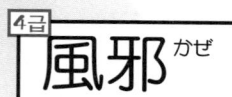 (호흡기계의 병의 하나) 감기, 고뿔

 短文에서 조사가 생략되고 뒷말은「동사는 연용형, 형용사와 형용동사는 어간으로 바뀌어, "~하기" "~하는 것[사람]" 등의 명사로 전성되기도 하며, 이 때 뒷말의 첫 글자가 무성음일 경우에 발음의 편의상 탁음이 붙기도 한다.

●감기가 ~(하)다

- 風邪が
  - 軽(かる)い　　　　　가볍다
  - ひどい　　　　　　심하다, 독하다
  - 治(なお)る　　　　　낫다
  - とれる　　　　　　잡히다, 떨어지다
  - ぶり返(かえ)す　　　도지다
  - 移(うつ)る　　　　　옮다
  - はやる　　　　　　유행하다
  - 長(なが)びく　　　　오래가다
  - 再発(さいはつ)する　재발하다

●감기를 ~하다

- 風邪を
  - 移(うつ)す　　　　　옮기다
  - 予防(よぼう)する　　예방하다
  - ものともせず　　　무릅쓰고

- ※風邪を ひく → 감기가 들다, 감기에 걸리다

- ※감기를 이기다 → 風邪に 勝(か)つ

◉ 감기로 ~하다

- 風邪で
  - 休やすむ / 寝込ねこむ   쉬다 / 눕다
  - 倒たおれる   쓰러지다
  - 熱ねつ[くしゃみ]が 出でる 열[재채기]이/가 나다
  - 咳せきが ひどい   기침이 심하다

◉ 감기에 ~하다

- 風邪に
  - かかる   걸리다
  - 気きを 付つける   조심하다

  - ※風邪に 勝かつ → 감기를 이기다
  - ※風邪に 勝かてる 人ひとは ない
    → (감기에 이길 수 있는 사람 없다) 감기에 장사 없다

[참고] 감기에 장사 없다 → 風邪に 勝かてる 人ひとはない

복합어가 되면, 뒤에 오는 단어의 첫 글자가 무성음을 경우에 발음의 편의상 탁음이 붙는 경우가 많다.

- 風邪 +
  - 気味ぎみ   감기기운   (ぎみ・기운)
  - 薬ぐすり   감기약   (くすり・약)

- 鼻はな + 風邪   코감기   (はな・코)
- 喉のど + 風邪   목 감기   (のど・목)

210 명사 표현력

(목과 팔 사이인 인체의 일부분) **어깨**

短文에서 조사가 생략되고 뒷말은「동사는 연용형, 형용사와 형용동사는 어간」으로 바뀌어, "~하기" "~하는 것[사람]" 등의 명사로 전성되기도 하며, 이 때 뒷말의 첫 글자가 무성음일 경우에 발음의 편의상 탁음이 붙기도 한다.

◎어깨가 ~(하)다

- 肩が
  - 広^{ひろ}い / 狭^{せま}い   넓다 / 좁다
  - ぶつかる   부딪치다
  - 凝^こる   뻐근하다
  - うずく   쑤시다
  - 落^おちる   처지다

● 肩が 重^{おも}い [軽^{かる}い] 직역「어깨가 무겁다[가볍다]」·(큰 부담이나 책임을 가지게[덜게] 됨을 비유하여) **어깨가 무겁다[가볍다]**

- 肩が 重<[軽<] なる。

  어깨가 무거워[가벼워] 지다.

◎어깨를 ~하다

- 肩を
  - 押^おさえる   (위에서) 누르다
    - ▶ぐっと 押^おさえる   꾹 누르다
    - ▶押^おさえ付^つける   짓누르다, 억누르다
  - 打つ / たたく   치다 / 두드리다
    - ▶ぽんと たたく   툭 치다
    - ▶たたき付^つける   내리치다

	ˣ揉もむ	주무르다
	痛いためる	다치다
	動うごかす	움직이다
	▶上下うえしたに 動かす	위아래로 움직이다
	▶揺り動かす	흔들거리다
	上あげる / 下さげる	올리다 / 내리다
	▶上げ下げする	들썩이다
	▶上げたり下げたりする	올렸다 내렸다 하다
•肩を	振ふる・揺ゆする	흔들다

[비교] 「振る」는 물건의 한쪽을 쥐거나 고정시켜 전후좌우 또는 상하로 몇 번이고 반복시킴을 나타내는 동사로서, 「肩を 振る」는 걸을 때나 춤을 출 때에 자신의 어깨를 의도적으로 흔드는 것을, 「揺する」는 물체나 다른 사람의 몸을 흔들어 움직이게 하거나 또는 자신의 몸 일부를 진동시킴을 나타내는 동사로서, 「肩を 揺する」는 남의 어깨를 흔들어 움직이게 함과 특히 웃을 때와 같이 자신의 어깨를 진동시킴을 나타낸다.

	▶揺ゆり起おこす	흔들어 깨우다
	広ひろげる	펴다
	すくめる	움츠리다
	回まわす	돌리다
	いからす、そびやかす	으쓱·이다[거리다]
	落おとす	(낙담하여) 떨구다
	かすめる・かする / ぶつける	
		스치다 / 부딪치다

[비교] 「かすめる」는 닿을 듯이 스쳐 지나감을, 「かする」는 살짝 닿아 스쳐 지나감을 나타낸다.

※肩を 組くむ → 어깨동무를 하다

※어깨를 짚다 → 肩に 手てを つく

● 肩を 並ならべる 직역「어깨를 나열하다」·(실력이나 힘에 있어서 대등함을 비유하여) **어깨를 나란히 하다, 어깨를 견주다**

● 肩を 持もつ 직역「어깨를 들다」·(같은 편이 되어 감싸거나 한다는 의미로) **편을 들다**

◎어깨로 ~하다

- 肩で － 打うつ　　　　　　　　　　　치다

● 肩で 息いきを する 직역「어깨로 숨을 쉬다」·(숨이 가빠 헐떡이는 모습을 비유하여) **어깨로 숨을 쉬다**

● 肩で 風かぜを 切きる 직역「어깨로 바람을 자르다」·(기세 등등한 모습을 비유하여) **보무도 당당하다**

◎어깨에 ~하다

- 肩に
  - (かばん・手てを) かける / 担になう　(가방・손을) 걸치다 / 메다
  - (荷物にもつを) 担かつぐ　(짐을) (짊어)메다
  - (肩章けんしょう) つける　(견장을) 달다
  - (手てを) 載のせる　(손을) 얹다, 올리다
  - 手てを つく　(손을 대다)→ **어깨를 짚다**

복합어가 되면, 뒤에 오는 단어의 첫 글자가 무성음일 경우에 발음의 편의상 탁음이 붙는 경우가 많다.

- 肩 +
  - 幅^{はば}　　　어깨 폭　　　　　　　　　　　(はば・폭)
  - 回^{まわり}　　　어깨 둘레　　　　　　　　　　(まわり・둘레)
  - 先^{さき}　　　어깨 죽지　　　　　　　　　　(さき・끝)
  - 車^{ぐるま}　　무동, 목말　　　　　　　　　　(くるま・차)
    - ~を する　~을/를 타다
  - の - 荷^に　(책임·부담) 어깨의 짐
    - [관용구] 肩の荷を 下^おろす [직역]「어깨의 짐을 내리다」·(메고 있던 어깨의 짐을 내리듯이 홀가분한 기분이 된다는 의미로) 어깨의 짐을 내리다

- なで ─┐
　　　　 + 肩^{かた}
- 怒^{いかり}─┘

- なで: (쓰다듬어 내리듯 선이 완만하게 내려간 어깨) 완만한 어깨　　(なでる・쓰다듬다)
- 怒り: 각진 어깨　　(いかる・성내다)

3급 形 かたち (물건과 사람의 시각과 촉각에 의해 나타나는 외관적인 모습) **모양, 형태**

短文에서 조사가 생략되고 뒷말은「동사는 연용형, 형용사와 형용동사는 어간」으로 바뀌어, "~하기" "~하는 것[사람]" 등의 명사로 전성되기도 하며, 이 때 뒷말의 첫 글자가 무성음일 경우에 발음의 편의상 탁음이 붙기도 한다.

●모양이 ~(하)다

- 形が
  - いい / 変へんだ … 좋다 / 이상하다
  - 変かわる … 바뀌다
    - ▶変わった … 색다르다
  - 気きに 入いる … 마음에 들다
  - 現あらわれる … 나타나다
  - 整ととのう … 갖추어지다
  - 崩くずれる … 망가지다, 흐트러지다

●모양을 ~하다

- 形を
  - 変かえる … 바꾸다
  - 直なおす … 고치다
  - 改あらためる … 바로잡다
  - 整ととのえる … 가다듬다

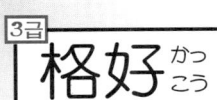

3급 格好 かっこう   (외관으로 본 모습) **모양, 꼴**

短文에서 조사가 생략되고 뒷말은「동사는 연용형, 형용사와 형용동사는 어간」으로 바뀌어, "〜하기" "〜하는 것[사람]" 등의 명사로 전성되기도 하며, 이 때 뒷말의 첫 글자가 무성음일 경우에 발음의 편의상 탁음이 붙기도 한다.

●모양[꼴]이 〜(하)다

- 格好が
  - 変へんだ / おもしろい　　**이상하다 / 재미있다**
  - いい / 悪わるい　　**좋다 / 나쁘다**
    - 「格好が いい」는 특히 차림새나 겉모양의 모습과 형태가 세련되어 있는 듯하거나 행동에 있어서 떳떳하고 당당하게 느껴지는 모양에 대하여 「멋지다」라고 칭찬하거나 감탄하는 의미로서, 주로 「かっこういい」라고 표현한다. 이에 「格好が 悪い」는 차림새나 행동의 꼴이 체면이 서지 않을 정도로 말이 아님을 나타낸다.
  - つく　　**잡히다**
    - ▶남에게 보일 수 있을 정도로 갖추어야 할 일정의 모양새가 잘 갖추어짐을 나타낸다.

●모양[꼴]을 〜하다

- 格好を
  - つける　　**내다, 갖추다**
    - ▶남에게 좋은 점을 보일 수 있도록 모양새가 잘 갖추도록 함을 나타낸다.
  - 直なおす　　**고치다**
  - ※格好を 気に する
    - →(모양을 걱정하다) → **모양에 신경을 쓰다**

216 명사 표현력

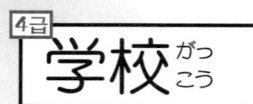

4급 学校 がっこう

(일정한 장소에서 교육생을 모아 교사가 계획적・계속적으로 교육을 행하는 공식기관) **학교**

短文에서 조사가 생략되고 뒷말은「동사는 연용형, 형용사와 형용동사는 어간으로 바뀌어, "～하기" "～하는 것(사람)" 등의 명사로 전성되기도 하며, 이때 뒷말의 첫 글자가 무성음일 경우에 발음의 편의상 탁음이 붙기도 한다.

●학교가 ～(하)다

- 学校が ┬ 遠とおい / 近ちかい   멀다 / 가깝다
  └ 始はじまる   시작되다

●학교를 ～하다

- 学校を ┬ 建たてる   짓다, 세우다
  │ 休やすむ   쉬다
  │ さぼる, 怠なまける   빼먹다 (게을리 하다)
  │ 卒業そつぎょうする   졸업하다
  │ 退学たいがくさせられる   퇴학당하다
  └ 出でる   나오다

●학교에서 ～하다

※ 장소를 나타내는 명사에 붙는 「～에서」가, 1) 그 동작이 행해지는 "행위의 장소"이면 조사 「～で」로, 2) 그 동작과 작용이 그곳에서부터 발생 또는 발견하게 되었다는 "행위・발생의 기점 및 출처"이면 조사 「～から」로 표현한다.

- 学校で ┬ 教おしえる / 習ならう   가르치다 / 배우다
  └ 遊あそぶ   놀다

- 学校から ┌ 帰^{かえ}る   돌아오다
         └ 家^{いえ}まで   집까지

◉학교에 ~하다

※ 장소를 나타내는 명사에 붙는 「~에」가, 그 행위의 진행이 1) 그 지점을 목적지로 향하고 있다는 "행위의 도달지점"이면 조사 「~に」로, 2) 그쪽 방향으로 향하고 있다는 "행위의 방향"이면 조사 「~へ」로 표현되며, 이 경우에는 「~(으)로」로 해석되기도 한다.

- 学校に
    - 入^{はい}る   들어가다
        - ▶ 入学^{にゅうがく}する   입학하다
    - 通^{かよ}う   다니다
        - ▶ 歩^{ある}いて   (걸어서)
        - ▶ バスに 乗^のって   (버스를 타고)
    - 残^{のこ}る   남다
    - やる / 行^いかせる   보내다
        - [비교] 「やる」는 학교에 다닐 수 있도록 만들어줌을, 「行かせる」는 가려고 하지 않으려는 학생을 갈 것을 강요하는 의미이다.
    - ※ 学校に あがる
        - ↳ (학교에 오르다) → **상급학교에 오르다[진학하다]**

- 学校へ ┌ 行^いく   가다
        └ やる / 行^いかせる   보내다

> 참고
> ※ [小^{しょう}学校]   초등학교
> ※ [中^{ちゅう}学校]   중학교
> ※ [高等^{こうとう}学校] 고등학교 = 高校^{こうこう}
> ※ [専門^{せんもん}学校] 전문학교
> ※ [大^{だい}学校]   대학교 = 大学^{だいがく}
> ※ [大学^{だいがく}院^{いん}] 대학원

4급 角 かど

(물건의 구석에 각진 부분과 길이 꺾어져 있는 곳) 모퉁이, 귀퉁이, 모서리

短文에서 조사가 생략되고 뒷말은「동사는 연용형, 형용사와 형용동사는 어간으로 바뀌어, "~하기" "~하는 것(사람)" 등의 명사로 전성되기도 하며, 이 때 뒷말의 첫 글자가 무성음일 경우에 발음의 편의상 탁음이 붙기도 한다.

◉(길)모퉁이[귀퉁이·모서리]를 ~하다

- 角を ┬ 曲がる　　　　　　　돌다
　　　　│　[전·명] 曲がり角　길모퉁이
　　　　│　　　　　　・~を まがる　　~를 돌다
　　　　└ 切る　　　　　　　　자르다

◐ 角が 立つ　[직역]「각이 서다」・(뭔가의 말투나 태도가 온화하지 않고 거친 것을 비유하여) **모가 나다**
　・物も 言い様で ~
　　　　　　　말도 하기에 따라서 모가 난다

◐ 角が 取れる　[직역]「각이 잡히다」・(나이를 먹어 고생 또는 경험이 쌓여, 인품이 온화하게 됨을 비유하여) **각이 잡히다**
　・年が とって ~。　　나이가 들어 ~.

◉모퉁이[귀퉁이·모서리]에 ~하다

- 角に ┬ いる、ある　　　　　있다
　　　　└ ぶつかる　　　　　　부딪치다

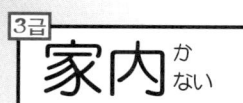

3급 家内 かない

(자신의 부인을 상대에 대해 일컫는 표현) **집사람**

※ 상대의 부인을 일컫는 대표적인 표현으로「おくさん」이 있다.

短文에서 조사가 생략되고 뒷말은「동사는 연용형, 형용사와 형용동사는 어간」으로 바뀌어, "~하기" "~하는 것[사람]" 등의 명사로 전성되기도 하며, 이 때 뒷말의 첫 글자가 무성음일 경우에 발음의 편의상 탁음이 붙기도 한다.

● 집사람이 ~(하)다

- 家内が ┌ 行^いく / 来^くる   가다 / 오다
           └ 呼^よぶ   부르다

● 집사람을 ~하다

- 家内を ┌ つれて いく[くる]   데리고 가다[오다]
           └ 呼^よぶ   부르다

● 집사람에게 ~하다

- 家内に ┌ 聞^きく   묻다
           │ 電話^{でんわ}が 来^くる   전화가 오다
           │
           └ ※ ~に 教^{おし}えて もらう
               → (~에게 가르쳐 받다) → ~가 가르쳐 주다

● 집사람·에게/로 부터 ~하다

- 家内から ┌ 聞^きく   듣다
             └ 電話^{でんわ}が 来^くる   전화가 오다

······· 220 명사 표현력 ·······

3급 金 かね

(금전) 돈

※ 이는 금속인 「쇠」의 의미도 갖고 있으며, 참고로 이와 비슷한 의미로 「鉄てつ (철)」이 있다.

[참고] 말을 美化시켜 표현할 때에는 접두어 「お〜」를 붙여 「お金」라고 한다.

 短文에서 조사가 생략되고 뒷말은「동사는 연용형, 형용사와 형용동사는 어간으로 바뀌어, "〜하기" "〜하는 것[사람]" 등의 명사로 전성되기도 하며, 이때 뒷말의 첫 글자가 무성음일 경우에 발음의 편의상 탁음이 붙기도 한다.

●돈이 ～(하)다

- (お)金が
  - ある / ない　　　　　　있다 / 없다
    - ▶あり余あまる　　　　　남아돌다
  - 必要ひつようだ　　　　　　　필요하다
  - 足たりない　　　　　　　달리다, 모자라다
  - できる　　　　　　　　　생기다
  - (手てに) 入はいる　　　　　(손에) 들어오다
  - たまる　　　　　　　　　모이다
  - 掛かかる / 残のこる　　　　들다 / 남다
  - 回まわる　　　　　　　　　돌다
    - 전·명 金回り : 자금회전　・〜が いい[わるい]
      　　　　　　　　　　　　〜이 좋다[나쁘다]
  - 詰つまる　　　　　　　　　막히다
    - 전·명 金詰つまり : 돈[자금]이 막힘
- ※돈이 되다 → 金に なる

관용구

● 金が ×唸うなる　직역「돈이 신음하다」・(돈이 남아도는 것을 비유하여) **돈이 신음을 하다**

● 金が 子こを 生うむ　직역「돈이 새끼를 낳다」・(돈이 돈을 벌게 해줌을 비유하여) **돈이 새끼를 치다**

◐ 金が 物ものを 言いう [직역]「돈이 뭔가를 말한다」
・(돈이 문제의 해결이나 영향력을 발휘하기된다는 의미로) **돈이 말을 한다**

●돈을 ～하다

- もうける　　　　　　　**벌다**
  - [전·명] 金もうけ : **돈벌이**
    ・～が いい　　**～가 좋다**

- 数かぞえる　　　　　　　**세다**
- 入いれる / 出だす　　　　**넣다 / 내다**
  - ▶ 取とり出す　(안에서 밖으로 손으로 집어) **꺼내다, 내놓다**
  - [전·명] 金入れ : (지금의 지갑이나 금고와 같은 역할을 하던 것) **돈지갑, 돈 통**

- 与あたえる / もらう　　**주다 / 받다**
- (お)金を　払はらう　　　　　　　**치르다, 지불하다**
- はたく　　　(있는 모든 돈을 쓰다) **털다**

- 使[遣]つかう / 残のこす　**쓰다 / 남기다**
  - [전·명] 金・使[遣]つかい : (돈) **씀씀이**
    ・～が 荒あらい　　**～가 헤프다**
  - ▶ 無駄むだに 遣つかう　　**헛되이 쓰다**
  - ▶ 無駄遣むだづかいを する　**허비하다**
  - ▶ 湯水ゆみずのごとく 使つかう　**물 쓰듯이 하다**

- ためる・蓄たくわえる・集あつめる　**모으다**
  - ※「ためる」는 쓰지 않고 조금조금 모아 늘려 가는 것을, 「蓄える」는 장래를 위하여, 계획을 세워 저축하는 등 하여 모으는 것을 나타내며, 「集める」는 취미 돈을 모은다거나 또는 각각의 사람의 돈을 한데 모은다는 의미이다.

預あずける / 下おろす	맡기다 / 찾다
掛かける	들이다
賭かける	(내기에) 걸다
作つくる	만들다
貸かす	빌려주다, 꿔주다

- 전·명 金貸し : 돈놀이 • ～を する　～를 하다

借かりる	빌리다, 꾸다
返かえす	돌려주다, 갚다
繰くる / 回まわす	당기다 / 돌리다

- 전·명 金繰かねぐり : 돈 마련, 돈 변통[융통]
- ▶やりくりする　　변통하다

(こっそり) 盗ぬすむ	(슬쩍) 훔치다
せびる	뜯다
惜おしむ	아끼다
大切たいせつに する	소중히 하다
持もつ	가지다

- 전·명 金持ち　부자　• ～に なる　～가 되다
- 전·명 持ち金　가지고 있는 돈
  • 今いまの～は これだけだ。
     지금의 ～은 이것뿐이다.

両替りょうがえする	환전하다

◐ 金を 食くう　[직역]「돈을 먹다」·(재료비나 수리비가 많이 들어감을 비유하여) 돈을 먹다

◐ 金を 寝ねかす[遊あそばせる]　[직역]「돈을 재우다[놀리다]」·(돈을 활용하지 못하고 묵혀둠을 비유하여) 돈을 묵히다[놀리다]

●돈으로 ~하다

※ 사물을 나타내는 명사에 붙는 「~(으)로」가, 1) 그 사물을 수단·재료·도구로 이용한 동작을 나타내는 경우에는 「~で」로 표현되고, 2) 그 사물을 이전과 다른 새로운 변화의 방법 및 결과를 나타내는 경우에는 「~に」로 표현된다.

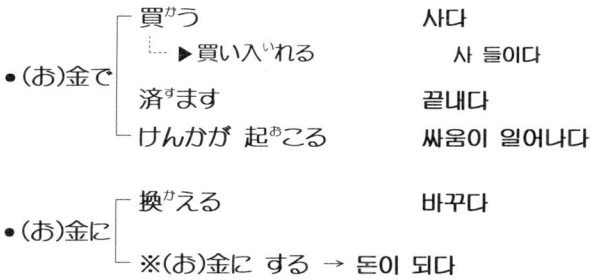

- (お)金で
  - 買う　　　　　　　　　사다
    - ▶買い入れる　　　사 들이다
  - 済ます　　　　　　　　끝내다
  - けんかが 起こる　　　싸움이 일어나다

- (お)金に
  - 換える　　　　　　　　바꾸다
  - ※(お)金に する → 돈이 되다

●돈에 ~하다

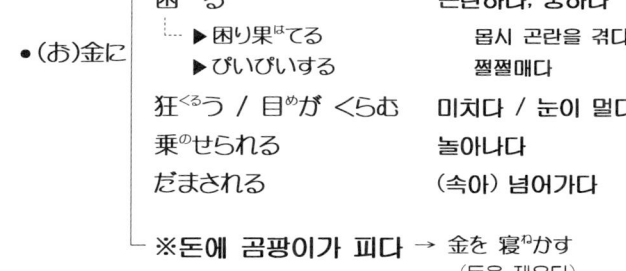

- (お)金に
  - 困る　　　　　　　　　곤란하다, 궁하다
    - ▶困り果てる　　　몹시 곤란을 겪다
    - ▶ぴいぴいする　　쩔쩔매다
  - 狂う / 目が くらむ　　미치다 / 눈이 멀다
  - 乗せられる　　　　　　놀아나다
  - だまされる　　　　　　(속아) 넘어가다

  - ※돈에 곰팡이가 피다 → 金を 寝かす
    　　　　　　　　　　　　　(돈을 재우다)

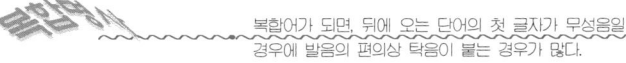

복합어가 되면, 뒤에 오는 단어의 첫 글자가 무성음일 경우에 발음의 편의상 탁음이 붙는 경우가 많다.

- 金 +
  - づる　　돈줄 = スポンサー
  - 目　　　값(어치)　・~のものが ある　~ 나가는 것
  - 離れ　　돈 씀씀이　・~が いい[わるい]
  　　　　　　　　　　　　　　~가 좋다[나쁘다]

└の┬ 問題_{もんだい} / 心配_{しんぱい}　　돈 문제 / 돈걱정
　　└ 算段_{さんだん}・やりくり　돈 변통[마련]

○ あり		시잿돈, 있는 돈, 소지금
		・~を はたく　~을 털다
持_もち		가지고 있는 돈
腐_{くさ}され		① 푼돈　② 부정한 돈, 더러운 돈
目腐_{めくさ}され	+金_{がね}	(얼마 안 되는) 푼돈
はした		(우수리와 같은) 푼돈
むだ		(쓴 보람이 없게 된 돈) 헛된 돈
捨_すて		(쓴 보람이 없게 된 돈이나 버리는 셈치고 빌려주는 돈) 헛된 돈
死_しに		(보람없이 쓴 돈) 죽은 돈
生_いき		(보람있게 쓴 돈) 산 돈
にせ		가짜 돈
裏_{うら}		뒷돈, 떡값
小_こ[大_{おお}]		(양이 적은[많은] 돈) 적은[큰] 돈
日なし		일숫돈

・[金ずくで] : 돈(의 힘)으로, 금권으로

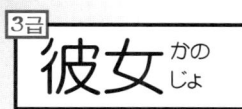

(여성을 가리키는 3인칭의 말) **그녀**

(남성을 가리키는 3인칭의 말) **그**

 短文에서 조사가 생략되고 뒷말은「동사는 연용형, 형용사와 형용동사는 어간으로 바뀌어, "~하기" "~하는 것[사람]" 등의 명사로 전성되기도 하며, 이 때 뒷말의 첫 글자가 무성음일 경우에 발음의 편의상 탁음이 붙기도 한다.

◉그녀[그]가 ~(하)다

- 彼女[彼]が ┌ いる   있다
              └ 来る   오다

◉그녀[그]를 ~하다

- 彼女[彼]を ┌ 待つ   기다리다
              └ 思もう   생각하다

◉그녀[그]에게 ~하다

- 彼女[彼]に ┌ 聞く   묻다, 듣다
              └ 任まかせる   맡기다

4급 かばん [×鞄] (물건을 넣어 가지고 다니기 위한 용구) 가방

短文에서 助詞가 생략되고 뒷말은「動詞는 連用形, 形容詞와 形容動詞는 어간으로 바뀌어, "~하기" "~하는 것[사람]" 등의 명사로 전성되기도 하며, 이 때 뒷말의 첫 글자가 무성음일 경우에 발음의 편의상 탁음이 붙기도 한다.

●가방이 ~(하)다

- かばんが ┬ 大きい / 小さい   크다 / 작다
          ├ 重い / 軽い   무겁다 / 가볍다
          └ 気に 入る   마음에 들다

●가방을 ~하다

- かばんを ┬ 持つ / 投げる   들다 / 던지다
          ├ 開ける / 閉める   열다 / 닫다
          ├ 置く / (肩に) 担う   놓다 / (어깨에) 메다
          │
          └ ※가방을 싸다 → かばんに 詰め込む
                              (가방에 채워넣다)

●가방에서 ~하다
- かばんから - 出る   나오다

●가방에 ~하다

- かばんに ┬ (本を) 入れる   (책을) 넣다
          ├ 詰め込む   채워 넣다
          └ ぶつかる   부딪히다

3급
壁 かべ

(건물의 외부를 싸거나 내부를 구분하기 위해 쌓은 것을 가리키며, 곤란을 겪게 되는 장해를 비유하기도 한다) 벽

短文에서 조사가 생략되고 뒷말은「동사는 연용형, 형용사와 형용동사는 어간으로 바뀌어, "~하기" "~하는 것[사람]" 등의 명사로 전성되기도 하며, 이때 뒷말의 첫 글자가 무성음일 경우에 발음의 편의상 탁음이 붙기도 한다.

●벽이 ~(하)다

	厚あつい / 薄うすい	두껍다 / 얇다
壁が	揺ゆれる	흔들리다
	崩くずれる	부서지다, 무너지다
	倒たおれる	넘어지다

●벽을 ~하다

	築きずく	쌓다
	倒たおす / 崩[壞]くずす	무너뜨리다 / 부수다, 허물다
	開あける / 貫つらぬく	뚫다
	[비교] 「開ける」는 뭔가의 목적을 위해 구멍을 낸다는 의미이고, 「貫く」는 뭔가가 관통한다는 의미이다.	
壁を	押おす	밀다
	たたく	두드리다
	張はる	바르다
	塗ぬる	칠하다
	[전·명] 壁塗り ① 벽 바르기 ② 미장이 = 左官さじゃかん	
	背せにする	등지다, 뒤로 하다
	支ささえる	받치다

관용구

- ● 壁を 破やぶる　[직역]「벽을 깨다」・(쉽게 깨지지 않던 기록을 깬다는 의미로) **벽을 깨다**
  - とうとう 10秒じゅうの〜。　　드디어 10초의 〜.

- ● 壁を 飛とび越こえる　[직역]「벽을 뛰어넘다」・(난관에 봉착하여 그 어려움을 헤쳐나간다는 의미로) **벽을 뛰어넘다**

● 벽으로 〜하다

- 壁で － 仕切しきる　　　　　　　　칸막이를 하다

● 벽에 〜하다

- 壁に
  - 塗ぬる　　　　　　　　　칠하다
  - 貼はる / 掛かける　　　　붙이다 / 걸다
  - 書かく　　　　　　　　　쓰다
    - [전・명] 壁書かき : (벽에 쓰는 글씨) 벽서
      - [참고] 落書らくがき : 낙서
  - 寄よりかかる・もたれる　　기대다
    - [비교]「寄りかかる」는 몸의 상태가 좋지 않거나 하여, 더 이상 지탱할 수 없어 기댐을 나타내는 표현으로서, 따라서 힘이 드는 느낌이 들고,「もたれる」는 몸을 편안하게 하기 위해 취하는 동작을 나타내는 의미로서, 여유가 있고 안락한 느낌이 든다.
    - ▶もたせかける　　　　기대어 세우다, 걸치다
  - 取とり囲かこまれる　　　　둘러싸이다
  - たどり着つく　　　　　　다다르다
  - ぶつかる　　　　　　　　부딪치다
  - ひびが 入はいる　　　　　금이 가다

  - ☆ **벽에 깔리다** → 壁の下敷したじきに なる

- 壁に 突っき当あたる　[직역]「벽에 막다르다」·(일이 어려운 난관에 닥침을 비유하여) **벽에 부딪치다**

- 壁に 耳みみあり 障子しょうじに 目めあり　[직역]「벽에 귀 있고, 장지(문)에 눈 있고」·(비밀 등이 새기 쉽다는 의미로) **낮말은 새가 듣고, 밤 말은 쥐가 듣는다**

복합어가 되면, 뒤에 오는 단어의 첫 글자가 무성음일 경우에 발음의 편의상 탁음이 붙는 경우가 많다.

- 壁 +
  - 紙かみ　　벽지 ·~を 張はる[はがす]　(かみ·종이)
  　　　　　~을 바르다[벗기다]
  - 土つち　　(벽에 바르는 흙) **벽토**　(つち·흙)
  - 新聞しんぶん　(벽에 붙여놓은 신문) **벽 신문**　(しんぶん·신문)
  - 隣となり　(특히 공동 주택에서 벽을 사이에 둔 이웃) **벽 하나 사이를 둔 이웃**　(となり·이웃)

- セメント ┐
  コンクリート ├ + 壁
  ブロック ┘

  시멘트
  콘크리트 벽
  블록 벽

※ 흙벽 → 土壁どべい

230 명사 표현력

4급
紙 かみ 1)

(나무의 섬유로 만든 것으로서, 특히 글을 쓰거나 그림을 그리는데 사용되는) **종이**

短文에서 조사가 생략되고 뒷말은「동사는 연용형, 형용사와 형용동사는 어간으로 바뀌어, "~하기" "~하는 것[사람]" 등의 명사로 전성되기도 하며, 이때 뒷말의 첫 글자가 무성음일 경우에 발음의 편의상 탁음이 붙기도 한다.

●종이가 ~(하)다

- 紙が
  - 厚あつい / 薄うすい 　　　　　두껍다 / 얇다
    - 전·명 厚あつ[薄うす]紙かみ : 두꺼운[얇은] 종이
  - しわむ、しわくちゃに なる 　구겨지다
  - 破やぶれる 　　　　　　　　 찢어지다
  - (水みずに) 濡ぬれる 　　　　　 (물에) 젖다
  - (壁かべに はった 紙が) 浮うく 　(벽에 붙인 종이가) 뜨다

●종이를 ~하다

- 紙を
  - 折おる 　　　　　　　　　　 접다
    - 전·명 紙折り : 종이접기
  - (くるくると) 巻まく 　　　　　(돌돌) 말다
  - 切きる 　　　　　　　　　　 자르다
    - 전·명 紙切れ (잘린 종이 자투리) 종이조각
  - 破やぶる 　　　　　　　　　　 찢다
  - 貼はる 　　　　　　　　　　 붙이다
  - しわくちゃに する 　　　　　 구기다, 꾸기다
    - ▶くしゃくしゃに する 　　　구깃구깃하다
    - ▶くしゃくしゃに 丸まるめる 　구깃구깃 뭉치다

| とじる、つづる、 | 철하다, 매다 |
| (水に) ぬらす | 적시다 |

- すく 뜨다
  - [전·명] 紙すき : (종이를 떠서 만드는 일 또는 그런 일을 하는 사람) 종이 뜨기[뜨는 사람]

●종이로 ～하다

- 紙で
  - 包む 싸다
    - [전·명] 紙包み : (종이로 쌓여져 있는 것 또는 그 물건) 종이보따리
    - ▶くるむ (말 듯이 싸다) 감싸다
  - 作る 만들다
    - ▶紙で 作った 飛行機[船] 종이로 만든 비행기[배]

●종이에 ～하다

- 紙に
  - 書く 쓰다
    - ▶書き入れる 써넣다
    - ▶記す 적다
    - ▶記録[記入]する 기록[기입]하다
  - かく / 描く 그리다 / 그림 그리다
  - 包まれる 싸이다
    - ▶くるまれる (말 듯이 싸이다) 감싸이다

관용구

● 紙 一重ひとえ [직역] 「종이 한 겹」・("종이 한 장정도의" 그저 약간의 차이임을 비유하여) **종이 한 장**
  • ～の差さで 勝かつ。　　～차이로 이기다.

복합명사

복합어가 되면, 뒤에 오는 단어의 첫 글자가 무성음일 경우에 발음의 편의상 탁음이 붙는 경우가 많다.

● 紙 +

くず	휴지조각
つぶて	종이뭉치
束たば	종이꾸러미, 종이뭉치
袋ぶくろ	종이봉투
銭ぜに	종이돈　　＝紙幣へい (지폐)
風船ふうせん	종이풍선
やすり	(종이)사포　　＝サンド ペ―パ
花はな	(특히 장례에 사용되는) 종이꽃, 조화
テ―プ	종이 테이프
吹雪ふぶき	(축하・환영 퍼레이드 때에 뿌리는) (오)색종이
製せい	(종이로 만든 제품) 종이 제품
芝居しばい	(이야기의 내용을 몇 장의 종이에 그려, 이야기하면서 그것을 순서대로 보이는 것) 종이 연극

o 色いろ ┐
　手て　├ + 紙がみ
　巻まき ┘

색종이

편지

(반지를 반으로 해, 길게 이어 만 종이로서, 붓으로 편지를 쓰는데 사용되던 것) **두루마리**

··· かみ²⁾ 233

3급
髪 かみ 2)

(머리에 자란 털) **머리(카락)**

단문작성

短文에서 조사가 생략되고 뒷말은「동사는 연용형, 형용사와 형용동사는 어간」으로 바꾸어, "~하기" "~하는 것[사람]" 등의 명사로 전성되기도 하며, 이때 뒷말의 첫 글자가 무성음일 경우에 발음의 편의상 탁음이 붙기도 한다.

◎머리가 ~(하)다

- 髪が
  - 長(なが)い / 短(みじか)い   길다 / 짧다
  - きれいだ / 汚(きたな)い   깨끗하다 / 더럽다
    - ▶つやつやする   윤기가 있다
    - ▶さらさら(する) (수분과 끈기가 없이) 푸석푸석하다
  - 乱(みだ)れる / もつれる   흐트러지다 / 엉키다
    - ▶ぼさぼさ(だ・する)   (기름기가 없이 흐트러져 있다)
                                       퍼석퍼석하다
      - ~の[(と)した] 髪   ~한 머리
      - ~(と)している   (현재의 상태) ~하다
  - 伸(の)びる / 抜(ぬ)ける   자라다 / 빠지다
    - ▶ほうほうだ、もじゃもじゃだ 텁수룩하다
      - ほうほう[もじゃもじゃ]の髪   텁수룩한 머리
  - (水(みず)に) 濡(ぬ)れる   (물에) 젖다
    - 전·명 濡れ髪(がみ) : 젖은 머리
  - (風(かぜ)に) なびく   (바람에) 날리다

●머리를 ~하다

- 髪を
  - (ぼうぼうと) 伸ばす　　　　　(텁수룩하게) 기르다
  - そる / 切る　　　　　　　깎다 / 자르다
    - 전·명 髪そり : (수염을 깎는데 사용하는 날붙이나 또는 날카로운 것을 비유하는 말) 면도(날)

  - 洗う　　　　　　　　　　감다
    - 전·명 髪洗い : 머리감기, 세발

  - とかす　　　　　　　　　빗다
  - 上げる　　　　　　　　　올리다
  - 編む / 結う　　　　　　　땋다
    - 전·명 髪結い : (머리를 쪽지는 것, 또는 그런 일을 직업으로 하는 사람)

    - [비교] 「編む」는 머리카락을 마치 새끼 꼬듯이 땋는 것을, 「結う」는 일본 전통 머리 형태로서, 머리를 모아 올리는 것을 나타낸다.

    - ▶ お下げに する　　　　땋아 길게 늘어뜨리다
    - ▶ 三つ編みに 編む　　　세 갈래를 엮어서 크게 하나로 땋다

  - くくる / ほどく　　　　　묶다 / 풀다
  - (長く) 垂らす　　　　　　(길게) 늘어뜨리다
    - 전·명 垂れ髪 : 늘어뜨린 머리

  - 止める　　　　　　　　　고정하다
    - 전·명 髪どめ : (핀 등) 머리고정 물

  - 飾る　　　　　　　　　　장식[치장]하다
    - 전·명 髪飾り : (핀이나 꽃 등) 머리장식 물

  - 抜く / 植える　　　　　　뽑다 / 심다
  - 染める　　　　　　　　　물들이다

なでつける	쓰다듬다
振ぶり乱みだす	흩날리다

- ※머리를 지지다[볶다] → 髪に パーマを かける

- ※머리를 쪽찌다
  → 髪を (後うしろで) 束たばねて かんざしを さす
  머리를 (뒤에서) 한데 묶어 비녀를 꽂다

- 髪を 分わける [직역]「머리를 나누다」· 가르마를 타다

●머리에 ~하다

- 髪に
  - (薬くすりを) 塗ぬる — (약을) 바르다
  - (花はなを) 差さす — (꽃을) 꽂다
  - パーマを かける — 파마를 하다

복합어가 되면, 뒤에 오는 단어의 첫 글자가 무성음일 경우에 발음의 편의상 탁음이 붙는 경우가 많다.

- 髪 +
  - 油あぶら — 머릿기름
  - 形がた — 머리모양
  - の
    - 毛け — 머리카락
      - ~が ぬける ~이 빠지다
      - ~を ぬく   ~을 뽑다
    - におい — 머리 냄새, 머릿내

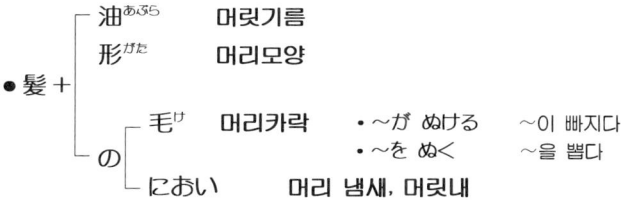

참고
※ 흰머리, 백발 → 白髪しらが
※ 새치 → 若わか白髪しらが

236 명사 표현력

4급 体 からだ　　(사람과 동물의 육체전부) 몸

短文에서 조사가 생략되고 뒷말은「동사는 연용형, 형용사와 형용동사는 어간」으로 바뀌어, "~하기" "~하는 것[사람]" 등의 명사로 전성되기도 하며, 이 때 뒷말의 첫 글자가 무성음일 경우에 발음의 편의상 탁음이 붙기도 한다.

●몸이 ~(하)다

• 体が

軽かるい / 重おもい	무겁다 / 가볍다
太ふとる	살찌다
▶ぽってり(と) 太る	뚱뚱하게 살찌다
▶まるまる(と) 太る	포동포동 살찌다
▶ぽっちゃりする	통통하다
だるい	나른하다
丈夫じょうぶだ / 弱よわい	튼튼하다 / 약하다
軟やわらかい / 固かたい	유연하다 / 굳다
むくむ	붓다
締しまる / 締しめられる	죄이다 / 조여지다
震ふるえる	떨리다
すくむ・縮ちぢむ	움츠러・지다[들다]

[비교]「すくむ」와「縮む」의 차이 → 「すくめる」와「縮める」의 차이 참조 ☞ page 237

傾かたむく	기울어지다
もつ	지탱되다, 견디다
言いうことを 聞きかない	말을 듣지 않는다
動うごかない	움직이지 않는다

- 体では ない　　　　　　　　　말이 아니다
  - 最近さいきん、私わたしの体が 私の体では ない。
    최근, 나의 몸이 나의 몸이 아니다.

●몸을 ~하다

- 体を
  - 洗あらう　　　　　　　　　　씻다
  - 動うごかす　　　　　　　　　움직이다
  - 使つかう　　　　　　　　　　쓰다
  - 振ふる / 揺ゆらう　　　　　흔들다 / 떨다
  - (後うしろへ) 反そらす・のけぞらす　 (뒤로) 젖히다
    - [비교]「反す」는 운동으로 몸을 뒤로 젖힘을,「のけぞらす」는 놀라거나 또는 무언가를 피하기 위해 급하게 젖힘을 나타낸다.
  - 伸のばす　　　　　　　　　　펴다
  - (前まえへ) 曲まげる / かがめる
    　　　　　　(앞으로) 구부리다 / 굽히다, 숙이다
  - うつ伏ぶせる　　　　　　　　엎드리다
    - [참고]「うつ伏せる」는 타동사로서, 얼굴이 아래쪽으로 해서 배를 깔고 있는 동작을 나타내며, 참고로 신이나 왕 앞에서와 같이 이마가 지면 또는 바닥에 닿을 정도로 납작하게 엎드림을 나타내는 경우의「~에 엎드리다」는「~に ひれ伏す」로 표현된다.

      또한「うつ伏せる」와 비슷한 동작인「배를 깔다」는「腹はらばいに なる」로 표현된다.
  - すくめる・縮ちぢめる　　　　움츠리다
    - [비교]「すくめる」는 추위나 공포에 의한 긴장으로 "몸을 굳어져 자유롭게 움직이지 못하게 하다"라는 의미로,「縮める」는 기존의 길이나 폭 또는 시간을 짧게 또는 작게 하거나 단축하여 "줄이다"라는 본래의 의미에서, 움츠려서 줄이다라는 의미가 된다

しゃがむ / うずくまる　　　쪼그리다 / 웅크리다

[비교]「しゃがむ」는 무릎을 구부려 엉덩이를 지면에 닿지 않게 낮은 자세로,「うずくまる」는「しゃがむ」의 자세에서 몸 전체를 둥글고 작게 함을 나타낸다.

大の字にする　　　　　　큰 대자로 하다

ねじる・ひねる / よじる　비틀다 / 비비꼬다

[비교] 같은 의미이지만,「ねじる」는 몸을 꼬는 듯이 힘을 가하는 것을,「ひねる」는 몸을 좌우로 반복적으로 돌려 방향을 바꾸는 것을 나타낸다. 아울러「よじる」는 아프거나 웃을 때에, 무리한 힘을 가하여 비트는 동작을 나타낸다.

(一方に) 傾ける　　　　　(한쪽으로) 기울이다

ほぐす　　　　　　　　　　풀다

鍛える　　　　　　　　　　단련하다

投げ出す　　　　　　　　내던지다

※ 곤란과 위험을 무릅쓰고 일원으로서 어느 일이나 운동에 몸을 바쳐 참가한다는 의미의「몸을 투신하다」는「身を投じる」로 표현한다.

支える　　　　　　　　　　가누다

保つ　　　　　　　　　　　유지하다, 지탱하다

触る　　　　　　　　　　　건드리다, 만지다

たたく / もむ　　　　　　 두드리다 / 주무르다

なでる・さする / こする

　　　　　　　　　　　쓰다듬다, 문지르다 / 비비다

[비교]「なでる」와「さする」는 손가락 끝이나 손바닥으로 어느 물체의 표면에 대고 한쪽이나 양방향으로 반복하여 강한 자극을 주지 않는 한도에서 쓰는 듯한 동작을 나타내며, 특히「さする」는 인간과 동물을 대상으로 하며, 보다 힘이 가해지는 동작을 나타내기도 하며 신체의 아픔을 달래는 의미로도 사용된다.「こする」는 손이나 수건 등을 이용하여, 상하·좌우·전후로 일부러 자극을 주기 위해 힘을 가해 반복하여 움직임을 나타내며, 또한 같은 것끼리 맞대어 마찰시켜 자극을 주는 경우에도 사용된다.

惜(お)しむ	아끼다
気遣(きづか)う	사리다, 염려하다
壊(こわ)す	해치다
ささげる	바치다
大事(だいじ)に する	소중히 하다
許(ゆる)す	허락하다

● 体を 粉(こ)に する [직역] 「몸을 가루로 하다」·(몸이 가루가 되도록 고생을 아끼지 않고 일함을 비유하여) **몸이 부서지다**

• 体を 粉に して 働(はたら)く。 몸이 부서져라 열하다.

●몸으로 ～하다

• 体で
- 話(はな)す / 表現(ひょうげん)する 말하다 / 표현하다
- 支払(しはら)う 지불하다, 치르다, 때우다
- ふさぐ 막다

●몸에 ～하다

• 体に
- (手(て)が) つく [1) (손이) 닿다
- (臭(にお)い·筋肉(きんにく)が) つく [2) (냄새가) 배다 ; (근육이) 붙다
  - [전·명] 体つき : 몸매, 몸집
- かける 뿌리다
- つける / かける 대다, 붙이다
- 触(さわ)る 손(을) 대다

```
┌ 合(あ)う / 合(あ)わせる        맞다 / 맞추다
└ ぴったりだ                    딱 이다
    ┊‥▶体に ぴったり 合(あ)う     몸 딱 맞다
```

복합어가 되면, 뒤에 오는 단어의 첫 글자가 무성음일 경우에 발음의 편의상 탁음이 붙는 경우가 많다.

```
●体 +┬ つき      몸매, 몸집
     │
     └ の ┌ 具合(ぐあい) ┐  몸의 상태   ※몸의 상태를 나타내는 경
           │            │              우에는 거의 같은 의미로 사
           └ 調子(ちょうし) ┘              용된다
```

| 3급 彼(かれ) | (제3인칭인 남자) 그 | ☞ page 225 「かのじょ」 |

4급 川[河] かわ (강수와 용수가 구덩이를 따라 흐르는 곳)
강, 하천

短文에서 조사가 생략되고 뒷말은「동사는 연용형, 형용사와 형용동사는 어간으로 바꾸어, "~하기" "~하는 것[사람]" 등의 명사로 전성되기도 하며, 이 때 뒷말의 첫 글자가 무성음일 경우에 발음의 편의상 탁음이 붙기도 한다.

●강이 ~(하)다

- 川が
  - 流ながれる   흐르다
    - ▶ 川が ゆたかに 流れる   강이 유유히 흐르다
  - あふれる   넘치다

●강을 ~하다

- 川を
  - 渡わたる   건너다
  - さかのぼる   거슬러 오르다
  - 下くだる   (따라)내려가다
  - せき止とめる   막다
    - 전·명 川止とめ : 도강금지
  - 間あいだに 挟はさむ / 隔へだてる

    사이에 끼다 / 사이에 두다

  - ※강을 끼다 → 川に 沿そう

●강에서 ～하다

- 川で
  - 遊^{あそ}ぶ / 泳^{およ}ぐ　　　**놀다 / 헤엄치다**
    - 전·명 川遊び : (강에서 배를 띄어 노래를 부르거나 먹고 마시거나 물고기를 잡거나하는 등의 놀이) **(강에서의) 물놀이**
  - 住^すむ　　　　　　　　　　**살다**
  - 狩^かる / 釣^つる　　　　**잡다 / 낚다**
    - 전·명 川狩がり : (강에서 그물을 쳐서 고기를 잡는 것) **천렵**

●강에 ～하다

- 川に
  - おぼれる　　　　　　　　　　**빠지다**
  - 放^{はな}す　　　　　　　　　　**놓아주다**
  - 流^{なが}れる　　　　　　　　　**흐르다**
    - 전·명 川流れ : (뭔가 강물에 떠내려가는 것과 강물에 빠져 물살에 휩쓸려 죽은 것 또는 그 사람) **(강)물에 빠짐**
      - 河童^{かっぱ}の～。 ※(「河童」는 어린애 모양을 한 물 속에 산다는 상상의 동물로서, 그러한 동물도 강물에 떠내려갈 수 있음을 비유하여) **원숭이도 나무에서 떨어진다**
    - ▶流^{なが}される　　　　　　　　**떠내려가다**

  - ※川に 沿^そう → **강을 끼다**
    - 川に 沿って いる。 강을 끼고 있다.

복합어가 되면, 뒤에 오는 단어의 첫 글자가 무성음일 경우에 발음의 편의상 탁음이 붙는 경우가 많다.

- 川 +
  - 向こう 강 건너편, 강 저편
  - 口ぐち 강어귀
  - 上かみ 강의 상류
  - 下しも 강의 하류

  - 辺べ (강에서 가까운 부근) 강변
  - 端ばた (길게 강을 낀 좌우 쪽) 강가, 냇가
  - 縁ぶち (강의 테두리) 강가, 냇가
  - 原ら (강가의) 자갈 또는 모래 밭
  - 底ぞこ 강바닥

  - 筋すじ 강줄기

  - 風かぜ 강바람
  - 魚さかな 민물고기

  - の
    - 水みず 강물 ・~に 流ながされる ~에 떠내려가다
    - 流ながれ 강의 흐름

o 小お
  谷たに ─ + 川かわ
  天あま ─ の

- 시내, 개울
- (산과 산의 사이를 흐르는 강) 계류
- 은하수

|4급| 木き

(줄기가 단단하고, 열매를 맺어도 마르지 않는 식물과 목재로 한 재목) **나무**

短文에서 조사가 생략되고 뒷말은「동사는 연용형, 형용사와 형용동사는 어간으로 바뀌어, "~하기" "~하는 것[사람]" 등의 명사로 전성되기도 하며, 이 때 뒷말의 첫 글자가 무성음일 경우에 발음의 편의상 탁음이 붙기도 한다.

● 나무가 ~(하)다

- 木が
  - 大おおきい / 小ちいさい 크다 / 작다
  - 高たかい / 低ひくい 높다 / 낮다
  - 太ふとい / 細ほそい 굵다 / 가늘다

  - 育そだつ 자라다
  - 茂しげる 우거지다
    - ▶ 生おい茂しげる 무성하다
  - 生いき生いきする 생기 있다
  - 枯かれる・しおれる 시들다
    - [비교]「枯れる」는 수분이 없어져 생물로서의 수명을 다한 것을, 「しおれる」는 생기가 없어져 약해져 늘어진 것을 나타낸다.
      참고로, 「しぼむ」는 꽃이나 풍선이 생기를 잃어 오므라들어 작아짐을 나타낸다.
    - ▶ しなびる (생기를 잃어 주름이 지다) 말라비틀어지다

  - 焼やける (불)타다
  - 揺ゆれる 흔들리다
    - ▶ 揺ゆれ動うごく 마구 흔들리다
  - 倒たおれる 쓰러지다
  - 抜ぬかれる 뽑히다
  - 切きられる 잘리다

●나무를 ~하다

- 木を
  - 植える — 심다
  - 育てる — 기르다
  - 揺する — 흔들다
    - ▶ 揺り動かす — 마구 흔들다
  - 抜く — 뽑다
    - ▶ 引き[引っこ]抜く — 잡아 뽑다
  - 手入れする — 손질하다, 다듬다
  - 切る — 자르다, 베다, 찍다
    - [전·명] 木切れ : 나무토막
  - 削る — 깎다
  - 割る — 쪼개다, 패다
  - たく / くべる — 때다 / 불피우다
    - [비교] 「たく」는 재료로서 사용하여 태운다는 의미이며, 「くべる」는 재료가 되는 것을 불 속에 넣어 태운다는 의미이다.
    - [참고] 薪 : 땔나무
  - (ねずみが) かじる — (쥐가) 갉다

※ 나무를 하다 → 薪を 取る (땔나무를 하다)

●나무로 ~하다

※ 같은 재료를 나타내지만, 「~で」는 재료의 성질을 이용하는 것으로서, 원래의 형태가 남아있지만, 「~から」는 재료의 성분을 이용하는 것으로서 원래의 형태가 없어지고 새운 형태로 만들어진다.

- 木で
  - (机などを) 作る — (책상 등을) 만들다
  - できて いる — 되어 있다

- 木から
  - (紙などを) 作る — (종이 등을) 만들다
  - できて いる — 되어 있다

●나무에(게) ～하다

- 木に
  - 登のぼる　　　　　　　　　　　오르다
    - 전·명 木登り : 나무 타기
      - ～が うまい　　　나무를 잘 탄다
  - もたれる / 寄よりかかる　　　기대다
    - [비교]「寄りかかる」와「もたれる」의 비교 ☞ page 228
    - ▶もたせ掛かける　　　　　　기대어 세우다
  - 彫ほる　　　　　　　　　　　새기다, 조각하다
    - 전·명 木彫ぼり　나무새김, 나무조각
  - 穴あなを あける　　　　　　　구멍을 내다
  - 話はなしを する[かける]　　　말을 하다[걸다]
  - (歌うたを) 聞きかせる　　　　（노래를) 들려주다
  - (肥料ひりょう・水みずを) やる　　（비료·물을) 주다

복합어가 되면, 뒤에 오는 단어의 첫 글자가 무성음일 경우에 발음의 편의상 탁음이 붙는 경우가 많다.

※ 이 경우에는 뒤에 오는 말에 의해「木」는「こ」로 발음되는 경우도 있다.

- 木き +
  - 目め　　（나무 절단면의 나이테의 무늬) 나무결
  - 釘くぎ　　나무못
  - づち　　나무망치
  - こり　　나무꾼　　・～と 仙女せんじょ　～과 선녀
  - 偏へん　　（한자 부수의 하나) 나무 목 변

```
            ┌ 芽め      나무눈
          ┌ │ 幹みき    나무줄기
          の│ 葉は      나뭇잎
            │ 根ね      나무뿌리
            │ 実み      나무열매
            │ 下した    나무아래
            │ 橋はし    나무다리
            └ 香か      나무내음, 나무향기

          ┌ 陰かげ      나무그늘
● 木こ +  │ ずえ        나무(줄기나 가지의) 끝  ↔ 本木もとぎ
          └ 立だち      나무숲


○ 並なみ ┐                 가로수
  生なま │                 (살아있는, 갓 벤) 생나무
  荒あら │                 (다듬지 않은) 원목
  うら   │+ 木き           나무 끝  ↔ 本木もとぎ
  本もと │                 나무밑동  ↔ うら木ぎ, 木こずえ
  植うえ │                 정원수 ; (화분에 심은 나무) 화분수
                                • ~鉢ばち  화분
  接つぎ │                 접목, 접목한 나무 • ~を する  ~을 하다
  朽くち ┘                 썩은 나무

○ ときわ ┐+ 木ぎ    (일년 내내 푸른 나무) 상록수 = 常緑樹じょうりょくじゅ
  たき    ┘          땔감, (땔감)나무
                        • ただきを こる[取る]。  ~를 하다[줍다]
```

북(쪽) ☞ page 535 「ひがし」

······ 248 명사 표현력 ······

4급 切手_{きって}　(편지나 소포를 붙일 때에 붙이는) **우표**

 　短文에서 조사가 생략되고 뒷말은「동사는 연용형, 형용사와 형용동사는 어간」으로 바뀌어, "～하기" "～하는 것[사람]" 등의 명사로 전성되기도 하며, 이때 뒷말의 첫 글자가 무성음일 경우에 발음의 편의상 탁음이 붙기도 한다.

● **우표가 ～(하)다**

- 切手が
  - 貼_はって ある　　　　붙어 있다
  - 要_いる, 必要_{ひつよう}だ　　필요하다

● **우표를 ～하다**

- 切手を
  - 買_かう / 売_うる　　　　사다 / 팔다
  - 貼_はる　　　　　　　　붙이다
  - はぐ　　　　　　　　　떼다
    - ▶はぎ取_とる　　　　떼어내다
  - 集_{あつ}める[収集_{しゅうしゅう}する]　모으다[수집하다]
    - 전·명 切手集め : 우표 모으기
      　　　　　　　　　= 切手・収集_{しゅうしゅう}

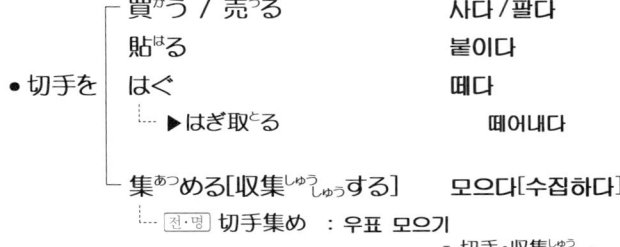　복합어가 되면, 뒤에 오는 단어의 첫 글자가 무성음일 경우에 발음의 편의상 탁음이 붙는 경우가 많다.

o 小_こ- 切手_{ぎって}　　**수표**　　・～を 切_きる[振_ふり出_だす]　수표를 끊다
　　　　　　　　　　　　　　　・不渡_{ふわたり}～　　　　　　　부도수표

切符 きっぷ <small>4급</small>

(운임과 입장료 등을 지불한 증거가 되거나 또는 물품을 구입·교환할 수 있는 증거가 되는 종이조각) 표 = チケット

단문꿀팁

短文에서 조사가 생략되고 뒷말은「동사는 연용형, 형용사와 형용동사는 어간으로 바뀌어, "〜하기" "〜하는 것[사람]" 등의 명사로 전성되기도 하며, 이때 뒷말의 첫 글자가 무성음일 경우에 발음의 편의상 탁음이 붙기도 한다.

●표가 ~(하)다

- 切符が
  - ある / ない   있다 / 없다
  - 残のこる   남다
  - 売うれる   팔리다
  - 売うり切きれる   다 팔리다, 매진되다

●표를 ~하다

- 切符を
  - 売うる / 買かう   팔다 / 사다, 끊다
    - ▶売り場ば : 표 파는 곳, 매표소
  - 求もとめる   구하다
  - 見みせる   보이다

3급 絹 きぬ

(누에의 균에서 채취한 섬유와 견사로 짠 직물)
비단, 명주 ; 견직물

短文에서 조사가 생략되고 뒷말은「동사는 연용형, 형용사와 형용동사는 어간으로 바뀌어, "~하기" "~하는 것[사람]" 등의 명사로 전성되기도 하며, 이때 뒷말의 첫 글자가 무성음일 경우에 발음의 편의상 탁음이 붙기도 한다.

● 비단이 ~(하)다

- 絹が ┌ きれいだ   곱다
       └ 柔やわらかい   부드럽다

● 비단을 ~하다

- 絹を ┌ 織おる   짜다
       └ 売うる   팔다

● 비단으로 ~하다

- 絹で ┌ 作つくる   만들다
       └ できて いる   되어 있다

- 絹 + ─ 糸いと   비단실, 명주실

       ┌ 木目きめ   비단결
    の │ 腹ふく   비단옷
       └ 掛かけ布団ぶとん   비단 (덮는)이불

4급
昨日 きのう 어제 ☞ page 65

3급
気持ち きもち

(심리·생각·감각적으로 느끼는 마음의 상태) **기분**

[비교] 「気分」는 주로 감각적인 마음의 상태를 나타낸다.

短文에서 조사가 생략되고 뒷말의「동사는 연용형, 형용사와 형용동사는 어간」으로 바뀌어, "~하기" "~하는 것[사람]" 등의 명사로 전성되기도 하며, 이 때 뒷말의 첫 글자가 무성음일 경우에 발음의 편의상 탁음이 붙기도 한다.

●기분이 ~(하)다

- 気持ちが
  - よい、いい / 悪わるい　　　　좋다 / 나쁘다
    - ▶よくなる / 悪くなる
      　　　　좋아지다, 나아지다 / 나빠지다
  - 同おなじだ / 違ちがう　　　　같다 / 다르다
  - 高たかぶる　　　　흥분되다
  - 落おち着つく / 治おさまる
    　　　　진정되다 / 놓이다, 가라앉다
    - [비교] 「落ち着く」는 정신적·육체적인 고통에서 해방되어 마음이 느긋해 짐을, 「静まる」는 심정적으로 안절부절못하거나 불안했던 마음이 안정됨을 나타낸다.
    - ▶ゆったりする　　　　느긋해지다

沈(しず)む	침울하다
┈▶沈(しず)み込(こ)む	침울해지다
だれる	해이해지다
ひねくれる	틀어지다
変(か)わる	변하다
※気(持ち)が 若(わか)い → 마음이 젊다	
┈▶気(持ち)だけは 若い	마음만은 젊다

●기분을 ～하다

• 気持ちを
- 考(かんが)える — 생각하다
- 理解(りかい)する — 이해하다
- 込(こ)める — 담다
- 伝(つた)える — 전하다
- 落(お)ち着(つ)かせる — 가라앉히다
- 変(か)える — 바꾸다
- 楽(らく)に する = 気(き)を 緩(ゆる)める — 풀다

●기분에 ～하다

• 気持ちに
- 合(あ)わせる — 맞추다
- ※기분에 사다 → 気分(きぶん)で 買(か)う

着物 きもの

① (일본식 전통 의상) **기모노**
② (몸에 착용하는 모든 것을 통틀어) **옷**

短文에서 조사가 생략되고 뒷말은「동사는 연용형, 형용사와 형용동사는 어간」으로 바뀌어, "~하기" "~하는 것[사람]" 등의 명사로 전성되기도 하며, 이 때 뒷말의 첫 글자가 무성음일 경우에 발음의 편의상 탁음이 붙기도 한다.

●기모노[옷]가/이 ~(하)다

- 着物が
  - 大おおきい / 小ちいさい   크다 / 작다
  - 派手はでだ / 地味じみだ   화려하다 / 수수하다
  - 奇麗きれいだ   멋지다
  - 似合にあう   어울리다

●기모노[옷]를/을 ~하다

- 着物を
  - 着きる / 脱ぬぐ   입다 / 벗다
  - 作つくる   만들다
  - あつらえる   맞추다

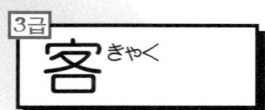

<3급> 客 きゃく   〈남의 집이나 가게에 초대받거나 용무가 있어 방문해 오는 사람〉 **손님**

短文에서 조사가 생략되고 뒷말은「동사는 연용형, 형용사와 형용동사는 어간」으로 바뀌어, "~하기" "~하는 것(사람)" 등의 명사로 전성되기도 하며, 이 때 뒷말의 첫 글자가 무성음일 경우에 발음의 편의상 탁음이 붙기도 한다.

●손님이 ~(하)다

- (お)客が ┌ 多(おお)い / 少(すく)ない   많다 / 적다
          └ 来(く)る / 帰(かえ)る   오다 / 돌아·가다[오다]
             ┈ 来られる   오시다

●손님을 ~하다

- (お)客を ┌ 招待(しょうたい)する / 待(ま)つ   초대하다 / 기다리다
          │ 迎(むか)える / 見送(みおく)る   맞이하다 / 배웅하다
          │ もてなす   대접하다
          └ 引(ひ)く / あおる   끌다 / 부추기다

●손님에게 ~하다

- (お)客に ┌ 親切(しんせつ)だ   친절하다
          │ 持(も)って いって あげる   가져다주다
          └ ※손님에게 주문을 받다
             →お客の注文(ちゅうもん)を 取(と)る (손님의 주문을 받다)

●손님으로 ~하다

- (お)客で - いっぱいだ / 込(こ)み合(あ)う   가득하다 / 들끓다

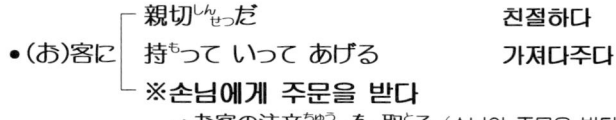

4급
今日 きょう
오늘 ☞ page 65

3급
具合 ぐあい
(되어 가는 일의, 또는 몸의) 상태

短文에서 조사가 생략되고 뒷말은「동사는 연용형, 형용사와 형용동사는 어간」으로 바뀌어, "~하기" "~하는 것[사람]" 등의 명사로 전성되기도 하며, 이 때 뒷말의 첫 글자가 무성음일 경우에 발음의 편의상 탁음이 붙기도 한다.

●형편[상태]이/가 ~(하)다

- 具合が ┌ 良よい, いい / 悪わるい   좋다 / 나쁘다
         └ まあまあだ   별로다

●형편[상태]을/를 ~하다

- 具合を ┌ 見みる   보다
         └ 調しらべる   살피다

○ 出来でき ─┐	만듦새	(できる·만들어지다)
ふところ ├ +具合ぐあい	주머니 사정	(ふところ·품)
体からだ ─┐の─┘	몸의 상태	(からだ·몸)
機械きかい ─┘	기계의 상태	(きかい·기계)

256 명사 표현력

[3급] 空気 くうき

(대기의 하층부분을 구성하면서 지구를 싸고 있는 혼합기체 또는 어느 장소의 상태랑 기분을 나타내는 분위기를 비유하는 말) **공기**

短文에서 조사가 생략되고 뒷말은「동사는 연용형, 형용사와 형용동사는 어간」으로 바뀌어, "~하기" "~하는 것[사람]" 등의 명사로 전성되기도 하며, 이때 뒷말의 첫 글자가 무성음일 경우에 발음의 편의상 탁음이 붙기도 한다.

●공기가 ~(하)다

- 空気が
  - 良よい, いい / 悪わるい　　좋다 / 나쁘다
  - 新鮮しんせんだ / さわやかだ　신선하다 / 상쾌하다
  - 澄すむ / 濁にごる　　　　　맑다 / 탁하다
  - 薄うすい　　　　　　　　　희박하다
  - 入はいる / 抜ぬける　　　　들어오다 / 빠지다
    - ▶抜ぬけ出でる　　　　빠져나가다, 새나가다
  - 汚染おせんされる　　　　　　오염되다

●공기를 ~하다

- 空気を
  - 吸すう　　　　　　　　　　마시다 / 들이키다
    - ▶吸すい込こむ　　　　　빨아들이다
  - 入いれる / 満みたす / 抜ぬく
      　　　　　　　　　　　　넣다 / 채우다 / 빼다
    - 전·명 空気入くういれ : (타이어 등에 공기를 넣는 일이나 그 기구) **공기주입(기)**
    - ▶出だし入いれする　　넣고 빼고 하다
  - 変かえる　　　　　　　　　바꾸다

●공기로 ~하다

- 空気で ┌ 押し出す　　　　　　　밀어내다
　　　　└ 吸い込む　　　　　　　빨아들이다

●공기에 ~하다

- 空気に ┌ 触れる　　　　　　　　닿다
　　　　└ 包まれる　　　　　　　싸이다

	┌ 銃	공기총	(じゅう・총)
● 空気 +	├ まくら	공기베개	(まくら・베개)
	├ 口	공기구멍	(くち・입)
	└ ポンプ	공기펌프	(ポンプ・펌프)

草 <さ>

(잎과 줄기가 부드럽고 나무가 되지 않는 것) 풀

短文에서 조사가 생략되고 뒷말은「동사는 연용형, 형용사와 형용동사는 어간」으로 바뀌어, "~하기" "~하는 것[사람]" 등의 명사로 전성되기도 하며, 이 때 뒷말의 첫 글자가 무성음일 경우에 발음의 편의상 탁음이 붙기도 한다.

●풀이 ~(하)다

- 草が
  - 生はえる / 伸のびる   나다 자라다
  - 茂しげる   우거지다
    - ▶生おい茂しげる   무성하다
  - 枯かれる、しおれる   시들다
    - [비교]「枯れる」는 수분이 없어져 생물로서의 수명을 다한 것을,「しおれる」는 생기가 없어져 약해져 늘어진 것을 나타낸다.
    - ▶しなびる (생기를 잃어 주름이 지다) 말라비틀어지다
  - (そよそよ) 揺ゆれる   (산들산들) 흔들리다
    - ▶揺ゆれ動うごく   마구 흔들리다

●풀을 ~하다

- 草を
  - 取とる, むしる   뽑다, 뜯다
    - [전·명] 草取り, 草むしり : 김매기, 제초
    - ▶むしり取る   잡아·뽑다[뜯다]
  - 刈かる   베다, 깎다
    - [전·명] 草刈り : 풀베기   •~を する ~를 하다
  - 食たべる / やる   먹다 / 주다
    - ▶食べさせる   먹이다
    - ▶食くう   (동물이) 뜯(어 먹)다

● 풀로 ~하다

- 草で ┌ 堆肥(たい)を 作(つく)る　　　퇴비를 만들다
　　　└ 育(そだ)てる　　　　　　　기르다

● 풀에 ~하다

- 草に - 切(き)られる　　　　　　베이다

복합어가 되면, 뒤에 오는 단어의 첫 글자가 무성음일 경우에 발음의 편의상 탁음이 붙는 경우가 많다.

- 草 + ┌ むら　　풀숲　　　　　　(むら・떼)
　　　│ やぶ　　풀덤불　　　　　(やぶ・덤불)
　　　│ 色(いろ)　풀빛　　　　　(いろ・색)
　　　│ 笛(ふえ)　풀(잎)피리　　(ふえ・피리)
　　　│ 花(はな)　화초　　　　　(はな・꽃)
　　　│ 木(き)　초목　　　　　　(き・나무)
　　　│ 野球(やきゅう)　동네야구　(やきゅう・야구)
　　　│
　　　└ の ┌ 葉(は)　풀잎　　　　(は・잎)
　　　　　└ 根(ね)　풀뿌리　　　(ね・뿌리)

○ 雑(ざっ) ┐
　 枯(か)れ ├ + 草　　잡초
　 道(みち) ┘　　　　마른 풀　　　(かれる・시들다)
　　　　　　　　　　(길가에서) 딴짓　(みち・길)

- [草・深(ふか)い]　① (풀이 많이 우거져 있다) 풀이 깊다
　　　　　　　　② (번화한 마을에서 멀리 떨어져 있다) 벽지다

······ 260 명사 표현력 ······

4급
薬 くすり

(병이나 상처를 낫기 위해 사용하는 것과 마음과 몸을 좋게 하는데 도움이 되는 것) **약**

短文에서 조사가 생략되고 뒷말은「동사는 연용형, 형용사와 형용동사는 어간으로 바뀌어, "~하기" "~하는 것(사람)" 등의 명사로 전성되기도 하며, 이때 뒷말의 첫 글자가 무성음일 경우에 발음의 편의상 탁음이 붙기도 한다.

●약이 ~(하)다

- 薬が
  - 苦にがい / 甘あまい　　　　　쓰다 / 달다
  - 通とおる　　　　　　　　　　넘어가다
  - (よく) 効きく　　　　　　　(잘) 듣는다
    - ▶ 薬の効き目め : 약효
  - ※약이 되다 → 薬に なる

●약을 ~하다

- 薬を
  - 売うる / 買かう　　　　　　팔다 / 사다
    - 전·명 薬売り : 약장수
    - ▶ 調剤ちょうざいする　　　　　조제하다, 짓다
    - ▶ 処方しょほうする　　　　　　처방하다
  - 飲のむ　　　　　　　　　　먹다
    - 전·명 飲み薬ぐすり : 먹는 약
    - ▶ 服用ふくようする　　　　　　복용하다
    - ▶ 飲み込こむ　　　　　　　삼키다
  - つける、塗ぬる　　　　　　바르다, 칠하다
    - 전·명 塗り薬ぐすり : 바르는 약

かける	치다, 뿌리다
吐く	뱉다
▶吐き出す	뱉어내다
入れる	넣다
煎じる	달이다

●약으로 ~하다
① (행위의 수단・재료・도구・방법)
② (변화의 결과)

- 薬で
  - 治す / 治る　　　　　　고치다 / 낫다
    - ▶治療する　　　　　치료하다
  - こらえる　　　　　　　버티다, 견디다

- 薬に
  - 使う　　　　　　　　　쓰다
  - ※薬に なる → 약이 되다

●약에 ~하다

- 薬に
  - 酔う　　　　　　　　　취하다
  - 頼る[依存する]　　　　의지하다[의존하다]
  - 中毒に なる　　　　　중독이 되다
    - 전・명 薬中毒 : 약중독

 복합어가 되면, 뒤에 오는 단어의 첫 글자가 무성음일 경우에 발음의 편의상 탁음이 붙는 경우가 많다.

- 薬 +
  - 屋ゃ　　　　약방　　　　　　　　　　　(~や・~가게)
  - 箱ばこ　　　약상자　　　　　　　　　　(はこ・상자)
  - 袋ふくろ　　약봉지　　　　　　　　　　(ふくろ・봉지)
  - 湯ゅ　　　　약탕　　　　　　　　　　　(ゆ・뜨거운 물)
  - 指ゆび　　　새끼손가락, 약지　　　　　(ゆび・손가락)

- 目め　　　　　　　　　안약　　　　　　　　　　(め・눈)
- 粉こな　　　　　　　　가루약　　　　　　　　　(こな・가루)
- 水みず　　　　　　　　물약　　　　　　　　　　(みず・물)
- 飲のみ　+ 薬ぐすり　　먹는 약　　　　　　　　(のむ・마시다)
- 塗ぬり　　　　　　　　바르는 약　　　　　　　(ぬる・칠하다, 바르다)
- 風邪かぜ　　　　　　　감기약　　　　　　　　　(かぜ・감기)
- 眠ねむり　　　　　　　잠 오는 약　　　　　　　(ねむる・자다)
- 睡眠すいみん　　　　　수면약 = 睡眠剤すいみんざい　(ねむる・자다)

> 참고
> ※현약 → 丸薬がんやく
> ※생약 → 生薬しょうやく
> ※알약 → 錠剤じょうざい
> ※화약 → 火薬かやく

果物 くだもの

(나무와 풀의 열매로서 먹을 수 있는 것) **과일**

短文에서 조사가 생략되고 뒷말은「동사는 연용형, 형용사와 형용동사는 어간」으로 바꾸어, "~하기" "~하는 것[사람]" 등의 명사로 전성되기도 하며, 이 때 뒷말의 첫 글자가 무성음일 경우에 발음의 편의상 탁음이 붙기도 한다.

◉과일이 ~(하)다

- 果物が
  - 甘あまい / すっぱい   달다 / 시다, 시큼하다
  - なる   열리다
  - 実みのる   열매맺다, 여물다
  - 熟じゅくする   익다
  - 落おちる   떨어지다
  - 傷いたむ / 腐くさる   상하다 / 썩다
  - 虫むしに 食くわれる   벌레먹다

◉과일을 ~하다

- 果物を
  - 取とる、ちぎる   따다
  - 食たべる   먹다

  - (二ふたつに) 割わる   (둘로) 쪼개다
  - つぶす   뭉개다
    - ▶ すりつぶす   으깨다
  - 下おろす / かける   갈다
    - [비교]「下ろす」는 "강판(下おろし金がね)"로,「かける」는 "믹서(ミクサー)"로 가는 것을 나타낸다.

● 과일로 ~하다

- 果物で
  - 作^{つく}る　　　　　　　　　　만들다
  - 飾^{かざ}る　　　　　　　　　　꾸미다, 장식하다
    - ▶ デコレートする　　　　　데코레이션하다

● 과일에 ~하다

- 果物に
  - (~が) 入^{はい}って いる　　　(~이) 들어있다
  - 驚^{おどろ}く / びっくりする
    　　　　　놀라다 / 깜짝 놀라다, 질겁하다

- 果物 +
  - 屋^や　　과일가게　　　　　　(~や・~가게)
  - 売^うり　과일장수　　　　　　(うる・팔다 / ~うり・~장수)

- 春^{はる}
  夏^{なつ}　の - 果物　　봄 과일
  秋^{あき}　　　　　　　여름과일
  　　　　　　　　　　가을과일

| 4급 | 口 くち | (인체의 일부로서 주로 음식물을 섭취하거나 음성을 내는 기관) 입 |

短文에서 조사가 생략되고 뒷말은「동사는 연용형, 형용사와 형용동사는 어간으로 바뀌어, "~하기" "~하는 것[사람]" 등의 명사로 전성되기도 하며, 이 때 뒷말의 첫 글자가 무성음일 경우에 발음의 편의상 탁음이 붙기도 한다.

◎입이 ~(하)다

- 口が
  - 大おおきい / 小ちいさい   크다 / 작다
  - 汚きたない   더럽다
  - 痛いたい   아프다
  - 達者たっしゃだ   걸다 (말을 잘하다)
  - ほころぶ, ほころびる   (놀라거나 좋아서) 벌어지다
  - むずむずする   (말하고 싶어) 근질근질하다
  - 開あく   열리다
  - ゆがむ   돌아가다, 비틀어지다

- ※ 입이 까다롭다 → 食たべ物ものに うるさい
- ※ 입이 짧다 → 食しょくが 細ほそい

관용구

● 口が うまい [직역]「입이 잘한다」・(남을 기쁘게 하거나 또는 구슬리거나 현혹시키는 말을 잘한다) 말을 잘 한다

● 口が うるさい [직역]「입이 시끄럽다」・(남의 일에 트집을 잡거나 잔소리가 심하다는 의미로) 말(이) 많다

[참고] 불평이 많다는 의미의「말이 많다」는「文句もんくが 多おおい」로 표현된다.

● 口が 多ぁぁい　[직역]「입이 많다」・① (필요이상으로 말수가 많다) **말이 많다** ② (먹을 사람의 수나 식구가 많다는 의미로) **입이 많다**

● 口が おごる　[직역]「입이 사치하다」・(맛있는 것만 먹고 있어, 웬만큼 맛있는 것이 아니면, 맛이 없다고 느껴진다는 의미로) **입이 고급이다**

● 口が 重ぁもい　[직역]「입이 무겁다」・(말수가 적음을 비유하여) **입이 무겁다**

　• 口重(だ) ① (경솔함 없이 신중하게 말하다) **말이 신중하다**　　≠ 口軽<ちがる(だ)

　　　　　　② (거침없이 술술 말하지 못하다) **말이 (굼)뜨다**　　≠ 口軽<ちがる(だ)

● 口が 堅[固]かたい　[직역]「입이 단단하다」・(말해서는 안 되는 것은 결코 말하지 않는다) **입이 무겁다**

● 口が 軽かるい　[직역]「입이 가볍다」・(말이 많거나 또는 말해서는 안 될 것을 조심성 없이 말하는 것을 비유하여) **입이 가볍다[싸다]** ↔ 口が 堅かたい

　• 口軽<ちがる(だ) (경솔하게 말하다) **입이 경솔하다**
　　　　　　　　　　　　　　　　　　　　　　　≠ 口重<ちあも(だ)

● 口が 腐くさっても　[직역]「입이 썩어도」・(절대 입 밖으로 내지 않겠다고 다짐할 때의 "어떠한 경우라도"라는 의미로) **입이 찢어져도** = 口が 裂さけても

● 口が 寂さびしい　[직역]「입이 쓸쓸하다」・(뭔가 입에 대거나 넣고 싶은 기분이 듦을 비유하여) **입이 허전하다[심심하다]**

● 口が 過すぎる　[직역]「입이 지나다」・(말해서는 안 되는 것과 삼가야 할 것까지 말한다는 의미로) **말이 과하다[지나치다]**　cf) 言いい過ぎる

　• 口が 過ぎて、みんなを 怒おこらせた。
　　　　　　　　말이 지나쳐, 모두를 화나게 했다.

● 口が すっぱく なる [직역]「입이 쉬 지다」・(상대에게 깨닫게 하기 위해 같은 말을 몇 번이고 반복하여 말함을 비유하여) **입에서 신물이 나다**

[참고]「酸っぱい」는 「(맛이) 시다」라는 의미이며, 그의 연용형(부사꼴)에 「なる (되다)」가 접속된 표현이다.

아울러 "마음에 없는 일을 너무 오래해서 지긋하여 진절머리가 난다"는 의미에 있어서의 「신물이 난다」는 「こりごりだ」등이 있다.

● 口が 滑る [직역]「입이 미끄러지다」・(말해서는 안되거나 말할 필요가 없는 것을 아차 해 그만 말하고 만다는 의미로) **입을 잘못 놀리다, 말이 헛나오다**

● 口が 干上がる [직역]「입이 (바싹 증발해서) 마르다」・(생활이 어려움을 비유하여) **산 입에 거미줄치다**　　　　　　　　= 顎が 干上がる

● 口が 減らない [직역]「입이 줄지 않는다」・(승부에서 패하거나 자신의 실수에 대하여 "이러니 저러니"라고 억지를 부리거나 변명을 하는 모습) **(지고도) 억지부리다**

● 口が 曲がる [직역]「입이 휘다」・(일본에서는 은혜를 입거나 신세를 진 사람에게 나쁜 말이나 욕을 하면 입이 비뚤어진다는 의미에서, 즉 나쁜 말이나 욕을 하지 말라는 충고할 때에) **벼락 맞는다, 천벌 받는다**

● 口が 回る [직역]「입이 돌다」・(막힘 없고 능숙하게 말하는 모습을 비유하여) **혀가 잘 돌아간다**
= 舌が 回る

[전·명] 口回り : 혀 놀림　= 舌回り
・~が よい　~이 좋다

● 口が 悪い [직역]「입이 나쁘다」・(조심성이 없이 남을 헐뜯는 듯이 말한다는 의미로) **입이 험하다**

◉입을 ~하다

- 口を
  - 開ける / 開く / 割る
    - **벌리다 / 열다 / 열다, 떼다**
    - [참고] 「開ける」는 단순히 입을 벌리는 행위를 나타낸다.
    - 관용구 口を 開く 직「입을 열다」・(지금까지 말을 하지 않고 잠자코 있던 사람이 말을 시작함을 비유하여) **입을 열다**
    - 관용구 口を 割る 직「입을 쪼개다」・(지금까지 숨겨진 사실이나 진실 등을 자백하기 위해 입을 벌림을 비유하여) **입을 열다[떼다]**
    - ▶「アー」する   **「아」하다**

  - (ぎゅっと) 閉じる[1] つぐむ[2]   **(꽉) 다물다**
    - [비교] 「閉じる」는 단순히 입을 벌리지 않고 다물고 있음을, 「つぐむ」는 말을 하지 않고 잠자코 있음을 나타낸다.
    - 관용구 口を 閉ざす 직「입을 채우다」・(아무런 말도 하지 않으려고 하고 있음을 비유하여) **입을 채우다**

  - ふさぐ ・ 止める   **막다**
    - [비교] 「ふさぐ」는 손이나 그 외의 다른 뭔가로 입을 덮어 "막다"는 단순한 행위를 나타내고, 「止める」는 말을 하지 못하게 한다는 의미이다.
    - 전·명 口ふさぎ, 口止め : (다른 사람에게 그 말을 해서는 안 된다고 말리는 행위와 다른 사람에게 말하지 않도록 하길 바라는 대신에 주는 물품이나 돈) **입막음, 입막이**
      - ~を する   ~을 하다
      - ~料を はらう   ~료를 지불하다
    - ▶封じる   (말을 하지 못하도록) **봉하다**
      - 전·명 口封じ : (말을 하지 못하게 함) **입을 봉함**

  - (手で) 覆う   **(손으로) 가리다, 덮다**

洗^{あら}う・ぬぐう   씻다, 닦다・닦다

[비교] 「洗う」는 물로 닦거나 씻어내는 행위를 나타내고, 「ぬぐう」는 수건이나 걸레 등과 같이 어떠한 도구를 가지고 묻은 것을 닦거나 씻어내는 의미이며, 아울러 「口を ぬぐう」는 "뭔가를 하고도 하지 않은 척을 함"을 비유하는 관용구로도 사용한다.

ゆすぐ、すすぐ   가시다

[비교] 「ゆすぐ」는 양치질 후에 입을 물로 헹구는 행위를, 「すすぐ」는 단지 물로 헹구거나 입을 깨끗이 씻어내어 청결하게 함을 말한다.

[전・명] 口すすぎ : (입을 깨끗이 함) **입・가심[헹굼]**

- ~を する ~을 하다

[참고] 뭔가를 먹고 나서 그 맛을 없애기 위해서 다른 뭔가를 먹는다는 의미의 「입가심」은 「口直^{くちなお}し」로 표현된다.

なめる   핥다

[전・명] 口なめずり : (식욕을 일으켰을 때나 식후에 입 주위를 핥는 것) **입맛 다심**
　　　　　　　　　　　　= 舌^{した}なめずり

- ~を する 입맛을 다시다

[참고] 뭔가를 먹고 싶어 쩝쩝 소리를 내어 「입맛을 다시다」는 「舌鼓^{したつづみ}を 打^うつ」로 표현한다. 아울러 싫은 것을 보고 「혀를 차다」는 「舌打^{したう}ちを する」로 표현한다.

動^{うご}かす   움직이다

- ▶ぴくっと 動かす   씰룩거리다
- ▶突^つき出^だす   내밀다
- ▶すぼめる, つぼめる   오므리다
- ▶ゆがめる   찡그리다
- ▶とがらせる[とがらす]   (불평・불만의 표시로) **뾰로통하다**
- ▶もぐもぐ・する[させる]   오물・하다[거리다]

[참고] 들리지 않을 정도로 말한다는 의미의 「입안에서 오물 오물거리다」는 「口の中^{なか}で ぼそぼそ 言^いう」로 표현한다.

```
つける                           (갖다) 대다, 맞추다
 ├─ 전·명  口づけ  : 입맞춤
 └─ ▶寄せる                      가까이 대다, 맞대다

そろえる                         모으다
 └─ ▶そろえて 言う                모아 말하다

まねる                           흉내내다
 └─ 전·명  口まね  : (다른 사람의 목소리나 말투를 똑같이
                    흉내내는 것) 성대모사

つつしむ                          조심하다
```

관용구

● 口を 合わせる 직역 「입을 맞추다」·(미리 서로의 이야기가 틀리지 않도록 해 둔다는 의미로) **입을 맞추다**   = 口裏を 合わせる

● 口を 利く (「利く」는 생각대로 움직이게 할 수 있다라는 자동사이나 타동사적으로 사용되어) (중간에서 일이 잘 되도록 이야기를 잘 해 주다) **말을 잘 하다**

・あなたが 口を 利いて くださった おかげです。
　　　　　　　당신이 잘 말해 주신 덕분입니다.

전·명 口利き : ① (중개, 소개, 알선을 해 주는 것) **주선**

② (담판·교섭에 있어서 쌍방간의 중간에서 서는 것 또는 그런 행위가 뛰어난 사람) **중재(자)**

● 口を 切る 직역 「입을 자르다」·
① (몇 명인가 있는 중에서 가장 먼저 또는 처음으로 말을 꺼내거나 발언하기 의해) **입을 열다, 말을 꺼내다**

・私が 一番に 口を 切った。
　　　　　　　내가 1번으로 말을 꺼냈다

- 長ながいの沈黙ちんもくを 破やぶって、とうとう 彼かれは 口を 切った。
  오랜 침묵을 깨고, 드디어 입을 열었다.

② (병마개를 따거나 봉투의 주둥이를 자르다) **병을 따다, 봉투를 뜯다**

[전·명] 口切くちきり :

① (누구보다도 가장 먼저 하는 것) **개시, 처음**

- 私が 口切り[で・に] 買かいます。
  제가 개시로 사겠습니다.

- 私が 口切り[で・に] 発表はっぴょうします。
  제가 처음으로 발표하겠습니다.

② (밀봉한 용기의 마개나 봉지 등을 여는 것) **개봉** = 口開くちあけ

[참고] 편지나 서류와 같은 봉투를 뜯거나 영화를 처음으로 개봉하는 의미의 「개봉」은 「封ふう切り」로 표현한다.

● 口を 酸すっぱく する = 口が 酸すっぱく なる
☞ page 267

● 口を 滑すべらす [직역] 「입을 미끄러지게 하다」・(말해서는 안되거나 말할 의향이 없는 말을 그만 말하고 말다는 의미로) **말이 헛 나오다** = 口が 滑すべる

● 口を 添そえる [직] 「입을 곁들이다」・(일[교섭]이 잘되도록 가운데, 옆에서 거든다는 의미로) **말을 [한마디] 거들다**

[전·명] 口ぞえ : (중간에 껴서 일이 잘 되도록 말을 거들어 주는 것) **말 한마디[말씀]**

- よろしく 〜を お願ねがいします。
  잘 〜을 부탁드립니다.

● 口を 出だす [직] 「입을」・(남이 이야기하고 있는데, 옆에서 끼어들어 말을 참견하는 의미로서) **말 참견하다**

[전·명] 口出し : **말참견**

- 〜を する 〜을 하다

◐ 口を 閉とざす : 입을 채우다 ☞ page 268

◐ 口を ぬぐう : 입을 닦다 ☞ page 269

◐ 口を ついて 出でる [직역]「입을 찔러 나오다」·(생각 없이 말이 튀어나온다는 의미로) 입 밖으로 튀어나오다
- 思おもわず 不満ふまんが 口を ついて 出た。
  불만이 생각 없이 입 밖으로 튀어나왔다.

◐ 口を 糊のりする [직역]「입을 풀칠하다」·(간신히 어렵게 어떻게든지 살아간다는 의미로) 입에 풀칠하다

◐ 口を 挟はさむ [직역]「입을 끼우다」·(남끼리의 이야기나 상대의 이야기 도중에 비집고 들어온다는 의미로) (남의 말에) 끼어 들다, 말참견하다
= 口を 出だす

◐ 口を 開ひらく : 입을 열다 ☞ page 268
◐ 口を 封ふうずる : 입을 봉하다 ☞ page 268
◐ 口を 割わる : 입을 열다 ☞ page 268

◐입으로 ~하다
※「~으로」가 1) 그것을 수단·재료·도구로 이용함을 나타내는 경우에는「~で」로 표현되고, 2) 그곳을 동작·작용의 목적지점을 나타내는 경우에는「~に」로 표현된다.

- 口で
  - 話はなす / 食たべる   말하다 / 먹다
  - 書かく   쓰다
    - [전·명] 口書がき (붓이나 연필 등을 입에 물고 그림을 그리는 것) 口筆
  - 争あらそう   다투다
    - [전·명] 口争い   말다툼 = 口げんか, 言いい争い

  [참고] 말씨름, 승강이 → 押おし問答もんどう

伝つたえる 전하다
- [전·명] 口伝つたえ
  ① (사람의 입에서 입으로 이야기를 전하는 것) 口伝 = 口づて
    - ～で 伝つたえられた ～으로 전해졌다
  ② (말로서 직접 가르치는 것) 口頭
    - ～で 知しらせる ～로 알리다

移うつす 옮기다
- [전·명] 口移うつし : ① (음식물을 입으로 씹어 다른 사람의 입으로 넣어 주는 것) **씹어 먹임**
  ② (말로 상대에게 직접 전하는 것) 口伝
    - ～で 歌うたを 教おしえる。
      ～로 노래를 가르치다.

- 口に
  - 移うつす 옮기다
    - 口から 口に 移す ゲーム
      입에서 입으로 옮기는 게임
  - 持もって いく 가져가다

●입에 ～하다

- 口に
  - 苦にがい / 甘あまい 쓰다 / 달다
  - (味あじが) 合あう (맛이) 맞다
    - ▶合わせる 맞추다
  - 入いれる 넣다
  - つける 대다, 바르다
    - [비교]「口に する」☞ page 274
  - (～が) つく (～이/가) 묻다

当ぁたる、触ふれる　　　닿다

[비교] 「当たる」는 자극을 느끼는 것을 「触る」는 살짝 스치듯이 닿는 것을 나타낸다.

[전·명] 口当たり, 口触さわり : (입에 댈 때에) **입에 닿는 감촉**
- ~が よい　　~이 좋다

くわえる　　　물다

[참고] 이로 "(깨)물다"는 「かむ」로 표현된다. 아울러 이가 있는 짐승이나 곤충 또한 「かむ」로 표현하지만, 모기나 벌과 같이 침이 있는 곤충이 무는 경우에는 「さす」로 표현된다.

※ **입에 풀칠을 하다** → 口を のりする

관용구

● 口に する　[직역]「입에 하다」
　① (먹기 위해 입에 넣는다는 의미로) **입에 대다**
- また 酒さけを ~　　　다시 술을 ~

　② (입밖에 내어 말한다는 의미로) **입에 담다**
- ~ことさえ いやだ。　　~하기조차 싫다

● 口に 出だす　[직역]「입에 꺼내다」·(생각하고 있던 것을 입 밖으로 소리내어 말한다는 의미로) **입밖에 꺼내다**

● 口に 出でる　[직역]「입에 나오다」·(평상시 생각하고 있던 것을 뜻하지 않게 말해 버리다라는 의미로) **입 밖으로 나오다**

● 口(の端は)に 上のぼる　[직역]「입(끝)에 오르다」·(화제로서 이야기되다라는 의미로) **입에 오르다**
- そのことは すぐ 人ひとの 口に 上る。
　　　그런 일은 곧 사람의 입에 오른다.

●입에서 ～하다

※ 장소를 나타내는 명사에 붙는 「～에서」가, 1) 그 동작이 행해지는 "행위의 장소"이면 조사 「～で」로, 2) 그 동작과 작용이 그곳에서부터 발생 또는 발견하게 되었다는 "행위·발생의 기점 및 출처"이면 조사 「～から」로 표현한다.

- 口から ┌ 出る   나오다
         │ におい する   냄새가 나다
         └ 口に 移うつす   입으로 옮기다

● 口と 腹はらが 違ちがう [직역]「입과 배가 다르다」·(말하는 것과 생각 또는 마음이 다르다는 의미로) **말과 생각이 다르다**

- あいつは ～から、なんと 言いっても 信しんじないほうが いいだろう。
  저 녀석은 ～니까, 뭐라 해도 믿지 않는 편이 좋을 것이다.

● 口から 先さきに 生うまれる [직역]「입부터 먼저 태어나다」·(수다스러운 사람을 비웃는 표현으로서) **물에 빠져도 입만 동동 뜬다, 전생에 말못하다가 죽은 사람이다**

- あの おしゃべりは まるで 口から 先に 生まれたようだ。
  저 수다쟁이는 마치 전생에 말못하다가 죽은 사람 같다.

● 口は 災わざわいの・門かど[もと] [직역]「입은 화의 문[근원]」·("아차 실수한 말이 뜻하지 않은 재난을 받는다"는 것으로 말은 조심해서 하라는 속담) **입은 재앙의 근원**

복합명사 복합어가 되면, 뒤에 오는 단어의 첫 글자가 무성음일 경우에 발음의 편의상 탁음이 붙는 경우가 많다.

● 口 +

- 元(もと)
  ① (입의 주변) **입가**
  ② (입의 생김새) **입매**
  ③ (물건을 넣었다 뺐다하는 곳과 사람이 들락날락 하는 곳) **문가**

- 先(さき)
  ① (입의 끝 부분) **입 끝**
  • 口先を とがらせる。　입 끝을 뾰로통하다
  ② (입으로 하는 말) **말**
  • ～が うまい　　～을 잘하다
  ③ (행동보다 앞서는 또는 건성으로 하는 겉치레의 말) **겉치레[건성]의 말**
  • ～ばかり[だけ]だ　　～뿐이다
  • ～だけの 約束(やくそく)。　～뿐인 약속

- ばし (새의) **부리**　• 口ばしを 入(い)れる
  (남의 이야기에) **끼어 들다**

- ひげ **콧수염**
  • ～が 生(は)える　～이 나다
  • ～を 生(は)やす　～을 기르다

- 癖(くせ) (버릇처럼 자주 쓰는 표현이나 말) **입버릇**

- げんか **말싸움**

- 紅(べに) **입술연지**

- 数(かず) (말하는 횟수) **말수** = 言葉(ことば)数
  • ～が 少(すく)ない　～가 적다

- 車(くるま) (남을 속이는 능숙한 말) **사탕발림[입발림] 말**
  • ～に 乗(の)る　　～에 속다[넘어가다]
  • ～に 乗(の)せる　～로 속이다

- 笛(ふえ) **휘파람**

- 絵(え) (서적·잡지 등의 책머리나 본문 앞에 싣는 그림이나 사진) **권두화**

- 偏(へん) (한자의 부수의 하나) **입구 변**

- 口＋

	火ʰⁱ	① (가스도구나 발화물 등에 불을 붙이기 위한 불) **불씨** ② (뭔가 일의 발단이 되는 계기되는 것을 비유적으로) **도화선** • ～に[と] なる　　～이[으로] **되다** • ～を 切ᵏⁱʳる　　～에 불을 지르다
	達者ᵗᵃᵗᵗˢʰᵃ	**입담이 좋은 사람. 능변가**
	上手ʲᵒᵘᶻᵘ	**말주변이 좋음[좋은 사람]**
	下手ʰᵉᵗᵃ	**말주변이 없음[없는 사람]**
	コミ	(「マスコミ(매스컴)」를 빗대어 하는 말) **입에서 입으로 전해지는 평판** ※「マスコミ」는「マスコミュニケション(mass communication)」의 준말이다.
	しのぎ	① (일시적으로 배고픔을 면하기 위한) **요깃거리** ② (그럭저럭 그날 그날을 사는 것 또는 일시적으로 때우는 생활) **하루하루 살아가기[입에 풀칠하기]**
	直ⁿᵃᵒˢʰⁱ	(뭔가를 먹거나 마신 후에 입에 남아 있는 싫은 맛을 없애기 위해 다른 것을 먹거나 마시거나 하는 일 또는 그 음식물) **입가심**
	汚ʸᵒᵍᵒˢʰⁱ	(양이 적어서 먹었다고 할 수 없을 정도) **(간에 기별도 안 가는, 입맛만 버릴) 한입거리** • ～に すぎない　　～에 지나지 않는다 [참고]「お～」의 형태로, 손님에게 음식을 내어 권할 때에 그 음식에 대하여, 변변치 못하거나 보잘것없다고 겸손하게 낮추어서 하는 말로도 사용된다. • ほんのお汚しですが、どうぞ。 　　　　　그저 ～입니다만, 부디.
	答ᵏᵒᵗᵃᵉ	(윗사람의 말을 거역하고 대꾸하는 것) **말대답, 말대꾸**

○ おちょぼ ―┐　　　　　　　　　(작고 귀여운 입 또는 작게 입을 오므린 입)

　大ああ　　　　　　　　　　　①(크게 벌린 입) 큰 입
　　　　　　　　　　　　　　　②(잘난 듯한 말) 큰소리, 장담
　　　　　　　　　　　　　　　　・～を たたく　～를 치다

　小こ　　　　　　　　　　　　①(자른 자리) 절단면　= 切きり口くち
　　　　　　　　　　　　　　　②(일을 진행하고 해결하기 위한) 실마리

　非常ひじょう　　　　　　　　비상구
　入いり[出で]　　　　　　　　입[출]구
　出で入いり　　　+ 口くち　　출입구
　戸と　　　　　　　　　　　　(집의 출입구) 출입문　= 出で入いり
　門かど　　　　　　　　　　　(문 또는 집의 출입구 또는 그 주변) 문간
　逃にげ　　　　　　　　　　　빠져나갈[도망 칠] 구멍
　窓まど　　　　　　　　　　　창구
　勤つとめ　　　　　　　　　　(근무[취직]할 곳) 일자리
　憎にくまれ　　　　　　　　　욕먹을[미움살] 말
　　　　　　　　　　　　　　　・～を きく[たたく]　～을 하다[늘어놓다]

　無駄むだ　　　　　　　　　　쓸데없는 말, 헛소리
　手て　　　　　　　　　　　　(나쁜 일, 범죄의 방법) 수법
　傷きず　　　　　　　　　　　(다친 곳과 건드리고 싶지 않은 과거의 잘못) 상처

　糸いと ―┘　　　　　　　　　실마리

○ 悪わる ―┐　　　　　　　　　(남에게 나쁘게 하는 말) 욕　= 悪口わるぐち

　甘あま　　　　　　　　　　　①(단맛이 도는 것) 단맛(이 남)
　　　　　　　　　　　　　　　②(단 것을 좋아함, 또는 그런 사람)
　　　　　　　　　　　　　　　③(달콤한 말) 감언
　　　　　　　　　+ 口くち
　辛から　　　　　　　　　　　①(맛이 매운 것) 매운 맛(이 남)
　　　　　　　　　　　　　　　②(짜거나 매운 것을 좋아함, 또는 그런 사람)
　　　　　　　　　　　　　　　③(술을 좋아하는 사람) 애주가

　切きり ―┘　　　　　　　　　(잘린 자국) 절단면 ; 베인 상처

복합어가 되면, 뒤에 오는 단어의 첫 글자가 무성음일 경우에 발음의 편의상 탁음이 붙는 경우가 많다.

- 口 +
  - ごもる
    - ① (말이 입안에 틀어박혀 확실치 않은 상태) **우물거리다**
    - ② (망설이는 듯이 슬슬 말하지 못하는 상태) **더듬거리다**
  - ずさむ (마음에 떠오르는 시나 노래 등을 혼잣말로 소리를 내다) **읊조리다, 흥얼거리다**
  - 走(はし)る (말해서는 안되거나 생각하지도 않은 말을 그만 저도 모르게 말하다) **입밖에 내다**
    - うわごと[秘密(ひみつ)]を ~
      헛소리[비밀]를/을 ~

복합어가 되면, 뒤에 오는 단어의 첫 글자가 무성음일 경우에 발음의 편의상 탁음이 붙는 경우가 많다.

- 口 +
  - 惜(お)しい (안타깝고 억울하게 느껴지다) **분하다**
    - 一点(いってん)の差で 負けるなんて、~
      1점차로 지다니, ~

    [참고] 이에 비해 「惜しい」는 좀더 있었으면 하는 아쉬움을 나타낸다.

  - 汚(きたな)い
    - ① (나쁜 말로 뭔가를 말하거나 말투가 저속하다) **입(이) 더럽다**
    - ② (먹는 것을 무턱대고 바라다) **게걸스럽다**

  - 幅(はば)ったい (자신의 분수도 생각하지 않고, 과장해서 주제넘는 말을 하다) **입 차다**
    - ~ことを 言(い)う 입찬소리를 하다 떠벌리다

  - やかましい
    - ① (사소한 것까지 불평을 하는 모습) **잔소리 심하다** = 口うるさい
    - ② (몹시 지껄여대어 시끄러운 모습) **수다스럽다**

  - うるさい (대단하지 않은 일에도 시끄럽게 주의를 주는 모습) **잔소리 심하다** = 口やかましい

└ 寂^{さび}しい　　(뭔가 먹고 싶어) **입이 심심하다**

　　　　　　　[비교]「退屈^{たいくつ}だ」: (할 일이 없거나 흥미
　　　　　　　　　　　　　　　가 나지 않아) **심심[따분·지루]하다**

복합형용사

● 口 +
┌ 上手^{じょうず}(だ)　언변[말주변](이 좋다)
├ 下手^{へた}だ　　　언변[말주변]이 나쁘다
├ 達者^{たっしゃ}だ　　입담[말주변]이 좋다
└ まめ(だ)　　　(잘 지껄이는 사람. 또는 그 상태) 수다쟁
　　　　　　　이, 수다스럽다

부사적용법

● 口 +
┌ 口^{ぐち}　　　(많은 사람이 저마다의 발언을 하는 것) 각자
└ ずから　　손수[자기] 입으로

참고

※입에 오르(내리)다 → うわさに のぼる
※입에 올리다　　　 → うわさを する
※입에 발린 소리　　→ 心^{こころ}にも ない お世辞^{せじ}
※입을 (싹) 씻다　　→ 食^たべなかった ふりを する
※입이 까다롭다
　　　　　→ 食^たべ物^{もの}に 好^すき嫌^{きら}いが 多^{おお}い
　　　　　　食^たべ物^{もの}に うるさい
※입 냄새 (구취)　 → 口臭^{こうしゅう}
※입밖에 내다　　 → 口外^{こうがい}する

靴 ＜つ

(주로 가죽, 천, 고무·합성피혁 등으로 발등까지 덮는 서양풍의 신는 것) **신발**

※ 슬리퍼와 같이 발에 걸칠 수 있는 모든 것을 포함하여「履物(はきもの)」라고도 한다.

短文에서 조사가 생략되고 뒷말은「동사는 연용형, 형용사와 형용동사는 어간」으로 바꾸어, "~하기" "~하는 것[사람]" 등의 명사로 전성되기도 하며, 이 때 뒷말의 첫 글자가 무성음일 경우에 발음의 편의상 탁음이 붙기도 한다.

●신발이 ~(하)다

- 靴が
  - 新しい / 古い　　　　　새것이다 / 낡다
  - 高い / 低い　　　　　　높다 / 낮다
  - 重い / 軽い　　　　　　무겁다 / 가볍다
  - 合う / ぴったりだ　　　맞다 / 딱 맞다
  - 大きい / きつい　　　　크다 / 꽉 끼다
    - ▶ ぶかぶか、だぶだぶだ　헐렁헐렁하다
  - ちぐはぐだ　　　　　　짝짝이다
  - ぬれる / 汚れる　　　　젖다 / 더러워지다
  - すり切れる　　　　　　닳(아빠지)다
    - ▶靴の底が すり減る　　구두 바닥이 닳다
  - 破れる　　　　　　　　터지다, 떨어지다
  - 脱げる　　　　　　　　벗겨지다

●신발을 ~하다

- はく / 脱ぐ　　　　신다 / 벗다
  - [전·명] 靴脱ぎ : (문간이나 툇마루 등에 밟고 오르는 곳에 신발을 벗어 놓는 곳)
- ▶はきかえる　　　　갈아 신다

	▶あちこちに はく	뒤바꿔 신다
	▶ちぐさぐに はく	짝짝이로 신다
• 靴を	磨みがく、ふく	닦다

- 전·명 靴ふき : (구두에 묻은 흙이나 먼지 등을 닦기 위해 현관 입구에 놓아 두는 수건) **구두수건**

- 전·명 靴磨き : (구두에 광을 내는 일. 또는 그것이 직업인 사람) **구두닦이**

洗あらう	빨다, 씻다
(ずるずる) 引ひきずる	(질질) 끌다
きちんと そろえる	가지런히 정돈하다
直なおす[修繕する]	고치다[수선하다]

- 전·명 靴直し : (신발을 고치는 일) **신발[구두]수선**

| あつらえる | 맞추다 |

● 靴を 隔へだてて 痒かゆきを 掻かく 직역 「신발을 사이에 두고 가려운 곳을 긁는다」・(어떤 일을 할 때에 그 정통을 찌르지 못하고 겉돌기만 하여 답답하고 안타까움을 비유하여) **신 신고 발바닥 긁는다** = 隔靴かっか搔痒そうよう (격화소양)

●신발에 ～하다

	(泥どろが) つく	(진흙이) 묻다
• 靴に	穴あなが あく	구멍이 나다
	敷しく	

- 전·명 靴敷き : (신발 바닥에 까는 것) **깔창**

| 擦すれる | 스치다 |

- 전·명 靴擦すれ : (신발이 발에 맞지 않고 피부에 스쳐 생긴 상처) **까진 상처**

 복합어가 되면, 뒤에 오는 단어의 첫 글자가 무성음일 경우에 발음의 편의상 탁음이 붙는 경우가 많다.

- 靴 +
  - ひも　　　　신발 끈
  - べら　　　　구두주걱
  - クリーム　　구두약
  - 墨ずみ　　　구두약
  - ブラシ　　　구둣솔
  - 屋や　　　　신발가게, 구둣방
  - 下した　　　양말
    - ~を はく[脱ぬぐ]　　~을 신다[벗다]
  - の
    - 底そこ　　　신발(의) 바닥
    - 裏底うらぞこ　신발(의) 밑창
    - つま先さき　신발(의) 코[앞 부리]

- 皮かわ ─┐
- 運動うんどう │
- 雨あま 　　├ + 靴くつ
- ゴム 　　 │
- 長なが ──┘

  - 가죽구두
  - 운동화
  - (비올 때 신는) 장화
  - 고무신
  - 장화

참고
※ 굽[뒤축]을 갈다　→　かかとを 取とり替かえる
※ 신발장　　　　　→　げた箱ばこ
※ 짚신　　　　　　→　わらじ

············· 284 명사 표현력 ·············

(하나의 정부에 의해 통치되고 있는 지역) **나라**

※ 자신이 태어나고 자라난 곳을 나타내는 「지방」의 의미로도 사용된다.

短文에서 조사가 생략되고 뒷말은「동사는 연용형, 형용사와 형용동사는 어간으로 바꾸어, "~하기" "~하는 것[사람]" 등의 명사로 전성되기도 하며, 이 때 뒷말의 첫 글자가 무성음일 경우에 발음의 편의상 탁음이 붙기도 한다.

◉나라가 ~(하)다

- 国が
  - ない / ある   없다 / 있다
  - 興おこる / 栄さかえる   흥하다 / 번성하다
  - 滅ほろびる / つぶれる   망하다 / 무너지다
  - 揺ゆれる   흔들리다

◉나라를 ~하다

- 国を
  - 建たてる   세우다
    - ⋯ 建て直なおす   바로 세우다[잡다]
  - 治おさめる   다스리다
  - 守まもる   지키다
  - 滅ほろぼす   망치다
    - ⋯ ▶滅亡させる   멸망시키다
  - 揺ゆるがす   뒤흔들다
  - 売うる   팔다

  - ※国を 挙あげて → 거국적으로
  - ※나라를 위함이다[위하여]
                     → 国の・ためだ[ために]

●나라에서 ~하다

- 国で ┌ 責任せきにんを 負おう   책임지다
       └ 負担ふたんする   부담하다

●나라에 ~하다

- 国に ┌ ささげる   바치다
       │ 身みを なげうつ   몸을 바치다
       └ 忠誠ちゅうせいを 誓ちかう 충성을 맹세하다

복합어가 되면, 뒤에 오는 단어의 첫 글자가 무성음열 경우에 발음의 편의상 탁음이 붙는 경우가 많다.

- 国 + ┌ 構かまえ (口 : 한자 부수의 하나) 큰 입구 몸
       │ 境さかい (나라와 나라의 경계선) 국경 = 国境こっきょう
       │ なまり   지방사투리 = 国・言葉ことば
       └ 言葉ことば 지방 말 = 国なまり

※「国なまり」와「国言葉」는 주로 접두어「お」를 붙여「お国なまり」와「お国言葉」라고 한다.

- 雪ゆき ┐
  山やま │ + 国くに
  北きた │
  島しま ┘

눈이 많이 내리는 지방
산이 많은 지방
북쪽・나라[지방]
섬나라

(머리와 몸통을 잇는 인체의 일부) 목

　　短文에서 조사가 생략되고 뒷말은「동사는 연용형, 형용사와 형용동사는 어간으로 바뀌어, "~하기" "~하는 것[사람]" 등의 명사로 전성되기도 하며, 이때 뒷말의 첫 글자가 무성음일 경우에 발음의 편의상 탁음이 붙기도 한다.

●목[고개]이/가 ~(하)다

・首が
- 長ながい / 短みじかい 　길다 / 짧다
- 太ふとい / 細ほそい 　굵다 / 가늘다
- 痛いたい 　아프다

- ぎくっと する 　삐끗하다
- 回まわる 　돌아가다
- 切きれる 　잘리다

─ ※목(이) 빠지게 기다리다
　　→ 首を 長ながくして 待まつ (목을 길게 하고 기다리다)
─ ※목이 붓다[마르다・메이다]
　　　　→ 喉のどが はれる[渇かわく・詰つまる]
└ ※목이 쉬다[잠기다] → 声こえが かれる[かすれる]

관용구

◐ 首が 危あぶない　[직역]「목이 위험하다」・(면직되거나 죽을 것 같음을 비유해) 목(숨)이 위험하다

◐ 首が つながる　[직역]「목이 이어지다」・(면직을 면하거나 참수되지 않음을 비유해) 목이 붙어 있다

◐ 首が 飛とぶ　[직역]「목이 날다」・(해고당하거나 참수형을 당함을 비유해) 목이 날아가다[달아나다]

●목[고개]을/를 ~하다

- 首を
  - うな垂れる — 떨어뜨리다, 떨구다
    - [참고] 「うな垂れる」는 낙담하거나 걱정·슬픔 또는 창피함으로 기분이 내려앉아 머리를 앞으로 낮게 드리움을 나타낸다.

  - 傾ける — 기울이다
  - かしげる — 갸우뚱하다
  - 回す — 돌리다

  - 出す / 伸ばす — 내밀다, 빼다 / 뻗다
    - つき出す — 쑥 내밀다

  - 引く — 당기다
    - [전·명] 首っ引き : (늘 손에서 떼지 않고 곁에 두고 사용하는 것)
      - 辞書と ~で 勉強する。 사전을 끼고 공부하다.

  - ▶引っ込める — 움츠리다

  - (ぎゅっと) 絞める — (꽉) 조르다

  - ひねる — 비틀다
    - [관용구] 首を ひねる [직역] 「목을 비틀다」· ① (찬성 또는 납득·이해할 수 없다는 듯이) 고개를 갸웃하다 ② (이것저것 여러모로 생각해 내기 위함 비유하여) 머리를 짜다

  - 切る — 자르다
    - [전·명] 首切り ① (죄인의 목을 자르는 것) 단두, 참수
      - ~場 참수장 • ~台 단두대
      ② (죄인의 목을 자르는 사람) 망나니
      ③ (면직·해고하는 것) 해고, 모가지

  - はねる — 치다, 따다

くくる	매다
전·명 首くくり (죽기 위해 목을 매는 행위) 목맴	

つる	매(달)다
전·명 首つり (목을 매어 매달아 죽는 행위 및 그리하여 죽은 사람) 목매닮	

(ぐるぐる) 巻く	(칭칭) 감다, 두르다
전·명 首巻き : 목도리　= 襟巻き, マフラー	

飾る	장식하다
전·명 首飾り : 목걸이　= ネックレス	

つかまえる	붙잡다

─ ※**고개를 숙이다**
　　→ (머리를 숙이다) → 頭を 下げる、うつむく

─ ※**고개를 들다**
　　→ ① (머리를 들다) → 頭を 上げる
　　　② (대두되다) → 台頭する

─ ※**고개를 쳐들다** → あおむく

─ ※**고개를 젖히다** → 頭を 反らす

└ ※**고개를 끄덕이다** → うなずく

관용구

● 首を すげ替える　직역「(인형의) 목을 갈아 끼우다」·(요직의 사람을 다른 사람으로 바꾼다는 의미로) 갈아치우다

● 首を 突っ込む　직역「목을 처박다」·(흥미와 관심을 가지거나 일행이 되어 그 일에 깊이 관여함을 비유하여) 몸을 담다

● 首を 縦ﾀﾃに ふる　[직역]「목을 세로로 흔들다」・(찬성의 표시로 고개를 끄덕임을 비유하여) **고개를 끄덕이다**

● 首を 横ﾖｺに ふる　[직역]「목을 가로로 흔들다」・(반대의 의미로 고개를 저음을 비유하여) **고개를 가로 젓다**

● 首を 長ﾅｶﾞく する　[직역]「목을 길게 하다」・(이제나저제나 기다림에 지쳐) **목이 빠지다**

・首を 長くして 待ﾏつ。
　　　　　　　목이 빠지게 기다리다. 학수고대하다

● **목에 ~하다**

・首に ┌ つるす　　　　　　매달다
　　　│ (ぐるぐる) 巻ﾏく　　(칭칭) 감다, 두르다
　　　│ かける　　　　　　　걸(치)다
　　　│
　　　└ 縄ﾅﾜを つける　　　 밧줄을 매다
　　　 ▶縄を つけても (싫어하는 사람을 억지로 데리고 가거나 오겠다는 의미로) **질질 끌고라도**

● 首に する　[직역]「목으로 하다」・(면직[해고]함을 비유해) **목을 치다**

● 首に なる　[직역]「목이 되다」・(해고됨을 비유하여) **목가지 당하다**

복합어가 되면, 뒤에 오는 단어의 첫 글자가 무성음일 경우에 발음의 편의상 탁음이 붙는 경우가 많다.

- 首 +
  - 筋すじ   목덜미 = 襟えり首くび
  - 根ねっこ (俗語적 표현으로) 목덜미 = 首襟
    - ～を 押おさえる (뒤에서 목덜미를 잡아 꼼짝 못하게 하듯이 상대의 약점을 잡아 옴짝달싹 못하게 하는 것) 덜미를 잡다
  - っ玉たま (「首」의 俗語표현) 모가지
  - っ丈たけ (목이 높은 곳까지 깊게 빠져든다는 의미에서 이성에 반해 완전히 빠져 있는 모습)
  - 輪わ   ① (목에 걸어 장식하는 고리) 목걸이 = 首かざり
           ② (개나 고양이의 목에 거는 고리) 개 목걸이
  - 飾かざり (목에 걸어 장식하는 액세서리) 목걸이
  - 枷かせ   (옛날 죄인의 목에 채우던 형구) 항쇄, 칼
  - 実検じっけん (실제로 본인을 만나 그 사람이 맞는지 아닌지 확인하는 것)

- 足あし ┐
  手て   ├ + 首   발목
  襟えり ┘   손목
                    목덜미 = 首くび筋すじ

3급 雲 くも

(공기중의 수분이 주로 물방울로 응고되어, 이들이 뭉쳐 하늘을 떠다니고 있는 것) **구름**

短文에서 조사가 생략되고 뒷말은「동사는 연용형, 형용사와 형용동사는 어간으로 바뀌어, "~하기" "~하는 것[사람]" 등의 명사로 전성되기도 하며, 이 때 뒷말의 첫 글자가 무성음일 경우에 발음의 편의상 탁음이 붙기도 한다.

●구름이 ~(하)다

• 雲が

─ 黒くろい / 白しろい　　　까말다 / 하얗다
　└ ▶ 真まっ黒くろだ　　　시커멓다

浮うかぶ　　　뜨다
└ ▶ 浮かんで いる　　　떠다니다

かかる　　　끼다
├ ▶ 垂たれこめる　　　낮게 깔리다[드리우다]
└ ▶ 棚たな引びく　　　길게 끼다[드리우다]

(もくもくと) わき起おこる　　　(뭉게뭉게) 피어오르다

行いく / 流ながれる　　　가다 / 흐르다
└ 전·명 雲行ゆき
　① (구름이 움직여 가는 모습) **구름의 움직임**
　　• ~が 速はやい　　　~이 빠르다
　　• この~なら あすは 晴はれだろう
　　　　　　　이 ~라면 내일은 갤 것이다
　② ("날씨가 흐려질 것 같은 하늘의 모양이다"라는 의미에서, 뭔가 일이 되어가는) **형세·정세**
　　• ~が 怪あやしい　　　~가 이상하다
　　• 話はなしの~が 悪わるく なる
　　　　　　　이야기의 ~가 나빠지다
└ ▶ (ふんわりふんわりと) 流れて いく　　(두둥실) 떠간다

晴はれる / 切きれる　　　개다 / 걷히다

─ 空そらを 覆おおう　　　하늘을 덮다

●구름을 ～하다

- 雲を
  - 追おう、追おいかける   쫓다
  - 呼よぶ   부르다
  - ※구름을 타다 → 雲に 乗のる

● 雲を つかむ [직역]「구름을 잡다」·(말의 내용 등이 매우 막연하고 잡을 수 없는 것을 비유해) **뜬구름을 잡다**
  - ～ような 話はなし   뜬구름 잡는 듯한 이야기

● 雲を 衝つく [직역]「구름을 찌르다」·(상당히 높거나 키가 큼을 비유해) **구름을 뚫다**
  - ～ような 大男おおおとこ   구름을 뚫을 듯한 큰 사나이
  - ～ばかりの 大男   구름을 뚫을 정도의 큰 사나이

● 雲を ×霞かすみと [직역]「구름을 안개와」·(잠깐 사이에 모습을 감추어 버리는 모양) **쏜살같이**
  - ～逃にげ去さった   구름과 함께 도망쳤다

●구름에 ～하다

- 雲に
  - 隠かくれる   숨다
    - [전·명] 雲隠れ
      - ①(사람이 행방을 감추고 도망가는 것)
        - 人目ひとめを のがれて 雲隠れして しまう。
          남의 눈을 피해 잠적해 버리다.
      - ②(달 등이 구름에 가리우는 것)
  - 遮さえぎる   가리이다
  - 覆おおわれる   덮이다

복합명사

복합어가 되면, 뒤에 오는 단어의 첫 글자가 무성음일 경우에 발음의 편의상 탁음이 붙는 경우가 많다.

- 雲 +
  - 足^{あし}
    - ① (구름이 움직이는 모습) **구름의 움직임**
      - ~が 早^{はや}い。　　~이 빠르다.
    - ② (비구름이 낮게 드리워져 보이는 것)
    - ③ (책상·의자의 다리가 구름모양처럼 구부려 만들어진 다리) **구름모양 다리**
  - 間^ま
    - (구름이 갈려 맑은 하늘이 보이는 틈) **구름사이**
      - ~から 日^ひが さす　~로(부터) 해가 비치다
  - 助^{すけ}
    - (노상에서 공갈·협박하는 불량배)
    - ※ 江戸시대에는 역참이나 길거리 등에서 가마를 맨 주소불명의 사람의 왕래를 가리킨다.
      - ~根性^{こんじょう}
        (남의 약점을 파고들어 공갈을 쳐 이익을 챙기려는 나쁜 근성)
  - がくれ　☞ page 292

○ 黒^{くろ}　┐
　　　　　+ 雲^{くも}　　먹구름
　白^{しら}　┘
　　　　　　　　　　　　흰 구름

○ 雨^{あま}　┐　　　　　비구름　　　　　　　　　　(あめ·비)
　綿^{わた}　+ 雲^{くも}　뭉게구름 = 積雲^{せきうん}　(わた·목화, 솜)
　浮^{うき}　┘　　　　　뜬구름　　　　　　　　　　(うく·뜨다)

4급 車 くるま

(축을 중심으로 회전하도록 한 원형의 것과 또한 그것에 의해 앞으로 나아가도록 한 탈 것) **차**

短文에서 조사가 생략되고 뒷말은「동사는 연용형, 형용사와 형용동사는 어간」으로 바뀌어, "~하기" "~하는 것[사람]" 등의 명사로 전성되기도 하며, 이때 뒷말의 첫 글자가 무성음일 경우에 발음의 편의상 탁음이 붙기도 한다.

●차가 ~(하)다

- 車が
  - 大きい / 小さい   크다 / 작다
  - 新しい / 古い   새 것이다 / 낡다
  - いい / ボロだ   좋다 / 고물이다

  - 故障する / 壊れる
               고장나다 / 망가지다, 부서지다
  - 着く / 出る   도착하다 / 떠나다

  - (人を) ひく   (사람을) 치다
  - (電信柱に) ぶつかる   (전신주에) 부딪치다
    - ▶車(どうし)が 衝突する   차(끼리)가 충돌하다

  - ※ 차가 밀리다 → 車で 道が 渋滞する
                             (차로 길이 지체되다)

●차를 ~하다

- 車を
  - 買う / 売る   사다 / 팔다
    - ▶買い替える   바꾸다
  - 待つ   기다리다
  - 降りる   내리다

駆ける　　　　　　　　　　몰다
　└▶運転する　　　　　　　　운전하다
回す　　　　　　　　　　　　돌리다
(家の前に) つける　　　　(집 앞에) 대다
(壁に) ぶつける　　　　　(벽에) 부딪다

　└[참고]「ぶつける」는 의도적인 행동을 나타내며, 부주의로 인한 표현은「〜に 衝突する」로 표현 가능하다.

　　• 前の車に 衝突する。
　　　　(앞의 차에 충돌하다) → 앞의 차를 받다

遊ばす　　　　　　　　　　놀리다
貸りる / 貸す　　　　　　　빌리다 / 빌려주다
　└▶レンタルする　　　　　　렌트하다
洗う / 磨く　　　　　　　　닦다
　└▶洗車する　　　　　　　　세차하다
壊す　　　　　　　　　　　　부수다

※ 차를 타다[갈아타다·놓치다]
　→ 車に 乗る[乗りかえる·乗り遅れる]

●차로 ～하다

• 車で
- 行く　　　　　　　　가다
- 運ぶ　　　　　　　　나르다
- ひく / はねる / 敷く　　치다 / 받다 / 깔다

●차에 ～하다

• 車に
- 飛び込む　　　　　　　뛰어들다
- ぶつかる　　　　　　　부딪치다
- ひく / はねられる / 敷かれる
　　치이다 / 받히다 / 깔리다

복합어가 되면, 뒤에 오는 단어의 첫 글자가 무성음일 경우에 발음의 편의상 탁음이 붙는 경우가 많다.

- 車 +
  - いす　　　**휠체어**
  - 井戸(いと)　(도르래로 물을 퍼 올리는 우물)
  - 座(ざ)　　(많은 사람이 둥글게 둘러앉는 것)
    - ～に なって うたう
      　　　　　둥글게 둘러앉아 노래부르다

- かざ　　　　　　　　　팔랑개비
- 水(みず)　　　　　　　물레방아
- 肩(かた)　　　　　　　목말　・～に 乗(の)せる　～을 태우다
- 花(はな)　+ 車(ぐるま)　꽃차
- 荷(に)　　　　　　　　짐수레
- 手押(てお)し　　　　　　손수레
- オンボロ　　　　　　　똥차, 털털이

참고 ※마차 → 馬車(ばしゃ)

3급 毛 け

(포유동물의 피부표피에 나는 실 형태의 것) 털

短文에서 조사가 생략되고 뒷말은「동사는 연용형, 형용사와 형용동사는 어간」으로 바뀌어, "〜하기" "〜하는 것[사람]" 등의 명사로 전성되기도 하며, 이 때 뒷말의 첫 글자가 무성음일 경우에 발음의 편의상 탁음이 붙기도 한다.

●털이 〜(하)다

- 毛が
  - 濃い / 薄い　　　　짙다, 진하다 / 성기다
  - 硬い / 柔らかい　　뻣뻣하다 / 부드럽다
  - 多い / 少ない　　　많다 / 적다
  - ぼうぼうだ　　　　털수룩하다

  - 生える / 伸びる　　나다 / 자라다
    - ▶ぽつぽつ 生えている　듬성듬성 나 있다
    - ▶ぼうぼうと 伸びる　털수룩하게 자라다
    - ※毛が 生え代わる　　털이 새로 나다, 털을 갈다

  - 抜ける　　　　　　　빠지다
    - ※毛が 抜け代わる　　털이 새로 나다, 털을 갈다
    　　　　　　　　　　　= 毛が 生え代わる

  - 飛ぶ　　　　　　　　날다
    - 犬を 飼うと 毛が 飛ぶから いやだ。
      개를 기르면 털이 날리기 때문에 싫다.

관용구

● 身の毛が よだつ　직역「몸의 털이 곤두서다」·
(소름끼침을 비유하여) 닭살이 돋다

●털을 ～하다

- 毛を
  - 生はやす　　　　　　　　기르다
  - 抜ぬく　　　　　　　　　뽑다
    - [전·명] 毛抜き : (털·수염을 집어 뽑는 도구) 족집게
  - そる　　　　　　　　　　깎다, 밀다
  - 切きる　　　　　　　　　자르다
  - つくろう　　　　　　　　고르다、가다듬다
    - [전·명] 毛づくろい : (털을 가는 것) 털 고르기
      - ～を する。　털을 고르다.
  - 染そめる　　　　　　　　물들이다
  - 嫌きらう　　　　　　　　싫어하다
    - [전·명] 毛嫌ぎらい : (왠지 이유 없이 싫어하는 것)
      - 男を ～する。
        남자를 왠지 싫어하다.

복합어가 되면, 뒤에 오는 단어의 첫 글자가 무성음일 경우에 발음의 편의상 탁음이 붙는 경우가 많다.

- 毛 +
  - 糸いと　　털실
  - 穴あな　　털구멍
  - 皮がわ　　털가죽
  - 羽ば　　　(종이나 천의 표면에 닳아서 생기는) 보풀, 보푸라기
    - ～(が)立たつ　～가 일다
  - 色いろ　　(동물의 털의 색) 털 색[빛]
    - ※毛色が 変かわる
      1) 털 색이 변하다
      2) (그 사회나 그룹에서 모습·종류·성질이 이색적이다) 별종이다

	むくじゃら	털보, 털복숭이
	虫^{むし}	(모기, 나비 등의 털이 나 있는 유충) 송충이
	変^かわり	털갈이　•～する　털갈이하다
	並^なみ	(털의 난 상태와 나열된 상태) 털 결 •～が 美^{うつく}しい　～이 아름답다
	の－先^{さき}	털끝　•～ほども ない　～만큼도 없다

o わき　　　　　　　겨드랑이 털
　胸^{むな}　　　　　　가슴 털
　綿^{わた}　＋毛^け　(솜과 같은 부드러운 털) 솜털
　産^{うぶ}　　　　　　①(이마나 뺨 등의 가는 털) 잔털
　　　　　　　　　②(갓 태어난 아기의 몸의 털) 솜털
　にこ　　　　　　　(가늘고 부드러운 털) 솜털, 잔털　＝綿毛, 産毛
　羽^わ　　　　　　　깃털

o 髪^{かみ}　　　　　　　머리카락, 머리털
　鶏^{にわとり}　の－毛^け　닭털
　鳥^{とり}　　　　　　새털
　ブラシ　　　　　　솔의 털

- [毛・むくじゃら(だ)]　(몸에 털이 많은 것) 털북숭이(다)
　　　　　　　　　　•毛むくじゃらな 足^{あし}　털복숭이 다리

3급 怪我(けが)

(부주의로 인해 몸을 상처를 입는 것과 그 상처)
부상

短文에서 조사가 생략되고 뒷말은「동사는 연용형, 형용사와 형용동사는 어간」으로 바뀌어, "~하기" "~하는 것[사람]" 등의 명사로 전성되기도 하며, 이 때 뒷말의 첫 글자가 무성음일 경우에 발음의 편의상 탁음이 붙기도 한다.

●부상이 ~(하)다

- 怪我が ┌ ひどい / 軽(かる)い   심하다 / 가볍다
         └ 大(おお)きい / 小(ちい)さい   크다 / 작다
           └ 전·명 大怪我 : 큰 부상

●부상을 ~하다

- 怪我を ┌ する   입다
         │ └ ▶させる   입히다
         └ 克服(こくふく)する   극복하다

●부상으로 ~하다

- 怪我で ┌ 負(ま)ける / 勝(か)つ   지다
         │ └ 전·명 怪我・負け[勝(か)ち] : 부상・패[승]
         └ 退場(たいじょう)する   퇴장하다

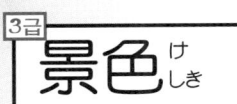

(특히 산과 바다 등의 자연의 풍경) **경치**

短文에서 조사가 생략되고 뒷말은「동사는 연용형, 형용사와 형용동사는 어간으로 바뀌어, "~하기" "~하는 것[사람]" 등의 명사로 전성되기도 하며, 이때 뒷말의 첫 글자가 무성음일 경우에 발음의 편의상 탁음이 붙기도 한다.

◎경치가 ~(하)다

- 景色が ┌ いい   좋다
         │ 美^{うつく}しい / きれいだ 아름답다 / 멋있다
         └ 見事^{みごと}だ   볼만하다.

◎경치를 ~하다

- 景色を ┌ 眺^{なが}める   바라보다
         └ 満喫^{まんきつ}する   만끽하다

◎경치에 ~하다

- 景色に ┌ 浸^{ひた}る   빠지다
         └ 魅了^{みりょう}[魅惑^{みわく}]される 매료[매혹]되다

○ 雪^{ゆき} ┐   눈 경치   (ゆき・눈)
   冬^{ふゆ} ┘+ 景色   겨울경치   (ふゆ・겨울)

[3급] けんか [×喧×嘩]

(말로 또는 완력으로 다투거나 하는 것) **싸움**

 短文에서 조사가 생략되고 뒷말은「동사는 연용형, 형용사와 형용동사는 어간」으로 바꾸어, "~하기" "~하는 것[사람]" 등의 명사로 전성되기도 하며, 이 때 뒷말의 첫 글자가 무성음일 경우에 발음의 편의상 탁음이 붙기도 한다.

◎싸움이 ~하다

- けんかが
  - 起^おきる — 일어나다, 벌어지다
  - 始^{はじ}まる / 終^おわる — 시작되다 [끝나다]
  - 大^{おお}きく なる — 커지다
  - 絶^たえない — 끊이지 않는다

◎싸움을 ~하다

- けんかを
  - (よく) する — (잘) 하다
    - ▶させる — 붙이다, 시키다
    - ▶唆^{そそのか}す — 부추기다
  - しかける、ふっかける — 걸다
    - ▶しかけられる — 걸어오다
  - 止^とめる / やめる — 멈추다 / 그만두다
    - ▶やめさせる — 말리다

◐ けんかを 売^うる [직역]「싸움을 팔다」·(상대를 화나게 하는 듯한 언동을 하여, 싸움을 건다는 의미로) **싸움[시비]을 걸다** = けんかを しかける

- 酔^よっぱらったら ~。 취하면 싸움을 건다.

◐ けんかを 買^かう [직역]「싸움을 사다」·(걸어온 싸움의 상대가 되다) **싸움에 응하다**

◉싸움으로 ~하다

- けんかで ― 別かれる 　　　　헤어지다
  　　　　전·명 けんか別れ ：(싸움으로 헤어진 것)

◉싸움에 ~하다

- けんかに ―割わって 入はいる　　　끼어 들다
  　　　　 ―巻まきこまれる　　　　휘말리다

복합어가 되면, 뒤에 오는 단어의 첫 글자가 무성음일 경우에 발음의 편의상 탁음이 붙는 경우가 많다.

o 夫婦ふうふ ┐　　　　부부싸움　　　（ふうふ·부부）
　兄弟きょうだい ├ ＋げんか　형제싸움　　　（きょうだい·형제）
　口くち ┘　　　　　　입[말] 싸움　　（くち·입）

3급

 (뭔가를 하려고 하는 기력과 체력) **힘**

※ 「元気だ」의 형태로 "건강하다"라는 형용동사로도 사용된다.

 短文에서 조사가 생략되고 뒷말은「동사는 연용형, 형용사와 형용동사는 어간」으로 바꾸어, "~하기" "~하는 것[사람]" 등의 명사로 전성되기도 하며, 이 때 뒷말의 첫 글자가 무성음일 경우에 발음의 편의상 탁음이 붙기도 한다.

●힘이 ~(하)다

- 元気が ┬ ある / ない   있다 / 없다
     └ いい   좋다

●힘을 ~하다

- 元気を ┬ 感じる   느끼다
     ├ 出す   내다
     └ つける   북돋우다

見物 けんぶつ

(명소나 개최되는 것 등을 보고 즐기는 것. 또는 그 사람) **구경**

[주의] 「見物」를 「みもの」로 읽으면, 「볼만한 것」이라는 의미가 된다.

短文에서 조사가 생략되고 뒷말은「동사는 연용형, 형용사와 형용동사는 어간으로 바뀌어, "~하기" "~하는 것(사람)" 등의 명사로 전성되기도 하며, 이 때 뒷말의 첫 글자가 무성음일 경우에 발음의 편의상 탁음이 붙기도 한다.

● 구경이 ~(하)다

- 見物が ┌ できる   나다
  └ ※見物が 好すきだ → 구경을 좋아하다

● 구경을 ~하다

- 見物を ┌ する   하다
  │ ⋯▶ させる   시키다
  │ 楽たのしむ   즐기다

  ├ ※구경을 다니다 → 見物して 回まわる
  │   (구경하고 다니다)
  └ ※구경을 오다 → 見物に 来くる
                     (구경하러 오다)

● 구경으로 ~하다

- 見物で ┌ 過すごす   보내다
  └ 時間じかんの 経たつのを 忘わすれる
                        시간이 가는 것도 잊다

●구경하러 ~하다

- 見物に - 来^くる / 行^いく　　　　오다 / 가다

- 見物 + [人^{にん} / 客^{きゃく}]　　　　구경꾼
　　　　　　　　　　　　　　　　구경손님

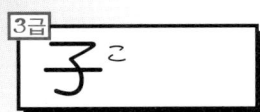

3급 子 こ

(인간과 동물에서 태어나는 것과 태어나 얼마 안 되는 인간과 동물) **아기 ; 새끼**

↔ 親^{おや}(부모어미)

短文에서 조사가 생략되고 뒷말은「동사는 연용형, 형용사와 형용동사는 어간으로 바꾸어, "~하기" "~하는 것[사람]" 등의 명사로 전성되기도 하며, 이 때 뒷말의 첫 글자가 무성음일 경우에 발음의 편의상 탁음이 붙기도 한다.

◎새끼가 ~(하)다

- 子が ┌ かわいい / 憎^{にく}らしい   귀엽다 / 밉살스럽다
       │ できる   생기다
       └ 生^うまれる   태어나다

◎새끼를 ~하다

- 子を ┌ はらむ   배다
       │ 生^うむ   낳다, 치다
       │   [관용구] 金^{かね}が 子を 生む [직역]「돈이 새끼를 낳다」· 돈이 새끼를 치다
       │ 育^{そだ}てる   기르다
       └ 抱^だく / だっこする   안다 / 품다

◎새끼에게 ~하다

- 子に ┌ 乳を 飲^のませる   젖을 먹이다
       │ あげる   주다
       └ 教^{おし}える   가르치다

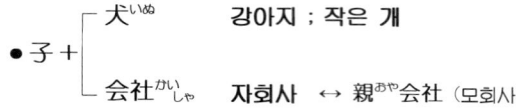

복합어가 되면, 뒤에 오는 단어의 첫 글자가 무성음일 경우에 발음의 편의상 탁음이 붙는 경우가 많다.

- 子 +
  - 犬いぬ   강아지 ; 작은 개
  - 会社かいしゃ   자회사 ↔ 親おや会社 (모회사)

○ 末すえっ ─┐
  いたずらっ
  いじめっ
  売うれっ   +子こ
  はやりっ
  現代げんだい
  鍵かぎっ
  合あいーのー ─┘

막내 　　　　　　　　　　(すえ・끝, 말)
장난꾸러기 　　　　　　　(いたずら・장난)
짓궂은 아이 　　(いじめる・못살게 굴다)
(그 분야에서 인기를 얻어) (うれる・팔리다)
잘 나가는 사람
= 売れっ子 　　　　　　(はやる・유행하다)
요즘아이, 신세대 　　　　(げんだい・현대)
(맞벌이부부의 아이) 키 보이 (かぎ・열쇠)
혼혈아 　　　　　　　　　(あう・합쳐지다)

○ 幼おさな ─┐
         +子こ
  はし ──┘

어린애 　　　　　　　(おさない・어리다)

사다리, 사닥다리

(인간과 동물이 음성기관을 사용하여 내는 소리와 벌레가 날개를 이용하여 내는 소리) **(목)소리**

短文에서 조사가 생략되고 뒷말은「동사는 연용형, 형용사와 형용동사는 어간」으로 바꿔어, "~하기" "~하는 것[사람]" 등의 명사로 전성되기도 하며, 이때 뒷말의 첫 글자가 무성음일 경우에 발음의 편의상 탁음이 붙기도 한다.

◎(목)소리가 ~(하)다

- 大おおきい / 小ちいさい　　크다 / 작다
- 高たかい / 低ひくい　　높다 / 낮다
  - ▶声こわ高だか　　소리높이다, 목청높이다
  - ▶りんりんと している　　쩌렁쩌렁하다
- 太ふとい / 細ほそい　　굵다 / 가늘다
- いい、よい / 悪わるい　　좋다 / 나쁘다
- 澄すむ / 奇麗きれいだ　　맑다 / 깨끗하다
  - ▶澄すんで きれいだ　　맑고 깨끗하다
- 優やさしい / ぶっきらぼうだ / 冷つめたい

　　　　　　상냥하다 / 퉁명하다 / 차갑다
- 美うつくしい / 荒あらい　　아름답다 / 거칠다
- 渋しぶい　　차분하다, 구성지다
- 甘あまい　　달콤하다

• 声が

- する / 出でる　　나다 / 나오다
- 弾はずむ　　들뜨다
- こもる　　똑똑하지 않다
- 震ふるえる　　떨리다
- 裂さける　　찢어지다
- 落おち着つく　　(차분하게 가라앉아) 안정되다

かれる、かすれる / しわがれる　　잠기다 / 쉬다

　　[전・명] しわがれ声ごえ ： 쉰 목소리

[비교] 목소리가 나오지 않게 됨을 나타내는 의미로서는 같지만,「かれる」가 보다 정도가 심한 느낌이다.

[전・명] かれた[かすれた]声ごえ ： 잠긴 목소리

変かわる　　　　　　　　　　　　변하다

　　[전・명] 声変ごえがわり：(사춘기 경, 목소리가 어른의 목소리로 변하는 것. 또는 그 시기) 변성(기)

聞きこえる　　　　　　　　　　　들리다
はっきりしない　　　　　　　　　확실치 않다

◎(목)소리를 ~하다

出だす / 立たてる、上あげる　　내다 / 지르다
高たかめる[高たかく する] / [低ひくめる]低ひくく する
　　높이다[높게 하다] / 낮추다[낮게 하다]

[비교]「高める・低める」는 정도・상태를 뭔가의 목적을 위한 의도적인 노력의 행위를,「高く する・低く する」는 지금보다 잘 들리게[들리지 않게] 변화를 주는 상태를 나타낸다.

※ 声を 荒立あらだてる　　　언성을 높이다
※ 声を 潜ひそめる　　　　목소리를 숨기다

• 声を　整ととのえる　　　　　　　　　가다듬다

※목청을 가다듬다 → 喉のどの 調子ちょうしを 整える

からす　　　　　　　　　　　　　쉬(게 하)다
震ふるわせる　　　　　　　　　　떨다
聞きく、耳に する　　　　　　　　듣다

[비교]「聞く」는 귀를 기울여 듣는 의지적인 동작을,「耳に する」는 들려와 자연히 접하게 됨을 나타낸다.

- **声を 掛ける** [직역]「(목)소리를 걸다」・① (뭔가를 물어보거나 이야기하고 싶은 것이 있어-) **말을 걸다** ② (상대에게 알아들도록 소리를 질러) **부르다**
  - ひとりひとりに ～。　　　한사람 한사람에게 ～.

- **声を 限りに** [직역]「(목)소리를 한껏」・(될 수 있는 한 큰 소리를 내어) **목청껏**

●(목)소리로 ～하다

※ 사물을 나타내는 명사에 붙는 「～(으)로」가, 1) 그 사물을 수단·재료·도구로 이용한 동작을 나타내는 경우에는 「～で」로 표현되고, 2) 그 사물을 이전과 다른 새로운 변화의 방법 및 결과를 나타내는 경우에는 「～に」로 표현된다.

- 声で ┌ わかる　　　　　　　　알다
       └ 区別する　　　　　　　구별하다

- 声に - 出す　　　　　　　　　　내다

●(목)소리에 ～하다

- 声に ┌ 魅了される　　　　　　매료되다
       │ 耳を 傾ける　　　　　　귀를 기울이다
       └ 威厳が ある　　　　　　위엄이 있다

복합어

복합어가 되면, 뒤에 오는 단어의 첫 글자가 무성음일 경우에 발음의 편의상 탁음이 붙는 경우가 많다.

※ 뒤에 오는 말의 첫 발음에 의해 「こわ」로 발음되는 경우도 있다.

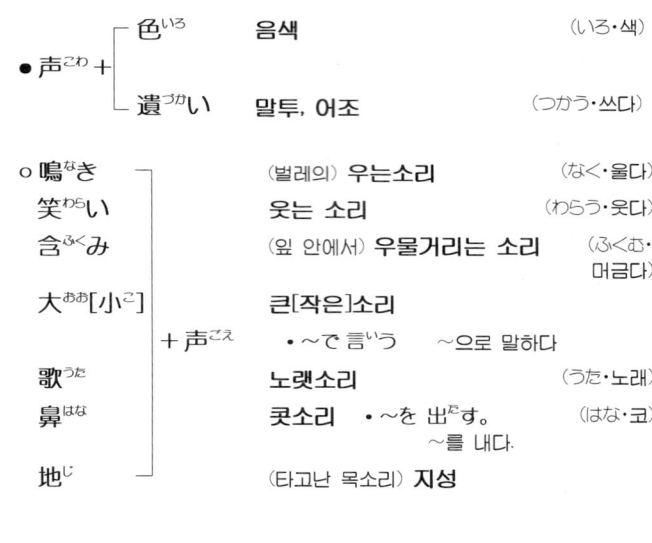

- 声こわ +
  - 色いろ　　　　음색　　　　　　　　　　　　　　(いろ・색)
  - 遣づかい　　　말투, 어조　　　　　　　　　　　(つかう・쓰다)

○ 鳴なき ─　　　(벌레의) 우는소리　　　　　　　　(なく・울다)
　笑わらい　　　 웃는 소리　　　　　　　　　　　 (わらう・웃다)
　含ふくみ　　　 (잎 안에서) 우물거리는 소리　　　(ふくむ・머금다)
　大おお[小こ]　　　　　큰[작은]소리
　　　　　　+ 声こえ　・~で言いう　　~으로 말하다
　歌うた　　　　 노랫소리　　　　　　　　　　　　(うた・노래)
　鼻はな　　　　 콧소리　・~を出だす。　　　　　(はな・코)
　　　　　　　　　　　　　~를 내다.
　地じ　　　　　 (타고난 목소리) 지성

○ ちまた ─
　　　　　　　　　항간의 소리
　　　　　　　　　・~に 耳みみを かたむける。
　　　　　　の- + 声こえ　　~에 귀를 기울이다.
　非難ひなん ─　　 비난의 소리　・~に 満みちる。
　　　　　　　　　　　　　　　　 ~에 차다.

こころ 313

3급
心 こころ

(인간의 몸 속에 있어, 생각하거나 느끼거나 알거나 하는 정신활동을 하는 것) 마음

短文에서 조사가 생략되고 뒷말은「동사는 연용형, 형용사와 형용동사는 어간」으로 바뀌어, "~하기" "~하는 것[사람]" 등의 명사로 전성되기도 하며, 이 때 뒷말의 첫 글자가 무성음일 경우에 발음의 편의상 탁음이 붙기도 한다.

◉마음이 ~(하)다

- 心が
  - よい / 悪わるい　　　　　　좋다 / 나쁘다
  - 広ひろい / 狭せまい　　　　　　넓다 / 좁다
  - 大おおきい / 小ちいさい　　　　크다 / 작다
  - 明あかるい / 暗くらい　　　　　밝다 / 어둡다
  - 重おもい / 軽かるい　　　　　　무겁다 / 가볍다
  - 強つよい / 弱よわい　　　　　　강하다 / 약하다
    - ▶もろい　　　　　　　　여리다
  - 痛いたい, 痛いたむ / 楽らくだ　아프다 / 편하다
    - [비교]「心が 痛い」는 현재 마음에 느껴지는 괴로운 상태에 있음을,「痛む」는 뭔가 원인으로 인하여 마음에 타격을 입게 되는 상태에 있음을 나타낸다.
    - ▶痛く なる　　　　　　아파지다
    - ▶楽に なる　　　　　　편해지다
  - 苦くるしい　　　　　　　　　괴롭다
  - 温あたたかい / 冷つめたい　　따뜻하다 / 차갑다
    - ▶温[暖]まる　　　　　　따뜻해지다
    - ▶和なごやか・だ[に なる]　훈훈・하다[해지다]
    - ▶和やわらぐ　　　　　　풀리다
  - 美うつくしい　　　　　　　　아름답다, 곱다
  - 善良ぜんりょうだ　　　　　　　선량하다, 착하다
  - 優やさしい　　　　　　　　　상냥하다

澄すむ / きれいだ　　　　　　맑다 / 깨끗하다
せつない　　　　　　　　　　애처롭다, 안타깝다
真まっ直すぐだ / 曲まがっている　곧다 / 비뚤다
憂鬱ゆううつだ　　　　　　　　우울하다
凍こおる / 溶とける　　　　　　얼다 / 녹다
曇くもる / 晴はれる　　　흐리다, 침울하다 / 풀리다

動うごく / 傾かたむく　　　움직이다 / 기울(어지)다
進すすむ　　　　　　　　　　내키다
改あらたまる　　　　　　　　새로워지다
落おち着つく　　　　　　　　놓이다, 안정되다
弾はずむ / わくわくする　　들뜨다 / 설레다
いらだつ　　　　　　　　　조급하다, 애타다
揺ゆれる　　　　　　　　　흔들리다
静しずまる　　　　　　　　가라앉다
乱みだれる　　　　　　　　흐트러지다
引ひき締しまる　　　　　　긴장하다
通かよう　　　　　　　　　통하다
こもる　　　　　　　　　　담기다, 어리다
先さきに かかる　　　　　앞서다
浮うき浮うきする　　　　　들썩들썩하다

※~할 마음이 있다[없다] → ~気きが ある[ない]

● 心が 弾はずむ　직역「마음이 뛰다」・(기쁨에 기분이 들썽들썽하다) 가슴이 들뜨다 ＝ 胸が 躍る
비교) 胸が うきうきする　　가슴이 두근거리다

◎마음을 ~하다

- 心を
  - 持つ — 가지다
    - 전·명 心持ち ① (마음으로 느끼는) 기분
      - 春風にふかれていい~だ。
        봄바람을 맞아 좋은 기분이다.
      ② (부사 : 마음속으로 생각되어지는 그저 조금) 기분에 따라 그저 조금
      - 心持ち 大きい。 기분에 조금 크다
  - 読む — 읽다
    - ▶読み取る — 알아채다
  - 合わせる — 합치다
  - 交わす — 나누다
  - やる — 주다
    - ▶やり取りする — 주고받다
  - 開く / 閉める — 열다 / 닫다
  - 奪う — 빼앗다
    - ▶奪われる — 빼앗기다
  - 取る / 引く — (사로)잡다 / 끌다
    - ▶取られる — (사로)잡히다
    - ▶引き締まる — (단단히) 다잡다, 다지다
  - 静める — 가라앉히다
  - 動かせる、動かす — 움직이게 하다
  - 込める — 담다
  - 変える — 바꾸다
  - 入れ替える — 고쳐먹다, 바꿔먹다
  - 向ける — 돌리다
  - 傾ける — 기울이다
  - 決める — 정하다
  - 通わせる — 서로 통하(게 하)다

痛いめる	다치다, 상하다
病やむ	앓다
紛まぎらす	달래다
注そそぐ	쏟다
許ゆるす	허락하다
遣つかう / 配くばる	쓰다 / 배려하다

　　[전·명] 心遣づかい 〈여러모로 신경을 쓰는 것. 걱정하는 것〉 마음 씀씀이

- ~を ありがたく 思おもう。
　　　　　　~를 고맙게 생각하다

理解りかいする	이해하다
尽つくす	다하다

　　[전·명] 心尽づくし : 〈마음이 담겨져 있는 것. 친절〉 성의 다함

- 心尽くしのおもてなし
　　　　　　성의 다한 대접

─ ※**마음을 놓다** → 〈안심하다〉 → 安心あんしんする

─ ※**마음을 다하다**
　　　　　→ 〈성의를 다하다〉 → 誠意せいすを 尽つくす

└ ※**마음을 졸이다** → 気きを もむ

관용구

● 心を 打うつ [직역] 「마음을 때리다」·〈감동시킴을 비유하여〉 **마음을 때리다, 심금을 울리다**

● 心を 砕くだく [직역] 「마음을 부수다」·〈목적을 달성을 위하여 여러모로 고심하고 신경을 써가며 최선을 다한다는 의미로〉 **고심하다**

● 心を 配くばる [직역] 「마음을 분배하다」·〈여러모로 걱정하고 신경을 쏟다는 의미로〉 **마음을 배려하다**

● 心を くむ [직역]「마음을 뜨다」·(사람의 기분을 살핌을 비유하여) 마음을 뜨다

●마음으로 ~하다

- 心で
  - 接する 　　대하다, 접(촉)하다
  - もてなす 　　대하다, 대접하다
  - 祈る 　　　 빌다
  - 待つ 　　　 기다리다

[전·명] 心待ち 〈마음 속으로 기대하고 기다리고 있는 것〉(간절한) 기다림

- ~に 待って いる
  ~으로 기다리고 있다.

●마음에 ~하다

- 心に
  - ある / ない 　　있다 / 없다
    - ▶心にも ない 　　마음에도 없다
  - 描く 　　　　그리다
  - 刻む 　　　　새기다
    - ▶刻み付ける 　　새겨 넣다
  - 焼き付く 　　(강하게) 새겨지다, 남다
  - 掛かる 　　　걸리다
    - [전·명] 心掛かり : 〈마음에 걸려 걱정스러운 것〉 염려, 심려

留^とめる	담다
▶留めて おく	담아두다
抱^だく	품다
浮^うかべる / 浮^うかぶ	떠올리다 / 떠오르다
積^つもる	쌓다

　　[전·명] 心積^{つも}り : (마음속으로 미리 어떻게 할지 어떻게 될지를 생각해 두는 것) **(마음의) 예상**

　　　・~(を) する。　~(을) 하다.

残^{のこ}る	남다

　　[전·명] 心残り : (나중에 마음에 남아 걱정되거나 유감으로 생각하는 것) **아쉬움, 염려**

　　　・このまま わかれて しまうのが ~だ
　　　　이대로 헤어지고 마는 것이 ~이다

触^ふれる	와 닿다

※ 마음에 들다 → 気^きに 入^いる

※ 마음에 걸리다 → 気^きに かかる

관용구

◐心に 描^{えが}く [직역]「마음에 (그림)그리다」·(기대를 가지고 장래의 모습을 상상하다) **마음에 그리다**

복합단어 복합어가 되면, 뒤에 오는 단어의 첫 글자가 무성음일 경우에 발음의 편의상 탁음이 붙는 경우가 많다.

- 心 +
  - 当^あたり
    (어떤 일에 대하여 아마 이럴 것이다라고 생각하는 것) **짐작**
    - ぜんぜん 〜が ない
      전혀 〜이 가지 않는다.
  - 覚^{おぼ}え
    ① (마음에 기억해 두는 것)
    ② (잊지 않기 위하여 표시로 하는 것. 메모)
  - 得^え
    ① (뭔가 할 때에 알아두어야 할 사항) **숙지사항, 준수사항**
      - 旅行^{りょ}中^{ちゅう}の〜 여행중의 〜
    ③ (습득하여 몸에 익힌 지식·기술 또는 알고 있는 것) **소양**
      - 〜が ある。 〜이 있다.
    ■ 心得·違^{ちが}い : (판단을 잘못하거나 또는 도리에서 벗어난 생각과 행위) **잘못 생각함**
      - 〜を する 잘못 생각하다
      - けっして 〜のことは するな。
        결코 〜짓은 하지마
    ■ 心得·顔^{がお} : 알고 있는 듯한 얼굴
  - 掛^かけ
    (마음에 담아두고 있는 것) **마음가짐**
    - ふだんの〜 평소의 〜
  - 構^{がま}え
    (마음의 준비. 각오) **마음가짐** = 気^き構え
  - づかい
    마음씀씀이 ☞ page 300
  - ばかり
    (조그만. 그저 표시만) **마음뿐**
    - 〜の物^{もの}です。 〜인 것입니다.
  - の-門^{もん}
    마음의 문 ・〜を 開^あける 〜을 열다

- ○ ひた向^むきな
  幼^{おさ}な
  下^{した}
  + 心^{こころ}

  일편단심
  어린 마음
  (바탕에 계산적으로 깔려 있는) **속셈**

복합어가 되면, 뒤에 오는 단어의 첫 글자가 무성음일 경우에 발음의 편의상 탁음이 붙는 경우가 많다.

- 心 +
  - ある   **생각 있다** ("思いやりが ある" "깊은 생각이 있다"는 의미로서, 언제나 명사 앞에서 그 명사를 수식하는 연체사로서 사용된다) ↔ 心ない
  - 得える   **잘 알다, 알아듣다**
    전·명 心得 ☞ page 319
  - がける   (늘 마음에 두고 신경을 쓰다) **주의[명심]하다**
    전·명 心がけ : (평소부터의) **마음가짐**

복합어가 되면, 뒤에 오는 단어의 첫 글자가 무성음일 경우에 발음의 편의상 탁음이 붙는 경우가 많다.

- 心 +
  - 無ない   **생각 없다** ↔ 心ある
  - 苦るしい   (미안한 마음이 들다) **마음이 무겁다**
  - 強づよい   (의지되는 것이 있어 안심이 되어) **마음 든든하다**
  - 細ぼそい   (의지되는 것이 없어 안심이 안되어) **마음 불안하다**
  - 憎にくい   (상대의 뛰어남에) **얄밉다**
  - もとない   **마음 놓이지 않는다**
  - 安やすい   (친하여) **거리낌없다**

- 心 +
  - ならずも   (본의는 아니지만, 어쩔 수없이) **마음에도 없이**
  - ひそかに   (남에게 비밀로 살짝) **마음속으로**
  - 行ゆくまで   (후련해지거나 만족할 때까지) **마음이 찰 때까지**
    - 心ゆくまで 遊あそぶ。 마음이 찰 때까지 놀다.

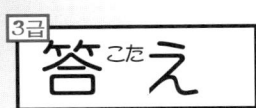

(다른 사람에 불리거나 질문에 대답하는 것. 또는 그 답변의 말) **대답**

短文에서 조사가 생략되고 뒷말은「동사는 연용형, 형용사와 형용동사는 어간」으로 바뀌어, "~하기" "~하는 것[사람]" 등의 명사로 전성되기도 하며, 이 때 뒷말의 첫 글자가 무성음일 경우에 발음의 편의상 탁음이 붙기도 한다.

◎(대)답이 ~(하)다

• 答えが	ない / ある	없다 / 있다
	出°る	나오다
	はっきり する	확실하다
	正^{ただ}しい / 間違^{まちが}う	옳다 / 틀리다
	合^あう	맞다

◎(대)답을 ~하다

• 答えを	する	하다 = 答^{こた}える
	はっきり 言^いう	확실히 (말)하다
	出^だす	[답을] 내다

◎(대)답에 ~하다

• 答えに – 迷^{まよ}う   **망설이다**

복합어가 되면, 뒤에 오는 단어의 첫 글자가 무성음일 경우에 발음의 편의상 탁음이 붙는 경우가 많다.

ㅇ 口^{くち}- 答^{こた}え   **말대답**   (くち・입)

322 명사 표현력

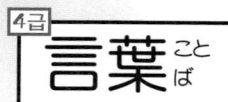

4급

(자신의 생각을 남에게 전하기 위하여 의미를 담아 소리를 내는 것) 말

短文에서 조사가 생략되고 뒷말은「동사는 연용형, 형용사와 형용동사는 어간으로 바뀌어, "~하기" "~하는 것[사람]" 등의 명사로 전성되기도 하며, 이때 뒷말의 첫 글자가 무성음일 경우에 발음의 편의상 탁음이 붙기도 한다.

●말이 ~(하)다

- 言葉が
  - 多(おお)い / 少(すく)ない   많다 / 적다
  - 難(むずか)しい / 易(やさ)しい   어렵다 / 쉽다
  - 荒(あら)い / 優(やさ)しい / おだやかだ
      거칠다 / 상냥하다, 다정하다 / 온화하다
    - ▶荒立(あらだ)つ   거칠어지다

  - 下品(げひん)だ   상스럽다

  - 出(で)る   나오다
  - と切(ぎ)れる   끊기다
  - 詰(つ)まる・支(つか)える   막히다
    - [비교]「詰まる」는 "(꽉)차다"라는 의미에서, 즉 기쁨·슬픔 또는 기가 막힌 감정에 목이 메어 아예 말을 할 수 없음을,「支える」는 말을 하다가 도중에 걸려 더 이상 말을 하지 못함을 나타낸다.

  - 通(つう)じる   통하다

  - ※言葉が どもる → 말을 더듬다

  - ※言葉が できる → 말을 할 수 있다 ☞ page 324

- ※**말이 차분하다** (어조가 차분하다)
    → 口調ちょうが 落おち着ついて いる

- ※**말이 된다[되지 않는다]**
    → 言葉に なる[ならない]

- ※**아름다운 말** → 美うつくしい 言葉
- ※**달콤한 말** → 甘あまい 言葉
- ※**따뜻한 말** → 暖あたたかい[暖あたたかな] 言葉
- ※**사탕발림 말** → おせじ

●말을 ~하다

言葉を	作つくる	만들다
	覚おぼえる	기억하다
	かける	걸다
	引ひき出だす	꺼내다
	知しる	알다
	継つぐ	잇다
	使つかう	쓰다, 사용하다

└ 전·명 言葉遣づかい : 말 씀씀이, 말투
　　　・~が 荒あらい　~가 거칠다

	操あやつる	구사하다
	浴あびせかける	퍼붓다
	慎つつしむ	삼가다, 조심하다
	失うしなう	잃다
	濁にごす	흐리다
	学まなぶ	배우다
	飾かざる、あやなす	꾸미다
	荒あらげる	거칠게 하다

- ※말을 할 수 있다
    - → ①(언어를) 言葉が できる
    - → ②(이야기나 비밀의 내용을) 話^{はなし}が できる

- ※말을 더듬(거리)다 → どもる

- ※말을 걸다[건네다·붙이다] → 話^{はなし}しかける
    - ひとりひとりに 〜。 한사람 한사람에게 〜.

- ※말을 줄이다 → 言葉・数^{すう}を 減^へらす

●말로 〜하다

- 言葉で
  - 言^いう   하다
  - 表^{あらわ}す   나타내다
  - 戦^{たたか}う   싸우다
  - 勝^かつ   이기다

●말에 〜하다

- 言葉に
  - 言^いう   넘어가다
  - 注意^{ちゅうい}する / 気^きを つける
                                           주의하다 / 조심하다
  - 窮^{きゅう}する / 詰^つまる   궁하다 / 막히다
  - リズムを つける   리듬을 붙이다
  - とげが ある   가시가 있다

- 売うり言葉に 買かい言葉 [직역]「(싸움을) 거는 말에 응하는 말」·(상대로부터 들은 폭언에 대하여, 지지 않고 말대꾸를 하는 것을 나타내는 의미로) 가는 말에 오는 말
  - ~で けんかが 始はじまった。   ~로 싸움이 시작되었다.

복합어가 되면, 뒤에 오는 단어의 첫 글자가 무성음일 경우에 발음의 편의상 탁음이 붙는 경우가 많다.

- 言葉 +
  - じり　　(말의 끝이나 사람이 잘못 말한 말) **말꼬리**
    - ~を とらえる[濁にごす]　　　　~를 잡다[흐리다]
  - づかい　**말투, 말씨** =言葉つき
    - ~が 似にて いる　　~가 닮았다
  - つき　= 言葉づかい

> 참고
> ※말다툼 → 口争くちあらそい
> ※말싸움 → 口くちげんか
> ※말수　 → 口数くちかず

어린이, (어린)아이　☞ page 173 「おとな」

 「4급」 御飯(ごはん)

(「飯めし(밥)」「食事しょくじ(식사)」를 정중하게 말하는 말) 밥

短文에서 조사가 생략되고 뒷말은「동사는 연용형, 형용사와 형용동사는 어간」으로 바뀌어, "~하기" "~하는 것(사람)" 등의 명사로 전성되기도 하며, 이때 뒷말의 첫 글자가 무성음일 경우에 발음의 편의상 탁음이 붙기도 한다.

● 밥이 ~(하)다

- ご飯が
  - 柔やわらかい / 固かたい　　　　질다 / 되다
  - できる　　　　　　　　　　　되다
  - 焦こげる　　　　　　　　　　타다
  - 蒸むれる　　　　　　　　　　뜸들다
  - 生煮なまにえに なる　　　　　　설익다
  - 残のこる / 足たりない　　　　　남다 / 모자라다
    - 전·명 残りご飯 : 남은 밥
  - 粘ねばっこい　　　　　　　　　차지다
  - 冷さめる　　　　　　　　　　식다

● 밥을 ~하다

- ご飯を
  - 炊たく　　　　　　　　　　　짓다, 하다
    - ▶炊き上あがる　　　　　　다되다
    - 전·명 炊き込こみご飯 : 고시·생선·야채 등을 넣어 지은 밥
  - 蒸むらす　　　　　　　　　　뜸들이다

(真黒(まっくろ)に) 焦(こ)がす　　　　　(새까맣게) 태우다

よそう / 盛(も)る / よそる

　　　　　　　푸다 / 담다 / 퍼담다

[비교] 「よそう」는 밥을 그릇에 담는 것을, 「盛る」는 산처럼 수북히 담는 것을, 「よそる」는 「よそう」와 「盛る」의 합성어이다

▶(ぎゅっぎゅっと) 押(お)しつけて 盛る
　　　　　　　(꾹꾹) 눌러 담다

いためる　　　　　　　　　볶다

[전·명] いためご飯 : 볶음밥

混(ま)ぜる　　　　　　　　비비다

▶混ぜ合(あ)わせる

[전·명] 混ぜご飯 : 비빔밥 = ビビンバプ

(水(みず)に) 入(い)れる　　　　(물에) 말다

食(た)べる / 残(のこ)す　　　먹다 / 남기다

▶よく かんで 食べる　　　잘 씹어 먹다
▶食べ残す　　　　　　　먹고 남기다

抜(ぬ)く　　　　　　　　　거르다

冷(さ)ます　　　　　　　　식히다

蒸(む)す　　　　　　　　　찌다

温(あたた)める　　　　　　　데우다

握(にぎ)る　　　　　　　　 뭉치다

[참고] おにぎり　　　　　주먹밥

●밥에 ～하다

- ご飯に
  - 入いれる — 넣다
  - かける、ふりかける — 뿌리다
  - 粘ねばり気けが ある — 찰기가 있다
  - 石いしが 入はいって いる — 돌이 들어 있다

- ご飯 +
  - 粒つぶ — 밥알
  - 茶碗ちゃわん — 밥공기, 밥그릇
  - の－味あじ — 밥맛

- 朝あさ
- 昼ひる
- 夕ゆう
- 冷ひや
- 残のこり
- 炊たき込こみ
- いため
- 混まぜ
- かき

+ ご飯

  - 아침밥 = 朝飯あさめし
  - 점심밥
  - 저녁밥
  - 찬밥
  - ☞ page 326
  - ☞ page 326
  - ☞ page 327
  - ☞ page 327
  - 굴밥

3급 ごみ[×芥]　(물건의 찌꺼기가나 필요 없게 된 것) **쓰레기**

短文에서 조사가 생략되고 뒷말은 「동사는 연용형, 형용사와 형용동사는 어간」으로 바뀌어, "~하기" "~하는 것[사람]" 등의 명사로 전성되기도 하며, 이때 뒷말의 첫 글자가 무성음일 경우에 발음의 편의상 탁음이 붙기도 한다.

●쓰레기가 ~(하)다

- ごみが
  - できる / 出る　　　생기다 / 나오다
  - 腐る　　　　　　　썩다
  - 積もる　　　　　　쌓이다
    - ▶ごみも 積れば 山　티클 모아 태산
  - 山のようだ　　　　산더미와 같다
  - 燃える　　　　　　타다
    - ▶燃えるごみと 燃えないごみ
      　타는 쓰레기와 타지 않는 쓰레기
  - ※ごみに なる → 쓰레기가 되다

●쓰레기를 ~하다

- ごみを
  - 出す　　　　　　　내다
  - 拾う / 片づける　　줍다 / 치우다
  - 取る / 入れる　　　집다 / 넣다, 담다
    - 전·명 ごみ入れ　쓰레기 용기[함]
    - ▶쓰레받기 → ちり取り
  - 捨てる　　　　　　버리다
    - 전·명 ごみ捨て場 : (쓰레기차가 가져갈 수 있도록) 쓰레기를 모아두는 곳

集あつめる、ためる、寄よせる　　　모으다
- [비교]「集める」는 뭔가를 목적으로 수집함을,「ためる」는 임시로 한곳에 집합시켜 둠을,「寄せる」는 빗자루 등으로 쓸어 한곳에 모으는 것을 나타낸다.
- [전·명] ごみため：(임시로) 쓰레기를 버려 두는 곳

減へらす　　　　　　　　　　　줄이다
埋うめる　　　　　　　　　　　(파)묻다
リサイクルする　　　　　　　재활용하다

●쓰레기로 ～하다

- ごみで ┬ 満みちる / いっぱいに なる　　차다 / 꽉 차다
         └ 困こまる　　　　　　　　　　　　곤란하다

●쓰레기에 ～하다

- ごみに ┬ (ハエが) たかる　　　　　(파리가) 꾀다
         └ うずもれる　　　　　　　파묻히다

복합어가 되면, 뒤에 오는 단어의 첫 글자가 무성음일 경우에 발음의 편의상 탁음이 붙는 경우가 많다.

- ごみ + ┬ 箱ばこ　　　쓰레기통
         ├ 袋ぶくろ　　쓰레기 봉투
         └ の-山やま　쓰레기 산

○ 生なま   ┐
  粗大そだい ┘ ごみ

(부엌에서 나오는) **음식쓰레기**

(가전제품 등과 같은 소비재 쓰레기) **폐품**

こめ 331

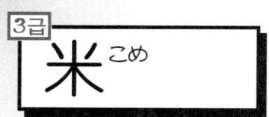

3급
米 こめ

(벼의 종자에서 껍질을 제거한 알갱이) **쌀**

[참고] 말을 美化시켜 표현할 때에는 접두어 「お~」를 붙여 「お米」라고 한다.

短文에서 조사가 생략되고 뒷말은「동사는 연용형, 형용사와 형용동사는 어간으로 바뀌어, "~하기" "~하는 것[사람]" 등의 명사로 전성되기도 하며, 이때 뒷말의 첫 글자가 무성음일 경우에 발음의 편의상 탁음이 붙기도 한다.

◉쌀이 ~(하)다

- 米が
  - 白しろい / 黒くろい — 희다 / 검다
  - おいしい / まずい — 맛있다 / 맛없다
  - 切きれる — 떨어지다

◉쌀을 ~하다

- 米を
  - 売うる / 買かう — 팔다 / 사다
  - 作つくる — 짓다
  - とぐ — 씻다
    - [참고] とぎ汁じる, とぎ水みず : 쌀뜨물
  - 量はかる — 재다
  - 洗あらう — 씻다
  - よなげる — 일다
  - 食たべる, 食くう — 먹다
    - ※米食くい虫 : 쌀벌레
  - ×炒いる — 볶다
    - ▶いって はじかせる (볶아서 튀게하다) 튀기다
  - ふくらす — 부풀리다

●쌀로 ～하다
- 米で－作る　　　　　　　　　　만들다

●쌀에 ～하다
- 米に－虫が つく[わく]　　　　　벌레가 먹다[꾫다]

　　복합어가 되면, 뒤에 오는 단어의 첫 글자가 무성음일 경우에 발음의 편의상 탁음이 붙는 경우가 많다.

	粒つぶ	쌀알	(つぶ・알)
	ぬか	쌀겨 ＝こぬか	(ぬか・겨)
	こうじ	쌀누룩	(こうじ・누룩)
	びつ	(쌀)뒤주 (ひつ・위로 뚜껑을 열고 닫는 큰 통) [참고]「おひつ」밥통	
●米＋	袋ぶくろ	쌀부대	(ふくろ・자루, 봉투)
	俵だわら	쌀가마니	(たわら・가마니)
	蔵ぐら	쌀광, 쌀 창고	(くら・창고)
	屋や	쌀가게	(～や・～가게)
	所ところ	(양질의 쌀이 생산되는 곳) 쌀 고장	(ところ・곳)
	偏へん	쌀 미(변)	
	ご飯はん[飯めし]	쌀밥	(ごはん・밥)
～の	粉こな	쌀가루	(こな・가루)
	かめ	쌀독	(かめ・독, 항아리)

o もち ┐
　　　│＋米 ごめ
　黒 くろ ┘

찹쌀　　　　　　　　　　　　(もち・떡)

검정 쌀　　　　　　　　　　 (くろい・검다)

> 참고
> ※ 햅쌀 → [新米 しんまい]
> ※ 현미 → [玄米 げんまい]
> ※ 백미 → [白米 はくまい]

334 명사 표현력

(천이나 가죽 등으로 만든 돈을 넣는 것) **지갑**

短文에서 조사가 생략되고 뒷말은「동사는 연용형, 형용사와 형용동사는 어간으로 바뀌어, "〜하기" "〜하는 것(사람)" 등의 명사로 전성되기도 하며, 이때 뒷말의 첫 글자가 무성음일 경우에 발음의 편의상 탁음이 붙기도 한다.

●지갑이 ～(하)다

- 財布が
  - 重い / 軽い　　　　　　무겁다 / 가볍다
    - ▶ずっしりと 重い　　　묵직하다
  - 分厚い　　　　　　　　두툼하다
  - 開く　　　　　　　　　열리다
  - 空く / 無くなる　　　　비다 / 없어지다
    - ▶空っぽだ　　　　　　텅 비다

●지갑을 ～하다

- 財布を
  - 開ける / 閉める　　　　열다 / 닫다
  - 落とす　　　　　　　　떨어뜨리다, 흘리다
  - 取る / 取り出す　　　　집다 / 꺼내다
  - 拾ろう　　　　　　　　줍다
  - 盗む　　　　　　　　　훔치다
    - ▶盗まれる　　　　　　도둑맞다

  - ※지갑을 털다
    ① [지갑(의 바닥)을 털다] 財布(の底)を はたく
    ② [남의 지갑을 슬쩍하다(후무리다)] 財布を かすめる

●지갑에 ~하다

- 財布に ┌ 入れる / 入る　　　넣다 / 들어가다
　　　　└ 手を 付ける　　　　손을 대다

- ◉財布の底を はたく　[직역] 「지갑의 바닥을 털다」· (가지고 있는 모든 돈을 다 꺼낸다는 의미로) **지갑을 톡톡 털다, 있는 돈을 털다**

- ◉財布の紐[口]を 締める　[직역] 「지갑 끈[입구]을/를 졸라매다」· (절약한다는 의미로) **허리띠를 졸라매다**

3급 坂 さか

(한쪽은 높고 한쪽은 낮은 비탈진 길) **비탈, 고개**
[참고] 언덕 → 「丘(おか)」

短文에서 조사가 생략되고 뒷말은「동사는 연용형, 형용사와 형용동사는 어간으로 바뀌어, "~하기" "~하는 것[사람]" 등의 명사로 전성되기도 하며, 이때 뒷말의 첫 글자가 무성음일 경우에 발음의 편의상 탁음이 붙기도 한다.

● 비탈[고개]^이가 ~다

- 坂が ┌ 急^{きゅう}だ   급하다, 가파르다
       │ 緩^{ゆる}やかだ   완만하다
       └ ※비탈이 지다 → (비탈이 되어 있다) 坂に なって いる

● 비탈[고개]^을를 ~하다

- 坂を ┌ 上^{のぼ}る / 下^{くだ}る、下^おりる   오르다 / 내리다
       └ 越^こえる   넘다

● 비탈[고개]에 ~하다

- 坂に － さしかかる   다다르다

  [관용구] 坂に さしかかる [직역] (머지 않아 그런 나이가 맞이한다는 의미로) **고개를 바라보다**
  - 40の坂に さしかかる   40고개를 바라보다

복합어가 되면, 뒤에 오는 단어의 첫 글자가 무성음일 경우에 발음의 편의상 탁음이 붙는 경우가 많다.

- 坂 +－ 道^{みち}   **비탈길, 고갯길**   (みち・길)

- ┌ 上^{のぼ}り ┐ +坂^{さか}   오르막 길 = 上り道^{みち}   (のぼる・오르다)
  └ 下^{くだ}り ┘   내리막 길 = 下り道^{みち}   (くだる・내려가다)

さかな 337

4급 魚 さかな (어류의 총칭) 물고기

短文에서 조사가 생략되고 뒷말은「동사는 연용형, 형용사와 형용동사는 어간으로 바뀌어, "~하기" "~하는 것[사람]" 등의 명사로 전성되기도 하며, 이 때 뒷말의 첫 글자가 무성음일 경우에 발음의 편의상 탁음이 붙기도 한다.

◉물고기가[생선이] ~(하)다

- 魚が
  - 生いきが いい   싱싱하다

  - 住すむ   살다
  - 生いきる / 死しぬ   살다 / 죽다
  - (のんびりと) 泳およぐ   (여유롭게) 노닐다, 헤엄치다
  - 群むれを なす   무리를 짓다
  - 跳はねる   뛰다, 퍼득이다
    - ▶跳ね上あがる   뛰어오르다
  - 食くいつく (낚시에서「잘 잡힌다」는 의미로) 잘 문다
  - 群むれを なす   무리를 짓다

  - 高たかい / 安やすい   비싸다 / 싸다
  - 大おおきい / 小ちいさい[細こまかい] 크다 / 작다[잘다]

  - (膳ぜんに) つく   (상에) 오르다

  - ※魚が 好すきだ → 물고기[생선]를/을 좋아하다

●물고기를 ～하다

● 魚を

- 取る、捕まえる / 釣る — 잡다 / 낚다
  - [비교] 「釣る」는 낚시로 잡는 것을 나타낸다.
  - [전·명] 魚釣り : 낚시질
  - ▶取り逃がす — 놓치다

- 放つ — 놓아주다
- 飼う — 기르다

- 買う / 売る — 사다 / 팔다
- 料理する — 요리하다
- 切る — 자르다
  - [전·명] 魚切れ : 생선토막
  - ▶ぶつ切りに する — 토막내다

- 焼く — 굽다
  - [전·명] 焼き魚 : (구운 생선) 생선구이
  - [전·명] 魚焼き網 : (물고기를 굽는) 석쇠

- (油で) 揚げる — (기름으로) 튀기다
  - [전·명] 魚のフライ : 생선 튀김   [비교] てんぷら
  - [참고] 「魚のフライ」는 빵가루를 입혀서, 「てんぷら」는 밀가루를 입혀 튀긴다.

- 蒸す、ふかす — 찌다
  - [전·명] ふかした魚 : 찐 생선, 생선찜

- 煮込む — 조리다, 고다, 끓이다
  - [전·명] 煮魚 : (조린 생선) 생선조림

- 焦がす — 그을리다
- 塩漬にする — (소금에) 절이다
  - [전·명] 塩魚 : (절인 생선) 자반

食た゛べる	먹다
くわえる	물다

• 猫ねこが 魚を くわえて 逃にげて いく。
　　　　　　　고양이가 생선을 물고 도망가다.

※**물고기[생선]를/을 좋아하다** → 魚が 好すきだ

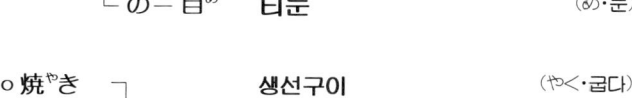

복합어가 되면, 뒤에 오는 단어의 첫 글자가 무성음일 경우에 발음의 편의상 탁음이 붙는 경우가 많다.

- 魚さかな + ┌ 屋や　　　생선가게　　　　　　(〜や・〜가게)
　　　　　 └ 釣つり　　낚시(질)　　　　　　 (つり・낚시)

- 魚うお + ┌ 市場いちば　어시장　　　　　　(いちば・시장)
　　　　 │ 釣つり　　낚시(질)　　　　　　 (つり・낚시)
　　　　 └ の−目め　티눈　　　　　　　　(め・눈)

○ 焼やき ┐
　煮に　 ├ + 魚さかな　생선구이　　　　(やく・굽다)
　塩しお ┘　　　　　　生선조림　　　　(にこむ・고다)
　　　　　　　　　　(소금에) 절인 생선　(しお・소금)

······· 340 명사 표현력 ·······

(긴 물체나 길게 늘어져 있는 것에서의) **끝**

[참고] 하늘을 향해 세로로 서 있는 물체의 끝. 즉, "꼭대기"는 「てっぺん」이라고 한다.
• 頭のてっぺん (머리끝)

[비교]「端(はし)」

短文에서 조사가 생략되고 뒷말은「동사는 연용형, 형용사와 형용동사는 어간」으로 바꾸어, "~하기" "~하는 것(사람)" 등의 명사로 전성되기도 하며, 이 때 뒷말의 첫 글자가 무성음일 경우에 발음의 편의상 탁음이 붙기도 한다.

[1] (긴 물체나 길게 늘어져 있는 것에서의 앞이 되는 끝 부분) **끝**

● 끝이 ~(하)다

• 先が	とがる	뾰족하다
	※현재의 상태를 나타내는 「뾰족하다」는 「~ている」를 접속시켜 「とがっている」로 표현한다.	
	鋭(するど)い	날카롭다
	(真(ま)ん)丸(まる)だ	둥글다
	▶丸くなる	둥글어지다, 무뎌지다
	堅[固](かた)い / やわらかい	단단하다 / 부드럽다
	切(き)れる / 折(お)れる	잘리다 / 부러지다
	巻(ま)かれる、丸(まる)まる	말리다

● 끝을 ~하다

• 先を	切(き)る	자르다
	かむ	물다
	▶かみ切る	물어뜯다
	巻(ま)く	말다
	擦(す)る / 削(けず)る	갈다 / 깎다

●끝으로 ～하다

- 先で
  - 突つく / つつく　　　찌르다 / (여러번) 찌르다
  - 押おす　　　　　　　밀다, 누르다

●끝에 ～하다

- 先に
  - 塗ぬる　　　　　　(뭔가를 칠하여) 바르다, 칠하다
  - 張はる　　　　　　(넓적한 종이 같은 것을) 바르다, 붙이다
  - (薬くすりを) つける　　　　　　(약을) 묻히다
  - (旗はたを) あげる[かかげる]　　(깃발을) 달다[내걸다]
  - (鈴すずを) つける / つるす、つり[ぶら]下さげる

    (방울을) 달다 / 매달다

  [비교] 「つける」는 그 끝에 걸거나 하여 붙이는 것을, 「つるす」는 끈이나 줄로 엮어 매닮을 나타낸다.

  아울러 「つり下げる」는 매달아 늘어뜨린다는 느낌이 강하고, 「ぶら下げる」는 대롱대롱 매단다는 느낌이 강하다.

[2] (지금부터 펼쳐질 앞일과 다른 것보다 우선이 되는 앞) **앞**
↔ 後^{あと} (뒤)

◉앞이 ~(하)다

- 先が ┌ 見^みえる[見^みえない]　　　보이다[보이지 않는다]
　　　│ 心配^{しんぱい}だ　　　　　　　　걱정이다
　　　└ ※앞이 깜깜[캄캄]하다 → お先 真^まっ暗^{くら}だ

◉앞을 ~하다

- 先を ┌ 見^みる / 見通^{みとお}す　　　　보다 / 내다보다
　　　│ 　・先を 見る目^めが ある　　　앞을 보는 눈이 있다
　　　└ 考^{かんが}える　　　　　　　　　생각하다

 ◉先を 争^{あらそ}う　[직역]「앞을 다투다」・(서로 선두에 서기 위해 경쟁을 함을 비유하여) 앞을 다투다

◉앞에 ~하다

- 先に ┌ 暗雲^{あんうん}が ただよう　　　먹구름이 끼다
　　　│ 立^たつ / 立^たたせる　　　　서다 / 세우다
　　　│　└ [전・동] 先立^{さきだ}てる　　　앞세우다
　　　│　└ [전・동] 先立^{さきだ}つ　　　　앞서다
　　　│　・先に 立ったり 後^{あと}に 立ったり する
　　　│　　앞서거니[앞에 섰다] 뒤서거니[뒤에 섰다] 하다
　　　└ ※先に 出^でる → 먼저 나오다
　　　　[참고] 이 경우에는 남보다「먼저 나오다」라는 의미로서,「앞에 나오다」는「前に 出る」로 표현된다

[3] (앞서 먼저 행한 때) **아까** ↔ 後あと (나중)

- さっき- が よっかった　　　가 좋았다
- さっき- は すまなかった　　는 미안했다
- さっき- の 人ひとは だれ?　　(의) 사람은 누구?

> **참고**
>
> ※ 「先に」의 형태로 「앞서, 먼저」라는 부사의 의미가 된다.
> - ~に 述のべたように　먼저 서술헀듯이
> - 私わたしが ~に します
>   　제가 먼저 하겠습니다
> - だれよりも ~に 帰かえって きた
>   　누구보다도 앞서 돌아왔다
>
> ※ 앞장서다 → 先頭せんとうに 立たつ

복합어가 되면, 뒤에 오는 단어의 첫 글자가 무성음일 경우에 발음의 편의상 탁음이 붙는 경우가 많다.

○ 指ゆび		손가락 끝	(ゆび・손가락)
舌した		혀끝	(した・혀)
鼻はな	+先	코끝	(はな・코)
つま		발끝 = 足先	(つま・손톱, 발톱)
足あし		발끝	(あし・발)
鼻はな		코의 끝	(はな・코)
鉛筆えんぴつ	の-	연필의 끝	(えんぴつ・연필)
槍やり		창의 끝	(やり・창)

4급  酒 さけ

(쌀이나 밀가루 등을 원료로 하여 누룩을 첨가하거나 증류시켜 제조하거나 또는 화학성분을 첨가하여, 마시면 취하게 하는 성분을 가진 것을 총칭하는 말) 술

[참고] 말을 美化시켜 표현할 때에는 접두어 「お~」를 붙여 「お酒」라고 한다.

短文에서 조사가 생략되고 뒷말은「동사는 연용형, 형용사와 형용동사는 어간」으로 바뀌어, "~하기" "~하는 것(사람)" 등의 명사로 전성되기도 하며, 이 때 뒷말의 첫 글자가 무성음일 경우에 발음의 편의상 탁음이 붙기도 한다.

●술이 ~(하)다

- 酒が
  - 軽かるい / きつい   약하다 / 독하다
  - やわらかい、飲のみやすい   부드럽다

  - 入はいる   (마시다) 들어가다
  - 切きれる、なくなる   떨어지다
  - 酒さけを 飲のむ   술을 마시다

  - ※酒が 飲のみたい → 술을 마시고 싶다
  - ※酒が 好すき[嫌きらいだ]だ
                         → 술을 좋아[싫어]하다
    전·명 酒好すき : 술을 좋아하는 사람, 애주가
       [참고] 술주정뱅이 → よっぱらい

  - ※술이 생각난다 → 酒が 飲のみたくなる
                     (술을 마시고 싶어지다)

●술을 ~하다

- 酒を
  - 造つくる   만들다
  - 飲のむ / やめる   마시다 / 끊다
    전·명 酒飲のみ : 술을 자주 마시는 사람
    ▶がぶ飲みする   들이키다
    ▶ちびりちびり 飲む   찔끔찔끔 마시다

```
| 冷ひやす / 温あたためる
|                              차게 하다 / 따뜻하게 하다
| 楽たのしむ                    즐기다
└ 売うる / 買かう              팔다 / 사다
```

◉술에 ～하다

- 酒で － (憂うさを) 忘わすれる[晴はらう]　(시름을) 잊다[풀다]

◉술에 ～하다

- 酒に
  ```
  ┌ 酔よう、酔よっぱらう    취하다
  │   … 전·명 酒酔い : 술 취한 사람
  │                       [참고] 술주정뱅이 → よっぱらい
  └ 浸ひたる                젖다, 빠지다, 찌들다
  ```

　　복합어가 되면, 뒤에 오는 단어의 첫 글자가 무성음일 경우에 발음의 편의상 탁음이 붙는 경우가 많다.

※ 뒤에 오는 말의 첫 발음에 의해 「さか」로 발음되는 경우도 있다.

- 酒さか ＋
  ```
  ┌ 場ば        술집          (～바·～하는[할] 장소)
  │ 代だい      술값
  └ だる        술통          (たる·나무통)
  ```

- 酒さけ ＋
  ```
  ┌ 癖くせ       술버릇         (くせ·버릇)
  └ の－さかな   술안주         (さかな·안주)
  ```

> **참고**
> ※술잔 → 杯さかずき
> ※백과사전 → 百科事典ひゃっかじてん

4급 砂糖(さとう)

(음식물에 첨가하여 먹는 사탕수수에 채취한 단 맛이 강한 것) **설탕**

短文에서 조사가 생략되고 뒷말은「동사는 연용형, 형용사와 형용동사는 어간」으로 바뀌어, "~하기" "~하는 것[사람]" 등의 명사로 전성되기도 하며, 이때 뒷말의 첫 글자가 무성음일 경우에 발음의 편의상 탁음이 붙기도 한다.

●설탕이 ~(하)다

- 砂糖が
  - 甘(あま)い — 달다
  - 足(た)りない — 모자라다
  - (水(みず)に) 溶(と)ける — (물에) 녹다
  - つく — 묻다

●설탕을 ~하다

- 砂糖を
  - 入(い)れる — 넣다, 타다
  - ふりかける / 加(くわ)える — 뿌리다 / 치다
  - つける — 바르다, 찍다
  - こぼす — 쏟다
  - 溶(と)かす / 煮詰(につ)める — 녹이다, 풀다 / 달이다

●설탕으로 ~하다

- 砂糖で
  - 作(つく)る — 만들다
  - できて いる — 되어 있다

●설탕에 ~하다

• 砂糖に-ありが たかる　　　　　　　　개미가 꾀다

복합어가 되면, 뒤에 오는 단어의 첫 글자가 무성흠일
경우에 발음의 편의상 탁음이 붙는 경우가 많다.

o 角^{かく}　　　　　　**각설탕**　　　　　　(かく·각)
　黒^{くろ}] + 砂糖^{さとう}　**흑설탕**　　　　　　(くろい·검다)

(음식물 등을 담는데 사용하는 얇고 넓적한 식기)
접시

[참고] 말을 美化시켜 표현할 때에는 접두어 「お~」를 붙여 「お皿」라고 한다.

短文에서 조사가 생략되고 뒷말은「동사는 연용형, 형용사와 형용동사는 어간으로 바꾸어, "~하기" "~하는 것[사람]" 등의 명사로 전성되기도 하며, 이 때 뒷말의 첫 글자가 무성음일 경우에 발음의 편의상 탁음이 붙기도 한다.

●접시가 ~(하)다

- 皿が
  - 軽^{かる}い / 重^{おも}い   가볍다 / 무겁다
  - 汚^{きたな}ない   부드럽다
  - 落^おちる / 割^われる   떨어지다 / 깨지다

●접시를 ~하다

- 皿を
  - 洗^{あら}う   닦다
    - [전·명] 皿洗い : 접시 닦기
  - 落^おとす / 割^わる   놓치다, 떨어뜨리다 / 깨다
  - 回^{まわ}す   돌리다
    - [전·명] 皿回し : (곡예) 접시돌리기

●접시에 ~하다

- 皿に - 盛^もる   담다
  - [전·명] 皿盛り : 접시에 담긴 밥이나 요리

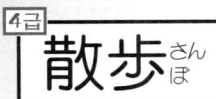

[4급] 散歩(さんぽ)

(특별한 목적을 가지지 않고, 발에 맡기어 천천히 걷는 것) **산책**

[참고] 말을 美化시켜 표현할 때에는 접두어 「お~」를 붙여 「お散歩」라고 한다.

短文에서 조사가 생략되고 뒷말은「동사는 연용형, 형용사와 형용동사는 어간으로 바뀌어, "~하기" "~하는 것[사람]" 등의 명사로 전성되기도 하며, 이 때 뒷말의 첫 글자가 무성음일 경우에 발음의 편의상 탁음이 붙기도 한다.

●산책이 ~(하)다

- 散歩が ┌ 体(からだ)に いい   몸에 좋다
        └ 楽(たの)しい   즐겁다

●산책을 ~하다

- 散歩を ┌ する / させる   하다 / 시키다
        │ 勧(すす)める   권하다
        │ 休(やす)む   쉬다
        └ やめる   그만두다

●산책으로 ~하다

- 散歩で - 健康(けんこう)を 保(たも)つ   건강을 유지하다

●산책에 ~하다

- 散歩に - 興味(きょうみ)を 覚(おぼ)える   재미[맛](을) 들이다

(말을 글로 나타내는데 쓰이는 기호) **글씨**

※[참고] 文字(もじ) : 문자, 글자

短文에서 조사가 생략되고 뒷말은「동사는 연용형, 형용사와 형용동사는 어간으로 바뀌어, "～하기" "～하는 것[사람]" 등의 명사로 전성되기도 하며, 이때 뒷말의 첫 글자가 무성음일 경우에 발음의 편의상 탁음이 붙기도 한다.

●글씨가 ～(하)다

- 字が
  - 上手(じょうず)だ / 下手(へた)だ　능숙하다 / 서툴다
  - 奇麗(きれい)だ　　　　　　　　　예쁘다
  - 見(み)える　　　　　　　　　　　보이다
  - ※字が うまい → 글씨를 잘 쓰다

●글씨를 ～하다

- 字を
  - 書(か)く　　　　　　　　　쓰다
    - ▶はっきり 書く　　　똑똑히[확실히] 쓰다
  - 読(よ)む　　　　　　　　　읽다
  - 知(し)る　　　　　　　　　알다
  - 覚(おぼ)える　　　　　　　외다 ; 익히다
  - ※글씨를 잘 쓰다 / 잘 못쓰다
    → 字が うまい[上手(じょうず)だ] / 下手(へた)だ

보충학습

- 字 +
  - 体たい　　　　글자체　・~が 美うつくしい　~가 아름답다
  - の-勉強べんきょう　글자공부

○ ローマ ┐
　ボールペン │ +字
　鉛筆えんぴつ ┘

로마자
볼펜글씨
연필글씨　　　　　　　　　　　　　(えんぴつ・연필)

○ 筆ふで-の-字　　　붓글씨　　　　　　　　　　　　(ふで・붓)

　　　　　　　　[참고] 「서예」를 나타내는 「붓글씨」는 「書道
　　　　　　　　(しょどう)」라고 한다.

(짠맛이 나는 하얀 결정체) **소금**

 短文에서 조사가 생략되고 뒷말은「동사는 연용형, 형용사와 형용동사는 어간」으로 바뀌어, "~하기" "~하는 것[사람]" 등의 명사로 전성되기도 하며, 이 때 뒷말의 첫 글자가 무성음일 경우에 발음의 편의상 탁음이 붙기도 한다.

●소금이 ~(하)다

- 塩が
  - 塩辛(しおから)い・塩(しお)っぱい　　　　짜다
  - (水(みず)に) 溶(と)ける　　　　(물에) 녹다
  - できる　　　　생기다
  - ※塩が 甘(あま)い[きつい]
    → (소금이 달다[심하다]) → 간이 싱겁다[짜다]
    [전・명] 甘塩(しお)　(소금기가 적어) 싱거움

●소금을 ~하다

- 塩を
  - 入(い)れる / 加(くわ)える　　　넣다 / 더하다
  - ふりかける / する / まぶす
    　　　뿌리다 / 치다 / 온통 묻히다
    [비교] 「ふりかける」는 요리 중이나 후에 요리 위에 간을 맞추기 위에 골고루 흔들어 뿌리는 것을, 「塩をする」는 조리하기 전에 물고기나 야채에 소금을 뿌리는 것을, 「まぶす」는 원래 가루 등을 전면에 묻히는 것을 나타낸다.
  - つける　　　　찍다, 묻히다
  - 溶(と)かす / 焼(や)く　　　녹이다, 풀다 / 굽다
  - ※塩を 利(き)かす → (소금을 살리다) 소금 맛을 살리다

◎소금으로 ～하다

- 塩で ┌ 味^{あじ}を 出^だす   맛을 내다
      └ 焼^やく   굽다
  - 전·명 塩焼き : 소금구이

◎소금에 ～하다

- 塩に － 漬^つける   절이다
  - 전·명 塩漬^つけ : 소금 절임

복합어가 되면, 뒤에 오는 단어의 첫 글자가 무성음일 경우에 발음의 편의상 탁음이 붙는 경우가 많다.

- 塩 +
  - 気^け   **소금기**
  - 味^{あじ}   (소금을 넣어 간을 한 음식의) **소금 맛**
  - 水^{みず}   **소금물**
  - 物^{もの}   (소금에 절인 생선의 총칭) **자반**
    - 塩[さば・さけ・たちうお・だら] 자반[고등어・연어・갈치・대구]
  - 浜^{はま}   (소금이 모래사장처럼 펼쳐 있는 「塩田(えんでん)」을 일컫는 말) **소금밭**
  - 魚^{さかな}   (소금에 절인 생선) **절인 생선**
  - 加減^{かげん}   (소금을 넣어 간을 맞춤) **소금간**

복합어가 되면, 뒤에 오는 단어의 첫 글자가 무성음일 경우에 발음의 편의상 탁음이 붙는 경우가 많다.

- [塩・辛^{から}い] **짜다** (からい /맵다)
  - 전·명 塩辛 젓(갈) ・ ～を つくる 젓(갈)을 담그다
  - 전·명 塩辛・声^{ごえ} : 쉰 목소리

3급 事故(じこ) (나쁜 일이 발생한 재난) 사고

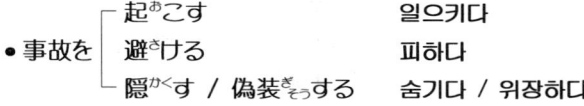

短文에서 조사가 생략되고 뒷말은「동사는 연용형, 형용사와 형용동사는 어간으로 바뀌어, "~하기" "~하는 것[사람]" 등의 명사로 전성되기도 하며, 이때 뒷말의 첫 글자가 무성음일 경우에 발음의 편의상 탁음이 붙기도 한다.

◎사고가 ~(하)다

- 事故が
  - ある / ない　　　　　있다 / 없다
  - 多(おお)い / 少(すく)ない　　　많다 / 적다
  - 起(お)こる　　　　　　일어나다

◎사고를 ~하다

- 事故を
  - 起(お)こす　　　　　　일으키다
  - 避(さ)ける　　　　　　피하다
  - 隠(かく)す / 偽装(ぎそう)する　숨기다 / 위장하다

◎사고로 ~하다

- 事故で
  - けんかする　　　　　다치다
  - 死(し)ぬ　　　　　　　죽다

◎사고에 ~하다

- 事故に
  - 万全(ばんぜん)を 期(き)する　만전을 기하다
  - 備(そな)える　　　　　대비하다

······················· しごと 355

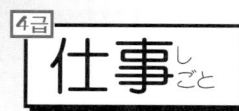

4급 仕事(しごと) (생계를 세우기 위해 종사는 근무와 해야할 것)
일

短文에서 조사가 생략되고 뒷말의「동사는 연용형, 형용사와 형용동사는 어간」으로 바뀌어, "~하기" "~하는 것(사람)" 등의 명사로 전성되기도 하며, 이 때 뒷말의 첫 글자가 무성음일 경우에 발음의 편의상 탁음이 붙기도 한다.

●일이 ~(하)다

- 仕事が
  - 忙(いそが)しい — 바쁘다
  - 難(むずか)しい / 易(やさ)しい — 어렵다 / 쉽다
  - つらい / 楽(たの)しい — 고되다 / 즐겁다
  - 多(おお)い / 少(すく)ない — 많다 / 적다
  - 大切(たいせつ)だ — 소중하다

  - ある / できる — 있다 / 생기다
    - ▶たくさん ある — 많이 있다
    - ▶次(つぎ)から 次(つぎ)へと ある — 잇달아 있다
    - ▶ひっきりなしに ある — 끊임없이 있다

  - 始(はじ)まる / 終(お)わる — 시작되다 / 끝나다
  - 遅(おく)れる — 늦어지다
  - たまる / つかえる — 쌓이다, 밀리다 / 막히다
  - 手慣(てな)れる — 손에 익다
  - (手(て)に) つく — (손에) 잡히다
    - ▶つかない — 잡히지 않는다

  - 無駄(むだ)に なる — 소용없게[헛] 되다

※일이 되지 않는다 → 仕事に ならない

◉일을 ～하다

- 仕事を
  - 探す — 찾다
  - 任せる — 맡기다
  - 受け持つ・引き受ける — (떠)맡다
    - [비교] 「受け持ち」는 맡아서 담당함을, 「引き受ける」는 남의 부탁을 들어줌을 나타낸다.
  - する / 休む — 하다 / 쉬다
    - ▶一緒に する — 함께 하다
  - 慣れさせる — 익히다
  - 急ぐ — 서두르다
  - 片付ける、処理する — 처리하다
  - 手伝う / 仕上げる — 거들다 / 마무리하다
  - 終える / 済ませる — 끝내다 / 끝마치다
  - 誤る / しくじる / 台なしに する
    - 잘못하다 / 그르치다 / 망치다, 못쓰게 하다
    - [비교] 「誤る」는 판단을 잘못으로 일을 선택이 잘못되었음을, 「しくじる」는 일의 내용면에 실수가 있어 실패하여 곤란한 결과로 됨을, 「台なしに する」는 모처럼 잘 되어 가던 것이 엉망으로 해 버림을 나타낸다.
  - 延ばす / 差し置く — 미루다 / 제쳐놓다
    - ▶後回しに する — 뒤로 돌리다[미루다]
  - 邪魔する — 방해하다

◉일로 ～하다

- 仕事で
  - 忙しい / 目が 回る — 바쁘다 / 눈이 돌다
  - 苦しむ — 고달프다, 고생하다
  - 疲れる / くたびれる — 지치다 / 피곤하다
  - 死にそうだ — 죽을 지경이다

◎일에 ~하다

- 仕事に
  - 慣なれる   익다, 익숙해지다
  - せいを 出だす   (힘을 내다) → 열심히 일하다
  - 狂くるう   미치다, 빠지다
  - 疲つかれる   지치다
  - 苦くるしむ   (괴로움에) 시달리다
  - 悩なやむ   (정신적으로) 시달리다, 고민하다
  - 邪魔じゃまに なる   방해가 되다
  - 慣なれる   익(숙하)다

- ※仕事に かかる → 일을 착수하다
  - 腹はらごしらえを して ~   배를 든든히 하고 ~

복합명사

복합어가 되면, 뒤에 오는 단어의 첫 글자가 무성음일 경우에 발음의 편의상 탁음이 붙는 경우가 많다.

- 仕事 +
  - 場ば   일터   (~ば・~하는[할] 장소)
  - の
    - 口くち   일자리   (くち・입)
    - 虫むし   일벌레   (むし・벌레)
    - 手て   일손   (て・손)

- 下した
- 水みず
- 針はり   + 仕事
- もうけ

  - (하청을 받아서 하는 일) 하청일   (しも・아래)
  - 부엌일 = 台所だいどころ仕事   (みず・물)
  - 재봉일, 바느질일, 삯바느질   (はり・바늘)
  - (돈이 되는 일) 돈벌이   (もうける・벌다)

358 명사 표현력

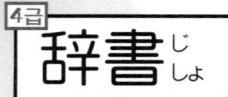
4급 辞書(じしょ)
(많은 말과 문자를 일정한 기준에 의해 배열하여, 그 표시법 및 발음·어원·의미·용법 등을 기록한 서적으로 모든 사전을 통틀어 하는 말) **사전**

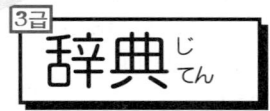
3급 辞典(じてん)
(주로 언어사전을 말하며, 여러 가지의 말을 모아 일정한 순서로 배열하여, 그 의미 및 용법 등을 기록한 서적) **사전**

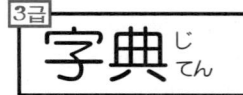
3급 字典(じてん)
(주로 한자를 모아 일정의 순서로 배열하여, 그 읽는 방법·의미·용법 등을 정리한 서적) **옥편**

[참고] 「字引(じびき)」라는 말도 있는데, 이는 국어사전과 옥편을 일컫는 예스러운 표현이며, 또한 「事典(じてん)」는 백과·인명 사전과 같이 사물이나 일의 사항을 나타내는 말을 모아 해설을 곁들인 서적을 말한다.

短文에서 조사가 생략되고 뒷말은「동사는 연용형, 형용사와 형용동사는 어간」으로 바뀌어, "~하기" "~하는 것[사람]" 등의 명사로 전성되기도 하며, 이때 뒷말의 첫 글자가 무성음일 경우에 발음의 편의상 탁음이 붙기도 한다.

● 사전[옥편]이 ~(하)다

- 辞典 / 字典 が
  - 厚(あつ)い / 薄(うす)い   두껍다 / 얇다
  - 古(ふる)い / 新(あたら)しい   낡다 / 새것이다
  - 破(やぶ)れる   찢어지다

● 사전[옥편]을 ~하다

- 辞典 / 字典 を
  - 買(か)う / 選(えら)ぶ   사다 / 고르다
  - 開(ひら)く / 閉(と)じる   펴다 / 덮다
  - 引(ひ)く / 見(み)る   찾다 / 보다
  - めくる   뒤지다
  - 使(つか)う   쓰다[사용하다]

●사전[옥편]으로 ~하다

- 辞典 / 字典 で
  - 習う、学ぶ — 배우다
  - 捜し出す — 찾아내다

●사전[옥편]에서 ~하다

- 辞典 / 字典 から
  - 見る / 捜し出す — 보다 / 찾아내다
  - 引用する — 인용하다

●사전[옥편]에 ~하다

- 辞典 / 字典 に
  - 出る — 나오다
  - 載せる — 싣다
    - ▶載せられる — 실리다

> 참고
> ※生き字引 : 걸어 다니는 백과사전
> ※백과사전 → 百科事典(ひゃっかじてん)

3급 地震 じしん

(화산폭발이나 지하의 깊은 곳에서 일어나는 활동에 의해 땅이 흔들리는 것) **지진**

短文에서 조사가 생략되고 뒷말은「동사는 연용형, 형용사와 형용동사는 어간」으로 바뀌어, "~하기" "~하는 것[사람]" 등의 명사로 전성되기도 하며, 이 때 뒷말의 첫 글자가 무성음일 경우에 발음의 편의상 탁음이 붙기도 한다.

◉지진이 ~(하)다

- 地震が ┌ こわい　　　　　　　　　무섭다
　　　　 │ ある / ない　　　　　　있다 / 없다
　　　　 └ 起こる　　　　　　　　나다, 일어나다

◉지진을 ~하다

- 地震を ┌ 予知[予見]する　　　　예지[예견]하다
　　　　 │ 避ける　　　　　　　　(의도적으로) 피하다
　　　　 └ 免れる　　　(피해를 입지 않다) 피하다, 면하다

◉지진으로 ~하다

- 地震で ┌ 倒れる　　　　　　　　무너지다
　　　　 │ 家を 失う　　　　　　　집을 잃다
　　　　 └ 驚く　　　　　　　　　놀라다

◉지진에 ~하다

- 地震に ┌ 驚く　　　　　　　　　놀라다
　　　　 │ 万全を 期する　　　　　만전을 기하다
　　　　 └ 備える　　　　　　　　대비하다

·· した 361

(기준으로 하는 점보다 상대적으로 낮은 방향이나 위치) **아래**

短文에서 조사가 생략되고 뒷말은「동사는 연용형, 형용사와 형용동사는 어간으로 바뀌어, "~하기" "~하는 것[사람]" 등의 명사로 전성되기도 하며, 이때 뒷말의 첫 글자가 무성음일 경우에 발음의 편의상 탁음이 붙기도 한다.

◎아래가[밑이] ~(하)다

- 下が ┌ 太ふとい / 細ほそい   굵다/가늘다
       │ 長ながい / 短みじかい   길다/짧다
       └ 見みえる   보이다

◎아래를[밑을] ~하다

- 下を ┌ 向むく   향하다
       └ 見みる   보다
         전·명 下見 ① 예비조사 ② 사전답사
         ▶見下みおろす   내려다보다, 굽어보다

◎아래[밑]에서 ~하다
① (행위의 장소)

- 下で - する(働はたらく…)   하다(일하다…)
  전·명 下働はたらき ① (남 밑에서 일하는 것[사람])
                  ② (취사나 잡일을 하는 것[사람])
                    허드렛일, 허드레꾼

② (행위의 시발 지점)

- 下から - 上あがる   오르다

●아래[밑]에 ～하다

- 下に
  - 置く 　　　　　　　　　놓다
    - 下にも 置かない　[직]「밑에도 놓지 않는다」(대접이 극진함을 비유하여)
  - 当てる 　　　　　　　　대다, 괴다
  - 敷く 　　　　　　　　　깔다
    - [전·명] 下敷き ① 책받침
      ② (밑에 깔리는 것) 밑에 깔림
      - ～に なる　　밑에 깔리다

●아래로[밑으로] ～하다

※ 「～に」는 동작·작용이 그 방향으로 진행되어 도착되는 "이동지점"과 "방향의 전환"을 나타내고, 「～へ」는 동작·작용이 그 방향으로 진행된다는 "진행방향"을 나타낸다.

- 下 [に / へ]
  - 向く 　　　　　　　　　향하다
    - [전·명] 下向き 　하향 　↔ 上向き
  - 降りる 　　　　　　　　내려가다
  - 落ちる [流れる] 　　　　떨어지다 [흐르다]
  - 沈む 　　　　　　　　　가라앉다

복합어가 되면, 뒤에 오는 단어의 첫 글자가 무성음일 경우에 발음의 편의상 탁음이 붙는 경우가 많다.

- 下 +
  - あご　　아랫턱　　　　　　　　　　　　　(あご·턱)
  - 腹　　　아랫배　　　　　　　　　　　　　(はら·배)
  - 歯　　　아랫니　　　　　　　　　　　　　(は·이)
  - っ端　　(신분이나 지위가 낮은 사람) 말단　(は·끝, 가장자리)
  - 目　　　(내리뜨는 눈)　　　　　　　　　　(め·눈)

色いろ	밑색, 바탕색
絵え	밑그림
図ず	밑그림
枝えだ	밑가지
洗あらい	애벌빨래
書がき	① (정서하기 전에 앞서 쓰는 것) 밑 글씨 ② (문장 등을 임시로 미리 써보는 것) 초고
読よみ	(미리 읽고 조사해 두는 것) 미리 읽어둠
見み	(미리 보고 조사해 두는 것) 미리 봐 둠
相談そうだん	사전상담
検分けんぶん	사전 답사 = 下見したみ
ごしらえ	(일을 하기 전에 대략적으로 미리 만들어 준비해 두는 것) 사전준비
調しらべ	(미리 조사해 두는 것) 사전조사
請うけ	하청
手て	(지위나 능력이 떨어지는 것) 하수 = 上手うわて
心こころ	속셈
着ぎ	속옷 ・~を きかえる ~을 갈아입다
地じ	① 소질 ② 토대

복합동사

- [下回したまわる] 밑돌다 ↔ 上回うわまわる 상회하다, 웃돌다

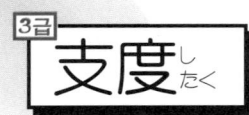

(준비하는 것) 채비, 준비

短文에서 조사가 생략되고 뒷말은「동사는 연용형, 형용사와 형용동사는 어간」으로 바뀌어, "~하기" "~하는 것[사람]" 등의 명사로 전성되기도 하며, 이 때 뒷말의 첫 글자가 무성음일 경우에 발음의 편의상 탁음이 붙기도 한다.

● 준비[채비]가 ~(하)다

- 支度が
  - 遅^{おそ}い / 早^{はや}い   늦다 / 빠르다
    - ▶遅^{おく}れる   늦어지다
  - 整^{ととの}う   갖추어지다
  - 終^おわる   끝나다

● 준비[채비]를 ~하다

- 支度を
  - する / 整^{ととの}える   하다 / 갖추다
  - 急^{いそ}ぐ   서두르다
  - 怠^{なま}ける   게을리 하다
  - 終^おえる / 済^すませる、済^すます
                    끝내다 / 끝마치다, 마치다

● 준비[채비]로 ~하다

- 支度で - 忙^{いそが}しい / 目^めが 回^{まわ}るほどだ

    바쁘다 / 눈이 돌 정도 다, 눈코 뜰 새 없다

● 준비[채비]에 ~하다

- 支度に
  - 万全^{ばんぜん}を 期^きする   만전을 기하다
  - 気^きを 使^{つか}う   신경을 쓰다

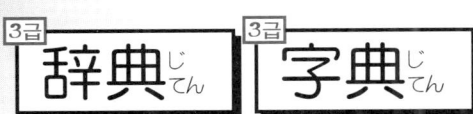

사전 / 옥편
☞ page 358 「じしょ」

 (상품가치가 있는 여러 가지의 상품) **물품, 상품**

短文에서 조사가 생략되고 뒷말은「동사는 연용형, 형용사와 형용동사는 어간으로 바뀌어, "~하기" "~하는 것[사람]" 등의 명사로 전성되기도 하며 이때 뒷말의 첫 글자가 무성음일 경우에 발음의 편의상 탁음이 붙기도 한다.

●물품이 ~(하)다

	多おおい / 少すくない	많다 /적다
• 品物が	足たりる	족하다
	そろう	갖추어지다
	整ととのう	가지런하다

●물품을 ~하다

	選えらぶ	고르다
	仕入しいれる	구입하다
• 品物を	(とり)そろえる	갖추다
	整ととのえる	가지런히 하다
	注文ちゅうもんする	주문하다

(그 사람 자신) **자신, 자기**

※ 남성의 경우에 있어서,「저[나]자신」이라는 1인칭인 자신을 가리키는 의미로도 사용된다.

• 〜の責任<ruby>せきにん</ruby>で あります。 저자신의 책임입니다.

短文에서 조사가 생략되고 뒷말은「동사는 연용형, 형용사와 형용동사는 어간」으로 바뀌어, "〜하기" "〜하는 것[사람]" 등의 명사로 전성되기도 하며, 이 때 뒷말의 첫 글자가 무성음일 경우에 발음의 편의상 탁음이 불기도 한다.

◎자신이 ~(하)다

- 自分が
  - する、やる　　　　　　　　**하다**
    - [비교]「する」는 어느 상태랑 결과가 나타나도록, 몸과 마음을 움직이게 하여 하려고 한다는 의미를, 「やる」는 주로 자신이 자진해서 과감히 또는 멋지게 하겠다는 느낌이 강하다.
    - ▶すべきだ　　　　　　　**해야만 한다**
    - ▶しなければ ならない
        하지 않으면 안 된다, 해야한다
    - • 自分のことは 自分が しなければ ならない。
        자신의 일은 자신이 하지 않으면 안 된다.
  - よく わかる　　　　　　　**잘 알다**

◎자신을 ~하다

- 自分を
  - 見<ruby>み</ruby>る / 考<ruby>かんが</ruby>える　　**보다 / 생각하다**
    - ▶振<ruby>ふ</ruby>り返<ruby>かえ</ruby>て みる　　**돌이켜보다**
    - ▶考え直<ruby>なお</ruby>す　　　**다시 생각하다**
  - 信<ruby>しん</ruby>じる　　　　　　　**믿다**

◎자신에게 ~하다
※「自分に」는「스스로」라는 부사적으로도 사용된다.

- 自分に - 聞<ruby>き</ruby>く　　　　　　**묻다**

島 しま

(육지에서 떨어진 바다에 또는 강과 호수 안에 사방이 물로 둘러싸여 있는 비교적 좁은 땅) **섬**

短文에서 조사가 생략되고 뒷말은「동사는 연용형, 형용사와 형용동사는 어간으로 바꾸어, "~하기" "~하는 것(사람)" 등의 명사로 전성되기도 하며, 이 때 뒷말의 첫 글자가 무성음일 경우에 발음의 편의상 탁음이 붙기도 한다.

◉섬이 ~(하)다

- 島が
  - 大おおきい / 小ちいさい　　크다/작다
  - できる　　　　　　　　　생기다
  - ある　　　　　　　　　　있다
    - ▶浮うかんで いる　　　　떠 있다
  - (陸地りくちから) 離はなれる　(육지에서) 떨어지다
    - 〔전·명〕 離はなれ島じま　　외딴섬

◉섬을 ~하다

- 島を
  - 回まわる、巡めぐる　　　　돌다
    - [비교]「回る」는 섬 외곽을 빙 한 바퀴 돎을,「巡る」는 많은 섬들을 하나하나 방문하여 돎을 나타낸다.
    - 〔전·명〕 島巡めぐり : 섬 순례
  - 守まもる　　　　　　　　지키다
    - 〔전·명〕 島守もり : 섬지기, 섬 지킴이

◉섬에서 ~하다

- 島で
  - 住すむ　　　　　　　　　살다
  - 暮くらす[生活せいかつする]　지내다[생활하다]

◎섬에 ~하다

- 島に
  - 入^{はい}る　　　　　　　들어가다
  - とどまる　　　　　　눌러앉다
  - 引^ひきこもる、閉^とじこもる　틀어박히다
  - 閉^とじ込^こめる　　　　가두다
    - ▶ 閉じ込められる　　갇히다

복합어가 되면, 뒤에 오는 단어의 첫 글자가 무성음일 경우에 발음의 편의상 탁음이 붙는 경우가 많다.

- 島 +
  - 国^{ぐに}　섬나라　　　　　　　　　　　(くに·나라)
  - 人^{びと}　섬사람　　　　　　　　　　　(ひと·사람)
  - 影^{かげ}　섬 그림자　　　　　　　　　(かげ·그림자)
  - 陰^{かげ}　(섬에 가려 보이지 않는 곳) 섬 그늘　(かげ·그늘)

- 宝^{たから}　+ 島^{じま}　보물섬　　　　　　　　　　(たから·보물)
- 小^こ　　　　　　작은 섬　(こ~·접두어적인 표현 : 작은~)

(방해·지장을 주는 일과 그러한 물건) **방해**

短文에서 조사가 생략되고 뒷말은「동사는 연용형, 형용사와 형용동사는 어간으로 바뀌어, "~하기" "~하는 것(사람)" 등의 명사로 전성되기도 하며, 이때 뒷말의 첫 글자가 무성음일 경우에 발음의 편의상 탁음이 붙기도 한다.

●방해가 ~(하)다

- 邪魔が ┬ ある   있다
         │ ひどい 심하다
         │ 入る   (장해물이) 생기다
         │
         └ ※ 방해가 되다 → 邪魔に なる

●방해(를) ~하다

- 邪魔(を)-する / される   하다, 놓다 / 받다

●방해로 ~하다

※「~で」는 다음의 동작·작용이 일어나게 된 원인·이유를,「~に」는 이전에는 그렇지 않았는데, 그렇게 된 변화의 결과를 나타낸다.

- 邪魔で-仕事が できない   일을 하지 못하다

- 邪魔に ┬ 感じる   느끼다
         │
         └ ※邪魔に なる → (방해로 되다) 방해가 되다

복합명사

복합어가 되면, 뒤에 오는 단어의 첫 글자가 무성음일 경우에 발음의 편의상 탁음이 붙는 경우가 많다.

- 邪魔 +
  - 者(もの)　　방해자, 방해꾼
  - 立(だ)て　　(일부러 고의적으로 하는) 방해

복합형용사, 형용동사

- 邪魔 +
  - くさい　　(방해로 생각되어) 거추장스럽다
  - っ気(け)だ　　(방해가 되어) 거추장스럽다

4급 しょうゆ [醬油]

（콩을 원료로 해 만든 조미료의 하나）간장

短文에서 조사가 생략되고 뒷말은「동사는 연용형, 형용사와 형용동사는 어간으로 바뀌어, "～하기" "～하는 것[사람]" 등의 명사로 전성되기도 하며, 이때 뒷말의 첫 글자가 무성음일 경우에 발음의 편의상 탁음이 붙기도 한다.

●간장이 ～(하)다

- 醬油が
  - 塩辛^{しおから}い / 甘^{あま}い　　짜다 / 달다
  - おいしい　　　　　　　만들다
  - 落^おちる　　　　　　　떨어지다

●간장을 ～하다

- 醬油を
  - 作^{つく}る / 煮詰^{につ}める　　만들다 / 달이다
  - かける、さす　　　　치다
  - 注^{そそ}ぐ　　　　　　붓다
  - つぐ　　　　　　　따르다
  - 入^いれる　　　　　　넣다
  - 落^おとす　　　　　　떨어뜨리다
  - こぼす　　　　　　흘리다

●간장으로 ～하다

- 醬油で
  - 混^まぜる　　　　　　　　　버무리다
    - ▶混^まぜ合^あわせる　　　　비비다
  - 塩味^{しおあじ}の加減^{かげん}を する　간을 하다

······· 372 명사 표현력 ·······

3급 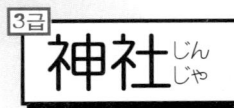 〈토착신이나 국가에 공덕이 있거나 偉人·義士등의 영혼을 신으로서 모시는 곳〉 **신사**

 短文에서 조사가 생략되고 뒷말은「동사는 연용형, 형용사와 형용동사는 어간」으로 바뀌어, "~하기" "~하는 것(사람)" 등의 명사로 전성되기도 하며, 이 때 뒷말의 첫 글자가 무성음일 경우에 발음의 편의상 탁음이 붙기도 한다.

◉신사 ~(하)다

- 神社が ┌ 大おおきい / 小ちいさい   크가 / 작다
  ├ 古ふるい / 新あたらしい   오래되다 / 새것이다
  └ 静しずかだ   조용하다

◉신사를 ~하다

- 神社を ┌ 立たてる   짓다
  └ 巡めぐる   돌다

◉신사에서 ~하다

- 神社で ┌ 遊あそぶ   놀다
  └ 結婚式けっこんしきを 挙あげる   결혼식을 올리다

◉신사에 ~하다

- 神社に ┌ 行いく   가다
  ├ (立たち)寄よる   들리다
  └ 参まいる   참배하다

  전·명 **神社参り** : 신사참배

(무슨 일이 일어나지는 않을까 하는 마음에 걸리는 것) **걱정**

※「心配だ」의 형태로、「걱정이다、염려스럽다」라는 그러한 마음임을 나타내는 형용동사로도 사용된다

短文에서 조사가 생략되고 뒷말은「동사는 연용형, 형용사와 형용동사는 어간으로 바뀌어, "~하기" "~하는 것[사람]" 등의 명사로 전성되기도 하며, 이때 뒷말의 첫 글자가 무성음일 경우에 발음의 편의상 탁음이 붙기도 한다.

●걱정이 ~(하)다

- 心配が
  - 多おおい / 大おおきい   많다 / 크다
  - ある / できる   있다 / 생기다
  - 無なくなる / 消きえる   없어지다 / 사라지다
  - 先立さきだつ   앞서다
  - 絶たえない   끊이지 않는다
  - ※걱정이 되다 → 心配に なる

●걱정을 ~하다

- 心配を
  - する / かける   하다 / 끼치다
  - 打うち明あける   털어놓다
  - ※걱정을 달고 사는 성격 → 心配・性しょう

●걱정으로 ~하다

- 心配で
  - 眠ねむれない   잠 못 이루다
  - 倒たおれる   쓰러지다

●걱정에 ～하다

- 心配に － 満ちる　　　　　　　　　　　　　차다

 복합어가 되면, 뒤에 오는 단어의 첫 글자가 무성음일 경우에 발음의 편의상 탁음이 붙는 경우가 많다.

- 心配 ＋
  - 事ごと　　걱정거리　　　　　　　　　　（こと・일）
  - 性しょう　걱정이 많은 성격　　　　　　（～しょう・～성）

 복합어가 되면, 뒤에 오는 단어의 첫 글자가 무성음일 경우에 발음의 편의상 탁음이 붙는 경우가 많다.

- 心配 ＋そうだ　　걱정스럽다
  - 心配そうな 顔かお　　걱정스러운 얼굴

新聞 しんぶん

(사회에서 일어나는 일의 사실과 해결을 널리 전하는 정기간행물) **신문**

短文에서 조사가 생략되고 뒷말은「동사는 연용형, 형용사와 형용동사는 어간으로 바뀌어, "~하기" "~하는 것(사람)" 등의 명사로 전성되기도 하며, 이때 뒷말의 첫 글자가 무성음일 경우에 발음의 편의상 탁음이 붙기도 한다.

◉ 신문을 ~(하)다

• 新聞が
  - 厚あつい / 薄うすい　　　　　두껍다 / 얇다
  - 来くる　　　　　　　　　　오다
  - (水みず・雨あめに) ぬれる　　(물·비에) 젖다

◉ 신문을 ~하다

• 新聞を
  - 開あける / 敷しく / 畳たたむ　　펴다 / 깔다 / 접다
  - かぶせる　　　　　　　　　씌우다
  - (くるくると) 巻まく　　　　(돌돌) 말다
  - (ずたずたに) 破やぶる　　　(갈기갈기) 찢다
  - 集あつめる / 収集しゅうしゅうする　모으다 / 수집하다
  - 購読こうどくする　　　　　　구독하다

◉ 신문으로 ~하다

• 新聞で
  - 包つつむ　　　　　　　　　싸다
  - 覆おおう　　　　　　　　　덮다

◉신문에서 ~하다

- 新聞で ┌ 捜す   찾다
       └ 紹介する   소개하다

- 新聞から ┌ 見る / 読む   보다 / 읽다
         ├ (情報を) 得る   (정보를) 얻다
         └ においが する   냄새가 나다

◉신문에 ~하다

- 新聞に ┌ 出る / 出す   나오다 / 내다
       └ 載る / 載せる   싣다 / 실리다

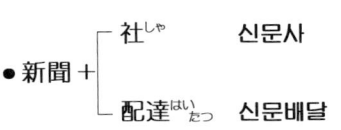

- 新聞 + ┌ 社   신문사   (~しゃ·~사)
        └ 配達   신문배달   (はいたつ·배달)

o 朝刊 ┐
       ├ + 新聞   조간신문
  夕刊 ┘   석간신문

3급 砂 すな

(작은 바위의 파편과 각종 광물의 알갱이 또는 그들의 집합체) **모래**

短文에서 조사가 생략되고 뒷말은「동사는 연용형, 형용사와 형용동사는 어간」으로 바뀌어, "~하기" "~하는 것(사람)" 등의 명사로 전성되기도 하며, 이 때 뒷말의 첫 글자가 무성음일 경우에 발음의 편의상 탁음이 붙기도 한다.

●모래가 ~(하)다

- 砂が
  - 細こまかい　　　　　　　　잘다, 곱다
  - 飛とばす　　　　　　　　튀다
    - ▶(風かぜに) 吹ふき飛とばされる　　(바람에) 쓸리다
  - 積つもる　　　　　　　　쌓이다
  - (ご飯はん・目めに) 入はいる　　　(밥・눈에) 들어가다
  - 混まじる　　　　　　　　섞이다
  - ある　　　　　　　　　있다.

※일본어에는 "모래가 쓸히다"라는 표현이 없으며, 주로 그 경우에는 "ある"로 표현한다.

●모래를 ~하다

- 砂を
  - 踏ふむ　　　　　　　　　밟다
  - 取とる / 触さわる　　　　　집다 / 만지다
  - 入いれる　　　　　　　　넣다
  - まく　　　　　　　　　뿌리다
  - 積つむ / 敷しく　　　　　쌓다 / 깔다
  - (シャベルで) すくう　　　(삽으로) 푸다
  - 採取さいしゅする　　　　　채취하다
  - かき集あつめる　　　　　　긁어모으다

```
     ┌ かぶる                        뒤집어쓰다
     │  └ 전·명  砂かぶり : (씨름 모래판의 바로 옆자리) 모
     │                           래판의 가장자리 좌석
     │
     └ かむ                          씹다
```

●모래에서 ～하다

```
         ┌ 遊あそぶ                  놀다
  • 砂で │   └ 전·명  砂遊び : 모래장난
         └ 住すむ                    살다
```

●모래로 ～하다

```
         ┌ 覆おおう                  덮다
  • 砂で │ 作つくる                  만들다
         └ (体からだを) 蒸むす        (몸을) 찌다
              └ 전·명  砂蒸し : 모래찜질
```

●모래에 ～하다

```
         ┌ (足あしが) はまる         (발이) 빠지다
  • 砂に │ 埋うめる                  묻다
         │   └ ▶埋められる            묻히다
         └ 覆おおわれる              덮이다
```

 복합어가 되면, 뒤에 오는 단어의 첫 글자가 무성음일 경우에 발음의 편의상 탁음이 붙는 경우가 많다.

● 砂 +
- 地ぢ　　　모래땅
- 土つち　　모래흙　　　　　　　　　　　　　　　(つち・흙)
- 山やま　　모래언덕　　　　　　　　　　　　　　(やま・산)
- 袋ぶくろ　(방화・재설용) 모래주머니　　　　　　(ふくろ・봉지)
- 浜はま　　모래사장　　　　　　　　　　　　　　(はま・바닷가)
- 場ば　　　모래밭
- 原はら　　모래벌판　　　　　　　　　　　　　　(はら・들판)
- 煙けむり　모래연기　　　　　　　　　　　　　　(けむり・연기)
- ぼこり　　모래먼지　　　　　　　　　　　　　　(ほこり・먼지)
- 時計どけい　모래시계　　　　　　　　　　　　　(とけい・시계)
- 風呂ぶろ　모래찜질　　　　　　　　　　　　　　(ふろ・목욕탕)
- 粒つぶ　　모래알　　　　　　　　　　　　　　　(つぶ・알)
- 船ぶね　　모래채취선　　　　　　　　　　　　　(ふね・배)

- (の) － 城しろ　모래성　　　　　　　　　　　　(しろ・성)

(둘러싸인 지역의 모퉁이 또는 중심에서 떨어진 가장자리. 중심이 되는 사회에서 동떨어진 다른 사회를 비유하기도 한다) **구석**

[참고] 속어적으로「隅っこ」라고도 한다

短文에서 조사가 생략되고 뒷말은「동사는 연용형, 형용사와 형용동사는 어간으로 바뀌어, "~하기" "~하는 것[사람]" 등의 명사로 전성되기도 하며, 이 때 뒷말의 첫 글자가 무성음일 경우에 발음의 편의상 탁음이 붙기도 한다.

●구석이 ~(하)다

- 隅が ┌ 暗^{くら}い   어둡다
       └ よい   좋다

●구석을 ~하다

- 隅を - 空^あけて おく   비워두다

●구석에서 ~하다 (행위의 수단·재료·도구·방법)

- 隅で ┌ 泣^なく   울다
       └ (何^{なに}かを) する (뭔가를) 하다

●구석에 ~하다

- 隅に ┌ ある   있다
        │ 座^{すわ}る   앉다
        │ 置^おく   놓다
        └ ⋯ 관용구 隅に 置けない 직역 「구석에 놓을 수 없다」·(의외로 기량이나 힘이 있거나 하여 쉽게 보기 어렵다는 의미) **하찮게[만만하게] 볼 수 없다**

```
  ┌ 固かたまる / 集あつまる       몰리다 / 모이다
  └ ひっ込こむ                 처박히다
```

● 구석으로 ~하다

- 隅に ┌ 運はこぶ   옮기다
       └ 片かたづける   치우다

복합어가 되면, 뒤에 오는 단어의 첫 글자가 무성음일 경우에 발음의 편의상 탁음이 붙는 경우가 많다.

○ 四よ ┐
  片かた ┘ + 隅

  네귀퉁이   (よん /4[사])
  한 구석   (かた /한쪽)

  - 心こころの~に 残のこる。   마음 ~에 남다.
  - 部屋へやの~に 置おく。   방~에 놓다.

○ 部屋へや ┐
  庭にわ   ├ + の隅
  心こころ ┘

  방구석   (へや·방)
  마당구석   (にわ·마당)
  마음구석   (こころ·마음)

복합어가 되면, 뒤에 오는 단어의 첫 글자가 무성음일 경우에 발음의 편의상 탁음이 붙는 경우가 많다.

- 隅々すみずみ   구석구석
- 隅から 隅まで (구석에서 구석까지) 구석구석

> 참고
> ※구석지다 → 奥おくまる
> ・奥まった 部屋 구석진 방

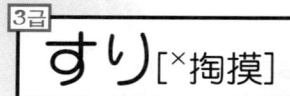 (남이 소지하고 있는 금품을 교묘하게 훔치는 것. 또는 그러한 일을 하는 사람)
소매치기

短文에서 助詞가 생략되고 뒷말은「동사는 연용형, 형용사와 형용동사는 어간으로 바뀌어, "~하기" "~하는 것[사람]" 등의 명사로 전성되기도 하며, 이 때 뒷말의 첫 글자가 무성음일 경우에 발음의 편의상 탁음이 붙기도 한다.

●소매치기가 ~(하)다

- すりが ┌ ねらう　　　　　　　　　　노리다
　　　　├ 財布(さいふ)を 盗(ぬす)する　　지갑을 훔치다
　　　　└ 捕(つか)まる　　　　　　　　잡히다

●소매치기를 ~하다

- すりを ┌ する　　　　　　　　　　하다
　　　　├ 捕(つか)まえる　　　　　　잡다
　　　　│
　　　　└ ※소매치기를 만나다[당하다] → すりに あう

①(신장) 키
②(동물의 몸체 등뼈가 있는 쪽 또는 물체의 뒷면) 등

短文에서 조사가 생략되고 뒷말은「동사는 연용형, 형용사와 형용동사는 어간으로 바꾸어, "~하기" "~하는 것[사람]" 등의 명사로 전성되기도 하며, 이 때 뒷말의 첫 글자가 무성음일 경우에 발음의 편의상 탁음이 붙기도 한다.

[1]

●키가 ~(하)다

- 背が
  - 高たかい / 低ひくい   크다 / 작다
  - 伸のびる   자라다
    - 전·명 背伸び : (발끝을 올려 키를 높게 하는 행동) 발돋움
  - ※背が 立たつ → (키가 서다)
    → (깊이·높이가) 키가 넘지 않는다
    - ※深ふか[高たか]すぎて 背が 立たない。
      너무 깊어서[높아서] 키가 넘는다.

●키를 ~하다

- 背を
  - 計はかる   재다
  - 高たかく する / 低ひくく する   높이다 / 낮추다
  - 合あわせる   맞추다
  - 比くらべる   비교하다
    - 전·명 背せい比べ : (누구의 키가 더 큰 가를 재기 위하여 서로 키를 대는 것) 키 대기
      = たけ比べ

[2] 등 = 背中^{せなか}

●등이 ~(하)다

- 背が - 広^{ひろ}い / 狭^{せま}い　　　　　　　넓다/좁다
  - 〔전·명〕 背広^{びろ}　서양식 양복

●등을 ~하다

- 背を
  - 向^{む}ける　　　　　돌리다
  - 見^{み}せる　　　　　보이다
  - 曲^{ま}げる　　　　　굽히다
  - 伸^{の}ばす　　　　　펴다
  - かく　　　　　　긁다
  - 〔전·명〕 背かき : 등긁이 = 孫^{まご}の手^{て} (효자손)

●등으로 ~하다

- 背で - 泳^{およ}ぐ　　　　　　　헤엄치다
  - 〔전·명〕 背泳ぎ　(수영 영법 중의 하나) 배영, 송장헤엄

●등에 ~하다

- 背に
  - 負^{お}う　　　　　　업다, 지다
    - 〔복·동〕 背負う 등에 지다, 짊어지다,
  - ※ 背に する → (등뒤로 하다) 등지다

복합어가 되면, 뒤에 오는 단어의 첫 글자가 무성음일 경우에 발음의 편의상 탁음이 붙는 경우가 많다.

- 背 +
  - 番号^{ばんごう}　　　등번호　　　　　　　　　(ばんごう・번호)
  - 中^{なか}　　　　등　　　　　　　　　　　(なか・가운데)
  - 筋^{すじ}　　　　등줄기, 등골　　　　　　(すじ・줄기)

- 背の順^{じゅん}に　　　키순으로
  - 背の順に 決^きめる　　키순으로 정하다

3급 席 せき (앉는 장소) 자리

短文에서 조사가 생략되고 뒷말은「동사는 연용형, 형용사와 형용동사는 어간으로 바뀌어, "~하기" "~하는 것(사람)" 등의 명사로 전성되기도 하며, 이 때 뒷말의 첫 글자가 무성음일 경우에 발음의 편의상 탁음이 붙기도 한다.

●자리가 ~(하)다

- 席が
  - ある / ない　　　　있다 / 없다
  - 残^{のこ}る / 足^たりない　　남다 / 모자라다
  - 空^あく　　　　　　　(실제 빈자리가 있거나 또는 관용적인 의미로) 비다
  - つまる　　　　　　　차다

●자리를 ~하다

- 席を
  - 外^{はず}す　　　　비우다
  - 埋^うめる　　　　채우다, 메우다
  - 取^とる / 占^しめる　잡다 / 잡다, 차지하다
  - 立^たつ　　　　　일어서다
  - 譲^{ゆず}る　　　　양보하다
  - 離^{はな}れる　　　떠나다
  - 設^{もう}ける　　　마련하다

●자리에 ~하다

- 席に
  - つく　　　　　　앉다
  - 出^でる　　　　나가다 (출석하다)

4급 石^{せっ}けん

(세제의 하나) 비누

 短文에서 조사가 생략되고 뒷말은「동사는 연용형, 형용사와 형용동사는 어간」으로 바뀌어, "~하기" "~하는 것[사람]" 등의 명사로 전성되기도 하며, 이 때 뒷말의 첫 글자가 무성음일 경우에 발음의 편의상 탁음이 붙기도 한다.

●비누가 ~(하)다

- 石けんが ┌ 固^{かた}い /   단단하다 / 무르다
          │ 強^{つよ}い / △圓^{まろ}やかだ   독하다 / 순하다
          │ つるつるする   미끌미끌하다
          └ (早^{はや}く) すり減^へる   (빨리) 닳다

●비누를 ~하다

- 石けんを ┌ 付^つける   바르다, 칠하다
          └ (ねずみが) かじる   (쥐가) 갉다
             ▶ かじって 食^たべる   갉아먹다

●비누로 ~하다

- 石けんで ┌ 洗^{あら}う   (물에 담그거나 묻혀) 씻다, 닦다, 빨다
          └ 作^{つく}る   만들다

◉비누에 ~하다

- 石けんに － 泡^{あわ}が 立^たつ　　　거품이 일다
  - 泡立^{あわだ}ちのよい 石けん
    　　　　　거품이 잘 이는 비누

복합어가 되면, 뒤에 오는 단어의 첫 글자가 무성음일
경우에 발음의 편의상 탁음이 붙는 경우가 많다.

- 石けん +
  - 箱^{ばこ}　　비눗갑　　　　　（はこ・상자）
  - 水^{すい}　　비눗물
  - の ─ 気^き　　비눗기　　　　（～き・～기）
  　　└ 泡^{あわ}　비누거품　　　（あわ・거품）

- 紛^{こな}　　　　　　　가루비누
  洗濯^{せんたく}　　　　　세탁비누
  化粧^{けしょう}　 + 石けん　화장비누
  洗顔用^{せんがんよう}　　　　세안용 비누
  浴用^{よくよう}　　　　　목욕용 비누

 ※비눗방울 → シャボン玉^{だま}

3급 背中 せなか

(등의 중앙부분으로서, 등뼈가 있는 부근이나 등 전체, 물건의 뒤에 해당되는 부분을 나타내기도 한다)
등

短文에서 조사가 생략되고 뒷말은「동사는 연용형, 형용사와 형용동사는 어간」으로 바뀌어, "~하기" "~하는 것[사람]" 등의 명사로 전성되기도 하며, 이 때 뒷말의 첫 글자가 무성음일 경우에 발음의 편의상 탁음이 붙기도 한다.

◉등이 ~(하)다

- 背中が
  - 広い / 狭い　　　　　　　넓다/좁다
  - かゆい　　　　　　　　　　가렵다
  - まっすぐだ / 曲がる, たわむ　곧다/굽다

◉등을 ~하다

- 背中を
  - かく　　　　　　　　긁다
  - こする　　　　　　　문지르다
  - なでる　　　　　　　쓰다듬다
  - 押す　　　　　　　　밀다
    - ▶強く 押す　　　　떠밀다
    - ▶押しのける　　　밀어젖히다
  - 打つ　　　　　　　　치다
  - たたく　　　　　　　두드리다
  - 丸める　　　　　　　구부리다
  - 伸ばす　　　　　　　펴다
  - 合わせる　　　　　　맞대다
    - 전·평 背中合わせ : 등 맞댐, 등 맞대기
      - ・~に すわる　 ~고 앉다
  - 向ける　　　　　　　돌리다

└ ※등을 기대다 → 背中に 寄りかかる

● 背中を 流なかす　[직역] 「등을 흘리다[씻다]」·(물로 등을 씻는 것) 등을 씻다, 등역을 하다.

●등으로 ~하다

※ 「~으로」가 1) 사물을 나타내는 말에 붙는 경우에는 「~で」로 표현되어 그것을 수단·재료·도구로 이용함을 나타내고, 2) 장소를 나타내는 말에 붙는 경우에는 「~に」와 「~へ」로 표현되는데, 「~に」는 그곳을 동작·작용의 목적지 지점을 나타내며, 「~へ」는 동작·작용의 방향을 나타낸다. 그러나 여기에서는 의미상 「~へ」는 표현되기 어렵다.

- 背中で ┌ 押おす　　　　　　　　　　밀다
　　　　└ (ボールを) 防ふせぐ　　　　(볼을) 막다

- 背中に - 回まわる　　　　　　　　　　돌다
　　　　· 背中に 回わって いく。　　　등으로 돌아가다.

●등에 ~하다

- 背中に ┌ 負おう　　　　　　　　　업다
　　　　│ 汗あせが 流ながれる　　　　땀이 흐르다
　　　　│ ぶつかる　　　　　　　　부딪치다
　　　　└ ※寄りかかる → 등을 기대다

(보살펴주거나 수고롭게 하는 것) **시중**

[참고] 남의 보살핌이나 수고로움을 나타내는 경우에는 접두어 「お」를 붙여 표현하며, 남이 베푼 행위에 대한 「신세」가 된다.

短文에서 조사가 생략되고 뒷말의(동사는 연용형, 형용사와 형용동사는 어간)으로 바뀌어, "~하기" "~하는 것[사람]" 등의 명사로 전성되기도 하며, 이때 뒷말의 첫 글자가 무성음일 경우에 발음의 편의상 탁음이 붙기도 한다.

●수고로움[보살핌·시중]이 ~(하)다

- 世話が-ない (없다)
  ① (간단한 일로) **수고롭지 않다**
  ② (수고로움이 들지 않는다고 말을 쉽게 함부로 함에 질림을 표출하여) **말이 참 쉽다[편하다]**

  • 自分_{じぶん}で 言って 忘れるなんて、~よ。
  자신스스로 말하고 잊다니, ~요.

● 世話が 焼^やける　[직역]「수고로움이 타다」·(수고로움이 필요하다는 의미로) **손이 가다, 신경이 쓰이다**

●수고로움[보살핌·시중]을 ~하다

- 世話を-する　　　　　(하다) → **보살피다, 돌보다**

● 世話を かける　[직역]「수고로움을 끼치다」·(상대에게 보살핌을 끼치다라는 의미로) **수고를 끼치다**

● 世話を 焼^やく　[직역]「수고로움을 태우다」·(상대에게 보살핌을 끼치게 되었다는 의미로) **애를 쓰다, 신경을 쓰다**

※ 世話に なる　[직역]「수고가 되다」·(상대에게 수고스럽게 보살핌을 받게 되었다는 의미로) **신세를 지다, 보살핌을 받다**

[4급] 線 せん　　　(실과 같이 길게 이어진 금) 선, 금

短文에서 조사가 생략되고 뒷말의「동사는 연용형, 형용사와 형용동사는 어간으로 바뀌어, "~하기" "~하는 것[사람]" 등의 명사로 전성되기도 하며, 이때 뒷말의 첫 글자가 무성음일 경우에 발음의 편의상 탁음이 붙기도 한다.

● 선[줄·금]이 ~(하)다

- 線が
  - 太ふとい / 細ほそい　　　　굵다 / 가늘다
  - 真まっ直ぐぐだ　　　　　　똑바르다, 곧다
  - 曲まがる　　　　　　　　굽다
  - はっきりして いる　　　　확실하다

  - 美うつくしい　　　　　　아름답다
  - 柔やわらかい　　　　　　부드럽다
  - 切きれる　　　　　　　　끊어지다
  - 対称たいしょうだ　　　　　대칭이다

● 선[줄·금]을 ~하다

- 線を
  - 引ひく / 描(え)かく　　　　긋다 / 그리다
    - ● 物差ものさしを 当あてて 線を 引く
      자를 대고 선을 긋다.
  - 巻まく　　　　　　　　　두르다
  - つなぐ　　　　　　　　잇다
  - 消けす / 無なくす　　　　지우다 / 없애다

  - はっきりさせる　　　　확실히 하다

3급 掃除そうじ　(쓸거나 닦거나 하여 먼지·쓰레기 또는 더러움을 없애어 깨끗이 하는 것) **청소**

短文에서 조사가 생략되고 뒷말은「동사는 연용형, 형용사와 형용동사는 어간」으로 바뀌어, "~하기" "~하는 것(사람)" 등의 명사로 전성되기도 하며, 이 때 뒷말의 첫 글자가 무성음일 경우에 발음의 편의상 탁음이 붙기도 한다.

●청소가 ~(하)다

- 掃除が
  - 遅おそい / 早はやい　　　늦다 / 빠르다
  - 遅おくれる　　　　　　늦어지다
  - 始はじまる / 終おわる　　시작되다 / 끝나다
  - できて いる　　　　　되어있다

●청소를 ~하다

- 掃除を
  - する　　　　　　　　　하다
    - ▶奇麗きれいに する　　　깨끗이 하다
    - ▶いい加減かげんに する　　대충하다, 적당히 하다
  - 済すませる　　　　　　끝마치다
  - 引ひき受うける　　　　　맡다
  - 任まかせる　　　　　　맡기다

●청소로 ~하다

- 掃除で
  - きれいに なる　　　　깨끗해지다
  - 忙いそがしい　　　　　　바쁘다

 복합어가 되면, 뒤에 오는 단어의 첫 글자가 무성음일 경우에 발음의 편의상 탁음이 붙는 경우가 많다.

- 掃除 +
  - 当番^{とう}_{ばん}　청소당번　　　　　　　　（とうばん・당번）
  - 機^き　　청소기　　　　　　　　　　（〜き・〜기）
  - 夫^ふ　　청소부

- 大^{おお}
  トイレ ┘ + 掃除　대청소　　　　　　　　　（おお〜・대〜）
  　　　　　　　화장실 청소　　　　　　　（トイレ・화장실）

> **참고** ※청소차 → 掃除車^{せい}_{そう}^{しゃ}

(정해진 공간적인 범위의 외부) 밖

短文에서 조사가 생략되고 뒷말은「동사는 연용형, 형용사와 형용동사는 어간으로 바꾸어, "~하기" "~하는 것[사람]" 등의 명사로 전성되기도 하며, 이 때 뒷말의 첫 글자가 무성음일 경우에 발음의 편의상 탁음이 붙기도 한다.

◉밖이 ~(하)다

- 外が
  - 寒(さむ)い / 暑(あつ)い / 涼(すず)しい 춥다 / 덥다 / 시원하다
  - 明(あか)るい / 暗(くら)い 밝다 / 어둡다
    - ▶真(ま)っ暗(くら)だ / 真(ま)っ白(しろ)だ 캄캄하다 / 새하얗다
  - うるさい / 静(しず)かだ 시끄럽다 / 조용하다
  - 見(み)える 보이다

◉밖을 ~하다

- 外を
  - 見(み)る / 眺(なが)める (내다)보다 / 바라보다
  - 掃(は)く 쓸다

◉밖에서 ~하다

※ 장소를 나타내는 명사에 붙는「~에서」가, 1) 그 동작이 행해지는 "행위의 장소"이면 조사「~で」로, 2) 그 동작과 작용이 그곳에서부터 발생 또는 발견하게 되었다는 "행위·발생의 기점 및 출처"이면 조사「~から」로 표현한다.

- 外で
  - 遊(あそ)ぶ / 待(ま)つ 놀다 / 기다리다
  - あった 事(こと) 있었던 일
  - (音(おと)が) する (소리가) 나다

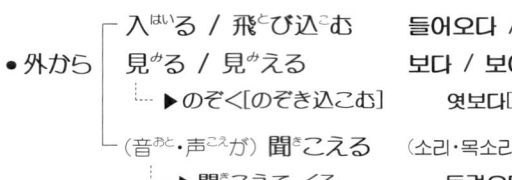

밖에 ～하다

- 外に ある・いる / 置く   있다 / 놓다

밖으로 ～하다

※ 장소를 나타내는 명사에 붙는 「～에」가, 그 행위의 진행이 1) 그 지점을 목적지로 향하고 있다는 "행위의 도달지점"이면 조사 「～に」로, 2) 그쪽 방향으로 향하고 있다는 "행위의 방향"이면 조사 「～へ」로 표현되며, 이 경우에는 「～(으)로」로 해석되기도 한다.

4급 側 そば

(한쪽 측면으로 바로 붙어있거나 또는 다소 떨어져 있더라도 가깝게 느껴지는) **옆**

[참고] 이웃하고 있는 위치를 나타내는 「옆」은 「となり」로 표현된다.

短文에서 조사가 생략되고 뒷말은「동사는 연용형, 형용사와 형용동사는 어간으로 바뀌어, "~하기" "~하는 것[사람]" 등의 명사로 전성되기도 하며, 이때 뒷말의 첫 글자가 무성음일 경우에 발음의 편의상 탁음이 붙기도 한다.

◉옆[곁]이 ~(하)다

- そばが ┌ 広ひろい / 狭せまい   넓다 / 좁다
        └ いい   좋다

◉옆[곁]을 ~하다

- そばを ┌ 通とおる   지나다
        │ かすめる、すれる   스치다
        └ 離はなれる   (곁을) 떠나다

◉옆[곁]에서 ~하다

※ 장소를 나타내는 명사에 붙는 「~에서」가, 1) 그 동작이 행해지는 "행위의 장소"이면 조사 「~で」로, 2) 그 동작과 작용이 그곳에서부터 발생 또는 발견하게 되었다는 "행위・발생의 기점 및 출처"이면 조사 「~から」로 표현한다.

- そばで ┌ 寝ねる / 遊あそぶ   자다 / 놀다
        │ 手伝てつだう   거들다
        │ 世話わを する   보살피다
        └ 一口ひとこと 言いう   한마디하다

- そばから ┌ 出でる   나오다
          │ 口くちを 出だす[挟はさむ]   말참견하다
          └ 一言ひとこと 言いう   한마디하다

● 옆[곁]에 ~하다

- そばに
  - いる / ある　　　(사람·동물이) 있다 / (사물이) 있다
    - ┄ いって ほしい　　　있길 바란다
  - 立つ　　　　　　　서다
  - 止まる　　　　　　머물다
  - 寄る　　　　　　　다가다
    - ┄ ▶ 側にも 寄れない　　　옆에도 다가갈 수 없다

● 옆[곁]으로 ~하다

- そばに
  - (子供たちを) 呼ぶ　　(아이들을) 부르다
  - 行く / 来る　　　　가다 / 오다
  - 寄る　　　　　　　다가다
    - ┄ ▶ 近寄る = 近づく
      (가까이) 다가가다[다가오다]
  - はみ出す　　　　　밀려나다 ; 비어져 나오다

- [~そばから]　(~옆에서) → ~하는 자리에서
  - 習う~、 忘れる
    배우는 자리에서 잊다.

4급
空 そら
(지상을 덮고 있는 위의 공간과 공중) **하늘**

短文에서 조사가 생략되고 뒷말은「동사는 연용형, 형용사와 형용동사는 어간으로 바꾸어,"~하기""~하는 것[사람]" 등의 명사로 전성되기도 하며, 이 때 뒷말의 첫 글자가 무성음일 경우에 발음의 편의상 탁음이 붙기도 한다.

●하늘이 ~(하)다

- 空が
  - 青あおい　　　　　　　　　푸르다, 파랗다
    - ···[전·명] 青空あおぞら　푸른 하늘, 창공
  - 高たかい / 低ひくい　　　　높다 / 낮다
    - ···※空高く　　　(부사적 표현) 하늘높이
      ※低く 広ひろがる　낮게 깔리다
  - 広ひろい / 明あかるい　　　넓다 / 밝다
  - 澄すむ　　　　　　　　　맑다, 깨끗하다
    - ···▶澄み切きる　　(하늘·마음 등이 완전히 맑아진 상태) 맑게 개다
  - 晴はれる / 曇くもる　　　　개다 / 흐리다
  - 開あける　　　　　　　　열리다
  - 割われる / 崩くずれる　　갈라지다 / 무너지다
  - 知しる　　　　　　　　　알다
  - ※하늘이 돕다 → 天てんが 助たすける
  - ※하늘이 두 쪽이 나도 → どんなことが あろうと
    　　　　　　　　　　　(어떠한 일이 있어도)

◉하늘을 ~하다

- 空を
  - 見る　　　　　　　　　　　보다
    - ▶見上げる　　　　　　　올려다보다
    - ▶仰ぐ　　　　　　　　　(우러러)보다
    - ※眺める　　　　　　　　바라보다
  - 飛ぶ　　　　　　　　　　　날다
  - (雲が) 覆う　　　　　　　　(구름이) 덮다
  - 恨む　　　　　　　　　　　원망하다, 탓하다
  - 屋根に する　　　　　　　 지붕 삼다
  - ※하늘을 찌르다 → 天を 衝く

◉하늘에서 ~하다

※ 장소를 나타내는 명사에 붙는 「~에서」가, 1) 그 동작이 행해지는 "행위의 장소"이면 조사 「~で」로, 2) 그 동작과 작용이 그곳에서부터 발생 또는 발견하게 되었다는 "행위·발생의 기점 및 출처"이면 조사 「~から」로 표현한다.

- 空で - 住む　　　　　　　　살다

- 空から
  - (雪·雨が) 降る　　　　　　(눈·비가) 내리다
  - 下りて くる　　　　　　　 내려오다
  - 落ちる　　　　　　　　　　떨어지다

◉하늘로 ~하다

- 空へ
  - 上がる　　　　　　　　　　올라가다
  - つき上がる　　　　　　　　치솟다

●하늘에 ~하다

- 空に
  - 昇のぼる　　　　　오르다
  - つく　　　　　　　닿다
  - 祈いのる　　　　　빌다
  - 輝かがやく　　　　빛나다

  - ※하늘에 맡기다 → 天てんに 任まかせる

복합어가 되면, 뒤에 오는 단어의 첫 글자가 무성음일 경우에 발음의 편의상 탁음이 붙는 경우가 많다.

- 空 +
  - 色いろ　　　하늘색　　　　　　　　　　　　　(いろ・색)
  - 耳みみ　　　① (실제로 들리지는 않으나, 뭔가　(みみ・귀)
  　　　　　　 들리는 듯한 것) **헛것**
  　　　　　　② (일부러 듣지 않은 체하는 것)
  - 言[事]こと　헛소리　　　　　　　　　　　　　(こと・말[것])
  - 笑わらい　거짓웃음　　　　　　　　　　　　(わらう・웃다)
  - 泣なき　　거짓울음　　　　　　　　　　　　(なく・울다)
  - 覚おぼえ　어렴풋한 기억　　　　　　　　　　(おぼえる・기억하다)
  - 似に　　　　　　　　　　　　　　　　　　　(にる・닮다)
  - の－星ほし　하늘의 별
    - ~取どりだ　~ 따기다

○ 夜よ ┐
　星ほし │
　秋あき │ ＋ 空ぞら
　青あお │
　寒さむ ┘

밤하늘　　　　　　　　　　　　　　　(よ・밤)
별 밝은 하늘　　　　　　　　　　　　(ほし・별)
가을하늘　　　　　　　　　　　　　　(あき・가을)
푸른 하늘　　　　　　　　　　　　　 (あおい・푸르다)
차가운 겨울하늘　　　　　　　　　　 (さむい・춥다)

上うわ － の － ＋ 空ぞら　건성　・～で 聞きく　~으로 듣다　(うえ・위)

● 空 ＋ ┌ とぼける　시치미떼다　　　　(とぼける・얼빠지다)
　　　　│ 恐おそろしい　왠지 두렵다　　(おそろしい・무섭다)
　　　　└ 空ぞらしい　속이 들여다보이다
　　　　　　・～ おせじ　속이 들여다보이는 아부

3급
畳 たたみ

(일본집의 방에 까는 굵은 돗자리 형태의 것으로서, 짚을 겹쳐 엮어 만든 심에 겉면을 등심초로 촘촘히 엮은 발 모양의 것으로 덮는다) **다따미**

短文에서 조사가 생략되고 뒷말은「동사는 연용형, 형용사와 형용동사는 어간」으로 바뀌어, "~하기" "~하는 것[사람]" 등의 명사로 전성되기도 하며, 이때 뒷말의 첫 글자가 무성음일 경우에 발음의 편의상 탁음이 붙기도 한다.

●다따미가 ~(하)다

- 畳が ┌ 古ふるく[ぼろに] なる   오래[누더기가] 되다
  └ へこむ   꺼지다

●다따미를 ~하다

- 畳を
  - 編あむ   짜다
  - 敷しく   깔다
    - ▶替かえる   갈다
    - ▶敷き替かえる   새로 깔다
  - 上あげる   걷다

●다따미로 ~하다 (행위의 수단·재료·도구·방법)

- 畳で
  - できて いる   되어있다
    - 전·명 畳·部屋へや : 다따미방
  - 敷しく   깔다

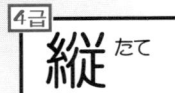

(수평에 대한 상하·수직의 방향. 또는 그 길이) **세로**

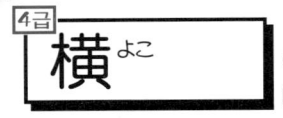

(상하에 대한 수평의 방향. 또는 그 길이) **가로**

[참고] 「よこ」는 기로로 놓여 있는 "옆"이라는 의미도 갖는다. ☞ page 648

短文에서 조사가 생략되고 뒷말은「동사는 연용형, 형용사와 형용동사는 어간」으로 바꿔어, "~하기" "~하는 것[사람]" 등의 명사로 전성되기도 하며, 이때 뒷말의 첫 글자가 무성음일 경우에 발음의 편의상 탁음이 붙기도 한다.

●세로[가로]가 ~(하)다

- 縦[横]が ┌ 広^{ひろ}い / 狭^{せま}い   넓다 / 좁다
          └ 長^{なが}い / 短^{みじか}い   길다 / 짧다

●세로[가로]를 ~하다

- 縦[横]を - 側^{はか}る   재다

●세로[가로]로 ~하다

※ 「~に」는 동작·작용이 그 방향으로 진행되어 도착되는 "이동지점"과 "방향의 전환"을 나타내고, 「~へ」는 동작·작용이 그 방향으로 진행된다는 "진행방향"을 나타낸다.

- 縦[横] ┌ に
         └ へ
  ┌ 書^かく / 読^よむ   쓰다 / 읽다
  │   ⋯ 전·명 縦[横]書^がき : 종[횡]서
  │ (頭^{あたま}を) 振^ふる   (머리를) 흔들다
  │ 揺^ゆれる   흔들리다
  └   ⋯ 전·명 縦[横]揺れ : 세로[가로]로 흔들림
       • ~が ひどい。
         ~이 심하다.

並^{なら}ぶ / 並^{なら}べる	늘어서다 / 늘어놓다
┗▶並べ立^だてる	늘어 세우다
切^きる / 割^わる	자르다 / 쪼개다
┗ 전·동 横切^{よこぎ}る 가로지르다	
・道^{みち}を ～	길을 ～
広^{ひろ}める / 狭^{せば}める	넓히다 / 좁히다
┗▶広がる	퍼지다
流^{なが}れる	흐르다
当^あてる / つける	대다 / 붙이다
(線^{せん}) 引^ひく	(선을) 긋다

❶縦のものを 横にも しない 직역「세로의 것을 가로로도 하지 않는다」・손 하나 까딱하지 않는다

복합어가 되면, 뒤에 오는 단어의 첫 글자가 무성음일 경우에 발음의 편의상 탁음이 붙는 경우가 많다.

● 縦[横]＋ ┌ 文字^もじ　　세로[가로]글씨　　　　　　　(もじ・글씨)
　　　　　└ じま　　　세로줄[가로줄] 무늬　　　　　(しま・줄무늬)

(사람이 살거나 필요에 의해 이용하거나 하기 위하여 세워진 건조물·건축물) **건물**

短文에서 조사가 생략되고 뒷말은「동사는 연용형, 형용사와 형용동사는 어간」으로 바뀌어, "~하기" "~하는 것[사람]" 등의 명사로 전성되기도 하며, 첫 글자가 무성음일 경우에 발음의 편의상 탁음이 붙기도

●건물이 ~(하)다

- 建物が
  - 高たかい / 低ひくい   높다 / 낮다
  - 丈夫じょうぶだ   튼튼하다
  - 変かわって いる   색다르다
  - 立たつ   서다
  - 揺ゆれる   흔들리다

●건물을 ~하다

- 建物を
  - 立たてる   세우다, 짓다
    - ▶立たて直なおす   다시 짓다
    [참고]「동작성 동사의 연용형+直す」의 형태로,「다시 ~하다」라는 의미의 복합명사가 된다.
  - 壊こわす   부수다, 헐다
  - 補修ほしゅう[改築かいちく]する   보수[개축]하다

●건물에 ~하다

- 建物に - 入はいる   들어가다, 입주하다

(물건을 올려놓기 위하여 수평으로 걸치거나 늘어뜨린 판자) **선반**

短文에서 조사가 생략되고 뒷말은「동사는 연용형, 형용사와 형용동사는 어간으로 바뀌어, "~하기" "~하는 것[사람]" 등의 명사로 전성되기도 하며, 이때 뒷말의 첫 글자가 무성음일 경우에 발음의 편의상 탁음이 붙기도 한다.

●선반이 ~(하)다

- 棚が
  - 高たかい / 低ひくい   높다 / 낮다
  - 広ひろい / 狭せまい   넓다 / 좁다
  - 揺ゆれる   흔들리다

●선반을 ~하다

- 棚を
  - 作つくる   만들다
  - つる / かける / 付つける   달다 / 걸다 / 대다
  - 外はずす / 下おろす   떼다
  - さらえる   치우다
    - 전·명 棚ざらえ : (상품정리를 위하여 재고품을 전부 꺼내어 싸게 파는 것) **창고정리**

●선반에 ~하다

- 棚に
  - 上あげる   ① 올리다 ② → 관용구

    관용구 棚に[棚へ] 上げる 직역「선반에 올리다」·(자신에게 불리한 것은 일부러 이야기를 피하거나 모르는 체함을 비유하여) **꺼내지 않다**

    전·명 棚上げ : (문제의 해결·처리를 일시 보류해 두는 것) **꺼내지 않음**

    • この問題もんだいは 一時いちじ ~にしよう。
      이 문제는 일시 꺼내지 않기로 하자.

└ 載ºせる　　　　　　　　　얹다

●선반에서 ～하다 (동작과 작용의 시발점)

- 棚から ┌ 落ºちる　　　　　떨어지다
　　　　└ 下ºろす　　　　　내리다

● 棚から ぼたもち   [직역]「선반에서 모란팥떡」・(생각지도 않은 행운이 잡은 것을 비유하여) 굴러(들어)온 떡 = 棚ぼた

- 道みちで 一万円時いちまんえんも 拾ひろうなんて ～だ。
  길에서 만엔이나 줍다니, 굴러들어 온 떡이다.

복합어가 되면, 뒤에 오는 단어의 첫 글자가 무성음일 경우에 발음의 편의상 탁음이 붙는 경우가 많다.

- 棚 + ┌ 田だ　　계단식 논　　　　　　　　　　　(た・논)
　　　 └ 雲ぐも　(옆으로 길게 깔린 구름)　　　　　(くも・구름)

○ 本ほん　　┐
　　　　　　├ + 棚だな　책장　　　　　　　　　　(ほん・책)
　大陸たいりく ┘　　　　 대륙붕　　　　　　　　　(たいりく・대륙)

- 棚 - 引ºく　(구름・안개 등이) 길게 뜨다

4급 たばこ

(담배 잎 식물을 말려 그대로 또는 잘게 부셔 만 것으로서 불을 붙여 연기를 빨아들이는 것) **담배**

 短文에서 조사가 생략되고 뒷말은「동사는 연용형, 형용사와 형용동사는 어간으로 바뀌어, "~하기" "~하는 것[사람]" 등의 명사로 전성되기도 하며, 이 때 뒷말의 첫 글자가 무성음일 경우에 발음의 편의상 탁음이 붙기도 한다.

●담배가 ~(하)다

- たばこが
  - きつい / 軽い　　　　　독하다 / 순하다
  - (水に) ぬれる　　　　　(물에) 젖다
  - 切れる　　　　　　　　떨어지다

●담배를 ~하다

- たばこを
  - 吸う　　　　　　　　　피우다
  - 消す　　　　　　　　　끄다
    - ▶もみ消す　　　　　　비벼 끄다
  - やめる　　　　　　　　끊다
  - すすめる　　　　　　　권하다
  - 配る　　　　　　　　　돌리다, 나눠주다
  - たしなむ　　　　　　　즐기다
  - 遠慮する　　　　　　　삼가다
  - 取り出す　　　　　　　꺼내다
  - (口に) くわえる　　　　(입에) 물다
  - 入れる　　　　　　　　넣다

전·명 たばこ入れ　　담배쌈지

●담배로 ～하다

- たばこで ┌ 肺(はい)が 悪(わる)い 　　　　폐가 나쁘다
　　　　　 └ 命(いのち)を 失(うしな)う　　목숨을 잃다

●담배에 ～하다

- たばこに ┌ 入(はい)って いる　　들어있다
　　　　　 └ 汚(よご)れる　　　　더러워지다, 찌들다

복합어가 되면, 뒤에 오는 단어의 첫 글자가 무성음일 경우에 발음의 편의상 탁음이 붙는 경우가 많다.

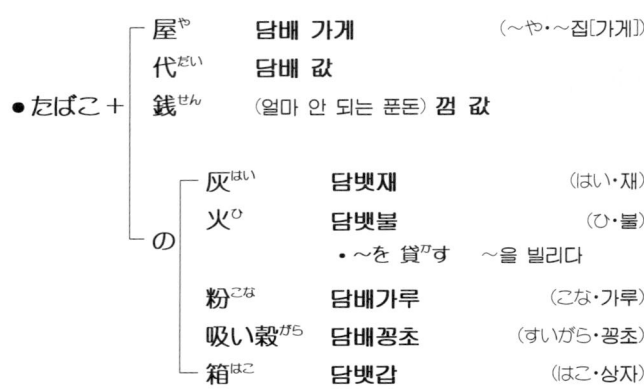

- たばこ + ┌ 屋(や)　　담배 가게　　　　　　　　(～や・～집[가게])
　　　　　 │ 代(だい)　담배 값
　　　　　 │ 銭(せん)　(얼마 안 되는 푼돈) 껌 값
　　　　　 │
　　　　　 └ の ┌ 灰(はい)　　담뱃재　　　　　(はい・재)
　　　　　　　　│ 火(ひ)　　　담뱃불　　　　　(ひ・불)
　　　　　　　　│   • ～を 貸(か)す ～을 빌리다
　　　　　　　　│ 粉(こな)　　담배가루　　　　(こな・가루)
　　　　　　　　│ 吸(す)い殻(がら)　담배꽁초　(すいがら・꽁초)
　　　　　　　　└ 箱(はこ)　　담뱃갑　　　　　(はこ・상자)

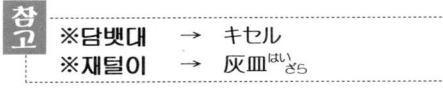

참고
※담뱃대 → キセル
※재떨이 → 灰皿(はいざら)

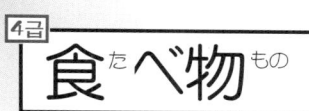

（식용으로 먹을 수 있는 것, 주로 음료수인 「飲の み物」에 대하여 씹을 수 있는 것을 가리킨다）**음식(물)**

短文에서 조사가 생략되고 뒷말은「동사는 연용형, 형용사와 형용동사는 어간」으로 바뀌어, "~하기" "~하는 것[사람]" 등의 명사로 전성되기도 하며, 첫 글자가 무성음일 경우에 발음의 편의상 탁음이 붙기도

●음식(물)이 ~(하)다

- 食べ物が
  - 変かわる / 腐くさる　　　변하다 / 상하다, 썩다
    - ▶すえる　　　　　쉬다
  - 減へる / 増ふえる　　　　줄다 / 늘다

●음식(물)을 ~하다

- 食べ物を
  - かむ / 吐はく　　　　　씹다 / 뱉다, 토하다
    - ▶よく かんで 食べる　잘 씹어 먹다
    - ▶吐き出だす　　　　뱉어[토해] 내다
  - 捨すてる　　　　　　　버리다
  - もって いたずらする　가지고 장난치다

●음식(물)에 ~하다

- 食べ物に
  - 入いれる / 入はいる　　　넣다 / 들어가다
    - ▶入いれて ある　　　넣어져 있다
    - ▶入はいって いる　　　들어 있다
  - 気きを つける　　　　　조심하다
  - かびが 生はえる　　　　곰팡이가 피다

●음식(물)에서 ~하다

- 食べ物から ┌ (石^いが) 出^でる　　　　　(돌이) **나오다**
　　　　　　└ においが する　　　　　냄새가 나다

(조류나 어류 또는 곤충의 암컷의 생식기에서 태어나는 생식세포. 또는 특히 닭의 알) **알 ; 계란**

短文에서 조사가 생략되고 뒷말은「동사는 연용형, 형용사와 형용동사는 어간」으로 바뀌어, "~하기" "~하는 것[사람]" 등의 명사로 전성되기도 하며, 이때 뒷말의 첫 글자가 무성음일 경우에 발음의 편의상 탁음이 붙기도 한다.

●알[계란]이 ~(하)다

- 卵が
  - 大きい / 小さい 　굵다/잘다
  - 割れる 　깨지다

●알[계란]을 ~하다

- 卵を
  - 産む / 抱く、温める / かえす

    낳다 / 품다 / 까다

    [참고]「抱く」는 가슴에 품는 행위를,「温める」는 원래 물건의 온도를 꽉 좋은 높이까지 올린다는「따뜻하게 하다, 데우다」등의 의미로서,「卵を温める」는「알을 품다」로 해석된다.

  - 割る 　깨다
  - かき混ぜる 　휘젓다
  - 溶く 　풀다, 개다
  - 焼く 　부치다
    [전·명] 卵焼き : 계란부침
  - ゆでる 　삶다
    [전·명] ゆで卵 : 삶은 계란

● 알로[계란으로] ~하다

- 卵で ┬ 作つくる　　　　만들다
　　　└ とじる　　　　(풀어서 소를 덮다) **입히다**

복합어가 되면, 뒤에 오는 단어의 첫 글자가 무성음일 경우에 발음의 편의상 탁음이 붙는 경우가 많다.

- 卵 + ┬ 形かた　　　**계란형**　　　　　　　　　　　(かた・형)
　　　├ 焼やき　　　**계란부침** ☞ page 413　　　(やく・굽다)
　　　│　　[비교]「目玉めだま焼やき」: (노른자위를 터뜨리지
　　　│　　　　　않고 그대로 있게 구운) **계란프라이**
　　　├ 丼どんぶり　**계란덮밥** (どんぶり・「どんぶりめし(덮밥)」의 준말)
　　　└ 色いろ　　　**달걀색(연노랑)**　　　　　　　(いろ・색)

○ 生なま ┐　　　　　　　　**생계란**　　　　　(なま~・생~)
　ゆで ─┤　　　　　　　　**삶은 계란**　　　　(ゆでる・삶다)
　　　　├ +卵
　鳥とり ┐│　　　　　　　**새알**　　　　　　　(とり・새)
　ダチョウ ┤の─　　　　　**타조알**　　　　　　(ダチョウ・타조)
　恐竜きょうりゅう ┘　　　**공룡알**　　　　(きょうりゅう・공룡)

난방　☞ page 663 「冷房(れいぼう)」

3급
血 ち

(동물의 체내에 돌며 흐르는 혈액) 피

短文에서 助詞가 생략되고 뒷말은「동사는 연용형, 형용사와 형용동사는 어간으로 바뀌어, "~하기" "~하는 것[사람]" 등의 명사로 전성되기도 하며, 이 때 뒷말의 첫 글자가 무성음일 경우에 발음의 편의상 탁음이 붙기도 한다.

◉피가 ~다

- 血が
  - 赤あかい / 黒くろい　　　붉다 / 검다
  - 濃こい　　　　　　　　　진하다
    - 관용구 血は 水みずより 濃い　피는 물보다 진하다

  - 悪わるい　　　　　　　　나쁘다
  - べとべと[べたべた]する　끈적끈적하다

  - 出でる / 流ながれる / 止とまる
    　　　　　　　　　　　나다 / 흐르다 / 멎다
    - ▶どくどく 流れる　　펑펑 쏟아지다

  - のぼる　　　　　　　　　솟다, 오르다
  - たぎる　　　　　　　　　끓다
  - たまる　　　　　　　　　괴다
  - 乾かわく / 固かたまる　　　마르다 / 엉키다, 굳다
  - つく / にじむ　　　　　묻다 / 번지다, 배다
  - 混まじる　　　　　　　　섞이다
    - ▶混まじって 出る　　　섞여 나오다

  - 巡めぐる　　　　　　　　돌다
  - 通かよう　　　　　　　　통하다

◎피를 ~하다

- 血を
  - 見る — 보다
  - 流す — 흘리다
  - 止める — 멈추다, 막다
  - 吐く — 토하다
  - 吸う — 빨다
  - 取る — 뽑다
  - 分ける — 나누다
  - 受ける — 받다
    - ▶受け継ぐ — 이어받다

◎피로 ~하다

- 血で
  - 書く — 쓰다
    - 전·명 血書き : 혈서
  - べとべと[べたべた]する — 끈적끈적하다

◎피에 ~하다

- 血に
  - うえる — 굶주리다
  - まみれる / ぬれる — 범벅이다 / 젖다
    - 전·명 血まみれ : 피투성이
    - ・~になる
      ~가 되다
  - 染まる — 물들다

복합어가 되면, 뒤에 오는 단어의 첫 글자가 무성음일 경우에 발음의 편의상 탁음이 붙는 경우가 많다.

- 血 +
  - 眼^{まなこ}　　혈안　　　　　　　　　　　　(まなこ・눈)
  - 目^め　　충열된 눈　　　　　　　　　　(め・눈)
  - 筋^{すじ}　　혈통, 핏줄　　　　　　　　　　(すじ・줄기)
  - 膿^{うみ}　　피고름　　　　　　　　　　　(うみ・고름)
  - 刀^{かたな}　　피묻은 칼　　　　　　　　　(かたな・칼)
  - だらけ　　피투성이　　　　　　　　　(~だらけ・투성이)
  - まみれ　　피범벅이　　　　　　　　　(~まみれ・범벅이)
  - の
    - 海^{うみ}　　피바다　　　　　　　　　　(うみ・바다)
    - におい　　피 냄새　　　　　　　　　(におい・냄새)
    - 涙^{なみだ}　　피눈물　　　　　　　　　(なみだ・눈물)
    - 気^け　　핏기　　　　　　　　　　　(け・기)

○ 鼻^{はな}- + 血　　코피　　　　　　　　　　　　　(はな・코)

참고
```
※피는 물보다 진하다    → 血は 水(みず)より 濃(こ)い
※피는 피를 부른다      → 血は 血を 呼(よ)ぶ
※피도 눈물도 없다      → 血も 涙(なみだ)も ない
※피와 땀의 결정체      → 血と 汗(あせ)の 結晶(けっしょう)
```

|3급| 力 ちから　　(사람과 동물에게 있어서, 스스로 움직이거나 다른 것을 움직이게 하는 작용의 원천이 되는 것) **힘**

短文에서 조사가 생략되고 뒷말은「동사는 연용형, 형용사와 형용동사는 어간」으로 바꾸어, "~하기" "~하는 것(사람)" 등의 명사로 전성되기도 하며, 이 때 뒷말의 첫 글자가 무성음일 경우에 발음의 편의상 탁음이 붙기도 한다.

●힘이 ~(하)다

- 力が
  - 強つよい / 弱よわい　　　　세다 / 약하다
    - [전·형] 力強づよい　힘차다
  - 大おおきい / 小ちいさい　　　크다 / 작다
  - ある / ない　　　　　있다 / 없다
    - ▶できる / なくなる　　생기다 / 없어지다
  - 出でる　　　　　　　　나다
  - 沸わく / あふれる　　　솟다 / 넘치다
  - 余あまる、残のこる / 足たりる　남다 / 족하다
    - ▶足たりない　달리다
    - [비교] 「残る」는 뭔가를 하고 남은 나머지가 있음을,「余る」는 양적으로 여분이 있음을 나타낸다.
    - ▶あり余る　　　　　　남아돌다
  - 尽つきる　　　　　　다하다, 다되다
  - 落おちる / 抜ぬける　　떨어지다 / 빠지다
  - 入はいる / 及およぶ　　들어가다 / 닿다, 미치다
  - 要いる　　　　　　　필요하다, 들다

- ※힘이 되다 → 力に なる

- ※힘이 부치다 → (힘에 겹다) 力に 余あまる

●힘을 ~하다

- 力を
  - 入いれる / 抜ぬく　　　　　　　주다 / 빼다
  - 出だす / 尽つくす、果はたす　　내다 / 다하다
    - ▶出させる　　　　　　　　내게 하다, 돋우다
  - 使つかう / 尽つくす　　　　　　쓰다 / 다하다
    - ▶使い果はたす　　　　　　　다 쓰다
  - 発揮はっきする　　　　　　　　　발휘하다
  - 集あつめる / 合あわせる　　　　모으다 / 합치다
  - 得える / 失うしなう　　　　　　얻다 / 잃다
  - 入いれる、込こめる　　　　　　(넣다) 주다
    - ▶力を 込めて 押おす　　　　힘을 주어 밀다
  - 持もつ / 養やしなう　　　　　　가지다 / 키우다, 기르다
    - 전·명 力持ち : (힘이 셈, 또는 그러한 사람) 힘 장사
  - 競くらべる　　　　　　　　　　겨루다
    - 전·명 力競べ : 힘 겨루기
  - 借かりる / 貸かす　　　　　　　빌리다 / 빌려주다

  - ※力を 落おとす → (힘을 떨구다) → 낙심하다
    - 전·명 力落とし　　낙심

●힘으로 ~하다

- 力で
  - 押おす　　　　　　　　　　　　밀다, 누르다
    - ▶押し付つける　　　　　　　밀어붙이다
    - ▶追おい込こむ　　　　　　　몰아붙이다
  - 勝かつ / 負まける　　　　　　　이기다 / 지다
  - 圧倒あっとう[制圧せいあつ]する　　　압도[제압]하다

●힘에 ～하다

- 力に
  - 押^おされる　　　　　밀리다
  - 任^{まか}せる　　　　　　맡기다
    - 전·형 力任せ　（자신의) 힘에 의존함
    - ～に 球^{たま}を 投^なげる
      힘에 의존하여 공을 던지다
  - 負^まける　　　　　　지다
  - 余^{あま}る　　　　　　겹다, 부치다

복합어가 되면, 뒤에 오는 단어의 첫 글자가 무성음일 경우에 발음의 편의상 탁음이 붙는 경우가 많다.

- 力 +
  - こぶ　　　알통　　　　　　　　　　（こぶ·혹）
  - 足^{あし}　　　힘준 발　　　　　　　　 （あし·발）
  - 不足^{ふそく}　힘 부족　　　　　　　　 （ふそく·부족）
  - 競^{くらべ}　힘겨루기　　　　　　　　（くらべ·겨루다）
  - 自慢^{じまん}　힘 자랑　　　　　　　　（じまん·자랑）

○ 無駄^{むだ}な ┐　　　　헛심　　　　　　　　（むだ·소용없다）
　　　　　　　├ +力
愛^{あい}　　　│　　　　사랑의 힘　　　　　（あい·사랑）
金^{かね}　　　├ の　　돈의 힘　　　　　　（かね·돈）
風^{かぜ}　　　│　　　　바람의 힘　　　　　（かぜ·바람）
友達^{ともだち}　┘　　　　아버지의 힘　　　　（ともだち·친구）

○ 馬鹿^{ばか} ┐　　　　（지혜보다는 보통 이상의 강한　（ばか·바보）
　　　　　├ +力^{ちから}　힘을 비웃는 말) 뚝심
底^{そこ}　　┘　　　　　젖 먹던 힘 ; 저력　　　（そこ·바닥）

복합응용

복합어가 되면, 뒤에 오는 단어의 첫 글자가 무성음일 경우에 발음의 편의상 탁음이 붙는 경우가 많다.

- [力強^{づよ}い] : ① 힘차다, 힘세다 ② (마음) 든든하다
- [力ある] : 힘있다
- [力あふれる] : 힘 넘치다

부사적관용

복합어가 되면, 뒤에 오는 단어의 첫 글자가 무성음일 경우에 발음의 편의상 탁음이 붙는 경우가 많다.

- [力ずく] : 완력으로, 우격다짐으로
- [力の(ある)かぎり] : 힘껏, 힘이 있는 한
- [力・一杯^{いっぱい}] : 힘껏, 힘 가득

> 참고
> ※힘들여 (~하다) → 苦労^{ろう}して ~
> (고생하여)

3급 地図(ちず)

(지구표면의 일부 또는 전체의 상태를 일정의 비율로 축소하여 문자와 기호를 이용하여 나타낸 것) **지도**

短文에서 조사가 생략되고 뒷말은「동사는 연용형, 형용사와 형용동사는 어간」으로 바뀌어, "~하기" "~하는 것[사람]" 등의 명사로 전성되기도 하며, 첫 글자가 무성음일 경우에 발음의 편의상 탁음이 붙기도

●지도가 ~(하)다

- 地図が
  - 詳(くわ)しい 　　　　　　　상세하다
    - ▶詳しくない 　　　　　상세하지 않다
  - 大(おお)きい / 小(ちい)さい 　크다 / 작다
  - 古(ふる)い / 新(あたら)しい 　낡다 / 새것이다
  - よく 見(み)える 　　　　　잘 보이다

●지도를 ~하다

- 地図を
  - 見(み)る / 捜(さが)す 　　　　보다 / 찾다
    - ▶見て 捜(さが)す 　　　　보고 찾다
  - 開(ひら)く / 広(ひろ)げる / 閉(と)じる
    　　　　　　　　　　펴다 / 펼치다 / 덮다
  - 作(つく)る / 描(えが)く 　　만들다 / 그리다

●지도로 ~하다

- 地図で－捜^{さが}す　　　　　　찾다

●지도에 ~하다

- 地図に
  - 出^でる　　　　　　나오다
    - ▶出て いる[いない]　나와 있다[있지 않다]
  - 載^のる / 載^のせる　실다 / 실리다

[4급] 父^{ちち}　　　아버지　☞ page 515「はは」

[4급] 茶^{ちゃ}　　　(마시는) 차　☞ page 159「お茶」

4급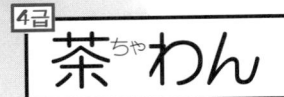

밥공기
※원래「茶わん」은 차를 마시거나 밥을 먹을 때에 사용되는 공기의 의미이나, 일반적으로 밥공기의 의미가 강하다. 구분할 때는 밥공기는「ご飯茶わん」, 찻잔은「湯飲み(茶わん)」이라고 한다.

[참고] 커피 잔 → コーヒー・カップ[茶わん]

● 밥공기가 ~(하)다

- 茶わんが
  - 大きい / 小さい   크다 / 작다
  - かわいい   귀엽다, 깜찍하다
  - 割れる   깨지다

● 밥공기를 ~하다

- 茶わんを
  - 洗う   씻다
  - 置く   놓다
  - 割る   깨다

● 찻잔[밥공기]에 ~하다

- 茶わんに
  - 入れる、よそう、盛る   담다
    - [비교]「入れる」과「よそう」는 적당량을 담는다는 같은 의미로,「盛る」는 산같이 수북하게 담는 것을 나타낸다.
  - ひびが 入る   금이 가다

·· つき 425

3급
月 つき

(지구의 주위를 도는 위성으로서, 태양의 빛을 받아 지상의 밤을 밝힌다) 달

短文에서 조사가 생략되고 뒷말은「동사는 연용형, 형용사와 형용동사는 어간으로 바꾸어, "~하기" "~하는 것[사람]" 등의 명사로 전성되기도 하며, 이 때 뒷말의 첫 글자가 무성음일 경우에 발음의 편의상 탁음이 붙기도 한다.

●달이 ~(하)다

- 月が
  - 丸まるい　　　　　　　둥글다
  - 明あかるい　　　　　　훤하다
  - 昇のぼる　　　　　　　뜨다, 떠오르다
    - ▶昇り始はじまる　　　뜨기 시작하다
  - 満みちる　　　　　　　차다
  - 傾かたむける　　　　　기울(어지)다
  - 欠かける　　　　　　　이지러지다
  - ×歪ゆがむ　　　　　　일그러지다
  - (水みずに) 映うつる　　　(물에) 비치다

●달을 ~하다

- 月を
  - 見る　　　　　　　　보다
    - [전·명] 月見　달구경, 달맞이　・~草そう 달맞이 꽃
    - ▶見上あげる　　　올려다보다, 바라보다
    - ▶仰あおぐ　　　　(우러러)보다
  - 鑑賞かんしょうする　　감상하다
  - かく, 描えがく　　　　그리다

●달에(게) ~하다

- 月に ┬ 祈いのる　　　　　　　　　　빌다
　　　└ (ウサギが) 住すむ　　　　　(토끼가) 살다

관용구

● 月と すっぽん　[직역]「달과 자라」·(달과 자라는 둥글다는 것은 닮아 있지만, 실물은 큰 차이가 있는 것을 비유하여) **하늘과 땅, 천지**

- ~の違いだ　　하늘과 땅 차이다

복합명사 복합어가 되면, 뒤에 오는 단어의 첫 글자가 무성음일 경우에 발음의 편의상 탁음이 붙는 경우가 많다.

- 月 + ┬ 影かげ　　달 그림자　　　　　　　(かげ·그림자)
　　　│ 形がた　(반월형의) 달 모양　　　　(かた·형)
　　　└ の ┬ 暈かさ　달무리　　　　　　　(かさ·무리)
　　　　　 └ 光ひかり　달 빛　　　　　　　(ひかり·빛)

···つぎ 427

(뒤에 곧바로 이어지는 것) **다음**

短文에서 조사가 생략되고 뒷말은「동사는 연용형, 형용사와 형용동사는 어간으로 바뀌어, "~하기" "~하는 것[사람]" 등의 명사로 전성되기도 하며, 이 때 뒷말의 첫 글자가 무성음일 경우에 발음의 편의상 탁음이 붙기도 한다.

◉다음이 ~(하)다

- 次が ┌ 待_またれる / 期待_{きたい}される   기다려지다 / 기대된다
  └ 私_{わたし}の番_{ばん}です   저의 순서입니다

◉다음을 ~하다

- 次を ┌ 待_まつ / 期待_{きたい}する   기다리다 / 기대하다
  └ 期待する

◉다음에 ~하다

- 次に - する / 会_あう   하다 / 만나다

◉다음으로 ~하다

- 次に - 延_のばす   미루다

※次から 次へ   다음부터 다음으로, 차례차례

・・・・・・・・・・・・ 428 명사 표현력 ・・・・・・・・・・・・

4급 机 つくえ

(책을 읽거나 글씨를 쓰거나 할 때에 사용되; 리가 붙은 가구의 하나) **책상**

短文에서 조사가 생략되고 뒷말은「동사는 연용형, 형용사와 형용동사는 어간」으로 바뀌어, "～하기" "～하는 것[사람]" 등의 명사로 전성되기도 하며, 이 때 뒷말의 첫 글자가 무성음일 경우에 발음의 편의상 탁음이 붙기도 한다.

●책상이 ～(하)다

- 机が
  - 大ぉぉきい / 小ちぃさい   크다 / 작다
  - 広ひろい / 狭せまい   넓다 / 좁다
  - 丈夫じょうぶだ / 弱よわい   튼튼하다 / 약하다
  - 高たかい / 低ひくい   높다 / 낮다
  - 壊こわれる、つぶれる   부서지다
    - [비교]「壊れる」는 제 기능을 하지 못하게 됨을, 「つぶれる」는 전반적으로 압력을 받아 내려앉는 상태를 나타낸다.
    - ▶ぎいぎい 音ぉとを 立たてる   삐걱거리다

●책상을 ～하다

- 机を
  - 買かう / 売うる   사다 / 팔다
  - 作つくる   만들다
  - 置おく   놓다

3급 妻 つま

(부부 중에서 여자 쪽의 배우자) **처**

☞ page 163「おっと」

······················· て 423

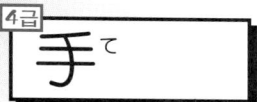

(사람의 팔에서 끝에 위치한 인체의 일부. 또 앞다리를 나타내기도 한다) 손

短文에서 조사가 생략되고 뒷말은「동사는 연용형, 형용사와 형용동사는 어 간으로 바뀌어, "~하기" "~하는 것(사람)" 등의 명사로 전성되기도 하며, 이 때 뒷말의 첫 글자가 무성음일 경우에 발음의 편의상 탁음이 붙기도 한다.

●손이 ~(하)다

- 手が
  - 大きい / 小さい　　　　크다 / 작다
  - 奇麗だ / 醜い　　　　예쁘다 / 밉다
  - 柔らかい / ざらざらだ　부드럽다 / 거칠다
  - 温かい / 冷たい　　　따뜻하다 / 차갑다
    - ▶温まる　　　　　녹다
  - まるまると する　　　　포동포동하다
  - べとべと[べたべた]する　끈적끈적하다
  - 速い / 遅い　　　　　빠르다 / 느리다

  - 濡れる　　　　　　　　젖다
    - 전·명 濡れ手　젖은 손
  - しびれる / 震える　　저리다 / 떨리다
  - あかぎれに なる　　　트다
  - 腫れる / むくむ　　　붓다
    - [참고]「はれる」는 피부의 일부가 벌레에 물렸다든지 하여 "부풀어오르다"는 의미이고, 「むくむ」는 특히 얼굴 이나 팔다리가 병 또는 그와 같이 물기가 차 부운 듯이 부푼 상태를 나타낸다.

  - 届く　　　　　　　　닿다, 미치다
    - 관용구 手が 届く　[직역]「손이 닿다」· ① (영향·관심 등이 미친다는 의미로) 손이 미친다 ② (이제 곧 그렇게 됨을 나타내는 의미로) 바라보다

空^あく　　　　　　　　　　　　(아무 것도 없다) **비다**
  [참고] 시간적인 여유로 짬이 생긴다는 의미인 「손이 비다」는 「手が すく」로 표현된다.

- ※**손이 부끄럽다** → きまりが 悪^{わる}い
- ※**손이 아무지다** → 手落^{てお}ちが ない
- ※**손이 맵다** → 手先^{てさき}が 強^{つよ}い (손끝이 맵다)

 관용구

● 手が 上^あがる　[직역] 「손이 오르다」・(솜씨가 능숙해진다라는 의미로) **물이 오르다**

● 手が かかる　[직역] 「손이 걸리다」・(보살핌이나 손이 많이 필요하다는 의미로) **손이 가다**

● 手が 足^たりない　[직역] 「손이 부족하다」・(일을 하는데 사람의 수가 부족하다는 의미로) **손이 부족하다**

● 手が 出^でない　[직역] 「손이 나오지 않는다」・(엄두가 나지 않아 어떻게 할 수가 없음을 비유하여) **엄두가 나지 않는다**

● 手が 届^{とど}く　[직역] 「손이 닿다」 ☞ page 429

● 手が 離^{はな}せない　[직역] 「손을 뗄 수 없다」・(지금 하고 있는 일이 너무 바빠서 다른 일을 할 수 없다는 의미로) **손을 뗄[놓을] 수 없다**

● **손을 ～하다**

	取^とる / 握^{にぎ}る / 放^{はな}す	잡다 / 쥐다 / 놓다
	▶さっと[ぎゅっと・ぱっと] ～	살짝[꽉・확] ～
● 手を	開^{ひら}く / 閉^とじる	펴다 / 접다
	触^ふれる / 触^{さわ}る	건드리다 / 만지다

当てる、つける、出す　　　대다

[비교] 「手を 当てる」는 어느 부분에 살짝 갖다대어 접촉시킴을, 「手を つける」는 뭔가의 목적을 위해 단지거나 치거나 하는 등의 손으로 할 수 있는 행동을 취함을 나타낸다. 특히 「手を 出す」는 원래 "손을 (꺼)내다"라는 의미에서, 「手を つける」가 같은 의미와 이에 새로운 일에 착수하기 위하여 "손을 (꺼)내다" 즉, 「손을 대다」라는 관용구의 의미로 사용된다.

- 手を 口に 当てる。　　손을 입에 대다.
- 人の物に 手を つける[出す]。
　　　　　　　　　　남의 물건에 손을 대다.
- 事業に 手を 出す。　사업에 손을 대다.

外はずす / 置く　　　떼다 / 놓다

(ポケットから) 出す　　(주머니에서) **빼다, 꺼내다**

載せる　　　　얹다

上げる / 下りる　　들다 / 내리다

差し出す / 伸ばす　　내밀다 / 내밀다, 뻗다

[비교] 「手を 差し出す」는 앞으로 뻗어 내밂을, 「手を 伸ばす」는 보다 멀리·깊이·높이 손이 닿지 않는 곳까지 닿기 위하여 뻗음을 나타낸다.

引く　　　　당기다

[관용구] 手を 引く　[직역] 「손을 당기다」·(지금까지 관계하고 있던 일에서 그만둔다는 의미로) 손을 떼다[빼다]

合わせる　　　모으다, 합치다

こする / もむ　　비비다

　　　※もみ手(を) する　두 손을 빌다

(ぱたぱた) 払う、はたく　(툭툭) 털다

洗う　　　씻다

[주의] 지금까지의 일을 청산한다는 의미의 「손을 씻다」는, 일본어에서는 「足を 洗う」로 표현된다

(タオルで) 拭う　　(수건으로) 닦다

[전·명] 手拭い　수건

| 切ぎる | 자르다 |

  - 관용구 手を 切る　직역「손을 자르다」·(지금까지 관계를 맺고 있던 사람과 연을 끊다라는 의미로) 손을 끊다

浸ひたす	담그다
(火ひに) あぶる / 温あたためる	(불에) 쬐다 / 녹이다
痛いためる	다치다
煩わずらわす / 経たつ	거치다 / 지나다
打うつ	치다

  - 관용구 手を 打つ　직역「손을 치다」·①(손바닥을 서로 쳐서 소리를 낸다는 의미로서, 타협이 이루어졌다는 의미로) 손을 치다 ②(나중에 곤란하지 않도록 미리 준비해 둔다는 의미로) 손을 쓰다

― ※手を たたく　(손을 두드리다) → 손뼉을 치다

└ ※手を かざす → 1) 손을 쬐다 2) 손으로 가리다

● 手を 入いれる　직역「손을 넣다」·(손으로 고치고 다듬거나 또는 다 되었지만, 부족하거나 잘못된 것을 더하거나 고쳐 완벽하게 완성시킨다는 의미로) 손질을 하다

● 手を 打うつ　직역 ☞ page 432 ↑

● 手を 借かりる　직역「손을 빌리다」·(바쁘거나 힘겨울 때에 남의 힘을 빌린다는 의미로) 손을 빌리다

● 手を こまぬく[こまねく]　직역「팔짱을 끼다」·(아무 것도 하지 않고 팔짱을 끼고 있다는 의미로) 팔짱을 끼다, 수수방관하다

● 手を つかねる [직역]「손을 다발로 묶다」 수수방관하다 = 手を こまぬく

● 手を 着ける [직역]「손을 붙이다」·(뭔가를 행하여 시작하다라는 의미로) 손을 대다

[참고] 手の付けようも ない [직역]「손 댈 수도 없다」·(어디부터 손을 대야 좋을지 모르겠다는 의미로) 손을 댈 수도 없다

● 手を 尽くす [직역]「손을 다하다」·(할 수 있는 수단·방법은 다 해 보다라는 의미로) 손을 다 쓰다

● 手を 抜く [직역]「손을 빼다」·(해야할 일에서 하지 않고 그만 둔다는 의미로) 손을 빼다

● 手を 伸ばす [직역]「손을 뻗다」·(지금까지 하지 않고 있던 새로운 영역을 취급하다) 손을 뻗치다

● 手を 引く [직역]「손을 당기다」☞ page 431

● 手を 広げる [직역]「손을 넓히다」·(지금 하고 있는 일의 범위를 확장한다는 의미로) 확다

● 手を 焼く [직역]「손을 태우다」·(처리하지 못해 곤란하다는 의미로) 애를 태운다[먹다]

● 手を 休める [직역]「손을 쉬(게 하)다」·(일 도중에 잠시 쉬기 위하여 손을 쉬게 한다는 의미로) 손을 쉬다

● 손으로 ~하다

• 手で	食べる	먹다
	書く / 描く / 作る	쓰다 / 그리다 / 만들다
	話す / 指す	말하다 / 가리키다
	触る	만지다

押す	누르다
(口を) 覆う	(입을) 가리다, 덮다
(横っつら) 殴る	(뺨을) 때리다, 갈기다
(鼻を) 取る / つまむ	(코를) 잡다 / 쥐다
(鼻を) かむ	(코를) 풀다

●손에 ～하다

• 手に

(何も) ない	(아무 것도) 없다
持つ / 握る	들다 / 쥐다
載せる	얹다
つく	묻다, 붙다
傷が つく	상처가 나다
手を 取る	손을 잡다

⎿ 관용구 手に 手を 取る 직역 「손에 손을 잡다」・(친한 사람이 행동을 같이 한다는 의미로) 손에 손을 잡다

着く / 届く　　　닿다 / 미치다, 다다르다

慣れる / なじむ　익다, 익숙해지다 / 친숙하다
　　⎿ ▶なじませる　　　친숙하게 하다
　⎿ ▶慣れさせる、なじませる　익히다, 익숙하게 하다

入れる / 入る　　　넣다 / 들어오다

⎿ 관용구 手に 入れる 직역 「손에 넣다」・(자신의 것으로 수중에 들어온다라는 의미로) 손에 넣다

　관용구 手に 入る 직역 「손에 들어오다」・(자신의 수중에 들어와 자신의 것이 되다라는 의미로) 손에 들어오다

※(남의)손에 넘어가다 → 人手^{ひとで}に 渡^{わた}る

관용구

● 手に 汗^{あせ}を 握^{にぎ}る　[직역]「손에 땀을 쥐다」・(어떻게 될지, 아슬아슬하다는 의미로) **손에 땀을 쥐다**

● 手に 余^{あま}る　[직역]「손에 남다」・(자신의 힘으로는 처리하기 어렵다는 의미로) **힘에 겹다**

● 手に 入^いれる　[직역] ☞ page 434

● 手に 負^おえない　[직역]「손에 질 수 없다」= 手に 余^{あま}る

● 手に する　[직역]「손에 하다」・(손에 들고 있다는 의미로) **손에 들다[집다]**

● 手に 手を 取^とる　[직역] ☞ page 434

● 手に 付^つかない　[직역]「손에 붙지 않는다」・(다른 일에 마음을 빼앗겨 정작 해야 할 일에 집중할 수 없다는 의미로) **손에 잡히지 않는다**

● 手に 取^とるよう(に)　[직역]「손에 잡듯(이)」・(확실하게 손에 들고 보는 듯함을 나타낸다) **손에 잡히듯이**

● 手に 入^{はい}る　[직역] ☞ page 434

◎손에서 ~하다

- 手から ┌ 汗^{あせ}が 出^でる　　　　땀이 나다
　　　　 └ においが する　　　　냄새가 나다

관용구

● 手も 足ᵃˢʰも 出ᵈᵉない [직역] 「손도 발도 나오지 않는다」·(자신의 힘으로는 어떻게 할 수 없다는 의미로) 엄두도 나지 않는다. 손발 다 들었다.

복합명사

복합어가 되면, 뒤에 오는 단어의 첫 글자가 무성음일 경우에 발음의 편의상 탁음이 붙는 경우가 많다.

● 手 +
- 紙ᵍᵃᵐⁱ   편지   (かみ·종이)
- 続ᵗˢᵘᶻᵘき 수속   (つづく·계속하다)
- ぶら   빈손 비교) 素手ᵈᵉ
- 本ʰᵒⁿ   글자[그림]본 ; 본보기   (ほん·책)
- 鼻ᵇᵃⁿᵃ   (손으로 코를 푸는 것)   (はな·코)
  • ～を かむ。 손으로 코를 풀다

手 + の +
- 甲ᵏᵒᵘ   손등   (こう·손과 발·거북의 등)
- 平ʰⁱʳᵃ   손바닥   (ひら·평평한 것)
- 裏ᵘʳᵃ   손바닥   (うら·안면, 뒷면)

※「手の平」와 같은 의미이지만, 주로 관용적 표현에 사용된다.
  • ～を 返ᵏᵃᵉすよう(に) ～을 뒤집듯(이)

○ 右ᵐⁱᵍⁱ   오른손   (みぎ·오른쪽)
  左ʰⁱᵈᵃʳⁱ   왼손   (ひだり·왼쪽)
  両ʳʸᵒᵘ + 手ᵗᵉ 양손   (りょう～·양～)
  人ʰⁱᵗᵒ   남의 손   (ひと·남, 사람)

引ᵒき	(장지문 등의) **문고리**	(ひく・당기다)
取ʳっ	(문이나 서랍의) **손잡이**	(とる・잡다)
弾ᵒき	(현악기를 켜는 사람)	(ひく・켜다)
売ᵘり	**파는 사람**	(うる・팔다)
買ᵏい	**사는 사람**	(かう・사다)
空ᵏら	**빈손** = むな手ᵈ	(から・접두어적:빈~)

○ 素ˢ－手ᵈ　　**맨손, 맨주먹**

> **참고** ※고사리(와 같은) 손 → もみじのような 手

　　　　복합어가 되면, 뒤에 오는 단어의 첫 글자가 무성
　　　음일 경우에 발음의 편의상 탁음이 붙는 경우가 많다.

● 手+ごわい　(상대가 강해 쉽게 이길 수 없음) **만만치 않다**
　　・~ 相手ᵃⁱだ。　힘든 상대다

● 手も なく　직역「손도 없이」・(손도 필요 없을 정도로 손 쉽게 간단하게라는 의미로) **손쉽게**

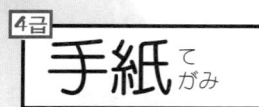

(자신의 생각이나 용건을 종이에 기록하여 보내는 것) **편지**

[참고] 이는 「手^て (손)」에 「紙^{かみ} (종이)」가 합쳐진 단어이다

短文에서 조사가 생략되고 뒷말은「동사는 연용형, 형용사와 형용동사는 어간」으로 바꾸어, "~하기" "~하는 것[사람]" 등의 명사로 전성되기도 하며, 첫 글자가 무성음일 경우에 발음의 편의상 탁음이 붙기도

●편지가 ~(하)다

- 手紙が
  - 遅^{おそ}い   늦다
  - 行^いく / 来^くる / 届^{とど}く   가다 / 오다 / 닿다
    - ▶まだ 届いて いない   아직 닿지 않았다

    [학습] 「~て いない」는 현재의 진행상태를 나타내는 「~て いる (~하고[해] 있다)」에 부정의 조동사 「ない」가 접속된 표현으로서, 직역하면 "~하고[해] 있지 않다"이지만, 이는 해석상 「~하지 않았다」라고 해석된다. 그러나 이는 과거 완료의 의미가 아니라 그렇게 되어 있지 않은 현재의 상태를 나타내는 의미로서, 주로 부사 「まだ」와 함께 "언젠가는 그렇게 될 것이지만, 아직은 그렇게 되지 않았다"라는 의미를 나타낸다.

  - 戻^{もど}る   되돌아오다

●편지를 ~하다

- 手紙を
  - 書^かく / 読^よむ   쓰다 / 읽다
    - ▶書き[読み]・直^{なお}す   다시 쓰다[읽다]

    [참고] 「동작성 동사의 연용형+直す」의 형태로, 고쳐서 또는 처음부터 다시 한다는 「다시 ~하다」라는 의미의 복합명사가 된다.

  - 出^だす、送^{おく}る / もらう 부치다, 보내다 / 받다
    - [비교] 「出す」는 편지를 쓴다는 의미가 내포되어 있다.

●편지로 ~하다

- 手紙で
  - 知る / 知らせる　　　　알다 / 알리다
    - ▶知るように なる　　　알게 되다

    [참고] 「~ように なる」는 직역하면 "~하도록 되다" 이지만, 즉 「~하게 되다」라는 의미가 된다.

  - 対話する　　　　　　대화하다

●편지에 ~하다

- 手紙に
  - 書く　　　　　　　적다, 쓰다
  - 切手を はる　　　　우표를 붙이다

복합명사

복합어가 되면, 뒤에 오는 단어의 첫 글자가 무성음일 경우에 발음의 편의상 탁음이 붙는 경우가 많다.

- 手紙 +
  - 差し　　（벽 등에 걸려 있는) **편지꽂이**　（さす・꽂다）
  - 入れ　　（책상 위에 두는 편지 보관　（いれる・넣다）
            용 함) **편지 보관함**
  - 受け　　（문에 설치된 편지 수치 함)　（うける・받다）
            편지함

참고 ※ 편지봉투를 뜯다 → 手紙の封を 切る

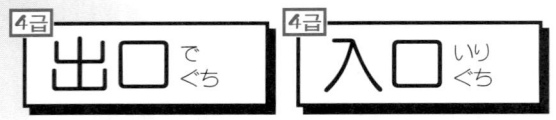

(밖으로 나가는 문) 출구　　　　(밖으로 들어가는 문) 입구

※ 이는 각각 동사「出^でる (나가다・나오다)」와「入^(はい)る (들어가다・들어오다)」에
「口^(입)」이 만나 만들어진 말이다. 아울러 출입구는「出入^{でいり}口^{ぐち}」이다

短文에서 조사가 생략되고 뒷말은「동사는 연용형, 형용사와 형용동
사는 어간으로 바뀌어, "~하기" "~하는 것[사람]" 등의 명사로 전성되
기도 하며, 첫 글자가 무성음일 경우에 발음의 편의상 탁음이 붙기도

●출구[입구]가 ~(하)다

- ~が
  - 狭^{せま}い / 広^{ひろ}い　　　　　좁다 / 넓다
  - 暗^{くら}い / 明^{あかる}い　　　　어둡다 / 밝다
  - 見^みえる　　　　　　　　보이다

●출구[입구]를 ~하다

- ~を
  - 作^{つく}る / 探^{さが}す　　　　　만들다 / 찾다
  - ふさぐ / 遮^{さえぎ}る　　　　막다 / 가로막다
  - 出^でる / くぐる　　　　　나오[나가]다 / 빠져 나오다

●출구[입구]에서 ~하다

- ~で
  - 会^あう / 待^まつ　　　　　만나다 / 기다리다
  - 別^{わか}れる　　　　　　　헤어지다

●출구[입구]에 ~하다

- ~に － 立^たって いる　　　　　서 있다

(승려가 거주하면서 법사를 수행하거나 하는 각종 불교상의 건물 및 시설을 일컫는 말) **절**

※ 주로 접두어 「お」를 붙여, 美化시켜 「お寺」라고 표현한다.

短文에서 조사가 생략되고 뒷말은「동사는 연용형, 형용사와 형용동사는 어간으로 바뀌어, "~하기" "~하는 것[사람]" 등의 명사로 전성되기도 하며, 이때 뒷말의 첫 글자가 무성음일 경우에 발음의 편의상 탁음이 붙기도 한다.

●절이 ~(하)다

- (お)寺が ┌ 静^{しず}かだ　　　　　　조용하다
　　　　　└ 古^{ふる}い / 新^{あたら}しい　오래되다 / 새것이다

●절을 ~하다

- (お)寺を ┌ 見回^{みまわ}す　　　　　둘러보다
　　　　　│ 立^たてる　　　　　　짓다
　　　　　└ 訪^{たず}ねる　　　　　　찾다, 방문하다

●절에서 ~하다

- (お)寺で ┌ 仏様^{ほとけさま}を 供養^{くよう}する　불공드리다
　　　　　└ 仏様^{ほとけさま}を 拝^{おが}む　　예불을 드리다

●절에 ~하다

- (お)寺に ┌ 行^いく　　　　　　　가다
　　　　　└ ※お寺に まいる → 절을 참배하다

点 てん

(필기도구의 끝으로 찍어 표시한 작은 둥근 표시)
점

[참고] 선 → 線せん
[비교] (인체의) 점 → ほくろ

短文에서 조사가 생략되고 뒷말은「동사는 연용형, 형용사와 형용동사는 어간」으로 바뀌어, "~하기" "~하는 것[사람]" 등의 명사로 전성되기도 하며, 이 때 뒷말의 첫 글자가 무성음일 경우에 발음의 편의상 탁음이 붙기도 한다.

● 점이 ~(하)다

- 点が ┌ 大おおきい / 小ちいさい   크다 / 작다
       └ 見みえる   보이다

● 점을 ~하다

- 点を ┌ 打うつ   찍다
       │ 継つぐ、つなぐ   잇다
       │ 通とおる   지나다
       └ 消けす   지우다

복합어가 되면, 뒤에 오는 단어의 첫 글자가 무성음일 경우에 발음의 편의상 탁음이 붙는 경우가 많다.

- 点 + ┌ 線せん   점선   (せん・선)
       └ 数すう   점수   (すう・수)

天気 てんき

(기압·기온·습도와 풍향·강수량 등의 대기의 기상상태) **날씨**

短文에서 조사가 생략되고 뒷말은「동사는 연용형, 형용사와 혼용동사는 어간」으로 바뀌어, "~하기" "~하는 것[사람]" 등의 명사로 조성되기도 하며, 첫 글자가 무성음일 경우에 발음의 편의상 탁음이 붙기도

●날씨가 ~(하)다

- 天気が
  - よい / 悪わるい   좋다 / 나쁘다
  - 晴はれる / 曇くもる   맑다 / 흐리다
  - 寒い / あたたかい   춥다 / 따뜻하다
  - 意地いじ悪わるだ   짓궂다, 심술궂다
  - うっとうしい   음산[찌무룩]하다
  - 変かわる   변하다
    - ▶ 変かわりやすい   변덕스럽다
  - ※くずれる → (무너지다) → 흐려지다

●날씨를 ~하다 (목적을 위한 동작)

- 天気を
  - 調しらべる / 観察かんさつする   알아보다 / 관찰하다
  - 予測よそく[予報よほう]する   예측[예보]하다
    - 전·명 天気予報   일기예보
  - 当あてる / 信しんじる   맞추다 / 믿다

●날씨에 ~하다 (동작·작용이 행해지는 대상 및 위치)

- 天気に
  - 影響えいきょうが ある   영향이 있다
  - 影響えいきょうを 与あたえる   영향을 주다

444 명사 표현력

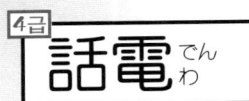
〈전화기로 통화하는 것. 또는 그 통화〉 **전화**

短文에서 조사가 생략되고 뒷말은「동사는 연용형, 형용사와 형용동사는 어간」으로 바뀌어, "~하기" "~하는 것[사람]" 등의 명사로 전성되기도 하며, 첫 글자가 무성음일 경우에 발음의 편의상 탁음이 붙기도

●전화가 ~(하)다

- 電話が
  - 長ない / 短みじかい　　　길다 / 짧다
    - ▶長く[短く] なる　　　길어[짧아]지다
    - ▶長く[短く] する　　　길게[짧게] 하다
  - 切きれる　　　　　　　　끊어지다, 끊기다
    - ▶切れて しまう　　　　끊어져[끊겨] 버리다
  - かかる / 来くる　　　　걸리다 / 오다
    - ▶かかって 来くる　　　걸려오다

●전화를 ~하다

- 電話を
  - かける / する　　　　걸다 / 하다
  - 切きる　　　　　　　　끊다

  - ※전화를 받다 → 電話に 出でる

●전화에 ~하다

- 電話に - 出でる　　　나오다 → 전화를 받다

... と 445

4급
戸 と

(출입문과 창문 등과 같이, 열거나 닫거나 할 수 있는 것) 문

4급
ドア

(밀고 들어가는 출입문) 문

短文에서 조사가 생략되고 뒷말은「동사는 연용형, 형용사와 형용동사는 어간」으로 바뀌어, "~하기" "~하는 것[사람]" 등의 명사로 전성되기도 하며, 이 때 뒷말의 첫 글자가 무성음일 경우에 발음의 편의상 탁음이 붙기도 한다.

●문이 ~(하)다

- 戸が
  - 開^あく / 閉^しまる、閉^とじる 　열리다 / 닫히다
    - ▶ 開いたり閉まったりする 　여닫히다
  - 閉^とざされる 　잠기다
  - きいきいする 　삐걱거리다
  - がたがたする 　덜컹거리다

●문을 ~하다

- 戸を
  - 閉^しめる / 開^あける、開^{ひら}く 　열다 / 닫다
    - [비교]「開める」와「開じる」와의 차이 ☞ page 566
    - ▶ 開け放^{はな}つ, 開け放^{はな}す 　열어제치다
    - ▶ 開け閉めする 　여닫다
    - ▶ 開けたり閉めたりする 　열었다 닫았다 하다
  - 閉^とざす 　잠그다
  - 叩^{たた}く 　두드리다
    - ※ 노크하다 → ノックする
  - (足^{あし}で) ×蹴^ける 　(발로) 차다
    - ▶ 蹴^け飛^とばす 　박차다, 내지르다

```
       ┌ 押す / 引く              밀다 / 당기다
       │ 通る                    지나다, 통과하다
       └ つける                   내다
```

●문으로 ~하다
- 戸から - 入る / 出る   들어가다 / 나오다

●문에 ~하다
```
       ┌ かける                  걸다
• 戸に  │ 張る                   붙이다
       └ 挟まる / 挟める          끼이다 / 끼우다
```

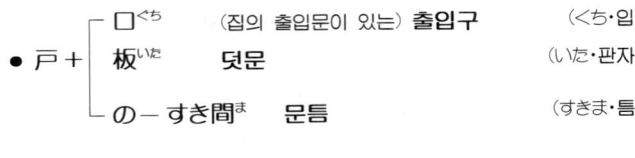

복합어가 되면, 뒤에 오는 단어의 첫 글자가 무성음일 경우에 발음의 편의상 탁음이 붙는 경우가 많다.

```
       ┌ 口くち      (집의 출입문이 있는) 출입구    (くち・입)
• 戸 + │ 板いた           덧문                (いた・판자)
       └ の - すき間ま    문틈               (すきま・틈)
```

```
o 引き    ┐              미닫이 문             (ひく・당기다)
  遣り    │              미닫이 문 = 引き戸      (やる・보내다)
  開き    │ + 戸ど        제치는 문             (ひらく・열다)
  よろい  │              셔터                 (よろい・갑옷)
  上げ下ろし┘             오르내리는 문      (あげおろし・오르내림)
```

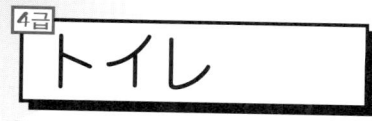
(「トイレット」 또는 「トイレット・ルーム」의 약어) **화장실**

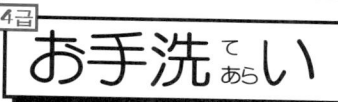
(손을 씻거나 용변을 볼 수 있도록 한 시설) **화장실**

短文에서 조사가 생략되고 뒷말은「동사는 연용형, 형용사와 형용동사는 어간으로 바뀌어, "~하기" "~하는 것[사람]" 등의 명사로 전성되기도 하며, 이 때 뒷말의 첫 글자가 무성음일 경우에 발음의 편의상 탁음이 붙기도 한다.

●화장실이 ~(하)다

- トイレが
  - 遠とおい / 近ちかい　　　　　　멀다 / 가깝다
  - きれいだ / 汚きたない　　　　깨끗하다 / 더럽다
    - ▶きれいに なる　　　　　깨끗해지다
    - ▶汚く なる　　　　　　　더러워지다
  - 広ひろい / 狭せまい　　　　　　넓다 / 좁다
  - ある / ない　　　　　　　　있다 / 없다
    - ▶できる / なくなる　　　생기다 / 없어지다

●화장실을 ~하다

- トイレを
  - 捜さがす / 見みつける　　　찾다 / 찾(아내)다
    - [비교]「捜す」는 어디에 있는지를 찾는 것이고,「見つける」는 눈으로 발견하여 찾아내다라는 의미이다.
  - 掃除そうじする　　　　　　　청소하다

●화장실에서 ～하다

※ 장소를 나타내는 명사에 붙는 「～에서」가, 1) 그 동작이 행해지는 "행위의 장소"이면 조사 「～で」로, 2) 그 동작과 작용이 그곳에서부터 발생 또는 발견하게 되었다는 "행위·발생의 기점 및 출처"이면 조사 「～から」로 표현한다.

- トイレで - 用ようを 足たす   볼일을 보다

- トイレから - 出でる   나오다

●화장실에 ～하다

- トイレに
  - ある、いる   있다
  - よる   들리다
  - 行いく / 入はいる   가다 / 들어가다
  - 隠かくれる   숨다
  - 閉とじこめられる   갇히다

●화장실로 ～하다

- トイレへ
  - 向むかう   향하다
  - 行いく / 入はいる   가다 / 들어가다

3급 得意 とくい

(주인 입장에서의 자신의 가게를 자주 이용하는 손님을 가리켜) **단골**

※주로「お得意さん」이라고 표현한다.

단문공식

短文에서 조사가 생략되고 뒷말은「동사는 연용형, 형용사와 형용동사는 어간으로 바꾸어, "～하기" "～하는 것(사람)" 등의 명사로 전성되기도 하며, 이 때 뒷말의 첫 글자가 무성음일 경우에 발음의 편의상 탁음이 붙기도 한다.

● **단골이 ～(하)다**

- (お)得意が ┌ 多い　　　　　　　　많다
　　　　　　├ 増える / 減る　　　늘다 / 줄다
　　　　　　└ ※단골이 되다 → 得意に なる

● **단골을 ～하다**

- (お)得意を ┌ 作る　　　　만들다
　　　　　　└ 取る　　　　잡다

복합명사

복합어가 되면, 뒤에 오는 단어의 첫 글자가 무성음일 경우에 발음의 편의상 탁음이 붙는 경우가 많다.

- (お)得意 + ┌ 先　　(「お得意さん」보다 높임말) **단골손님**
　　　　　　└ 回り　(단골손님에게 인사나 주문을 받으러 한바퀴 도는 일)

> **참고**
> ※「得意」는 가장 자신 있음을 나타내는 명사와「得意だ」의 형태로 자신 있어 하는 모습을 나타내는 "득의양양하다"라는 형용동사로도 사용된다.
> - お～の料理　　특기의 요리
> - ～な顔　　　　득의 양양한 얼굴

450 명사 표현력

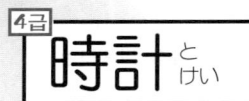
時計 とけい

(시각을 나타내거나 또는 시간을 재거나 하는 기계) **시계**

短文에서 조사가 생략되고 뒷말은「동사는 연용형, 형용사와 형용동사는 어간」으로 바뀌어, "~하기" "~하는 것[사람]" 등의 명사로 전성되기도 하며, 첫 글자가 무성음일 경우에 발음의 편의상 탁음이 붙기도

●시계가 ~(하)다

- 時計が
  - 高たかい / 安やすい　　　　　　비싸다 / 싸다
  - 動うごく / 進すすむ / 止とまる
    　　　　　움직이다 / 가다 / 서다, 멎다, 멈추다
  - 合あう　　　　　　　　　　　맞다
    ▶進すすんで[遅おくれて]いる　　빠르다 / 늦다
  - 似合にあう　　　　　　　　　　어울리다
  - 鳴なる　　　　　　　　　　　울다
  - 故障こしょうする / 壊こわれる / つぶれる
    　　　　고장나다 / 망가지다, 부서지다 / 뭉개지다

●시계를 ~하다

- 時計を
  - 選えらぶ　　　　　　　　　　고르다
  - 買かう / 売うる　　　　　　　사다 / 팔다
  - プレゼントする　　　　　　선물하다
  - 見みる　　　　　　　　　　　보다

はめる / 外す	차다 / 풀다, 벗다
(壁に) かける / 外す	(벽에) 걸다 / 떼다
(机の上に) 置く	(책상 위에) 놓다

合わせる、セットする　　맞추다

[비교]「合わせる」는 시계의 바늘이 맞지 않는 것을 맞춤을, 「セットする」는 특히 알람 등을 원하는 시간에 맞춰둠을 나타낸다.

- 時計を 1時に セットする。
  시계를 1시로 맞추다.

進める / 遅くらせる	빠르게 하다 / 늦추다
落とす / (水に) 落とす	떨어뜨리다 / (물에) 빠뜨리다
壊す	망가뜨리다, 부수다
つぶす	뭉개다
直す	고치다

●시계로 ~하다

- 時計で -(時間を) 計る　　(시간을) 재다

●시계에 ~하다

	水が 入る	물이 들어가다
時計に	ひびが 入る	금이 가다
	傷が ある[つく]	흠[집]이 있다[가다]

복합어가 되면, 뒤에 오는 단어의 첫 글자가 무성음일 경우에 발음의 편의상 탁음이 붙는 경우가 많다.

- 時計 +
  - 屋や　　　시계포　　　　　　　　(や・접미어:~가게)
  - 台だい　　시계탑　　　　　　　　(たい・접미어:~탑)
  - 回まわり　시계방향　　　　　　　(まわる・돌다)

  =時計と反対はんたい回り。　시계와 반대방향.

- 柱はしら　　　　　　괘종시계　　　　(はしら・기둥)
- 壁かべ　　　　　　　벽시계　　　　　(かべ・벽)
- 掛かけ　　　　　　　벽시계　　　　　(かける・걸다)
- 置おき　　　　　　　탁상시계　　　　(おく・놓다)
- 腕うで　+ 時計どけい　손목시계　　　(うで・팔)
- 砂すな　　　　　　　모래시계　　　　(すな・모래)
- 日ひ　　　　　　　　해시계　　　　　(ひ・해)
- 懐中かいちゅう　　　회중시계　　　　(かいちゅう・회중)
- 電子でんし　　　　　전자시계　　　　(でんし・전자)

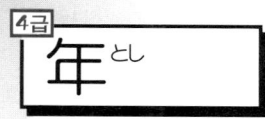

(사람의 연령) **나이**

短文에서 조사가 생략되고 뒷말은「동사는 연용형, 형용사와 형용동사는 어간」으로 바뀌어, "~하기" "~하는 것[사람]" 등의 명사로 전성되기도 하며, 이때 뒷말의 첫 글자가 무성음일 경우에 발음의 편의상 탁음이 붙기도 한다.

◉나이가 ~(하)다

- 年が
  - 若^{わか}い / 同^{おな}じだ   **젊다 / 같다**
  - いって「よって」いる   **들다**
  - 年だから   **나이・인지라[이기때문에]**

  - ※ 나이가 많다 → 年老^{としお}いて いる (연로하다)
  - ※ 나이가 어리다 → 幼^{おさな}い
  - ※ 나이가 차다 → 年ごろに なる
  - ※ 나이가 아깝다 → 年がいも ない

◉나이를 ~하다

- 年を
  - 取^とる、食^くう   **먹다**
    - ▶また 一^{ひと}つ とる   **또 한살 먹다**
    - ※나이를 거꾸로 먹다 → 若返^{わかがえ}る (젊어지다)
  - 聞^きく / 言^いう   **묻다 / 말하다, 대다**
  - 数^{かぞ}える   **세다**
  - 隠^{かく}す / ごまかす   **숨기다 / 속이다**
    - ▶年は 隠^{かく}せない   **나이는 숨길 수 없다**
    - ▶年は 争^{あらそ}えない   **나이는 속일 수 없다**
  - 問^とう[問わず]   **묻다[묻지 않는다]**

◎나이로 ~하다

- 年で - 押しつける　　　　　　　밀어붙이다

- 年に - 見える[見えない]　　　보이다[보이지 않는다]
  - そんな 年に 見えない。
      그러한 나이로 보이지 않는다

◎나이에 ~(하)다

- 年に
  - 似合う　　　　　　어울리다
  - は 勝てない　　　는 어쩔 수 없다
  - 比べる　　　　　　비(교)하다

  ▶年に 比べて 若く 見える
      나이에 비해 젊게 보이다

> **참고**
> ※나이보다[보기에는] 젊어[늙어] 보인다
> → 年より[見かけは] 若く[老けて] 見える
>
> ※나이치고는 젊다 → 年の割りには (若い)

복합어가 되면, 뒤에 오는 단어의 첫 글자가 무성음일
경우에 발음의 편의상 탁음이 붙는 경우가 많다.

- 年 +
  - がい　　　나이값　　　　　　　　　　　　(かい・보람)
    - ~も ない　　~도 못하다
  - 頭がしら　　최고 연장자　　　　　　　　(がしら・머리)
  - 上うえ　　　연상, 윗사람　　　　　　　　(うえ・위)
  - 下した　　　연하, 아랫사람　　　　　　　(した・아래)
  - かさ　　　　나이 위임
  - 子こ　　　　연년생, 한 살 터울

〈나란히 줄지어 있는 중에서, 서로 경계를 접하고 있는 것. 특히 이웃을 하고 있는 집을 나타내기도 한다〉 옆 ; 이웃집

短文에서 조사가 생략되고 뒷말은「동사는 연용형, 형용사와 형용동사는 어간」으로 바뀌어, "～하기" "～하는 것[사람]" 등의 명사로 전성되기도 하며, 이 때 뒷말의 첫 글자가 무성음일 경우에 발음의 편의상 탁음이 붙기도 한다.

◉이웃[옆]이 ~(하)다

・隣が	やかましい	시끄럽다
	あつかましい	염치없다
	できる	생기다

◉이웃[옆]을 ~하다

・隣を	見習(みなら)う	보고 배우다
	ほめる	칭찬하다
	嫌(きら)う	싫어하다
	避(さ)ける	피하다, 꺼리다

◉이웃[옆]에서 ~하다

※ 장소를 나타내는 명사에 붙는 「～에서」가, 1) 그 동작이 행해지는 "행위의 장소"이면 조사「～で」로, 2) 그 동작과 작용이 그곳에서부터 발생 또는 발견하게 되었다는 "행위・발생의 기점 및 출처"이면 조사「～から」로 표현한다.

- 隣で - 火事(かじ)が 起(お)きる　　불이 나다

- 隣から - 連絡(れんらく)が ある　　연락이 있다

◉이웃[옆]에 ~하다

- 隣に－住ずむ　　　　　　　　　　살다

◉이웃[옆]으로 ~하다

- 隣に－引ʰっ越²し・する[して くる]　이사・하다[해 오다]

　복합어가 되면, 뒤에 오는 단어의 첫 글자가 무성음일
　　　　　　　　　경우에 발음의 편의상 탁음이 붙는 경우가 많다.

- 隣＋
  - 部屋ʰゃ　　옆방　　　　　　　　　　(へや・방)
  - (の)村ᵐら　이웃마을　　　　　　　　(むら・마을)
  - 同士ᵈう　　이웃끼리　　　　　　　　(～どうし・～끼리)

  - の
    - 家いえ　　이웃[옆]집　　　　　　　(いえ・집)
    - 国くに　　이웃나라　　　　　　　　(くに・나라)
    - 席せき　　옆자리　　　　　　　　　(せき・자리)
    - 人ひと　　옆 사람　　　　　　　　　(ひと・사람)
    - 犬いぬ　　이웃집 개　　　　　　　　(いぬ・개)

○ 壁かべ－隣となり　　　(공동 주택에서 벽을 사이에 둔　　(かべ・벽)
　　　　　　　　　이웃) **벽 하나 사이를 둔 이웃**

4급 友達 ともだち

(함께 놀거나 공부·일을 하거나 하여 친하게 지내는 사람) **친구**

短文에서 조사가 생략되고 뒷말은「동사는 연용형, 형용사와 형용동사는 어간으로 바꾸어, "~하기" "~하는 것[사람]" 등의 명사로 전성되기도 하며, 이때 뒷말의 첫 글자가 무성음일 경우에 발음의 편의상 탁음이 붙기도 한다.

●친구가 ~(하)다

- 友達が
  - 多ああい / 少すくない 　많다/적다
  - できる 　생기다
  - 思おもい出だされる 　(저절로) 생각나다

  ※친구가 되다 → 友達に なる

●친구를 ~하다

- 友達を
  - 作つくる 　만들다
  - 得える / 失うしなう 　얻다 / (헤어지다) 잃다
  - 亡なくす 　(죽다) 잃다
  - 信しんじる / 疑うたがう 　믿다 / 의심하다
  - 思おもう、考かんがえる 　생각하다

    [비교]「思う」는 머리에 떠올려 생각하는 것을,「考える」는 잘되기를 바라는 마음으로 생각함을 나타낸다.

    ▶思おもい出だす 　(떠올리다) 생각해 내다
  - 裏切うらぎる 　배신하다

◉친구와 ~하다

- 友達と
  - 遊(あそ)ぶ / けんかする — 놀다 / 싸우다
  - 会(あ)う — 만나다
  - 付(つ)き合(あ)う — 사귀다

◉친구로 ~하다

- 友達 と/に
  - する — 하다, 삼다
  - 作(つく)る — 만들다, 삼다
  - 認(みと)められる — 인정되다

  - ※友達(と・に) なる — 친구가 되다

  [비교] 모두 변화의 결과를 나타내지만, 「~に なる」는 단지 그 결과를, 「~と なる」는 여러 과정을 거쳐 이윽고 그렇게 되었음을 나타낸다.

◉친구에게 ~하다

- 友達に
  - 聞(き)く — 묻다
  - 連絡(れんらく)する — 연락하다
  - 頼(たの)む — 부탁하다

참고
- ※ 소꿉친구 → おさなじみ
- ※ 술친구 → 酒(さか)飲(の)み仲間(なかま)
- ※ 남자친구 → ボーイ フレンド
- ※ 여자친구 → ガール フレンド
- ※ 옛친구 → 古(ふる)い 友達
- ※ 친한 친구 → 親(した)しい 友達

·· とり 459

(깃털로 감싸있으면서 부리를 갖고 있는 조류의 총칭) 새

短文에서 조사가 생략되고 뒷말은「동사는 연용형, 형용사와 형용동사는 어간으로 바뀌어, "~하기" "~하는 것[사람]" 등의 명사로 전성되기도 하며, 이 때 뒷말의 첫 글자가 무성음일 경우에 발음의 편의상 탁음이 붙기도 한다.

●새가 ~(하)다

- 鳥が
  - 大おおきい / 小ちいさい — 크다 / 작다
  - 飛とぶ / 止とまる — 날다 / 앉다
    - ▶飛んで いく[くる] — 날아·가다[오다]
    - ▶飛とび回まわる — 날아다니다
  - 通とおる — 지나다
    - ▶지나다니다 → 行ゆき来きする
  - 渡わたる — 건너다
    - 전·명 渡り鳥 : 철새　　↔ 留鳥りゅうちょう 텃새
  - 鳴なく / さえずる — 울다 / 지저귀다
  - 歌うたう / 踊おどる — 노래한다 / 踊おどる
  - 羽はばたく — 날개 짓 하다
  - ばたばた(いう・する) — 퍼덕(이다·거리다)
  - 虫むしを 捕とらえる — 벌레를 잡다
  - 入はいる / 出でる — 들어오다 / 나가다

●새를 ~하다

- 鳥を
  - 捕とらえる — 잡다
  - 飼かう / 育そだてる — 기르다 / 키우다
  - 放はなす — 놓아주다

```
         ┌ 追おう / 飛とばす              쫓다 / 날리다
         │  └ 전·명 鳥追い :(논밭에 해를 주는 새를) 새 쫓기
         │ 打うつ / 当あてる              쏘다 / 맞추다
         │  └ 전·명 鳥打ち(帽ぼう) : 사냥모자
         │ 呼よぶ / 殺ころす              부르다 / 죽이다
         └ 手でなずける                 길들이다
```

●새에게 ~하다

```
         ┌ えさを やる              먹이[모이]를 주다
● 鳥に   │ 言葉ことばを 教おしえる    말을 가르치다[걸다]
         └ 話はなしかける             말(을) 걸다
```

복합어가 되면, 뒤에 오는 단어의 첫 글자가 무성음일 경우에 발음의 편의상 탁음이 붙는 경우가 많다.

```
         ┌ 居い      (신사 입구에 세워져 있는 문)        (いる·있다)
         │ がご      (조롱) 새장                      (かご·바구니)
         │ 小屋こや   새집, 닭장                       (こや·오두막)
● 鳥 +   │ 目め      밤 소경 = 夜盲症やもうじょう        (め·눈)
         │ 網あみ     새그물 = かすみ網                (あな·망, 그물)
         │         ┌ 声こえ     새소리                 (こえ·목소리)
         └ の      │ 卵たまご   새알                   (たまご·알)
                  └ 巣す       새집                   (す·보금자리)
                  ※ 鳥の巣箱すばこ (나무로 만든) 새집
```

> 참고
> ※ 새가슴 → はと胸むね (비둘기 가슴)
> ※ (고무줄) 새총 → ぱちんこ

· どろぼう 461

3급
泥棒 ^{どろ}_{ぼう}

(남의 물건을 훔치는 것. 또는 그러한 짓을 하는 사람) **도둑**

短文에서 助詞가 생략되고 뒷말은「동사는 연용형, 형용사와 형용동사는 어간으로 바뀌어, "~하기" "~하는 것[사람]" 등의 명사로 전성되기도 하며, 이 때 뒷말의 첫 글자가 무성음일 경우에 발음의 편의상 탁음이 붙기도 한다.

◉도둑 ~(하)다

- 泥棒が
  - 入^{はい}る / 出^でる 　　　　들어오다 / 나가다
  - ねらう、うかがう 　　　　노리다, 엿보다
  - 捕^とらえられる 　　　　잡히다

  - ※도둑이 되다 → 泥棒に なる

◉도둑을 ~하다

- 泥棒を
  - 捕^とる、捕^とらえる 　　　　잡다
  - (捕^とり)逃^のがす 　　　　놓치다
    - ▶逃して やる 　　　　놓아주다

  - ※~을 도둑맞다 → ~を 盗^{ぬす}まれる

◉도둑에게 ~하다

- 泥棒に
  - やる 　　　　주다
  - やられる 　　　　당하다, 털리다

●도둑으로 ～하다

- 泥棒 ┬ と ┬ 思(おも)う / 疑(うたが)う   생각하다 / 의심하다
       │ に │ される   몰리다
       │   │
       │   └ ※泥棒と なる   도둑으로 되다
       │   ※泥棒に なる   도둑이 되다

(공간적인 범위의 안쪽) **가운데, 속, 안**

短文에서 조사가 생략되고 뒷말은「동사는 연용형, 형용사와 형용동사는 어간으로 바꾸어,"~하기" "~하는 것[사람]" 등의 명사로 전성되기도 하며, 이때 뒷말의 첫 글자가 무성음일 경우에 발음의 편의상 탁음이 붙기도 한다.

● 속[안·가운데]이/가 ~(하)다

- 中が
  - 空あく → 비다
  - 透すける / 見みえる → 비치다 / 보이다
    - ▶透けて 見みえる → 비쳐[들여다] 보이다
  - 折おれる → 접히다
    - 전·명 中折れ : ("中折れ帽子ぼうし"의 준말) 중절모자

● 속[안·가운데]을/를 ~하다

- 中を
  - 空あける, 空からに する → 비우다
  - 詰つめる → 채우다
  - 見みる / 見みせる → 보다 / 보이다
    - ▶のぞき見る → 들여다보다
  - (懐中電灯かいちゅうでんとうで)照てらす → (회전전등으로) 비추다
  - 折おる → 접다

●속[안·가운데]에서 ～하다

- 中で
  - 遊^{あそ}ぶ　　　　　　　　　　놀다
  - 声^{こえ}を 立^たてる　　　　　소리를 내다

- 中から
  - (ドアを) 開^あける / かける[締^しめる·閉^とざす]
    　　　　　　　　(문을) 열다 / 잠그다[걸다·채우다]
  - 音^{おと}[声^{こえ}]が する　　　소리[목소리]가 나다
  - 出^でる　　　　　　　　　나오다

●속[안·가운데]에 ～하다

- 中に
  - 入^いれる / 入^{はい}る　　　넣다 / 들어·가다[오다]
    - 〖전·명〗 中入^いり : (씨름이나 연극 등의 중간에 끼어있는 휴식시간) 쉬는 시간
  - 立^たつ　　　　　　　　　서다
  - 挟^{はさ}む　　　　　　　　　끼우다
  - 座^{すわ}る / 置^おく / ある、いる　두다, 놓다, 있다

  [참고] 「なか」는 어느 물체나 공간의 가운데를 나타내는 의미로서, 두 물체나 지역의 사이인「가운데에 앉다[놓다·있다 …]」등은 「間^{あいだ}に 座る[置く·ある、いる …]」로 표현된다.

●속[안·가운데]으로 ～하다

- 中へ
  - 入^いれる / 入^{はい}る　　　넣다 / 들어·가다[오다]
  - 押^おす / 引^ひく　　　　　밀다 / 당기다

  ※ 가운데로[안으로] 하다 → 中に する

복합어간 되면, 뒤에 오는 단어의 첫 글자가 무성음을 경우에 발음의 편의상 탁음이 붙는 경우가 많다.

● 中 +
- ごろ (위치상) **중간쯤**, (시간상) **중순경** (〜ごろ・〜경)
- 島 ^{じま} (강・못 등의 가운데에 떠 있는 섬) (しま・섬)
- 高 ^{だか} (가운데가 볼록하게 나와 있는 것) (たかい・높다)
- 低 ^{びく} (가운데가 오목하게 들어가 있는 것) (ひくい・낮다)
- 身 ^{み} 속, 알맹이 (み・몸)
- 指 ^{ゆび} 가운데 손가락 (ゆび・손가락)

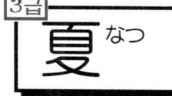

夏 なつ　　(사계 중의 하나) **여름**　　☞ 519「春 ^{はる}」(봄)

················· 466 명사 표현력 ·················

(사람과 사물을 다른 것과 구별하여 나타내기 위하여 붙인 호칭) 이름

短文에서 조사가 생략되고 뒷말은「동사는 연용형, 형용사와 형용동사는 어간으로 바뀌어, "~하기" "~하는 것[사람]" 등의 명사로 전성되기도 하며, 이 때 뒷말의 첫 글자가 무성음일 경우에 발음의 편의상 탁음이 붙기도 한다.

●이름이 ~(하)다

• 名前が
  - ある / ない　　　　　　있다 / 없다
    - 관용구 名が ある[ない]　직역「이름이 있다[없다]」·(이름이 알려져[알려지지 않아 유명하다[유명하지 않다]는 의미로) 이름이 있다[없다]

  - 長い / 短い　　　　　　길다 / 짧다
  - いい / きれいだ　　　　좋다 / 예쁘다

  - 気に 入る　　　　　　　마음에 들다
  - 変だ / 変わって いる　 이상하다 / 특이하다
  - 思い出される　　　　　 생각나다, 기억나다
  - 変わる / 変えられる　　 바뀌다 / 바뀌어지다
  - 知れる、知られる　　　 알려지다
  - 漏れる　　　　　　　　 빠지다
  - 言及される　　　　　　 언급되다

●名が 高い　직역「이름이 높다」·(그 방면에서 상당한 능력이 있는 사람으로 평가됨을 나타내는 의미로) 이름이 높다

　• 詩人としても ~。　　시인으로써도 ~.

● 名が 立つ　[직역]「이름이 서다」·(세간에 널리 소문이 나다라는 의미로) **이름이 나다**

・ここは やすい 店だと いう ～。
여기는 싼 가게라고 ～.

● 名が 通る　[직역]「이름이 통하다」·(이름이 어느 면에 있어서 인정되는 것으로 알려지다는 의미로) **이름이 통하다**

・あいつは プレーボーイとして ～。
저 녀석은 플레이보이로서 ～.

● 이름을 ～하다

┌ つける / 取る	짓다, 붙이다 / 따다
└▶ 取って つける	따서 붙이다
書く / 消す	쓰다 / 지우다
└▶ 書き入れる	써넣다
話す	이야기하다, 대다
当てる	맞추다, 대다
・名前を　聞く / 尋ねる	묻다, 듣다 / 묻다
呼ぶ	부르다
覚える / 忘れる	기억하다 / 잊다
変える / 改める	바꾸다 / 고치다
抜く、除く / 削ずる	빼다 / 지우다
残す	남기다

└ [관용구] 名を 残す　[직역]「이름을 남기다」·(후세에까지 이름을 미치게 하다) **이름을 남기다**

└ 知らせる　　　　　　　알리다

- 名を 揚げる　[직역] 「이름을 올리다」・(뛰어난 일을 하여, 좋은 평판을 받는 대열에 이름이 알려진다는 의미로) **이름을 올리다[날리다]**

- 名を 得る　[직역] 「이름을 얻다」・(뛰어난 업적 등으로 세상에 자신의 이름을 알리게 되다라는 의미로) **이름을 얻다**

- 名を 惜しむ　[직역] 「이름을 아끼다」・(자신의 명예에 손상을 입는 언동을 삼간다는 의미로) **이름을 아끼다**

- 名を 借りる　[직역] 「이름을 빌리다」・(뭔가를 할 때에 남의 이름을 내세우는 의미로) **이름을 빌리다**

- 名を 汚す[傷つける]　[직역] 「이름을 더럽히다[상처 입히다]」・(명예에 손상을 입히다라는 의미로) **이름을 더럽히다**

- 名を なす　[직역] 「이름을 이루다」・(뛰어난 업적을 올려, 그 존재를 세상에 높이 평가받게 되는 유명한 존재로 되다라는 의미로) **이름을 얻다**

◎이름으로 ～하다 (행위의 수단·재료·도구·방법)

- 名前で
  - わかる　　　　　　　　　　알다
    - ▶わかることが できる　　알 수 있다
  - (～する)　　　　　　　　　(～하다)
    - 友達の名前で 本を 借りる。
      친구의 이름으로 책을 빌리다.
    - 他人の作品を 自分の名前で 出す
      타인의 작품을 자신의 이름으로 내다.
  - 通る　　　　　　　　　　　통하다

◎이름에 ～하다

- 名前に
  - 恥ずかしい　　　　　부끄럽다
    - ▶恥じない　　　　부끄러움 없다
  - いじける　　　　　　주눅들다

복합어

- 名な +
  - 札ふだ　　　명찰
  - ばかり　　이름[명목]뿐임
    - ～の社長しゃちょう　　명목뿐인 사장

복합어서, 형용사

복합어가 되면, 뒤에 오는 단어의 첫 글자가 무성음일 경우에 발음의 편의상 탁음이 붙는 경우가 많다.

- 名な +
  - づける　　이름 붙이다
  - 高だかい　　(유명하다) 이름 높다　☞ page 466 [名が 高い]

3급

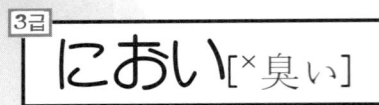 におい [×臭い]

(물건에서 발산되어 코로 느껴지는 자극. 일반적으로 불쾌한 나쁜 기분의 냄새를 말한다) **냄새**

[참고] 좋은 느낌의 「냄새」와 「향기」는 「かおり」로 표현된다.

短文에서 조사가 생략되고 뒷말은(동사는 연용형, 형용사와 형용동사는 어간으로 바꾸어, "~하기" "~하는 것(사람)" 등의 명사로 전성되기도 하며, 이 때 뒷말의 첫 글자가 무성음일 경우에 발음의 편의상 탁음이 붙기도 한다.

◉냄새가 ~(하)다

- においが
  - ある / ない　　　　　　　있다 / 없다
  - 強つよい / 弱よわい　　　　　강하다 / 약하다
  - 香かんばしい / 臭くさい　　　고소하다 / 구리다
  - 激はげしい / ほのかだ　　　심하다 / 은은하다

  - する　　　　　　　　　　나다
  - 染しみつく[染しみ込こむ]　　배다[배어들다]
  - 鼻はなを つく　　　　　　　코를 찌르다

  - ※においが わからない → 냄새를 모르다

◉냄새를 ~하다

- においを
  - かぐ[かき出だす]　　　　　맡다[맡아내다]
  - 漂ただよわせる / におわせる　풍기다 / 피우다

  - ※냄새를 모르다 → においが わからない

◉냄새로 ~하다

- においで
  - わかる　　　　　　　　　알다
  - 区分くぶん[区別くべつ]する　　구분[구별]하다

4급 肉 にく

(동물의 피부에 덮여 있어, 뼈에 붙어 있는 부드러운 피하조직과 근육. 또는 식용으로 하기 위하여 도려 낸 새·가축·어류 부드러운 부분) **고기 ; 살**

短文에서 조사가 생략되고 뒷말은「동사는 연용형, 형용사와 형용동사는 어간」으로 바뀌어, "~하기" "~하는 것[사람]" 등의 명사로 전성되기도 하며, 이 때 뒷말의 첫 글자가 무성음일 경우에 발음의 편의상 탁음이 붙기도 한다.

◎고기[살]가/이 ~(하)다

- 肉が
  - 多おおい / 少すくない   많다/적다
  - 軟やわらかい / 硬かたい   연하다/질기다
  - 厚あつい / 薄うすい   두껍다/얇다

  - 付つく / 落おちる   붙다, 찌다/빠지다
    - 전·명 肉付にくづき : 살집

  - 腐くさる   썩다

  - ※고기가 익다
    - 특히 요리를 하여「익다」는 그 요리 방법에 따라서 "그렇게 되어 있다"라고 표현이 가능하다. 즉, 452쪽의 "익히는 방법"에「~て いる」를 붙이면 된다.

◎고기[살]를/을 ~하다

- 肉を
  - 切きる   썰다
    - 전·명 肉切にくきり : ①(짐승의 고기를 써는 일) 고기 썰기
                  ②(「肉切り包丁ぼうちょう」의 준말)
    - 전·명 肉切にくきり包丁ぼうちょう : (고기를 썰 때에 사용하는 칼) 고기 (자르는) 칼

  - ▶薄うすく[厚目あつめに] 切る   얇게[두툼하게] 썰다

刻(きざ)む	다지다
(しょうゆ) つける	(간장에) 재우다

※고기를 익히다

일본어에서「익히다」는 그것을 어떻게 익히는 방법에 따라서 다음과 같이 그것이「익히다」라는 의미로도 해석된다.

■ 익히는 방법

焼(や)く	① (불에) 굽다
	② (프라이팬 등에 기름을 둘러) 지지다
煮(に)る	① (음식물에 물을 넣고 불을 가해) 삶다
	② (물을 조금 넣어) 지지다
ゆでる	(뜨거운 물로) 찌다
揚(あ)げる	(기름에) 튀기다
いる	(뜨거운 불에 물기를 제거하여) 볶다
いためる	(음식을 기름으로) 볶다
ゆがく	(뜨거운 물에 살짝) 데치다

かむ / 食(た)べる	씹다 / 먹다
(真(ま)っ黒(くろ)に) 焦(こ)がす	(새까맣게) 태우다

入(い)れる   넣다
  [전·명] 肉入れ : (인주를 넣는 통) 인주통

◉고기[살]로 ~하다

- 肉で - 作(つく)る   만들다

복합어가 되면, 뒤에 오는 단어의 첫 글자가 무성음일 경우에 발음의 편의상 탁음이 붙는 경우가 많다.

- 肉 +
  - 色 いろ　　　　살색　　　　　　　　　　　(いろ・색)
  - 汁 じゅう　　　고기수프 ; 육수, 고기국물,
  - 屋 や　　　　　고깃집, 푸줏간　　　　(〜や・〜가게)
  - 一切 ひときれ　육안　　　　　　　(ひときれ・한 토막)
  - 眼 がん　　　　육안
  - 食 しょく　　　육식
  - 質 しつ　　　　육질
  - 体 たい　　　　육체
  - 弾 だん　　　　육탄
  - 眼 がん　　　　육안
  - 声 せい　　　　육성

> 참고
> ※살코기 → 赤身 あかみ
> ※비계(살) → 脂身 あぶらみ

(방위의 하나로서, 해가 지는 쪽) **서쪽**

☞ 535 [東 ひがし]

 (날마다 생기는 일이나 한 일을 기록해 두는 것)
일기

   短文에서 조사가 생략되고 뒷말은「동사는 연용형, 형용사와 형용동사는 어간」으로 바뀌어, "~하기" "~하는 것(사람)" 등의 명사로 전성되기도 하며, 이때 뒷말의 첫 글자가 무성음일 경우에 발음의 편의상 탁음이 붙기도 한다.

●일기가 ~(하)다

- 日記が － 長ながい / 短みじかい   길다 / 짧다

●일기를 ~하다

- 日記を
  - つける、書かく / 読よむ   쓰다 / 읽다
    - [비교]「つける」는 기입·기록한다는 의미로서, 주로 메모장·가계부와 같이 매일매일 습관적으로 기록하는 것을 나타내며, 특히「日記を 書く」는 주로 그림일기나 교환일기 등과 같이 특별한 일기를 쓴다는 의미가 된다. 물론 매일 쓰는 일기에도 사용되기도 한다.
  - つける、書かく / 読よむ   쓰다 / 읽다
    - こっそり 読む   몰래 읽다
  - サボる   빼먹다

··· にもつ 475

3급
荷物 にもつ

① (옮기거나 보내거나 하는 물건) **짐**
② (정신적으로 느껴지는 부담) **짐**

短文에서 助詞가 생략되고 뒷말은「動詞는 連用形, 形容詞와 形容動詞는 語幹으로 바꾸어, "~하기" "~하는 것[사람]" 등의 名詞로 전성되기도 하며, 이 때 뒷말의 첫 글자가 무성음일 경우에 발음의 편의상 탁음이 붙기도 한다.

●짐이 ~(하)다

- 荷物が
  - 重おもい / 軽かるい　　무겁다 / 가볍다
    - ⋯ 重く[軽く] なる　　무거워[가벼워]지다
  - 多おおい / 少すくない　　많다 / 적다
  - 大おおきい / 小ちいさい　크다 / 작다
  - ※ 짐이 되다 → 荷物に なる

●짐을 ~하다

- 荷物を
  - 包つつむ / まとめる　　싸다 / 꾸리다
    - ⋯ 取とりまとめる　　　챙기다
  - 預あずける / 預あずかる　맡기다 / 맡다
  - 送おくる　　　　　　　보내다, 부치다
  - 背せ負おう　　　　　　(짊어)지다
    - ⋯ ▶しょいこんで いる　떠맡고 있다
  - 持もつ　　　　　　　들다 ; 가지다
    - ⋯ ▶持って いる　　들고[가지고] 있다
    - ▶持って くる　　들고[가지고] 오다
  - 預あずける / 預あずかる　맡기다 / 맡다
  - 運はこぶ / 載のせる　　나르다 / 싣다

```
┌ 積つむ          쌓다
│ 減へらす        덜다
└ ほどく          풀다
```

● 짐에서 ～하다

```
          ┌ 出でる               나오다
• 荷物から │ においが する       냄새가 나다
          └ 解放かいほうされる     해방되다
```

● 짐에 ～하다

```
         ┌ 荷札にふだを つける     꼬리표를 달다[붙이다]
• 荷物に │
         └ 名前なまえを 書かく      이름을 쓰다
```

```
○ 引ひっ越こし ┐
              │ + 荷物     이삿짐      (ひっこし・이사)
   手て       ┘             손짐       (て・손)
```

4급 庭 にわ

(집의 부지에 나무와 꽃 등을 심어 조형한 공간)
정원, 마당

短文에서 조사가 생략되고 뒷말은「동사는 연용형, 형용사와 형용동사는 어간으로 바뀌어, "~하기" "~하는 것[사람]" 등의 명사로 전성되기도 하며 이때 뒷말의 첫 글자가 무성음일 경우에 발음의 편의상 탁음이 붙기도 한다.

●정원[마당]이 ~(하)다

- 庭が ┌ 広ひろい / 狭せまい   넓다 / 좁다
       └ きれいだ / 美うつくしい   깨끗하다 / 아름답다

●정원[마당]을 ~하다

- 庭を ┌ 作つくる   만들다
       │ ⋯ 전·명 庭作り : 정원을 꾸밈 ; 정원사
       │ 飾かざる   꾸미다, 가꾸다
       │ 手入ていれする   손질하다
       └ 掃はく   쓸다

●정원[마당]에서 ~하다

- 庭で - 遊あそぶ   놀다

●정원[마당]에 ~하다

- 庭に ┌ (花はな・木きを) 植うえる   (꽃·나무를) 심다
       └ 出でる   나가다

복합어가 되면, 뒤에 오는 단어의 첫 글자가 무성음일 경우에 발음의 편의상 탁음이 붙는 경우가 많다.

● 庭 +
- 石 いし　　정원석　　　　　　　　　　　(いし・돌)
- 木 き　　 정원수　　　　　　　　　　　(き・나무)
- 師 し　　 정원사

○ 前 まえ　　　　　　　 앞뜰, 앞마당　　　(まえ・앞)
　裏 うら　　 + 庭　 뒤뜰, 뒷마당　　　(うら・뒷면)
　中 なか　　　　　　　 안뜰, 안마당　　　(なか・안, 속)

○ 学 まなび ┐ の 　배움터　　　　(まなぶ・배우다)
　いくさ　┘　　 싸움터　　(いくさ・「싸움・전쟁」의 雅語)

··· にんぎょう 479

3급
人形 にんぎょう
(종·나무·흙 또는 천 등으로 인간의 형으로 만든 것) **인형**

단문독해
短文에서 조사가 생략되고 뒷말은「동사는 연용형, 형용사와 형용동사는 어간으로 바꾸어, "~하기" "~하는 것[사람]" 등의 명사로 전성되기도 하며, 이 때 뒷말의 첫 글자가 무성음일 경우에 발음의 편의상 탁음이 붙기도 한다.

●인형이 ~(하)다

- 人形が ┌ かわいい   귀엽다
        └ 笑わらう / 泣なく   웃는다 / 운다

●인형을 ~하다

- 人形を ┌ 持もつ / 抱だく / おんぶする
        │   들다 / 안다 / 업다, 어부바하다
        │ ▶持って 遊あそぶ   가지고 놀다
        └ 寝ねかせる   재우다

●인형에(게) ~하다

- 人形に ┌ 服ふくを 着きせる   옷을 입히다
        └ くつを はかせる   신발을 신기다

4급
猫 ねこ
(가축의 하나) **고양이** ☞ page 104 「犬(いぬ)」

(매매할 때에 지불하거나 받아야할 전해진 금액)
값

短文에서 조사가 생략되고 뒷말은「동사는 연용형, 형용사와 형용동사는 어간」으로 바뀌어, "~하기" "~하는 것[사람]" 등의 명사로 전성되기도 하며, 이 때 뒷말의 첫 글자가 무성음일 경우에 발음의 편의상 탁음이 붙기도 한다.

●값이 ~(하)다

- 値段が
  - 高い / 安い　　　비싸다/싸다
  - 適当だ / 合う / 法外だ
      적당하다 / 맞는다 / 터무니없다
  - 上がる / 下がる / 落ちる
      오르다 / 내리다 / 떨어지다
  - 決められる　　　정해지다
  - 付けられる　　　매겨지다
  - 값이 나가다 →
    ① (비싸다) 値段が 高い
    ② (값어치가 있다) 値打ちが ある

●값을 ~하다

- 値段を
  - 決める / 付ける　　정하다 / 매기다
  - 上げる / 下げる　　올리다 /내리다
  - 落ちる　　　　　　떨어뜨리다
  - 掛け合う　　　　　흥정하다

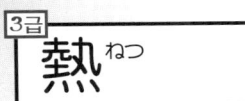

(온도가 있어 뜨거운 것이나 그 뜨거움. 또는 병 등으로 보통보다 높아진 체온) **열**

短文에서 조사가 생략되고 뒷말은「동사는 연용형, 형용사와 형용동사는 어간으로 바뀌어, "~하기" "~하는 것[사람]" 등의 명사로 전성되기도 하며, 이 때 뒷말의 첫 글자가 무성음일 경우에 발음의 편의상 탁음이 붙기도 한다.

●열이 ~(하)다

- 熱が
  - 高^{たか}い / 低^{ひく}い   높다 / 낮다
  - ある / ない   있다 / 없다
  - 出^でる   나다
  - 上^あがる / 下^さがる   오르다 / 내리다
  - 冷^さめる   식다
  - 落^おちる   떨어지다
  - 取^とられる   잡히다

●열을 ~하다

- 熱を
  - 出^だす   내다
  - 冷^{ひや}ます   식히다
  - 取^とる   잡다
  - 上^あげる / 下^さげる   올리다 / 내리다
  - 加^{くわ}える   가하다
  - 計^{はか}る   재다
  - 発散^{はっさん}[吸収^{きゅうしゅう}]する   발산[흡수]하다

●열에 ~하다

- 熱に - 弱^{よわ}い / 溶^とける   약하다 / 녹다

4급

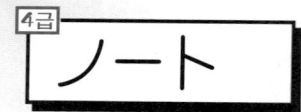

(잊지 않도록 또는 배운 것을 써 두어 놓는 것과 그것을 써 두어 놓은 것) **노트, 공책**

短文에서 조사가 생략되고 뒷말은「동사는 연용형, 형용사와 형용동사는 어간으로 바뀌어, "~하기" "~하는 것(사람)" 등의 명사로 전성되기도 하며, 이 때 뒷말의 첫 글자가 무성음일 경우에 발음의 편의상 탁음이 붙기도 한다.

●노트가 ~(하)다

- ノートが
  - いい / 悪^{わる}い   좋다 / 나쁘다
  - 高^{たか}い / 安^{やす}い   비싸다 / 싸다
  - 厚^{あつ}い / 薄^{うす}い   두껍다 / 얇다
  - 古^{ふる}い / 新^{あたら}しい   낡다 / 새것이다
  - 破^{やぶ}れる   찢어지다

●노트를 ~하다

- ノートを
  - 選^{えら}ぶ   고르다
  - 買^かう / 売^うる   사다 / 팔다
  - 整理^{せいり}する   정리하다
  - 借^かりる / 写^{うつ}す   빌리다 / 베끼다
  - 破^{やぶ}る   찢다

●노트에 ~하다

- ノートに
  - 書^かく / 記^{しる}す / 描^かく   쓰다 / 적다 / 그리다
  - はさむ   끼우다

(입안의 소리가 나는 곳 또는 식도·기관을 통하는 곳) 목(구멍)

短文에서 조사가 생략되고 뒷말은 「동사는 연용형, 형용사와 형용동사는 어간」으로 바뀌어, "~하기" "~하는 것[사람]" 등의 명사로 전성되기도 하며, 이 때 뒷말의 첫 글자가 무성음일 경우에 발음의 편의상 탁음이 붙기도 한다.

◉목(구멍)이 ~(하)다

- 喉が
  - 痛^{いた}い   아프다
  - すっきりする / からからだ   시원하다 / 칼칼하다
  - 腫^はれる   붓다
  - 治^{なお}る   낫다
  - かわく   마르다, 타다
    - ※ 회화체에서 "목이 마르다"라고 話者가 현재 느끼고 있는 상태를 나타내는 경우는, 이미 그렇게 되어 있는 상태를 나타내기 때문에 「のどが かわいた」라고 과거형으로 표현된다.
  - つまる   메이다
  - かれる   쉬다, 잠기다 = 声が かすれる

- ※ 목이 메다 → 喉に つかえる

- ◐ 喉が いい [직역]「목이 좋다」·(소리도 좋고, 노래도 잘 부른다는 의미로) 목청이 좋다

- ◐ 喉が 鳴^なる [직역]「목이 울다」·(맛있을 것 같은 것을 보고, 식욕이 일어나거나, 먹고 싶어서 좀이 쑤심을 비유하여) 군침이 돌다

◎목(구멍)을 ～하다

- 喉を
  - 湿す、ぬらす   축이다, 적시다
  - 締める   조르다 = 首を 締める
  - ※ 喉を 通る[通らない]
    → 목에 넘어가다[넘어가지 않는다]

◎목(구멍)에 ～하다

- 喉に －(小骨が) 刺さる   (잔뼈가) 걸리다

◎목(구멍)에서 ～하다

- 喉から －(血が) 出る   (피가) 나(오)다

◐喉から 手が 出る   직역 「목에서 손이 나오다」・(몹시 가지고 싶어함을 비유하여) 미치다, ～하고 싶은 마음이 굴뚝같다

4급

葉 は

(식물의 가지나 줄기에 붙어 있는 것으로서, 호흡하거나 녹말을 만드는 일을 하는 것) **잎**
[참고] 구어체에는 「葉^はっぱ (잎사귀)」라고도 한다.

短文에서 조사가 생략되고 뒷말은 「동사는 연용형, 형용사와 형용동사는 어간」으로 바뀌어, "~하기" "~하는 것(사람)" 등의 명사로 전성되기도 하며, 이때 뒷말의 첫 글자가 무성음일 경우에 발음의 편의상 탁음이 붙기도 한다.

◉잎이 ~(하)다

- 葉が
  - 出^でる[出^でて くる]   나오다
  - 生^はえる / 伸^のびる   나다 / 자라다
  - 茂^{しげ}る   우거지다, 무성하다
    - ▶生^おい茂げる   무성히 자라다
  - つく / 垂^たれ下^さがる   달리다 / 매달리다
  - 落^おちる / 散^ちる   떨어지다 / 지다
    - 전·명 落ち葉^ば : **낙엽**
      - ~が 落ちる   낙엽이 떨어지다
  - (風^{かぜ}に) 舞^まう   (바람에) 춤추다 : 흩날리다
  - 枯^かれる   시들다
    - 전·명 枯れ葉^ば : **가랑잎**
  - 腐^{くさ}る、朽^くちる   **썩다**
    - [비교] 「腐る」는 부패되어 썩음을, 「朽ちる」는 마른 상태에서 풍화작용에 의해, 형태가 없어짐을 나타낸다.
    - 전·명 朽ち葉^ば : **썩은 잎**
  - 虫^{むし}に 食^くわれる   벌레(에) 먹다
  - 染^そまる   물들다
  - 擦^ずれる   스치다
    - 전·명 葉擦^ずれ : **나뭇잎의 스침**
      - ~の音^{おと}   나뭇잎이 스치는 소리

◉잎을 ～하다

- 葉を
  - 摘つむ　　　　　　　　　따다, 뜯다
    - ▶千ち切ぎる　　　　　　（꼭지를 비틀어） 따다
      - [주의] 「切る (자루다)」와 마찬가지로 예외적인 '5단 활용동사'이다.
  - 切きる [切り取とる]　　　자르다 [잘라내다]
  - 巻まく　　　　　　　　　말다
    - [전・명] 葉巻き　엽궐련 = シガー
  - かじる　　　　　　　　　갉다
    - ▶かじって 食たべる　　갉아먹다

◉잎에 ～하다

- 葉に
  - 付つく　　　　　　　　　붙다
    - ▶ついて 生いきる　　　붙어살다
  - 露つゆが 結むすぶ　　　　이슬이 맺히다

복합어가 되면, 뒤에 오는 단어의 첫 글자가 무성음일 경우에 발음의 편의상 탁음이 붙는 경우가 많다.

- 葉 +
  - 虫むし　　잎벌레, 엽충　　　　　　（むし・벌레）
  - 書がき　　엽서　　　　　　　　　（かく・쓰다）

- 飼かい ⎤ +葉は　　**여물**　　　　　　　　　　　　　　(かう・기르다)
  枝えだ ⎦　　　① **가지와 잎**　　　　　　　　　　　(えだ・가지)
  　　　　　② (뭔가의 일에 그다지 중요하지 않은 사소한 부분) **사소한 일, 하찮은 일**

- 木き ⎤ の−葉は　　**나뭇잎**　　　　　　　　　　　　(き・나무)
  草くさ ⎦　　　**풀잎**　　　　　　　　　　　　　　(くさ・풀)

> 참고 ※단풍 → 紅葉もみじ

복합어가 되면, 뒤에 오는 단어의 첫 글자가 무성음일 경우에 발음의 편의상 탁음이 붙는 경우가 많다.

- 葉−越ごしに　**잎 사이로**　　　　　　　　　　(こす・넘다)

4급 歯は (육식동물이 음식물을 씹을 때에 사용되는 입 안에 두 줄로 나란히 나 있는) **이**

短文에서 조사가 생략되고 뒷말은「동사는 연용형, 형용사와 형용동사는 어간」으로 바뀌어, "~하기" "~하는 것[사람]" 등의 명사로 전성되기도 하며, 이때 뒷말의 첫 글자가 무성음일 경우에 발음의 편의상 탁음이 붙기도 한다.

◉ 이가 ~(하)다

- 歯が
  - ない / ある   없다 / 있다
  - 白しろい / 黄色きいろい   하얗다, 희다 / 누렇다
  - よい / 悪わるい   좋다 / 나쁘다
  - 弱よわい / 丈夫じょうぶだ   약하다 / 튼튼하다
  - もろい / 固かたい   무르다 / 딱딱하다
  - そろって いる   고르다
  - とがる   뾰족하다, 날카롭다

  - 生はえる / 出でる   나다 / 나오다
    - 전·명 出でっ歯ば (앞으로 난 이) 뻐드렁니
    - [비교] 「生える」는 처음 또는 새로 이가 생겨 나온다는 의미로, 「出る」는 보통보다 앞으로 뻗은 상태를 나타낸다
    - ▶生えかわる   새로[다시] 나다

  - 抜ぬける   빠지다
    - 관용구 歯が 抜けたよう 직역 「이가 빠진 것 같다」
      · (뭔가 부족하게 느껴지거나 없어져 허전한 느낌을 비유하여) **이가 빠진 듯**

  - 折おれる / 割われる   부러지다 / 깨지다

揺ゆれる　　　　　　　　　　　흔들리다
├─ ▶ぐらつく　　　　　　　　　흔들거리다
└─ ▶ぐらぐらする　　　　　　　흔들흔들하다

痛いたい　　　　　　　　　　　아프다
├─ 전·명 歯痛　：치통
└─ ▶(ずきずき) うずく　　　　（욱신욱신） 쑤시다
　　▶ずきずきする　　　　　　욱신욱신[시큰시큰] 거리다

きしる　　　　（위 아랫니가 맞물려）뿌드득거리다
└─ 전·명 歯ぎしり : (자고 있을 때 또는 억울할 때 등에
　　　　　　　　　　이와 이를 서로 물려 소리가 나는
　　　　　　　　　　것) 이를 갊
　　　　　・～する　　　　　이를 갈다

[참고] 어린이의 젖니가 영구치로 바뀌는
「이를 갈다」는「乳歯にゅうしを 生はえ変かわる[抜ぬけ変かわる]」로 표현한다.

浮うく　　　　　　　　　　　들뜨다
└─ 관용구 歯が 浮うく 직역「이가 뜨다」・(이뿌리 부
　　　분이 느슨해지거나 또는 꾸민 듯이 속이 드러
　　　나 보여, 불쾌하게 느끼는 경우에 이가 뜨듯
　　　이 느껴짐을 비유하여) 이가 뜨다

※ 歯が すく → 잇새가 뜨다

※ 이가 시리다 → 歯に しみる (이에 스미다[배다])

※ 이가 썩다 → 歯に 虫むしが 食くう (이에 벌레가 먹다)

● 歯が 立たたない　직역「이가 서지 않는다」・(딱
　딱해서 씹을 수가 없다는 의미에서, 상대가 너무
　강해 당할 수 없음을 비유하여) 당해낼 재간이
　없다, 당해 낼 수 없다

◎이를 ～하다

- 歯を
  - 磨く — 닦다
    - 전·명 歯磨き : (가루나 튜브) 치약
  - (つまようじで) ほじくる — (이쑤시개로) 쑤시다
  - 抜く — 뽑다, 빼다
    - ▶抜き出す — 뽑아내다
    - ▶治療する — 치료하다
  - かむ — 깨물다, 씹다
    - 전·명 歯がみ : (화가 나거나 억울할 때에 이와 이를 서로 물려 소리를 내는 것) 이를 갊
      = 歯ぎしり
    - ・～する — 이를 갈다
  - きしる — 갈다
    - 전·명 歯ぎしり : (분하고 억울해서) 이를 갊
    - ・～する — 이를 갈다
  - 食いしばる — 악물다
  - むき出す / 見せる — 드러내다 / 보이다
  - がたがた いわせる — 덜덜 떨다[거리다]
  - 入れる — 해 넣다

◎이로 ～하다

- 歯で
  - かむ — 씹다, (깨)물다,
    - ▶かみちぎる — (깨)물어뜯다
    - ▶かみ取る — (물어)뜯다
    - ▶かみ殺す — (깨)물어 죽이다
  - 切る — 자르다, 끊다
  - かじる — 갉다

◎이에 ~하다

- 歯に
  - (何^{なに}か が) 挟^{はさ}まる　(뭔가가) **끼이다**
  - つく　　　　　　　　　**붙이다**
  - 虫^{むし}が 食^くう → 이에 벌레가 먹다 → **이가 썩다**
    - 전·명 虫^{むし}歯^ば : **충치**

관용구

- 歯に 衣^{きぬ}(を) 着^きせぬ 직역 「이에 옷을 입히지 않는다」·(상대의 입장과 기분을 전혀 생각지 않고, 생각하고 있거나 있는 그대로를 거침없이 말함을 비유하여) **(곧이곧대로) 대놓다**
  - 歯に 衣を 着せず 話^{はな}す
    (곧이곧대로) 대놓고 이야기하다

복합명사

복합어가 되면, 뒤에 오는 단어의 첫 글자가 무성음일 경우에 발음의 편의상 탁음이 붙는 경우가 많다.

歯 +			
	車^{ぐるま}	**톱니바퀴**	(くるま·차)
	ブラシ	**칫솔**	(ブラシ·솔)
	茎^{ぐき}	**잇몸** ・~が はれる[ただれる] ~이 붓다[헐다]	(くき·줄기)
	ごたえ	① (뭔가를 씹을 때에 딱딱하게 느껴지는 느낌) **씹는 맛** ② (해볼만한 가치가 있을 것이 판단 됨) **입맛 당김**	(こたえる·반응하다)
	形^{がた}	**잇자국**	(かた·자국)
	痛^{いた}	**치통** = 歯痛^{つう}	(いたい·아프다)
	医者^{いしゃ}	**치과의사**	(いしゃ·의사)

・・・・・・・・・・・・・・・・・・・・・ 492 명사 표현력 ・・・・・・・・・・・・・・・・・・・・

```
        ┌─ 根ね        이뿌리                          (ね・뿌리)
        │              관용구 歯の根ねが 合あわない  직역 「이
  ─ の ─│                의 뿌리가 맞지 않는다」・(추위나
        │                무서움으로 이가 서로 맞지 않게
        │                떨리는 모습을 비유하여) 이가 서
        │                로 맞지 않는다, 이가 덜덜거린다
        │
        └─ すき間ま     이(의) 사이
```

```
  ・虫むし   ┐                 충치                   (むし・벌레)
   鬼おに    │                 (밖을 향해) 덧니       (おに・도깨비)
   八重やえ  │─ 歯は ─         (겹쳐서 난) 덧니       (やえ・겹)
   奥おく    │                 어금니                 (おく・속, 안)
   糸いと切ぎり │                송곳니 = 犬歯けんし     (おく・속, 안)
   前まえ    ┘                 앞니                   (まえ・앞)
```

> 참고
> ※톱니   → のこぎり歯
> ※(육식동물의 날카로운) 어금니 → 牙きば
> ※이쑤시개   → つまようじ

 복합어가 되면, 뒤에 오는 단어의 첫 글자가 무성
음일 경우에 발음의 편의상 탁음이 붙는 경우가 많다.

```
         ┌─ がゆい    (일이 잘되지 않아 안달날 것   (かゆい・가렵다)
  ●歯 + ─│             같은 기분이다) 애타다
         └─ 向むかう   거스르다, 반기를 들다         (向かう・향하다)
```

·············· ばあい 493

(일이 행해지고 있을 때의 그 사정과 상황에 있는 국면) **경우**

短文에서 助詞가 생략되고 뒷말은「動詞는 連用形, 形容詞와 形容動詞는 어간으로 바꾸어, "~하기" "~하는 것[사람]" 등의 명사로 전성되기도 하거, 이때 뒷말의 첫 글자가 무성음일 경우에 발음의 편의상 탁음이 붙기도 한다.

●경우가 ~(하)다

- 場合が ┌ 違ちがう / 同おなじだ   다르다 / 같다
         └ 場合だけに   경우인 만큼(에)

●경우에 ~하다

- 場合に ┌ よる   의하다, 따르다
         │   ⋯▶ よって(は)   의해서[따라서](는)
         └ は[も]   는[도]
             ⋯▶ たいてい[最悪さいあくの場合には
                         대개[최악]의 경우에는
             ▶ この[その・あの・どの]ような 場合には
                         이런[그런・저런・어떤]한 경우에는
             ▶ こんな[そんな・あんな・どんな] 場合には
                         이러한[그러한・저러한・어떠한] 경우에는
             ▶ このような[どんな] 場合でも   어떠한 경우라도

> 참고
> ※ 경우가 밝다   → 道理どうりを よく わきまえる
> ※ 경우를 따지다 → 是非ぜひを 正ただす

 (담배의 재와 꽁초를 담는 용기) 재떨이

※ 이는 「はい (재)」에 「さら (접시)」가 만나 만들어졌다.

 短文에서 조사가 생략되고 뒷말은「동사는 연용형, 형용사와 형용동사는 어간으로 바꾸어, "~하기" "~하는 것[사람]" 등의 명사로 전성되기도 하며, 이 때 뒷말의 첫 글자가 무성음일 경우에 발음의 편의상 탁음이 붙기도 한다.

●재떨이가 ~(하)다

- 灰皿が
  - 大きい / 小さい   크다 / 작다
  - 重い / 軽い   무겁다 / 가볍다
  - 見える   보이다
  - 壊れる   깨지다

●재떨이를 ~하다

- 灰皿を
  - 出す   내다
  - 空ける   비우다
  - 洗う   씻다
  - 捜す / 隠す   찾다 / 숨기다
  - 壊す   깨뜨리다

●재떨이에 ~하다

- 灰皿に
  - (灰を) 落とす   (재를) 털다
  - (吸い殻を) 捨てる (꽁초를) 버리다
  - 入れる   넣다

······················· はがき 495

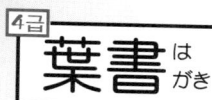

4급 葉書 はがき

(편지를 대신하여 간단히 소식을 전할 수 있는 우편엽서) **엽서**

短文에서 조사가 생략되고 뒷말은「동사는 연용형, 형용사와 형용동사는 어간으로 바뀌어, "~하기" "~하는 것[사람]" 등의 명사로 전성되기도 하며, 이 때 뒷말의 첫 글자가 무성음일 경우에 발음의 편의상 탁음이 붙기도 한다.

◉옆서가 ~(하)다

- 葉書が - 届とどく   닿다, 도착하다

◉옆서를 ~하다

- 葉書を ┬ 書かく   쓰다
         ├ 出だす   보내다
         ├ もらう   받다
         └ やりとりする 주고받다

◉옆서로 ~하다

- 葉書で - 知しらせる   알리다

・郵便ゆうびん		우편엽서	(ゆうびん・우편)
絵え	+ 葉書	그림엽서	(え・그림)
官製かんせい		관제엽서	(かんせい・관제)
往復おうふく		왕복엽서	(おうふく・왕복)

4급 箱 はこ

(물건을 넣어두기 위한 용기로서, 주로 뚜껑이 달려 있는 것) **상자**

短文에서 조사가 생략되고 뒷말은「동사는 연용형, 형용사와 형용동사는 어간」으로 바뀌어, "~하기" "~하는 것[사람]" 등의 명사로 전성되기도 하며, 이때 뒷말의 첫 글자가 무성음일 경우에 발음의 편의상 탁음이 붙기도 한다.

●상자가 ~(하)다

- 箱が ┌ 開^あく　　　　　　열리다
　　　└ 壊^{こわ}れる　　　　　부서지다, 망가지다

●상자를 ~하다

- 箱を ┌ 作^{つく}る　　　　　만들다
　　　├ 開^あける　　　　열다
　　　├ 破^{やぶ}る　　　　　뜯다
　　　├ 壊^{こわ}す　　　　　부수다
　　　└ 探^{さぐ}る　　　　　뒤지다

●상자에 ~하다

- 箱に ┌ 入^いれる　　　　　　넣다, 담다
　　　│　⋯ 전·명 箱入^いり : 상자에 넣는 것 또는 들어 있는 것
　　　│　　　　• ~で 売^うる　상자에 넣어 팔다.
　　　│　　　　• ~の茶器^{ちゃき}　상자에 담긴 차기
　　　└ 詰^つめる　　　　　　(가득 넣다) **채우다**
　　　　　⋯ 전·명 箱詰^つめ : (상자에 채워져 있는 것) 상자들이
　　　　　　　　• ~のリンゴ　　~ 사과

しまう	(정리하다)	치우다
書かく		쓰다

전·명 箱書がき : (공예품이 담겨져 있는 상자에 진품임을 증명하기 위한 만든 사람의) **낙인**

복합명사

복합어가 되면, 뒤에 오는 단어의 첫 글자가 무성음일 경우에 발음의 편의상 탁음이 붙는 경우가 많다.

- 箱 +
  - 庭にわ　(상자에 모래나 흙을 넣어, 정원이나 산·강을 본떠 집·다리 등의 모형으로 만든 것) **상자정원**　(にわ·정원)
  - 細工さいく　**상자공예**　(さいく·세공)
  - 眼鏡めがね　(물 속을 들여다보기 위해 상자의 한족에 유리를 댄 상자) **상자안경**　(めがね·안경)
  - 師し　(기차·전차·버스 등에서 전문적으로 터는 사람) **승객털이**

	+箱ばこ		
木き		나무상자	(き·나무)
紙かみ		종이상자	(かみ·종이)
ポール		골판지상자	(ポール·)
本ほん		책장	(ほん·책)
宝石ほうせき		보석상자	(ほうせき·보석)
宝物たからもの		보물상자	(たからもの·보물)
金かね		돈 상자	(かね·돈)
ドル		돈줄	(ドル·달러)
巣す		상자 새집	(す·새집, 보금자리)

橋 はし

(강·계곡 등의 위에 사람과 차 또는 동물이 다닐 수 있도록 걸쳐놓은 것) **다리**

短文에서 조사가 생략되고 뒷말은(동사는 연용형, 형용사와 형용동사는 어간으로 바뀌어, "~하기" "~하는 것(사람)" 등의 명사로 전성되기도 하며, 이때 뒷말의 첫 글자가 무성음일 경우에 발음의 편의상 탁음이 붙기도 한다.

◎다리가 ~하다

- 橋が
  - 架かる　　　　　　　놓이다
  - 崩くずれる　　　　　　무너지다, 붕괴되다
    - ▶崩くずれ落おちる　　　　무너져 내리다
  - 切きれる　　　　　　　끊기다
  - 流ながれる　　　　　　떠내려가다
  - 揺ゆれる　　　　　　　흔들리다

　　전·명 揺ゆり橋はし : 흔들 다리

◎다리를 ~하다

- 橋を
  - 架かける　　　　　　　놓다
    - [참고] 橋はし渡わたし (둘 사이에 "중개·중재를 한다"는 의미로) 다리 놓음
      - ・~を する　다리를 놓다
  - 渡わたる　　　　　　　건너다
    - ▶渡り切きる　　　　　　다 건너다
  - つなぐ　　　　　　　잇다
  - 崩くずす　　　　　　　무너뜨리다
  - 爆破ばくはする　　　　　폭파하다

●다리에서 ~하다

- 橋から
  - 落ぉちる 　　　　　　　떨어지다
  - 飛とび下ぉりる 　　　　 뛰어내리다
  - 眺ながめる[見み下ぉろす] 　바라보다 [내려다보다]

복합어가 되면, 뒤에 오는 단어의 첫 글자가 무성음일 경우에 발음의 편의상 탁음이 붙는 경우가 많다.

- 橋+
  - ぐい 　　교각 　　　　　　　　　　　　　　(くい・말뚝)
  - げた 　　(다리의) 횡목 　　　　　　　　　 (けた・도리)
  - 板いた 　다리 위에 까는 널판지 　　　　　 (いた・판자)
  - 柱ばしら 다리기둥 　　　　　　　　　　　　(はしら・기둥)
  - 詰づめ 　(다리가 시작되는 지점) 다릿목 　(つめる・채우다)
  - 銭ぜん 　다리 통행료 　　　　　　　　　　 (せん・돈)

참고 ※징검다리 → 飛とび石いし

- 橋-なくも 　뜻하지 않게, 뜻밖에

3급 初はじめ

(시작하는 것. 또는 시작한지 얼마 안 되는 단계·시점) 처음

 短文에서 조사가 생략되고 뒷말은「동사는 연용형, 형용사와 형용동사는 어간」으로 바뀌어, "～하기" "～하는 것(사람)" 등의 명사로 전성되기도 하며, 이때 뒷말의 첫 글자가 무성음일 경우에 발음의 편의상 탁음이 붙기도 한다.

◎처음이 ～(하)다

- 初めが ┌ 難むずかしい   어렵다
         │ 大切たいせつだ   중요하다
         └ よければ 終わりが よい   좋으면 끝이 좋다

◎처음을 ～하다

- 初めを ┌ 気きを つけなさい   처음을 조심하세요
        └ 飾かざる   장식하다

◎처음에 ～하다

- 初め(に) ┌ は そんなものだ   는 그러한 법이다
          └ は 難むずかしかった   어려웠다

※初めまして → (인사말) 처음 뵙겠습니다
※初めて   → (부사) 처음으로, 비로소
※初めてだ →   처음이다

4급 場所 ばしょ　(위치. 어느 일정의 지역·공간) **장소**

短文에서 조사가 생략되고 뒷말은「동사는 연용형, 형용사와 형용동사는 어간으로 바뀌어, "~하기" "~하는 것[사람]" 등의 명사로 전성되기도 한다. 이때 뒷말의 첫 글자가 무성음일 경우에 발음의 편의상 탁음이 붙기도 한다.

●장소가 ~(하)다

- 場所が
  - ある / ない　　　　　있다 / 없다
  - よい、いい　　　　　좋다
    - ▶ちょうど いい　　　딱 좋다
  - 広ひろい / 狭せまい　　　크다 / 작다
  - 遠とおい / 近ちかい　　　멀다 / 가깝다
  - 適当てきとうだ　　　　　적당하다
  - 決きめられる　　　　　정해지다

●장소를 ~하다

- 場所を
  - 選えらぶ　　　　　택하다
  - 決きめる　　　　　정하다
  - 尋たずねる　　　　묻다

●장소에 ~하다

- 場所に
  - よって 違ちがう　　따라 다르다
  - 構かまわない　　　상관없다
  - こだわる　　　　　구애받다

(교통수단인 탈것의 하나) 버스

短文에서 조사가 생략되고 뒷말은「동사는 연용형, 형용사와 형용동사는 어간」으로 바꿔어, "~하기" "~하는 것[사람]" 등의 명사로 전성되기도 하며, 이때 뒷말의 첫 글자가 무성음일 경우에 발음의 편의상 탁음이 붙기도 한다.

◉ 버스가 ~(하)다

- バスが
  - 早はやい / 遅おそい　　　　빠르다 / 늦다
  - 来くる / 出でる　　　　　오다 / 떠나다
  - 通とおる　　　　　　　　다니다, 지나다
  - 込こむ　　　　　　　　　붐비다
  - 止とまる / 故障こしょうする　　서다 / 고장나다

◉ 버스를 ~하다

- バスを
  - 待まつ / 降おりる　　　　기다리다 / 내리다
  - ※버스를 타다 → (버스에 타다) → バスに 乗のる
  - ※버스를 놓치다[못 타다, 타지 못하다]
    → (버스에 늦다) → バスに 乗のり遅おくれる

◉ 버스에 ~하다

- バスに
  - ぶつかる　　　　　　부딪치다
  - 飛とび込こむ　　　　　뛰어들다
  - ※バスに 乗のる[飛とび乗のる・乗のり遅おくれる]
    버스를 타다[뛰어 올라타다・(늦어)못 타다]

●버스로 ～하다

※「～으로」가 1) 사물을 나타내는 말에 붙는 경우에는「～で」로 표현되어 그것을 수단·재료·도구로 이용함을 나타내고, 2) 장소를 나타내는 말에 붙는 경우에는「～に」와「～へ」로 표현되는데,「～に」는 그곳을 동작·작용의 "이'동지점·목적지점"을 나타내며,「～へ」는 동작·작용의 방향을 나타낸다. 그러나 여기에서는 의미상「～へ」는 표현되기 어렵다.

- バスで － 行^いく / 来^くる   가다 / 오다
- バスに － 集^{あつ}まる / 来^くる   모이다 / 오다

●버스에서 ～하다

※ 장소를 나타내는 명사에 붙는「～에서」가, 1) 그 동작이 행해지는 "항위의 장소"이면 조사「～で」로, 2) 그 동작과 작용이 그곳에서부터 발생 또는 발견하게 되었다는 "행위·발생의 기점 및 출처"이면 조사「～から」로 표현한다.

- バスで － 寝^ねる   자다
- バスから － 降^おりる[飛^とび降^おりる]   내리다[뛰어내리다]

복합어가 되면, 뒤에 오는 단어의 첫 글자가 무성음일 경우에 발음의 편의상 탁음이 붙는 경우가 많다.

- バス +   ┌ 停^{てい}(留場^{りゅうじょう})   버스정류장   (ていりゅうじょう・정류장)
          └ ターミナル   버스터미널   (ターミナル・터미널)

- ○ 市内^{しない} ┐   시내버스   (しない・시내)
     市外^{しがい}   시외버스   (しがい・시외)
     高速^{こうそく}   + バス   고속버스   (こうそく・고속)
     観光^{かんこう}   관광버스   (かんこう・관광)
     スクール   스쿨버스   (スクール・스쿨)
     貸^かし切^きり ┘   전세버스   (かしきる・전세 주다)

4급 花 はな　　(식물이 열매를 맺기 위하여 피우는 것) **꽃**

短文에서 조사가 생략되고 뒷말은「동사는 연용형, 형용사와 형용동사는 어간」으로 바뀌어, "~하기" "~하는 것[사람]" 등의 명사로 전성되기도 하며, 이때 뒷말의 첫 글자가 무성음일 경우에 발음의 편의상 탁음이 붙기도 한다.

●꽃이 ~하다

- 花が
  - 美^{うつく}しい　　　　　　　　　예쁘다, 아름답다
  - かぐわしい、芳^{かんば}しい　　　향기롭다
  - 満開^{まんかい}だ　　　　　　　　만개하다
  - 咲^さく / 散^ちる　　　　　　　피다 / 지다
  - しぼむ、しおれる、しなびる　시들다
    - [비교]「しぼむ」는 핀 꽃이,「しおれる」는 그 식물 전체가 말라버림을 나타낸다.「しなびる」는 물기가 없어져 시들어 쭈글쭈글 오므라든 상태를 나타낸다.
  - ※꽃이 한창이다 → 花の盛^{さか}り(だ)

●꽃을 ~하다

- 花を
  - 植^うえる / 育^{そだ}てる　　　심다 / 가꾸다, 키우다
  - 折^おる / 摘^つむ　　　　　　꺾다 / 따다
  - (瓶^{びん}に) 挿^さす　　　　　　(병에) 꽂다
  - 見^みる　　　　　　　　　　보다
    - [전·명] 花見 : 꽃놀이, 꽃구경
      - ~を する　　~를 하다
      - ~に 行^いく　　~하러 가다
  - 楽^{たの}しむ、めでる、たしなむ、　즐기다

●꽃으로 ~하다

- 花で ┌ 装よそおう　　　　　　치장하다
　　　 └ 飾かざる　　　　　　　꾸미다

●꽃에 ~하다

- 花に ┌ 水みず[肥こやし]を やる　　物[거름]을 주다
　　　│ 愛情あいじょうを 注そそぐ　　애정을 쏟다
　　　└ (蝶ちょう・蜂はちなどが) 止とまる / たかる / 集あつまる
　　　　(나비·벌 등이) 앉다 / 꼬이다, 꾀다 / 모이다

● 花より 団子だんご　[직역]「꽃보다 단고」・(봐서 즐거운 것보다, 실제로 도움이 되는 것이 좋음을 비유하는 말) 금강산도 식후경

참고 꽃의 이름

• 매화	→ 梅うめ	• 난	→ 蘭らん
• 국화	→ 菊きく	• 벚꽃	→ さくら(の花)
• 무궁화	→ むくげ	• 개나리	→ レンギョウ
• 진달래	→ つつじ	• 코스모스	→ コスモス
• 민들레	→ たんぽぽ	• 장미	→ ばら
• 나팔꽃	→ 朝顔あさがお	• 해바라기	→ 日回ひまわり
• 목련	→ 木蓮もくれん	• 모란	→ 牧丹ぼたん
• 제비꽃	→ すみれ	• 동백꽃	→ つばき
• 물망초	→ 忘わすれな草くさ	• 백합	→ ゆり
• 튤립	→ チューリップ	• 카네이션	→ カーネーション

복합어가 되면, 뒤에 오는 단어의 첫 글자가 무성음일
경우에 발음의 편의상 탁음이 붙는 경우가 많다.

● 花 +
- びら　　꽃잎　　　　　　　　　　　　　　　(ひら・조각)
- 房ふさ　　꽃송이　　　　　　　　　　　　　(ふさ・송이)
- 束たば　　꽃다발　　　　　　　　　　　　　(たば・다발)
- 輪わ　　　화환　　　　　　　　　　　　　　(わ・고리)
- 園その　　화원　　　　　　　　　　　　　　(その・뜰)
- 畑ばたけ　꽃밭　　　　　　　　　　　　　　(はたけ・밭)
- 屋や　　　꽃가게　　　　　　　　　　　　　(~や・~가게[집])
- 道みち　　꽃길　　　　　　　　　　　　　　(みち・길)
- 時計どけい　꽃시계　　　　　　　　　　　　(とけい・시계)
- 言葉ことば　꽃말　　　　　　　　　　　　　(ことば・말)
- 吹雪ふぶき　(눈보라처럼) 흩날리는 꽃잎　　(ふぶき・눈보라)
- 冷びえ　　꽃샘추위　　　　　　　　　　　　(ひえる・식다)
- あらし　　꽃샘바람　　　　　　　　　　　　(あらし・폭풍)
- 火び　　　불꽃　　　　　　　　　　　　　　(ひ・불)
- 模様もよう　꽃 모양　　　　　　　　　　　(もよう・모양)
- 嫁よめ　　새색시　　　　　　　　　　　　　(よめ・신부, 며느리)
- 婿むこ　　새신랑　　　　　　　　　　　　　(むこ・신랑, 사위)
- 札ふだ　　화투　　　　　　　　　　　　　　(ふだ・표찰)

○ 雪ゆき ┐
　生いけ ┘ + 花はな
　　눈꽃　　　　　　　　　　　　　　　　　　(ゆき・눈)
　　꽃꽂이　　　　　　　　　(いける・꽃이나 가지를 꽂다)

참고		
꽃병	→	花瓶かびん
꽃가루	→	花粉かふん
꽃받침	→	がく
(암·수)꽃술	→	(め・お)しべ

·· はな² 507

（포유동물의 얼굴 중심에 위치하고 있으면서, 주로 호흡을 위한 기관） **코**

短文에서 조사가 생략되고 뒷말은「동사는 연용형, 형용사와 형용동사는 어간」으로 바꿔어, "～하기" "～하는 것[사람]" 등의 명사로 전성되기도 하며, 이때 뒷말의 첫 글자가 무성음일 경우에 발음의 편의상 탁음이 붙기도 한다.

◎코가 ～하다

- 鼻が
  - 大^{おお}きい / 小^{ちい}さい　　크다 / 작다
    - ▶ 大きく[小さく] なる　　커[작아]지다
  - 高^{たか}い / 低^{ひく}い　　높다, 오똑하다 / 낮다
    - 관용구 鼻が 高^{たか}い　직역「코가 높다」·〈득의 양양한 모습을 비유하는 말〉**코가 하늘을 찌른다**
  - 平^{ひら}べったい、ぺしゃんこだ　　납작하다
  - あぐらを かく / つぶれる　　내려앉자 / 뭉개지다
    - 전·명 あぐら鼻^{はな}　　납작코
  - 曲^まがる　　비틀어지다
  - 凍^{こご}える　　（추위로） 얼다
  - 詰^つまる　　막히다

  - ※ 코가 묻다 → 콧물이 묻다 → 鼻水^{はなみず}が つく

관용구

● 鼻が 利^きく　직역「코가 （잘） 듣는다」·〈냄새를 잘 맡는다는 의미에서, 비밀 등을 잘 감지해 내는 모습을 비유하여〉**냄새를 잘 맡는다, 개 코다**

- ～から、どこに 隠^{かく}れても すぐ 捜^{さが}し出^だす。
  냄새를 잘 맡으니까, 어디에 숨어도 곧 찾아낸다.

●코를 ～하다

- 鼻を
  - 触る / 만지다
  - 引く / 당기다
  - 押す / 누르다
  - ねじる・ひねる / 비틀다
  - つかむ / 쥐다
    - 전·명 鼻つまみ : 코침
  - 垂らす / 흘리다
    - 전·명 鼻垂らし : 코흘리개
  - ほじくる = ほじる / 후비다
  - かむ / 풀다
  - ふく / 닦다
  - (指で) 突く / (손가락으로) 찌르다
    - 관용구 鼻が 突く 직역「코가 찌르다」·(코를 심하게 자극할 정도로 강한 냄새가 나는 것을 비유하여) 코를 찌르다
      - おならの においが ～ 방귀의 냄새가 ～
  - 突き合わせる / 맞대다
  - すする・ずるずるいわせる / 훌쩍거리다
  - くんくん 鳴らす / 킁킁거리다
  - ぶつける / 부딪치다
- ※코를 골다 → いびきを かく

❶鼻を 折る 직역「코를 꺾다」·(남의 으스대는 꼴을 꺾어 창피를 준다는 의미로) 콧대를 꺾다
- みごとに 鼻を 折って やる。
  보기 좋게 콧대를 꺾어주다.

◐코로 ~하다

- 鼻で ┌ (においを) かぐ　　　(냄새를) 맡다
　　　│ 息^{いき}を する　　　　숨쉬다
　　　└ 歌^{うた}う　　　　　　　노래하다
　　　　※ 콧노래를 부르다 → 鼻歌^{はなうた}を 歌う

관용구

◐ 鼻で あしらう　[직역]「코로 응대하다」・(상대를 가볍게 보고, 말을 걸어도 제대로 대답도 하지 않고, 멋대로 취급함을 비유하는 표현) **코방귀도 안 뀌다**

- 彼^{かれ}は 私^{わたし}の 意見^{いけん}を 鼻で あしらった。
  그는 나의 의견을 코방귀도 안 뀌었다.

◐코에 ~하다

- 鼻に ┌ かける　　　걸다
　　　│ 当^あてる　　대다
　　　└ 付^つける　　붙이다

관용구

◐ 鼻に かける　[직역]「코에 걸다」・(남보다 뛰어난 것을 자랑하고 뽐내는 것을 비유하는 표현) **으스대다**

- 一回 勝^かったことを ~。　한 번 이긴 것을 ~.

◐ 鼻に つく　[직역]「코에 붙다」・(싫은 냄새가 코에 붙어 떠나지 않는다는 의미로, 같은 일이 몇 번이고 반복되어 진저리나고 불쾌하게 느껴짐을 비유하여) **진저리 난다**

- 彼^{かれ}の 冗談^{じょうだん}は ~　그의 농담은 ~

복합어가 되면, 뒤에 오는 단어의 첫 글자가 무성음일 경우에 발음의 편의상 탁음이 붙는 경우가 많다.

	先さき	코끝	(さき・끝)
	穴あな	콧구멍	(あな・구멍)
	血ち	코피 •~が 出でる ~가 나오다	(ち・피)
	水みず	콧물	(みず・물)
	くそ	코딱지	(くそ・똥)
	毛け	코털 •~を 抜ぬく ~을 뽑다	(け・털)
●鼻+	筋すじ	콧날	
	骨ほね	코뼈	(ほね・뼈)
	柱はしら	콧대 [=鼻っぱしら]	(はしら・기둥)
		•~が 高たかい[強つよい] ~가 높다[세다]	
		•~を くじく[折おる] ~를 꺾다	
	風邪かぜ	감기	(かぜ・감기)
	薬ぐすり	코감기 약	(くすり・약)
	歌うた	콧노래	(うた・노래)
	声こえ	코맹맹이 소리	(こえ・소리)
	眼鏡めがね	코안경	(めがね・안경)
	網つな	고삐	(つな・밧줄)

○わし		매부리코	(わし・독수리)
しし	+鼻はな	들창코	(しし・사자)
団子だんご		납작코 = あぐら鼻はな	(だんご・경단)
小こ		콧방울	

복합어가 되면, 뒤에 오는 단어의 첫 글자가 무성음일 경우에 발음의 편의상 탁음이 붙는 경우가 많다.

● [鼻・高高たかだかだ] 의기양양하다

(이야기하는 것, 입으로 내어 말하는 것) **이야기**

※ 이는 동사「話(はな)す(이야기하다)」에서 전성된 명사이다.

短文에서 조사가 생략되고 뒷말은「동사는 연용형, 형용사와 형용동사는 어간」으로 바뀌어, "~하기" "~하는 것[사람]" 등의 명사로 전성되기도 하며, 이때 뒷말의 첫 글자가 무성음일 경우에 발음의 편의상 탁음이 붙기도 한다.

◎이야기가[말이] ~(하)다

短(みじか)い / 長(なが)い	짧다 / 길다

　　[전·명] 長話(ながはなし) : 이야기를 오래함

　　　　• 電話(でんわ)で~する
　　　　　　전화로 긴 이야기하다

面白(おもしろ)い / つまらない / 退屈(たいくつ)だ	
재미있다 / 재미없다, 시시하다 / 지루[따분]하다	

	怖(こわ)い	무섭다
	荒唐(こうとう)無稽(むけい)だ	황당무계하다
	でたら目(め)だ	엉터리다
	ちぐはぐだ	앞뒤가 안 맞는다
	変(へん)だ	이상하다
	事実(じじつ)無根(むこん)だ	사실무근이다
• 話が		
	ある / ない	있다 / 없다
	出(で)る / 詰(つ)まる、支(つか)える	나오다 / 막히다
	始(はじ)まる	시작되다
	違(ちが)う / 変(か)わる	다르다 / 바뀌다
	通(つう)じる	통하다
	広(ひろ)まる	퍼지다

切れる / とぎれる　　　　　끊어지다
　[비교]「切れる」는 단절됨을 나타내고,「とぎれる」는 계속되고 있던 것이 도중에 끊어짐을 나타낸다.

※うまい[上手しょうずだ] → 이야기를 잘한다

※하고 싶은 이야기가 있다[많다]
　　→ 話はなしたいことが ある[多おおい]

※할 이야기가 있다 → 話はなすことが ある
　　　　　　　　　　(이야기 할 것이 있다)

◎이야기를[말을] ~하다

- 話を
  - する　　　　　　　　　　　하다
    - ▶して ほしい　　　　　　하기 바란다
    - ▶させて くれない　　　　못하게 하다
  - 始はじめる　　　　　　　　시작하다
  - 聞きく　　　　　　　　　　듣다
    - ▶聞かせる　　　　　　　들려주다
  - 語かたり合あう　　　　　　나누다
  - やめる　　　　　　　　　　그만두다
  - せがむ　　　　　　　　　　조르다
  - 広ひろめる　　　　　　　　퍼트리다
  - 作つくる　　　　　　　　　만들다, 꾸미다
    - [전·명] 作り話はなし : 만들어 낸 이야기
    - ▶作り上あげる　　　　　만들어내다
    - ▶でっち上あげる　　　　(허위로) 꾸며대다
  - 遮さえぎる　　　　　　　　(가로)막다

◎이야기[말]에 ~하다

• 話で
  - 夜ょを 明ぁかす　　　　　밤을 새우다
  - 時間じかんの 経たつのも 忘わすれる
    (시간이 지나는 것도 잊다) → **시간 가는 줄도 모른다**

◎이야기[말]에 ~하다

• 話に
  - ふける　　　　　　　　**빠지다**
    [주의] 「ふける」는 생김새는 상1단활용동사이지만, 예외적으로 5단활용을 하는 예외 5단활용동사이다.

  - 驚おどろく[笑わらう・泣なく]　　**놀라다[웃다・울다]**

  - 飾かざり気けが ない　　　　**꾸밈없다**
  - 下心したごころが 感かんじられる　(속셈이 느껴진다)
    　　　　　　　　　　　　뼈가 있다

  - ※話に なる [ならない] → **말이 된다[되지 않는다]**
    • 話にも ならない。
      말도 되지 않는다.

관용구
●話に 花はなを 咲さく　[직역]「이야기에 꽃을 피다」・
(계속되는 재미있는 이야기로 시간을 보내다) **이야기에 꽃을 피우다**

 복합어가 되면, 뒤에 오는 단어의 첫 글자가 무성음일 경우에 발음의 편의상 탁음이 붙는 경우가 많다.

- 話 +
  - 半分(はんぶん) 반만 사실, 반은 거짓말 (はんぶん・반)
  - の
    - 種(たね) 이야깃거리 (たね・씨앗)
    - 袋(ふくろ) 이야기 주머니 (ふくろ・자루, 봉지)

○ 昔(むかし) + 話(ばなし) 옛날 이야기 (むかし/옛날)
  結婚(けっこん) 결혼 이야기 (けっこん/결혼)
  軍隊(ぐんたい) 군대 이야기 (ぐんたい/군대)
  一(ひとつ) (언제나 똑같이 득의양양하 (ひとつ/하나)
  게 하는 이야기) 무용담
  長(なが) 오래[긴] 이야기 (ながい/길다)

참고
※ 남의 이야기를 좋아하다 → 他人(たにん)のうわさが 好(す)きだ
※ 남 이야기처럼 말하다 → 他人(たにん)の事(こと)のように 話(はな)す

3급 花見(はなみ) 꽃놀이, 꽃구경 ☞ page 504

…… はは 515

(부모중의 여자 쪽. 주로 남에게 일컫는 말로 사용된다) **엄마**

(부모중의 남자 쪽. 주로 남에게 일컫는 말로 사용된다) **아버지**

[참고] 이는 관계를 구분 짓는 표현이며, 자신의 부모를 남에게 지칭할 때에 그대로 표현하지만, 직접 부르는 호칭으로 정중하게 각각 「(お)かあさん(어머니)」「(お)とうさん(아버지)」이라고 하고 특히 남의 부모를 지칭하거나 보를 때에는 각각 「おかあさん」「おとうさん」이라고 한다.

◎엄마[아버지]가 ~(하)다

- 母[父]が
  - いる / いない　　　　**있다 / 없다**
    - ※ 사람·동물의 존재를 나타내는 「있다/없다」는 「いる/いない」로 표현된다. 참고로 사물의 존재를 나타내는 「있다/없다」는 「ある/ない」로 표현된다.
  - 優しい　　　　**상냥하다**
  - 厳しい　　　　**엄하다**
  - 死ぬ / 亡くなる　　　　**죽다 / 돌아가시다**

◎엄마[아버지]를 ~하다

- 母[父]を
  - 恋う, 恋しがる　　　　**그리워하다**
    - ▶ 恋い慕う·恋い忍ぶ 애타게 그리워하다
  - せがむ、せびる、ねだる　　　　**조르다**
    - ▶ 「せがむ」는 간절히 집요하게, 「せびる」는 싫어하는 상대에게 억지로, 「ねだる」는 애교를 떨며 바라는 느낌이 강하다.
  - 背く　　　　**거역하다**

◎엄마[아버지]에게 ～하다

- 母[父]に
  - 話はなす　　　　　　　　　　이야기하다
  - 頼たのむ　　　　　　　　　　부탁하다
  - 頼たよる, 頼たのみに する　　　기대다, 의지하다
  - 甘あまえる　　　　　　　　　응석[어리광]부리다
  - だだを こねる　　　　　　　떼를 쓰다

  - しかられる / ほめられる　야단맞다 / 칭찬받다
    - ※ 이는 각각「しかる (야단치다, 혼내다)」「ほめる (칭찬하다)」에 수동의 의미를 나타내는 조동사「～(ら)れる」가 접속된 표현이다

  - ※ ～に 死しなれる　　→　～가 돌아가시다
    - [주의]「死なれる」는「死ぬ (죽다)」의 수동표현이지만,「～に 死なれる」의 형태로,「～가 죽다」로 해석된다. 그러나 이는 먼저 앞세워서 죽다라는 의미로서, 즉 그 주검으로 인하여, 뒤에 남겨진 가족에게 뭔가의 영향이 있음을 나타낸다.

복합어가 되면, 뒤에 오는 단어의 첫 글자가 무성음일 경우에 발음의 편의상 탁음이 붙는 경우가 많다.

- 母+
  - 上うえ　("母"의 높임말) 어머니　→ 父上　　　(うえ・위)
  - 親おや　모친　　　　　　　　　→ 父親　　　(おや・부모)
  - 方かた　외가(쪽)　　　　　　　　　　　　　　(かた・쪽)
    - ～の祖母そぼ　외조모
    - ～の親戚しんせき　외가쪽 친척
  - の―日ひ　어머니의 날　　　　　　　　　(～のひ・～의 날)

(나무가 많이 우거져 있는 곳) 숲

(「はやし」보다는 더욱 무성하게 나무가 엉켜져 있는 곳) 숲

短文에서 조사가 생략되고 뒷말은「동사는 연용형, 형용사와 형용동사는 어간」으로 바뀌어, "~하기" "~하는 것[사람]" 등의 명사로 전성되기도 하며, 이때 뒷말의 첫 글자가 무성음일 경우에 발음의 편의상 탁음이 붙기도 한다.

● 숲이 ~(하)다

- 林[森]が
  - 茂げる　　　　　　　　　　무성하다, 우거지다
  - (徐々じょじょに) 死しんで いく　(서서히) 죽어가다
  - 破壊はかい[破損はそん]する　　　파괴[파손·훼손]되다
  - 生いき返かえる　　　　　　　되살아나다

● 숲을 ~하다

- 林[森]を
  - なす　　　　　　　　　　　이루다
  - 保護ほごする　　　　　　　　보호하다
  - 壊こわす[破壊はかいする]　　　　파헤치다[파괴하다]
  - 生いき返かえらせる　　　　　　되살리다
  - かき分わける　　　　　　　헤치다
    ▶ かき分けて 進すすむ　　헤치고 나아가다
  - 抜ぬける / 出でる　　　　　빠지다 / 나오다
    ▶ 抜け出る　　　　　　빠져 나오다

◐ 숲에 ~하다

- 林[森]に
  - 住ずむ   살다
  - 埋うめる   묻다
  - 入はいる   들어가다

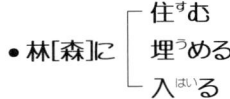

복합어가 되면, 뒤에 오는 단어의 첫 글자가 무성음일 경우에 발음의 편의상 탁음이 붙는 경우가 많다.

- 林[森] – の – 中なか   숲 속   (なか・속)
  - ~を さまよう   숲 속을 헤매다

- 松まつ ┐
  人ひと   ├ の – 林
  コンクリート ┘

  소나무(의) 숲   (まつ・소나무)
  사람(의) 숲   (ひと・사람)
  콘크리트(의) 숲   (コンクリート・콘크리트)

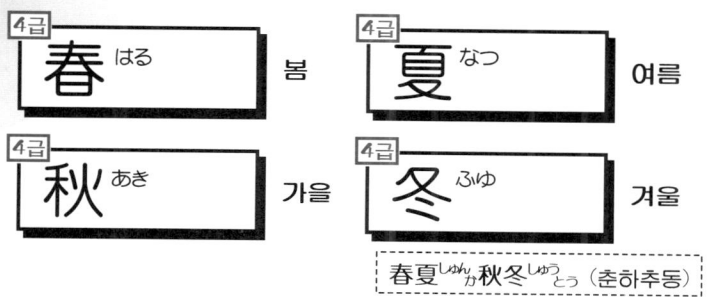

春夏秋冬しゅんかしゅうとう (춘하추동)

短文에서 조사가 생략되고 뒷말은「동사는 연용형, 형용사와 형용동사는 어간으로 바뀌어, "~하기""~하는 것[사람]" 등의 명사로 전성되기도 하며, 이때 뒷말의 첫 글자가 무성음일 경우에 발음의 편의상 탁음이 붙기도 한다.

●봄[여름·가을·겨울]이 ~(하)다

- 春·夏·秋·冬 が
  - 来る / 去る　　　　　오다 / 가다
  - 待ち遠しい　　　　　기다려지다
  - ※~이 되다 → ~になる

●봄[여름·가을·겨울]을 ~하다

- 春·夏·秋·冬 を
  - 待つ　　　　　　　　기다리다
  - しのぶ·恋しがる　　　그리워하다
  - 迎える　　　　　　　 맞이하다
  - 告げる　　　　　　　 알리다
    - 전·명 春告げ鳥 : 휘파람새인「うぐいす」의 별칭
  - 過ごす / 越す　　　　보내다 / 나다, 넘기다
  - 歌う　　　　　　　　노래하다

  - ※봄을 준비하다 → 春の準備をする
  - ※봄을 타다 →
    春に食欲がなく、体が弱わる

● 봄[여름·가을·겨울]에 ~하다

- 春·夏 秋·冬 に
  - (心^{こころ}が) わくわくする　　　(마음이) 설레다
  - (種^{たね}を) まく　　　　　　　(씨를) 뿌리다
  - (田^た·畑^{はたけ}を) 耕^{たがや}す　　　(논·밭을) 갈다
  - 生^うまれる　　　　　　　　태어나다
  - なる　→　(봄·여름·가을·겨울)이 되다

복합명사
복합어가 되면, 뒤에 오는 단어의 첫 글자가 무성음일 경우에 발음의 편의상 탁음이 붙는 경우가 많다.

- 春 +
  - 雨^{さめ}　　봄비　　　　　　　　　　　　　(あめ·비)
  - 風^{かぜ}　　봄바람　　　　　　　　　　　　(かぜ·바람)
  - がすみ　봄 안개　　　　　　　　　　　(かすみ·안개)
  - 着^ぎ　　봄옷　　　　　　　　　　　　　(きる·입다)
  - 休^{やす}み　봄방학　　　　　　　　　　　　(やすみ·방학)
  - 先^{さき}　　봄의 길목　　　　　　　　　　　(さき·먼저)
  - 場所^{ばしょ}　(일본씨름인 스모의) 봄 대회　　(ばしょ·장소)

- の
  - 日^ひ　　　봄날　　　　　　　　　　　　(ひ·날)
  - 日^ひざし　봄(의) 햇살　　　　　　　　　(ひざし·햇살)
  - 日^ひ照^でり　봄 가뭄　　　　　　　　　　(ひでり·가뭄)

```
          ┌ 着ぎ          여름 옷                    (きる・입다)
          │ 休やすみ       여름방학                   (やすみ・방학)
● 夏 + ┤ 支度じたく     여름채비                   (したく・채비)
          │ 鳥どり         여름철새                   (とり・새)
          │
          │      ┌ 日ひ        여름날                 (ひ・날)
          └ の ┤ 日ひざし    여름(의) 햇살          (ひざし・햇살)
                 └ 日ひ照でり  여름 가뭄             (ひでり・가뭄)
```

o 真ま - 夏   한 여름

```
          ┌ 雨さめ         가을비                     (あめ・비)
          │ 風かぜ         가을바람                   (かぜ・바람)
          │ 着ぎ           가을 옷                    (きる・입다)
● 秋 + ┤ 場所ばしょ     (일본씨름인 스모의) 가을대회  (ばしょ・장소)
          │
          │      ┌ 日ひ         가을날                (ひ・날)
          └ の ┤ 日ひざし     가을(의) 햇살         (ひざし・햇살)
                 └ 取とり入いれ 가을걷이             (とりいれる・걷어들이다)
```

```
          ┌ 雨さめ         겨울비                     (あめ・비)
          │ 風かぜ         겨울바람                   (かぜ・바람)
          │ 山やま         겨울산                     (やま・산)
          │ 着ぎ           겨울 옷
● 冬 + ┤ 休やすみ       겨울방학                   (やすみ・방학)
          │ 先さき         겨울의 길목                (さき・먼저)
          │ 支度じたく     겨울채비                   (したく・채비)
          └ 鳥どり         겨울철새                   (とり・새)
```

```
        ┌─ 日ʰ         겨울날              (ひ·날)
    ─の ├─ 日ʰざし      겨봄(의) 햇살        (ひざし·햇살)
        └─ 日ʰ照てり    봄 가뭄             (ひでり·가뭄)
```

o 真ま-冬   한 겨울

복합어가 되면, 뒤에 오는 단어의 첫 글자가 무성음일 경우에 발음의 편의상 탁음이 붙는 우가 많다.

- [春·めく]   봄다워지다, 봄기운이 돌다
- [冬·めく]   겨울다워지다, 봄기운이 돌다

복합어가 되면, 뒤에 오는 단어의 첫 글자가 무성음일 경우에 발음의 편의상 탁음이 붙는 우가 많다.

- [春に秋に]   봄가을로
- 春[夏·秋·冬]中じゅう   봄[여름·가을·겨울]내내

3급 番組 ばんぐみ (放送・演劇 그리고 경기 등을 구성을 나타내는 출연 및 그 순서. 또는 그것을 기록한 표) 프로그램 (편성표)

短文에서 조사가 생략되고 뒷말은「동사는 연용형, 형용사와 형용동사는 어간으로 바꾸어, "~하기" "~하는 것(사람)" 등의 명사로 전성되기도 하며, 이때 뒷말의 첫 글자가 무성음일 경우에 발음의 편의상 탁음이 붙기도 한다.

● 프로그램이 ~(하)다

- 番組が ─ 多い / 少ない　　　　많다 / 적다
　　　　└ 組まれる　　　　　　　짜지다
　　　　　⋯▶ 編成される　　　　편성되다

● 프로그램을 ~하다

- 番組を ─ 組む　　　　　　　　짜다
　　　　│　⋯▶ 編成する　　　　편성하다
　　　　└ 選ぶ　　　　　　　　택하다, 고르다
　　　　　⋯▶ 選択する　　　　　선택하다

- 番組 + - 表ひょう　프로그램편성표　　　　　　(ひょう・表)

524 명사 표현력

4급
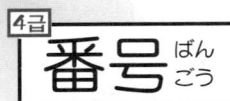　（순서를 나타내거나 또는 식별을 등을 위해 붙인 숫자） **번호**

　短文에서 조사가 생략되고 뒷말은「동사는 연용형, 형용사와 형용동사는 어간으로 바뀌어, "～하기" "～하는 것[사람]" 등의 명사로 전성되기도 하며, 이때 뒷말의 첫 글자가 무성음일 경우에 발음의 편의상 탁음이 붙기도 한다.

●번호가 ～(하)다

- 番号が
  - 前だ / 後ろだ　　　　　　앞이다 / 뒤다
  - 決められる　　　　　　　정해지다
  - 換[替]わる / 変わる / 変えられる　바뀌다
    - [비교]「換わる」는 새로운 것으로 대체되어 바뀜을 나타내고, 특히 누군가가 잘못 집어가 서로 바뀌었을 때의 "바뀌다"는「取り換えられる」로 표현된다.
    - 또한「変わる」는 이전과 달리 변한 상태를 나타내는 의미의 "변하다"는 의미이고,「変えられる」는 주로 남의 의도적인 목적으로 그렇게 바뀌게 됨을 나타낸다.
  - 違う　　　　　　　　　　다르다, 틀리다

●번호를 ～하다

- 番号を
  - 決める　　　　　　　　　정하다
  - 残す　　　　　　　　　　남기다
  - 換[替]える / 変える　　　바꾸다
    - [비교]「換[替]わる」는 새로운 것으로 대체하여 바꿈을 나타내고, 특히 누군가가 서로 바꾸어 교환하는 의미의 "바꾸다"는「取り換える」로 표현된다.
    - 또한「変わる」는 이전과 달리 변화하여 바꿈을 나타낸다.
  - 間違う　　　　　　　　　틀리다

....はんぶん 525

4급
半分 はん/ぶん

(둘로 나눈 2분의 1의 분양) **반**

[참고] 一時間의 2분1을 나타내는 "30분"의 의미와 시각을 나타내는 "30분"의 의미로도 사용된다.

短文에서 조사가 생략되고 뒷말은「동사는 연용형, 형용사와 형용동사는 어간으로 바뀌어, "~하기" "~하는 것[사람]" 등의 명사로 전성되기도 하며, 이때 뒷말의 첫 글자가 무성음일 경우에 발음의 편의상 탁음이 붙기도 한다.

●반이 ~(하)다

• 半分が	男おとこ[女おんな]だ	남자[여자]다
	正ただしい / 違ちがう	옳다[맞다]/틀리다
	残のこる	남다

●반을 ~하다

• 半分を	食たべる / 飲のむ	먹다 / 마시다
	残のこす / 捨すてる	남기다 / 버리다

●반으로 ~하다

• 半分に	する	하다
	切きる / 減へらす	자르다 / 줄이다
	割わる / 分わける	가르다, 쪼개다 / 나누다

○ 冗談じょうだん		농담 반(으로), 농담 삼아	(冗談·농담)
いたずら	+半分に	장난 반(으로), 장난 삼아	(いたずら·장난)
遊あそび		놀이 반(으로), 놀이 삼아	(あそび·놀이)

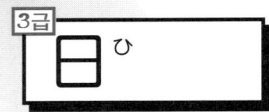

|3급| 日 ひ

(태양 또는 태양이 떠 있는 동안을 나타내기도 한다) 해

短文에서 조사가 생략되고 뒷말은「동사는 연용형, 형용사와 형용동사는 어간으로 바뀌어, "~하기" "~하는 것[사람]" 등의 명사로 전성되기도 하며, 이때 뒷말의 첫 글자가 무성음일 경우에 발음의 편의상 탁음이 붙기도 한다.

◎해가 ~(하)다

- 長ながい / 短みじかい   길다 / 짧다
  - ▶ 長く[短く] なる   길어[짧아] 지다

- 浮うかぶ / 出でる / 昇のぼる
              뜨다 / 나오다 / 오르다, 돋다
  - 전·명 日の出で : 해돋이 = 日出
  - ▶ 浮うかび上あがる   떠오르다
  - ▶ (中天ちゅうてんに) かかって いる   (중천에) 떠 있다

• 日が
- 隠かくれる   숨다, 가리워 지다
- 差さす   비치다
  - 전·명 日差さし : 햇살, 햇볕
    • ~が ぽかぽかする   ~이 따사하다

- 照てる   쬐다
  - 전·명 日照でり 가뭄, 기근, 한발
    • ~が 続つづく   ~이 계속되다
    • 日照り雨あめ   여우비
    • 女おんな日照り   여자 기근
  - ▶ 照りつける   내리쬐다

- 当あたる   비추다, 들다
  - 전·명 日当たり 볕이 듦
    • ~が よい   볕이 잘 든다

```
┌ 暮くれる                         저물다
│  전·명 日暮くれ=日の暮くれ : 해질녘
│ 傾かたむく / 沈しずむ            기울다(저물다) / 지다
└ 落おちる / 入はいる              떨어지다 / 들어가다
     전·명 日の入いり : 일몰
```

◉해를 ~하다

```
         ┌ 見みる / 眺ながめる      보다 / 바라보다
         │ 待まつ                   기다리다
         │    전·명 日待ち : 해맞이
 • 日を  │ よける                   피하다
         │    전·명 日よけ : (햇볕을 피하는) 차양
         │          • ~を おろす    ~을 내리다
         └ (神かみに) 仕つかえる    (신으로) 섬기다
```

◉해에 ~하다

```
         ┌ 当あたる                 쬐다
 • 日に  │ 干ほす                   말리다
         └ (真まっ黒くろに) 焼やける (새까맣게) 그을리다
              전·명 日焼け : (햇볕에) 검게 그을림
                • ~する            검게 그을리다
                • ~した 顔かお     검게 그을린 얼굴
```

◉해에(게) ~하다

```
         ┌ 祈いのる                 빌다
 • 日に  │ 遮さえぎられる           가려지다, 가리다
         └ ※日に 向かう → 해를 향하다
```

복합어가 되면, 뒤에 오는 단어의 첫 글자가 무성음일 경우에 발음의 편의상 탁음이 붙는 경우가 많다.

- 日+
  - ざし　　　　　햇살　　　　　　　　　　　　　　　　　(さす・쬐다)
  - 影かげ　　　　햇볕 ; 응달, 그늘　　　　　　　　　　　　(かげ・그림자)
  - 陰かげ　　　　응달, 그늘　　　　　　　　　　　　　　　(かげ・그늘)
  - なた　　　　　(볕이 들고 있는 곳) 양지, 양달
  - だまり　　　　(볕이 잘 드는 따뜻한 곳)　　　　　　　　(たまる・모이다)
  　　　　　　　양지[양달]인 곳
  - 足あし　　　　햇발　　　　　　　　　　　　　　　　　　(あし・발)
  - 盛さかり　　　(볕이 가장 많이 내리쬐는 때)　　　　　　(さかる・한창이다)
  　　　　　　　한낮
  - 暈かさ　　　　햇무리　　　　　　　　　　　　　　　　　(かさ・무리)
  - 傘かさ　　　　양산　　　　　　　　　　　　　　　　　　(かさ・우산)
  - 時計どけい　해시계　　　　　　　　　　　　　　　　　(とけい・시계)

- の
  - 光ひかり　　　햇빛　　　　　　　　　　　　　　　　　　(ひかり・빛)
  - 目め　　　　　(특히 고생 끝의) 햇빛　　　　　　　　　　(め・눈)
    - ～を 見みる　　～을 보다

- がな―日いちにち　진종일

- なし　　　　　일수　・～金がね　　～돈
- 柄がら　　　　일진
  - ～が よい[悪わるい]　　～이 좋다[나쁘다]

- 並なみ　　　　일진　　　　　　　　　　　　　　　　　　(なみ・)
- 金がね[銭ぜに]　일숫돈　　　　　　　　　　　　　　　(かね/ぜに・돈)
- 掛かけ　　　　(매일 붓는 적립금) 일부　　　　　　　　　(かける・걸다)

부사적용법

- 日+
  - ごろ　　　　　평소
  - ごとに　　　　날마다
  - に日に　　　　나날이, 날로　= 日ごとに
  - に増し　　　　날이 갈수록
  - 増しに　　　　= 日に増し
  - ならずして　　머지않아, 근간에

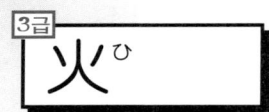 (물질이 탈 때에 내는 화염고 열. 또는 열기) 불

 短文에서 조사가 생략되고 뒷말은「동사는 연용형, 형용사와 형용동사는 어간」으로 바뀌어, "~하기" "~하는 것[사람]" 등의 명사로 전성되기도 하며, 이때 뒷말의 첫 글자가 무성음일 경우에 발음의 편의상 탁음이 붙기도 한다.

● 불이 ~(하)다

• 火が

　強つよい / 弱よわい　　　　세다 / 약하다
　└ 전·명 強火ʊ・弱火ʊ : 센 불・약한 불

　ない / ある　　　　없다 / 있다
　└ 관용구 ❶ 火のないところに けむりは たたない
　　　직역 「불이 없는 곳에 연기는 나지 않는다」・
　　　(사실이 없으면 소문이 나지 않음을 나타내는
　　　속담) 아니 땐 굴뚝에 연기 나지 않는다

　出でる　　　　나(오)다
　つく　　　　붙다
　└ 전·명 火(の)つき : 불 댕김[붙음]
　　　　　　　・~が 悪わるい。　~이 나쁘다.
　　　　　　　　　(불이 잘 붙지 않는다)

　燃もえる　　　　타다
　├ ▶燃え上あがる　　　　타오르다
　└ ▶ぱちぱち[ぼうぼう](と) 燃える　톡톡[활활] 타다

　立たつ, 上あがる　　　　일다
　広ひろがる　　　　번지다
　移うつる　　　　옮다
　└ 전·명 火(の)移り : 불 번짐
　　　　　　　・~が 早はやい。　~이 빠르다.

| 治まる | 사그라지다, 가라앉다 |
| 消える | 꺼지다 |

> [관용구] 火の消えたよう(だ) [직역]「불이 꺼진 듯(하다)」(뭔가 갑자기 조용해지는 모습을 비유하여) 쥐 죽은 듯(하다)
> • 先生が 入ると、急に ～に なった。
>   선생님이 들어오자, 갑자기 ～해 졌다.

※**불이 나다** → 火事が 起きる (화재가 일어나다)

●불을 ～하다

• 火を

| 出す / 起こす | 내다 / 일으키다 |
| つける / 放つ | 붙이다 / 놓다, 지르다 |

> [전·명] 火つけ : 방화(범)

| ×焚く / ×焚きつける | 때다 / 지피다 |

> [전·명] たき火 : 모닥불 • ～を する ～을 피우다

| 消す / ともす | 끄다 / 켜다 |
| 入れる | 넣다 |

> [전·명] 火入れ : ① 점화 ② (논두렁에 불을 놓는 것)

| かく / つっつく | 긁다 / 쑤시다 |

> [전·명] 火かき : (불씨를 긁는 것) 불쏘시개

| 取る | 잡다 |

> [전·명] 火取り : (불을 잡을 때에 쓰는 것) **부삽**
> 火取り虫 : (불을 잡는 벌레) **불나방**

| 持って 遊ぶ | 가지고 놀다 |

> [전·명] 火遊び : (화재를 일으킬 우려가 있는 또는 남녀간의) **불장난**

|噴ふく| |품다|

- ※火を 通とおす → [불을 통과시키다] → (열을 가해 요리하거나 조리된 음식물에 부패를 막기 위하여 열을 가하는 것) **불을 쐬다**

- ※ 불을 쬐다 → 火に あたる[あぶる・かざす]

- ※ 불(= 화재)을 내다 → 火事かを 出だす

관용구 ● 火を 見みるよりも 明あきらかだ [직역]「불을 보는 것보다도 환하다」・(누가 보아도 확실하고 뻔함을 비유하는 표현) **불을 보듯 뻔하다**

●불로 ~하다

• 火で
  - 攻せめる   치다, 공격하다
    - [전・명] 火攻ぜめ : (불 공격) 화공
  - 脅おびやかす   위협하다

●불에 ~하다

• 火に
  - 弱よわい   약하다
  - 燃もえる / 燃もやす   타다 / 태우다
  - 焼やく、あぶる
                굽다, (구어서) 익히다 / 쬐다, 달구다
    - [전・명] 火あぶり : ① 불구이 ② 화형

    [비교]「あぶる」는 불 위에 올려놓아 데우거나 굽거나하는 것을 나타낸다.

  - (油あぶらを) 注そそぐ   (기름을) 붓다
  - 飛とび込こむ   뛰어들다

- ※火に あたる[あぶる・かざす] → 불을 쬐다
  - [비교] 「あたる」는 "대다"라는 의미로서, 옆으로 대듯이 쬐는 것을, 「あぶる」는 요리할 때에 불에 가까이 대어 뒤집었다가 또는 이리저리 움직여 불에 쬐다라는 의미로서, 손을 쬐다라는 의미로도 사용되며, 「かざす」는 위에 덮듯이 약간 거리를 두고 올려 쬐는 것을 나타낸다.

- ※火に かける → (프라이팬·냄비 등에 놓아) 불에 올리다

- ※火に 通^{とお}す → (불에 통과시키다) 불에 익히다

- ※불에 데다 → やけど(火傷)を する (화상을 입다)

관용구

● 火に 油^{あぶら}を 注^{そそ}ぐ [직역] 「불에 기름을 쏟다」 (기세가 강한 것에 그러한 일로 인하여 일이 더욱 커짐을 비유하는 표현) 불에 기름을 붓다

- 今^{いま} 話^{はなし}を するのは ~ような ものだ。
  지금 이야기를 하는 것은 ~것 같은 격이다.

복합어가 되면, 뒤에 오는 단어의 첫 글자가 무성음일 경우에 발음의 편의상 탁음이 붙는 경우가 많다.

● 火 +

柱^{ばしら}	불기둥		(はしら・기둥)
	・~が 立^たつ[あがる]　~이 일다[솟다]		
花^{ばな}	불꽃, 불티, 불똥, 스파크		(はな・꽃)
	・~を 散^ちらす　~이 튀기다		
種^{だね}	불씨		(たね・씨)
達磨^{だるま}	불덩이		(だるま・달마)

加減ゕげん	화력의 알맞은 정도		(かげん・정도)
水みず	물불		(みず・물)
	• ~も いとわない	~안 가리다	
	• ~の仲なか	~의 사이 (나쁜 사이)	
矢や	불화살		(や・화살)
遊あそび	불장난		(あそぶ・놀다)
口ぐち	① 점화구,		(くち・입)
	② (불이 처음 일어난 곳) 화재의 발화 지점		
膨ふくれ	(화상으로) 부운자리, 물집		(ふくれる・부어오르다)
	• ~が できる	~이 생기다	
	• ~に なる	~이 잡히다	
	[비교] 물집 → 水みずぶくれ		
鉢ばち	화로		(はち・화분)
打うち石いし	부싯돌		

の
中なか	불 속	(なか・속)
用心ようじん	불조심	(ようじん・조심)
粉こ	불똥, 불티	(こ・가루)
• ~が 飛とぶ[降ふる]	불똥이 튀다[떨어지다]	
気け	불기	(け・기운)
手て	불길	(て・손)
玉たま	불덩어리	(たま・구슬)
海うみ	불바다	(うみ・바다)

○ すみ		숯불	(すみ /숯)
たき	+火ひ	모닥불	(たく /때다, 지피다)
鬼おに		도깨비불	(おに /구신, 도깨비)
きつね		도깨비불	(きつね /여우)

4급			4급	
東 ひがし	동(쪽)		西 にし	서(쪽)

4급			4급	
南 みなみ	남(쪽)		北 きた	북(쪽)

短文에서 조사가 생략되고 뒷말은「동사는 연용형, 형용사와 형용동사는 어간」으로 바꾸어, "~하기" "~하는 것[사람]" 등의 명사로 전성되기도 하며, 이때 뒷말의 첫 글자가 무성음일 경우에 발음의 편의상 탁음이 붙기도 한다.

●동[서·남·북]쪽을 ~하다

- 東[西·南·北]を - 眺める   바라보다

●동[서·남·북]쪽에서 ~하다

- 東[西·南·北]から ┌ 来る   오다
                          └ 現れる   나타나다

●동[서·남·북](쪽)으로 ~하다 (동작과 작용의 방향)

- 東[西·南·北]へ ┌ 行く   가다
                 ├ 回る   돌리다
                 └ 向く   향하다

• [東西南北] - とうざいなんぼく			
• [東]	• [西]	• [南]	• [北]
東西 - とうざい	西南 - せいなん	南東 - なんとう	北東 - ほくとう
東南 - とうなん	西北 - せいほく	南西 - なんせい	北西 - ほくせい
東北 - とうほく		南北 - なんぼく	

3급 光 ひかり

(태양과 전등에서 나오는, 눈에 밝은 느낌을 일으키는 것. 또한 희망을 비유하기도 한다) **빛, 광**

※ 이는 동사「光(ひか)る(빛나다)」에서 전성된 명사이다

短文에서 조사가 생략되고 뒷말은「동사는 연용형, 형용사와 형용동사는 어간」으로 바꿔어, "~하기" "~하는 것[사람]" 등의 명사로 전성되기도 하며, 이때 뒷말의 첫 글자가 무성음일 경우에 발음의 편의상 탁음이 붙기도 한다.

● 빛[광]이 ~(하)다

- 光が
  - ある / ない   있다 / 없다
  - まぶしい   눈부시다
  - きらめく / ひらめく   반짝이다 / 번쩍이다

    [비교]「きらめく」는 계속해서 반짝이며 빛남을, 「ひらめく」는 "번개, 생각" 등이 일순간에 빛나는 것을 나타낸다.

  - 出でる / 見みえる   나(오)다 / 보이다
  - (空そらから) 降おりる   (하늘에서) 내려오다
  - 広ひろがる   퍼지다
  - 消きえ去さる   사라지다
  - 走はしる   (스쳐)지나가다

  ※ 빛이 좋다 → 色が いい
  ※ 놀라움의 빛을 나타내다
     → 驚おどろきの色いろを 表あらわす
  ※ (불)빛이 들어오다[새다·꺼지다]
     → 明あかりが 入はいる[漏もれる·消きえる]

●빛[광]을 ~하다

- 光を
  - 出す / 発する — 내다 / 발하다
  - 反射する — 반사하다
  - 照らす — 비추다
  - くれる / 受ける — 주다 / 받다
  - 見る — 보다
    - ▶見いだす — 찾아내다
  - 失なう — 잃다

●빛에 ~하다

- 光に
  - 透かす — 비추다
    - ▶透かして みる — 비추어보다
  - 驚く — 놀라다
  - 露出する — 노출되다

● 親の七光(ななひかり) [직역]「부모의 일곱 빛」・(부모의 좋은 평판 등이, 아이들에게는 도움이 된다는 말) 부모의 후광

복합어가 되면, 뒤에 오는 단어의 첫 글자가 무성음일 경우에 발음의 편의상 탁음이 붙는 경우가 많다.

- 光 + ┌ 物ᵐᵒⁿᵒ　　반짝거리는 물건, 쇠붙이　　　　　(もの・물건)
　　　└ ごけ　　　(반짝거리는 이끼) **반짝 이끼**　　(こけ・이끼)

○ 目ᵐᵉ ┐
　　　├ の - 光
○ 日ʰⁱ ┘

눈 빛　　　　　　　　　　　　　　　　　　　(め・눈)

햇빛, 햇볕　　　　　　　　　　　　　　　　(ひ・해)

3급
ひげ [×髭・×鬚・×髯]

(인간의 입 주위와 턱·뺨 등에 나는 털) **수염**

短文에서 조사가 생략되고 뒷말은「동사는 연용형, 형용사와 형용동사는 어간으로 바뀌어, "~하기""~하는 것[사람]" 등의 명사로 전성되기도 하며, 이 때 뒷말의 첫 글자가 무성음일 경우에 발음의 편의상 탁음이 붙기도 한다.

●수염이 ~(하)다

- ひげが
  - 長ない / 短みじかい　　　길다 / 짧다
  - もじゃもじゃだ、ぼうぼうだ、ふさふさだ
    　　　텁수룩하다, 더부룩하다
    - [비교]「もじゃもじゃだ」와「ぼうぼうだ」는 같은 의미로서, 손질이 전혀 되어 있지 않고 지저분하게 날대로 나 있는 상태를,「ふさふさだ」는 잘 손질되어 멋지게 늘어져 있는 상태를 나타낸다.
    - むじゃむじゃのひげ。　　텁수룩한 수염.
    - ふさふさ(と)した ひげ。　텁수룩한 수염.
  - 生はえる / 伸のびる　　　나다 / 자라다
  - 抜ぬける　　　　　　　빠지다
  - (長ながく) 垂たれ下さがる　(길게) 늘어지다

●수염을 ~하다

- ひげを
  - 生はやす, 伸のばす　　기르다
  - 手入ていれを する　　다듬다, 손질하다
  - なでる　　　　　　쓰다듬다, 어루만지다
  - 引ひく[引ひっぱる]　당기다 [잡아당기다]

抜ぬく	뽑다
切きる / そる	자르다 / 깎다
つける	붙이다

복합어가 되면, 뒤에 오는 단어의 첫 글자가 무성음일 경우에 발음의 편의상 탁음이 붙는 경우가 많다.

口くち		콧수염	(くち・입)
あご	+ ひげ	턱수염	(あご・턱)
ほお		구레나룻	(ほお・뺨)
カイゼル		카이저 수염	

······················· ひだり 541

(어느 공간을 위에서 아래로 선을 그어 이등분했을 때에 위를 북쪽으로 보아 서쪽이 되는 측) **왼쪽**

(「左」의 반대측) **오른쪽**

短文에서 조사가 생략되고 뒷말은「동사는 연용형, 형용사와 형용동사는 어간」으로 바꾸어, "~하기" "~하는 것[사람]" 등의 명사로 전성되기도 하며, 이때 뒷말의 첫 글자가 무성음일 경우에 발음의 편의상 탁음이 붙기도 한다.

◉왼[오른]쪽이 ~(하)다

- 左[右](の方)が ┌ 広い / 狭い   넓다 / 좁다
              └ 上がる / 下がる   올라가다 / 내려가다

◉왼[오른]쪽을 ~하다

- 左[右](の方)を ┌ 上げる / 下げる   올리다 / 내리다
              │ 任せる[任す]   맡다[맡기다]
              └ 選ぶ   택하다

◉왼[오른]쪽에 ~하다

- 左[右](の方)に ┌ 置く   놓다
              └ 座る   앉다
                 ⋯▶ 座らせる   앉히다

●왼[오른]쪽으로 ～하다

※ 장소를 나타내는 명사에 붙는 「～(으)로」가, 그 행위의 진행이 1) 그쪽 방향으로 향하고 있다는 "행위의 방향"이면 조사 「～へ」로, 2) 그 지점을 목적지로 향하고 있다는 "행위의 도달지점"이면 조사 「～に」로 표현된다.

- 左[右](の方) [に / へ]
  - 回^まわる / 曲^まがる 　돌다 / 돌다, 굽다, 구부러지다
    - [비교] 「回わる」는 원을 그리며 빙빙 돎을, 「曲がる」는 진행방향을 바꿈을 나타낸다
  - 回^まわす / 曲^まげる 　돌리다 / 구부리다, 굽히다
  - 片向^{かた む}く / 片向^{かた む}ける 　기울다 / 기울이다
  - 向^むかう / 行^いく 　향하다 / 가다
    - ▶向かって いく 　향해 가다

복합어가 되면, 뒤에 오는 단어의 첫 글자가 무성음일 경우에 발음의 편의상 탁음이 붙는 경우가 많다.

- 左[右] +
  - 手^て 　　왼[오른]손 　　　　　　(て·손)
  - 側^{がわ} 　　좌[우]측 　　　　　　(～かわ·～측)
  - 利^きき 　왼[오른]손 잡이 　　　(きく·잘 듣다)

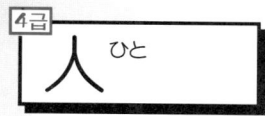

① (인간 또는 어떤 특정의 한사람의 인간) **사람**
② (자신 이외의 다른 사람. 타인) **남**

短文에서 조사가 생략되고 뒷말은「동사는 연용형, 형용사와 형용동사는 어간」으로 바꿔어, "~하기" "~하는 것(사람)" 등의 명사로 전성되기도 하며, 이때 뒷말의 첫 글자가 무성음일 경우에 발음의 편의상 탁음이 붙기도 한다.

●사람[남]이 ~(하)다

よい[いい] / 悪_{わる}い	좋다 / 나쁘다
真面目_{まじめ}だ	착하다, 진실 되다
懐_{なつ}かしい、恋_{こい}しい	그립다

…[비교]「懐かしい」는 과거의 사실이나 경험에 대한 다시 마음이 끌리는 것을,「恋しい」는 특히 사람에 대한 정이 마음이 끌려 그것에 다가가고 싶은 마음을 나타낸다.

多_{おお}い / 少_{すく}ない	많다 / 적다
足_たりる / 足_たりない	족하다 / 부족하다
嫌_{いや}だ	싫다

• 人が

生_うまれる / 死_しぬ	태어나다 / 죽다

…[전·명] 人死_に : 뜻밖의 죽음, 횡사

居_いる / 居_いない	있다 / 없다
行_いく / 来_くる	오다 / 가다
住_すむ / 離_{はな}れる	살다 / 떠나다
増_ふえる / 減_へる	늘다 / 줄다
通_{とお}る / 通_{かよ}う	지나다 / 다니다
出_でる / 入_{はい}る	들어·오[가]다 / 나·오[가]다

…[전·명] 人出 : (나들이로 많은 사람이 밖으로 나옴) 나들이 인파

• ~が 多_{おお}い   ~가 많다

込こむ　　　　　　　　　　붐비다

[전·명] 人込み : (많은 사람으로 붐비는 것, 또는 그런 장소) **붐비는 인파**

- ~で 先生と はぐれて しまった
  ~로 선생님을 놓쳐 버렸다

集あつまる、たまる、寄よせる　　모이다

[전·명] 人寄せ : (사람을 불러모으는 것)

[전·명] 人だまり : (사람이 한곳에 많이 모여 있는 것 또는 그곳) 모인 사람들

[비교] 「集まる」는 한곳에 모이는 것을, 「寄せる」는 모여 두는 모습을, 「たまる」는 모인 후의 모여 있는 상태를 나타내는 느낌이 든다.

たかる　　　　　　　　　　꼬이다, 꾀다

[전·명] 人だかり : (뭔가를 구경하기 위해 사람이 많이 꾀여 있는 것[사람들]) **군중(무리)**

- 現場げんばは すごい ~だった。
  현장은 대단한 ~이었다.

見みる / 見みえる　　　　　보다 / 보이다

[전·명] 人見 : (남이 보는 것) **이목** = 人見ひとめ

[전·명] 人見知しり : **낯가림**　・~を する　~을 하다

笑わらう / 泣なく　　　　　웃다 / 울다

[전·명] 人笑い (사람에게 웃음을 당하는 것) **웃음거리**
=物もの笑い

- ~に なる　~가 되다

倒たおれる　　　　　　　　　넘어지다, 쓰러지다
違ちがう　　　　　　　　　　다르다, 틀리다

[전·명] 人違い : (사람을 잘못 알아보는) **잘못 봄**
- ~を する　사람을 잘못보다

※人が 好きだ → 사람을 좋아하다
　[전·명] 人好き : 호감　•~が する[しない]
　　　　　　　　　　　　　　~이 가다 [안 가다]

※사람이 되다 → 人に なる

※남이 되다 → 他人(たにん)に なる

◎사람[남]을 ~하다

	見る	보다[쳐다보다]
	▶見分ける / 見分けられない	알아보다 / 몰라보다
	呼ぶ	부르다
	▶呼び止める	불러 세우다
	▶呼び出す	불러내다
	集める	모으다
•人を	指す	가리키다

　　　[전·명] 人指し指(ゆび) : 검지(손가락)

　　　■[손가락 이름]
　　　　• 엄지(손가락) → 親(おや)指(ゆび)
　　　　• 중지(손가락) → 中(なか)指(ゆび)
　　　　• 약지(손가락) → 薬(くすり)指(ゆび)
　　　　• 새끼손가락 → 子(こ)指(ゆび)

	負う	업다
	倒す	넘어[쓰러]뜨리다
	▶押し倒す	밀어 넘어뜨리다
	▶引き倒す	당겨 넘어뜨리다
	引く / 押す	끌다, 당기다 / 밀다
	つれて いく[くる]	데리고 가다[오다]
	追う[追いつく]	쫓다[따라붙다]

| | 殺ころす / 生いかす | 죽이다 /살리다 |

⎿ 전·명 人殺ころし : 사람 죽이는 일, 살인(자)
　　　　　・～をする　　～을 하다

助たすける/ 手伝つだう　　구하다, 돕다 /거들다

⎿ 전·명 人助たすけ : 사람 살리는 것
　　　　　・～だと 思おもって 来きて くれ。
　　　　　　～이(다)라고 생각하고 와 줘.

待まつ　　　　　　　　　기다리다

⎿ 전·명 人待ち顔がお(だ) : 사람을 기다리는 듯한 얼굴

捜さがす　　　　　　　　찾다
教おしえる　　　　　　　가르치다
造つくる　　　　　　　　만들다
買かう　　　　　　　　　사다

⎿ 전·명 人買かい : 인신매매

さらう　　　　　　　　　채가다

⎿ 전·명 人さらい : 유괴(범)

・人を　使つかう　　　　　　　　쓰다

⎿ 전·명 人使つかい : 사람 다루는 법

殴なぐる / 打うつ / ける　때리다 / 치다 / 차다

⎿ ▶殴り殺ころす　　　　　때려죽이다

泣なかせる / 笑わらわせる　울리다 /웃기다

⎿ 전·명 人泣かせ : (사람을 괴롭히는 행위) 남 울리기

しかる / ほめる　　　　　꾸짖다/칭찬하다
なじる　　　　　　　　　힐책하다
けなす、そしる　　　　　헐뜯다

⎿ [비교] 「けなす」는 사람과 일을 대상으로, 그 가치와 능력을 낮추는 것을, 「そしる」는 사람을 대상으로 평가를 나쁘게 말함을 나타낸다.

⎿ ▶こき下おろす　　　　　깎아 내리다

	あざける、あざ笑う	비웃다
	からかう・冷やかす	놀리다

[비교]「からかう」에는 상대가 싫어하는 말로 희롱하며 재미있어 하는 것을,「冷やかす」는 상대의 높아진 기분과 순조에 눈을 켜고 야유하는 것을 나타낸다.

	ごまかす	속이다
	なだめる	달래다
	▶なだめたり すかしたり する	어르고 달래다
	いじめる	괴롭히다
	いやがる / 避ける	싫어하다 / 피하다
	考える・思う	생각하다

[비교]「考える」는 그 대상에 대해 어떻게 해야할지를 사고하고 판단함을,「思う」는 그 대상에 대해 경험으로 알고 사항을 떠올려 생각함을 나타낸다.

• 人を	覚える	기억하다
	真似る	흉내내다
	전·명 人まね : ① 남 흉내, 모방	
	② (동물의) 사람 흉내	
	替える	바꾸다
	送る	보내다
	疑う	의심하다
	恋しがる	그리워하다
	恨む	원망하다, 탓하다
	払う	(주위에 사람이 없도록) 물리다
	전·명 人払い : (비밀이야기를 위해) 사람을 물리침	
	• ~を する	~을 하다
	もてなす	대(접)하다

[비교] 丁重に[温かく・家族のように] もてなす
정중하게[따뜻하게・가족과 같이] 대하다

とろけさす、とろけさせる   녹이다

※사람을 만나다 → 人に 会あう

관용구

◐人を 食くう   직역 「사람을 먹는다」・(뻬뻬스러운 태도로 사람을 사람으로 생각하지 않고 바보로 생각하는 태도를 취한다는 의미) **사람을 깔보다**
- 人を 食った 態度[話]   사람을 깔 본 태도[이야기]

◐사람으로 ~하다

※ 「~で」는 원인・이유를, 「~に」는 동작・작용이 그 방향으로 진행되어 도착되는 "이동지점"과 "방향의 전환"을 나타낸다.

- 人で - 混こんで いる   붐비다

- 人に
  - 替かえる / 替かわる   바꾸다 / 바뀌다
    - 担当者たんとうしゃを ほかの 人に 替える。
      다른 사람으로 바꾸다.
  - 育そだてる / する   키우다 / 하다
    - この 子こは 能力のうりょくの ある 人に 育て[し]たい。
      이 아이는 능력이 있는 사람으로 키우고[하]싶다.
  - ばける   둔갑하다
    - きつねが 人に ばける。 여우가 사람으로 둔갑하다.

※人に なる → 사람이 되다

◉사람[남]에(게) ~하다

- 人に
  - やる、上^あげる — 주다
  - 習^{なら}う / 教^{おし}える — 배우다 / 가르치다
  - 頼^{たの}む — 부탁하다
    - 전·명 人頼^{たの}み : 남에게 부탁하는 것
      - ~する。 남에게 부탁하다.
  - 任^{まか}せる — 맡기다
    - 전·명 人任^{まか}せ : 남에게 떠맡기는 것
      - ~に する。 남에게 떠맡기다.
  - なれる — 익숙하다
  - ※人に 付^つく[なつく] 사람을 따르다
    - 전·명 人付^つき : 사람(을) 따름
      - ~が いい ~이 좋다
    - [비교]「つく」는 어느 대상의 뒤에 붙어 따라서 함께 함을 나타내며, 「なつく」는 특히 친근감이나 존경하는 마음을 가지고 가까이 함을 나타낸다.

복합어가 되면, 뒤에 오는 단어의 첫 글자가 무성음일 경우에 발음의 편의상 탁음이 붙는 경우가 많다.

- 人 +
  - 気^け — 인기척 (き·기)
  - 声^{ごえ} — 사람소리 (こえ·소리)
    - ~が する ~이 나다
  - 心^{ごころ} — ① 사람의 마음 (こころ·마음)
    ② 제정신
    - ~が つく ~이 들다

• 人+

言ごと	남의 말	
事ごと	남의 일	(こと·일)
込ごみ		(こむ·넣다)
質じち	인질, 볼모	(しち·질)
	• ~に 取とる ~로 잡다	
だま	도깨비불 = 火ひの玉だま	(たま·)
	• ~が 飛とぶ ~이 날다	
づて	인편	
人ひと	사람들	(ひと·사람)
波なみ	인파	(なみ·파도)
山やま	인산인해 = 人だかり	(やま·산)
目め	남의 눈, 이목	(め·눈)
	• ~が ある ~이 있다	
	• ~を さける[引ひく]	
	～을 피하다[끌다]	
	• ~に たつ[つく·あまる]	
	～에 띄다 [·거슬리다]	
手て	① 남의 손 ② 일손	(て·손)
前まえ	① 남 앞 ② 체면	(まえ·앞)
妻づま	유부녀	(つま·처)
となり		(となり·옆)
つぶて	(사람을 돌팔매질하듯이 내던지는 것)	
		(つぶて·던진 돌멩이)
雪崩なだれ	(사람이 떠밀려 넘어지는 사태)	
柱はしら	① ○ 재물 ② ○ 희생양	(はしら·기둥)

└─ の ┬ 物もの　　　남의 것
　　　├ 事こと　　　남의 일
　　　├ 話はなし　　남의 이야기
　　　├ 気持きもち　남[사람]의 기분
　　　└ うわさ　　　남[사람]의 소문

복합동사

복합어가 되면, 뒤에 오는 단어의 첫 글자가 무성음일 경우에 발음의 편의상 탁음이 붙는 경우가 많다.

- **人 + – なれる** ① (동물이 사람에게) (なれる·익숙해지다)

  사람에 익숙해지다[길들여지다]

  - 人なれた 馬ᵘᵐᵃ 사람에 익숙해진 말

  ② (남과 빨리 친숙해지다) **친숙해지다**

  - すぐ 人なれる 子ᶜ

    곧바로 친숙해지는 아이

복합형용사

복합어가 되면, 뒤에 오는 단어의 첫 글자가 무성음일 경우에 발음의 편의상 탁음이 붙는 경우가 많다.

- **人 + ⁻懐なっ(っ)こい** 사람을 잘 따르다. 붙임성이 있다

  (なつこい·붙임성이 있다)

그 외

복합어가 되면, 뒤에 오는 단어의 첫 글자가 무성음일 경우에 발음의 편의상 탁음이 붙는 경우가 많다.

- **人 +**
  - **知しらず** (부사적 표현) **남모르게**
    - ～ 悩なやんで いる。 ～ 고민하고 있다.
  - **知しらず** (연체사적 표현) **남모르는 + 명사**
    - ～ 秘密ひみつを 持もって いる。

      ～ 비밀을 가지고 있다.

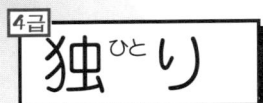

4급 独ひとり

(그 사람밖에 없거나 상대와 동료가 없는 것)
혼자

※「一人」으로도 표현하기도 하는데, 이는 사람의 수를 나타내는 "한 명"의 의미이다

短文에서 조사가 생략되고 뒷말은「동사는 연용형, 형용사와 형용동사는 어간」으로 바뀌어, "~하기" "~하는 것[사람]" 등의 명사로 전성되기도 하며, 이때 뒷말의 첫 글자가 무성음일 경우에 발음의 편의상 탁음이 붙기도 한다.

◉혼자가 ~(하)다

- 独りが ┌ よい・いい   좋다
         └ 楽らくだ   편하다

◉혼자서 ~하다

- 独りで
  ┌ する / 学まなぶ   하다 / 배우다
  │ 歩あるく   걷다
  │   ⋯ 전·명 独り歩き : (혼자서 또는 남의 도움 없이) **혼자걸음**
  │ 決きめる   결정하다
  │   ⋯ 전·명 独り決ぎめ : (혼자서 결정하는 것) **단독결정**
  │ 暮くらす / 生いきて いく   살다 / 살아가다
  │   ⋯ 전·명 独り暮らし : (혼자서 살아가는 것) **독신생활**
  │ 占しめる   차지하다
  │   ⋯ 전·명 独り占じめ : (혼자서 차지하는 것) **독점**
  │   • ~する   ~하다
  └ 立たつ   서다
      ⋯ 전·명 独り立たち : (남 또는 다른 것에 의지하거나 기대지 않고 자신 혼자서 일어서는 것과 남의 도움을 빌리지 않고 자신의 힘만으로 해 가는 것) **자립**

       • ~する   ~하다

복합어가 되면, 뒤에 오는 단어의 첫 글자가 무성음일 경우에 발음의 편의상 탁음이 붙는 경우가 많다.

- 独り+
  - 子ᶜ　　　① 외톨이　② 독자, 외동 = 独りっ子ᶜ
  - 者ᵐᵒ　　　독신자
  - 身ᵐ　　　혼자의 몸
  - 言ᶜᵒᵗ　　혼잣말
  - 舞台ᵇᵘᵗᵃⁱ　(혼자서 연기하는 것과 많은 사람 중에서 어느 한사람의 힘만이 월등하게 뛰어나 그 사람만이 행동하게 되는 것) 독무대
    - きょうは 彼ᵏᵃʳᵉの~だ。
      　　　　　오늘은 그의 독무대다.
  - 天下ᵗᵉⁿᵏᵃ　일인천하
  - 相撲ˢᵘᵐᵒᵘ　혼자 설침 ; 독판　　(すもう・일본씨름)
  - ぼっち　　외톨이　~に なる ~가 되다
  - 合点ᵍᵃᵗᵉⁿ　속단, 독단　　　　(がてん・납득)
  - 息子ᵐᵘˢᵘᶜᵒ　외동아들　　　　(むすこ・아들)
  - 娘ᵐᵘˢᵘᵐᵉ　외동딸　　　　　(むすめ・딸)

복합어가 되면, 뒤에 오는 단어의 첫 글자가 무성음일 경우에 발음의 편의상 탁음이 붙는 경우가 많다.

- 独り+- 善ᵈᵃがりだ　독선적이다

(시간상 비워있는 상황) **짬, 틈**

[참고] 사물이 벌어진 틈은 「すきま」으로 나타낸다.

短文에서 조사가 생략되고 뒷말은「동사는 연용형, 형용사와 형용동사는 어간」으로 바뀌어, "~하기" "~하는 것(사람)" 등의 명사로 전성되기도 하며, 이때 뒷말의 첫 글자가 무성음일 경우에 발음의 편의상 탁음이 붙기도 한다.

● 틈[짬]이 ~(하)다

- 暇が ┌ ある / ない   있다 / 없다
       └ できる   생기다 = 手が あく (손이 비다)
         • 暇が でき次第   틈이 생기는 대로

● 틈[짬]을 ~하다

- 暇を - 作る   만들다, 내다

복합어가 되면, 뒤에 오는 단어의 첫 글자가 무성음일 경우에 발음의 편의상 탁음이 붙는 경우가 많다.

- 暇 + - 暇に   틈틈이

·· ひる 555

|3급| 昼 ひる   (아침부터 저녁까지의 사이) **낮**   ↔ 夜^{よる}(밤)

短文에서 조사가 생략되고 뒷말은「동사는 연용형, 형용사와 형용동사는 어간」으로 바뀌어, "~하기" "~하는 것[사람]" 등의 명사로 전성되기도 하며, 이때 뒷말의 첫 글자가 무성음일 경우에 발음의 편의상 탁음이 붙기도 한다.

●낮이 ~(하)다

- 昼が ┌ 長^{なが}い / 短^{みじか}い   **길다 / 짧다**
       └ ※ 낮[밤]이 되다 → 昼[夜]に なる

●낮[밤]에 ~하다

- 昼に ┌ 働^{はたら}く   **일하다**
       └ 寝^ねる   **자다**
         ┈ [전·명] 昼寝 : (낮에 자는 잠) **낮잠**
               • ~を する   **~을 자다**

  [참고] 늦잠 → 朝^{あさ}寝

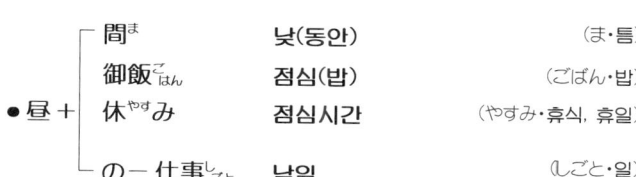

       ┌ 間^ま   **낮(동안)**   (ま·틈)
       │ 御飯^{ごはん}   **점심(밥)**   (ごはん·밥)
- 昼+ ┤ 休^{やす}み   **점심시간**   (やすみ·휴식, 휴일)
       └ の-仕事^{しごと}   **낮일**   (しごと·일)

o 真^ま-昼   **한낮**

4급 瓶 びん (액체를 담는 유리로 된 용기) 병

短文에서 조사가 생략되고 뒷말은「동사는 연용형, 형용사와 형용동사는 어간」으로 바뀌어, "~하기" "~하는 것[사람]" 등의 명사로 전성되기도 하며, 이때 뒷말의 첫 글자가 무성음일 경우에 발음의 편의상 탁음이 붙기도 한다.

●병이 ~(하)다

- 瓶が
  - 危ない   위험하다
  - 落ちる   떨어지다
  - 倒れる / 割れる   쓰러지다 / 깨지다

●병을 ~하다

- 瓶を
  - 落とす   떨어뜨리다
  - 倒す / 割る   쓰러뜨리다 / 깨다
  - ひっくり かえす   엎지르다

●병에 ~하다

- 瓶に
  - ひびが 入る   금이 가다
  - つめる / 入れる / 注ぐ
                                  채우다 / 넣다, 담다 / 붓다

  ····전·명 瓶づめ : (병에 담는 일, 또는 담긴 것) 병에 담김

- 瓶 +
  - づめ ☞ page 556
  - の
    - ふた　　병 뚜껑　　　　　　　　　　（ふた・뚜껑）
    - 栓せん　　병마개　　　　　　　　　　（せん・마개）

○ 花か ┐
　空あき ├ + 瓶
　ビール ┘

꽃병　　　　　　　　　　　　　（はな・꽃）
빈병　　　　　　　　　　　　　（あく・비다）
맥주병　　　　　　　　　　　　（ビール・맥주）

4급 服 ふく

(몸에 걸치는 의류. 또는 일본전통 의복을 「着物(きもの)」라고 하는 것에 대하여 서양의 의복)
옷

短文에서 조사가 생략되고 뒷말은「동사는 연용형, 형용사와 형용동사는 어간」으로 바뀌어, "~하기" "~하는 것(사람)" 등의 명사로 전성되기도 하며, 이때 뒷말의 첫 글자가 무성음일 경우에 발음의 편의상 탁음이 붙기도 한다.

● 옷이 ~(하)다

・服が
- ある / ない 　　　있다 / 없다
- 大きい / 小さい 　　　크다 / 작다
- 多い / 少ない 　　　많다 / 적다
- 薄い / 厚い 　　　얇다 / 두껍다
  - ▶ 分厚い 　　　두툼하다
- 新しい / 古い 　　　새것이다 / 낡다
- 奇麗だ 　　　예쁘다
- 派手だ / 地味だ 　　　화려하다 / 수수하다

- 似合う 　　　어울리다
- ぴったりだ / 合う 　　　딱 이다 / 맞는다
  - ▶ ぴったり 合う 　　　딱 맞는다
- きつい 　　　꼭 끼다
- 緩い・緩む 　　　헐렁하다・헐렁해지다
- 縮む 　　　줄어들다

※ 옷이 날개 → 馬子にも 衣裳

◯옷을 ~하다

- 服を
  - 着る / 脱ぐ — 입다 / 벗다
    - ぱりっと 着る — 쭉 빼 입다
    - 着かえる — 갈아입다
    - 重ね着する — 껴입다
    - 着せる — 껴입다

  - 畳む — 개다
  - 掛ける — 걸다
  - はたく — 털다
  - 裏返す — 뒤집다
    - ▶裏返しに する — 뒤집다
  - 汚す — 더럽히다
  - ぬらす — 적시다

  - 作る — 만들다
  - デザインする — 디자인하다
  - あつらえる — 맞추다
  - 縫う / 繕う — 꿰매다 / 깁다
    - ▶刺し子に 縫う — 누비다
  - 継ぎ当てを する — (찢어진 곳에) 덧대다

  - つかむ — 붙잡다
    - ▶つかんで ぶら下げる — 붙잡고 늘어지다

◉ 옷으로 ~하다

- 服で ┌ 遮(さえぎ)る　　　　　　가리다
　　　└ かける, かばう　　　　덮다

◉ 옷에 ~하다

- 服に ┌ (垢(あか)が) つく　　　　　　(때가) 묻다[끼다]
　　　│ (泥(どろ)を) つける　　　　　(흙탕물을) 묻히다
　　　│ (ボタンを) つける　　　　　(단추를) 달다
　　　│ (においが) しみつく　　　　(냄새가) 배다
　　　└ (泥水(どろみず)が) 跳(は)ねる　　(흙탕물이) 튀다

◉ 옷에서 ~하다

- 服から ┌ においが する　　　　냄새가 나다
　　　　└ 落(お)ちる　　　　　　　떨어지다

문학력사

```
o 冬(ふゆ) ┐           동복
  夏(なつ) │           하복
  合(あ)い │ + 服    (봄가을에 입는 옷) 춘추복 = 合(あ)い着(ぎ)
  礼(れい) │           예복
  制(せい) │           제복
  道(どう) │           도복
  喪(も)   ┘           상복
```

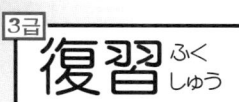
(한번 배운 것을 반복해서 공부하는 것) **복습**

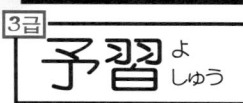
(아직 배우지 않은 것을 미리 학습·연습을 해 두는 것) **예습**

短文에서 조사가 생략되고 뒷말은「동사는 연용형, 형용사와 형용동사는 어간으로 바뀌어, "～하기" "～하는 것[사람]" 등의 명사로 전성되기도 하며, 이 때 뒷말의 첫 글자가 무성음일 경우에 발음의 편의상 탁음이 붙기도 한다.

◉복습[예습]이 ～(하)다

- 復習[予習]が ┌ まずだ　　　　　　　　　우선이다
　　　　　　　└ 何^{なに}より(大切^{たいせつ})だ

　　　　　　　　　　　　무엇보다(중요하)다

◉복습[예습]을 ～하다

- 復習[予習]を ┌ する　　　　　　　하다
　　　　　　　└ 怠^{なま}ける、サボる　게을리 하다

布団 ふとん 〈잠잘 때에 깔거나 덮거나 하는 침구의 하나〉 **이불**

短文에서 조사가 생략되고 뒷말은「동사는 연용형, 형용사와 형용동사는 어간」으로 바뀌어, "~하기" "~하는 것[사람]" 등의 명사로 전성되기도 하며, 이 때 뒷말의 첫 글자가 무성음일 경우에 발음의 편의상 탁음이 붙기도 한다.

◎ 이불이 ~(하)다

- 布団が
  - 軽かるい / 重おもい   가볍다 / 무겁다
  - 薄うすい / 厚あつい   얇다 / 두껍다
    - ▶ 分厚ぶあつい   두툼하다
  - ふかふか[ふわふわ]する   푹신푹신하다
  - ぽかぽかする   포근포근하다

◎ 이불을 ~하다

- 布団を
  - かける・かぶる / 敷しく / 畳たたむ
                                  덮다 / 깔다 / 개다
    - 전·명 かけ布団ぶとん   덮는 이불
    - 敷き布団ぶとん   까는 이불
  - (足あしで) ける   (발로) 차다
  - めくる   벗기다
  - 洗あらう・洗濯せんたくする   빨다・세탁하다
  - 干ほす / はたく   널다 / 털다

복합어가 되면, 뒤에 오는 단어의 첫 글자가 무성음일 경우에 발음의 편의상 탁음이 붙는 경우가 많다.

- 布団 +
  - 袋ぶくろ   이불보   (ふくろ・자루)
  - カバー   이불커버   (カバー・커버)

(사람과 화물을 실어 수상을 오가는 탈 것) 배

[참고]「舟」로도 표현되며, 이 경우는 비교적 작고 간단히 만들어지는 배에 사용된다.

短文에서 조사가 생략되고 뒷말은「동사는 연용형, 형용사와 형용동사는 어간으로 바뀌어, "~하기" "~하는 것(사람)" 등의 명사로 전성되기도 하며, 이때 뒷말의 첫 글자가 무성음일 경우에 발음의 편의상 탁음이 붙기도 한다.

◉배가 ~(하)다

- 船が
  - 速はやい / 遅おそい — 빠르다/느리다
  - (海うみに) 浮うかぶ — (바다에) 뜨다
  - (港みなとを) 出でる — (항구를) 떠나다
    - 전·명 船ふな出で : 출범, 출항 = 出で船ぶね, 出帆しゅっぱん
  - (港みなとに) つく — (항구에) 닿다
    - 전·명 船ふなつき場ば : 선착장, 선창
  - 近ちかづく / 離はなれる — 다가다 / 멀어지다
  - (港みなとに) 立たちよる — (항구에) 들르다
  - (港みなとに) 泊とまる — (항구에) 머물다
  - 通とおる — 지나다
  - (岩いわに) 衝突しょうとつする — (바위에) 충돌하다
  - 沈しずむ[沈没ちんぼつする] — 가라앉다[침몰하다]
  - 揺ゆれる — 흔들리다
  - (一方いっぽうに) 傾かたむく — (한쪽으로) 기울다

◉배를 ~하다

- 船を
  - 待まつ — 기다리다
    - 전·명 船ふな待ち : 배 기다림
  - 浮うかべる — 띄우다

```
         こぐ                     젓다
         引ひく                    끌다
          └─ 전·명  引き船  : ① 예인  ② 예인선
         (港みなとに) つける         (항구에) 대다
         降おりる                   내리다
       └ ※배를 타다  →  船に 乗のる
```

●배로 ~하다

```
       ┌ 行いく / 来くる             가다 / 오다
         遊あそぶ                    놀다
 •船で    └─ 전·명  船ふな遊び  : 뱃놀이
         釣つる                     낚다
          └─ 전·명  釣り船ぶね  : 낚싯배
            전·명  船ふな釣つり  : 배낚시
       └ 渡わたす                    건너다
          └─ 전·명  船ふな渡し  : ① 배로 나름  ② 나루터
            전·명  渡し船ぶね  : 나룻배
```

●배에 ~하다

```
       ┌ 乗のる                     타다
          └─ 전·명  船ふな乗り  : 뱃사람
 •船に    積つむ                     싣다
          └─ 전·명  船ふな積み  : 선적
         酔よう                     취하다
          └─ 전·명  船ふな酔い  : 배멀미
       └ 弱よわい                    약하다
```

복합동사 ~~~~~ 복합어가 되면, 뒤에 오는 단어의 첫 글자가 무성음일 경우에 발음의 편의상 탁음이 붙는 경우가 많다.

● 船ふな +
- 歌うた　　뱃노래　　　　　　　　　　　　(うた・노래)
- 主ぬし　　배 주인, 선주　　　　　　　　　(ぬし・주인)
- 人びと　　① 뱃사람　② 승객　　　　　　(ひと・사람)
- 頭がしら　뱃사공　　　　　　　　　　　　(かしら・우두머리)
- 路じ　　　뱃길 = 航路こうろ
- 荷に　　　뱃짐
- 賃ちん　　배삯
- 端ばた　　뱃전
- 便びん　　배편, 선편　　　　　　　　　　(～びん・～편)
- 釣づり　　배낚시　　　　　　　　　　　　(つり・낚시)

> **참고** ※뱃머리 → 船首せんしゅ

○ 宝たから ┐
　渡わたし ├ +船ぶね
　釣つり ┘

보물선　　　　　　　　　　(たから・보물)
나룻배　　　　　　　　　　(わたす・건네다)
낚싯배　　　　　　　　　　(つり・낚시)

3급

冬 ふゆ

겨울　☞ page 519「春はる」(봄)

(몸을 씻거나 따뜻하게 하기 위한 설비 및 그 물) **욕실, 목욕물**

※ 대중 목욕탕을 나타내는 「ふろ屋や・せんとう」와 같은 의미로도 사용된다.

短文에서 조사가 생략되고 뒷말은「동사는 연용형, 형용사와 형용동사는 어간」으로 바뀌어, "~하기" "~하는 것[사람]" 등의 명사로 전성되기도 하며, 이 때 뒷말의 첫 글자가 무성음일 경우에 발음의 편의상 탁음이 붙기도 한다.

●욕실[목욕물]이 ~(하)다

- 風呂が ┌ 熱あつい   뜨겁다
          └ わく   끓다

●욕실[목욕물]을 ~하다

- 風呂を ┌ 沸わかす   데우다
          │ あがる   틀다 / 잠그다
          │
          └ ※목욕을 하다 → 風呂に 入はいる

●욕실[목욕물]에서 ~하다

※ 장소를 나타내는 명사에 붙는 「~에서」가, 1) 그 동작이 행해지는 "행위의 장소"이면 조사 「~で」로, 2) 그 동작과 작용이 그곳에서부터 발생 또는 발견하게 되었다는 "행위・발생의 기점 및 출처"이면 조사 「~から」로 표현한다.

- 風呂で - 寝ねる   자다

- 風呂から - あがる   나오다

●욕실[목욕물]에 ~하다

- 風呂に ┌ 入^{はい}る   들어가다 (목욕을 하다)
          └ (体^{からだ}を) つける   담그다

- 風呂 + ┌ 屋^や   목욕탕 = 銭湯^{せんとう}   (~야·~가게)
          └ の-湯^ゆ   목욕물   (ゆ·따뜻한 물)

568 명사 표현력

3급 文化 ぶんか

〈인간 중심으로 한 사회에서 학문·예술·도덕·종교적으로 만들어지는 행동양식이나 제도〉 **문화**

短文에서 조사가 생략되고 뒷말은「동사는 연용형, 형용사와 형용동사는 어간으로 바뀌어, "~하기" "~하는 것[사람]" 등의 명사로 전성되기도 하며, 이때 뒷말의 첫 글자가 무성음일 경우에 발음의 편의상 탁음이 붙기도 한다.

●문화가 ~하다

- 文化が ┌ 違ちがう   다르다
         └ 発達はったつする   발달하다

●문화를 ~하다

- 文化を ┌ 習ならう   배우다
         ├ 理解りかい[交流こうりゅう]する   이해[교류]하다
         └ 受うけ入いれる   받아들이다

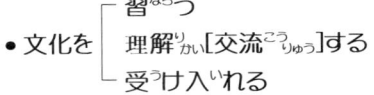

- 文化 + ┌ 生活せいかつ   문화생활   (せいかつ·생활)
         │ 遺産いさん   문화유산   (いさん·유산)
         │ 財ざい   문화재
         │
         └ の ┌ 差さ   문화의 차이 (さ·차이)
              └ 壁かべ   문화의 벽   (かべ·벽)

部屋 へや

(집의 내부를 사람이 기거하거나 물건 등을 놓기 위해 벽으로 구분해 나누어 놓은 공간) **방**

短文에서 조사가 생략되고 뒷말은「동사는 연용형, 형용사와 형용동사는 어간으로 바꾸어, "~하기" "~하는 것[사람]" 등의 명사로 전성되기도 하며, 이때 뒷말의 첫 글자가 무성음일 경우에 발음의 편의상 탁음이 붙기도 한다.

● 방이 ~(하)다

• 部屋が
  - 広ひろい / 狭せまい   넓다 / 좁다
    ▶ 狭苦せまくるしい   비좁다
  - 暑あつい / 寒さむい   덥다 / 춥다
  - 冷ひやっと する   (불이 꺼져) 썰렁하다
  - がらんと して いる   (아무도 없어) 썰렁하다
  - 明あかるい / 暗くらい   밝다 / 어둡다
  - きれいだ / 散ちらかる   깨끗하다 / 어지러지다
  - 空あく / いっぱいに なる   비다 / 차다
    전·명 空き部屋べや : 빈방

● 방을 ~하다

• 部屋を
  - 造つくる   만들다
  - 直なおす [修理しゅうりする]   고치다 [수리하다]
  - 広ひろげる   넓히다
  - 使つかう   쓰다
  - 借かりる   빌리다
    ▶ 売うりに 出だす   (팔려고) 내놓다

570 명사 표현역

```
┌ 散ちらかす                  어지르다, 어지럽히다
│ 片かたづける[掃除そうじする]   치우다[청소하다]
│ 空あける                     비우다, 내다
└ 閉とざす                     잠그다
```

●방에서 ~하다
※ 장소를 나타내는 명사에 붙는「~에서」가, 1) 그 동작이 행해지는 "행위의 장소"이면 조사「~で」로, 2) 그 동작과 작용이 그곳에서부터 발생 또는 발견하게 되었다는 "행위·발생의 기점 및 출처"이면 조사「~から」로 표현한다.

- 部屋で - 寝ねる / 遊あそぶ   자다 / 놀다

- 部屋から - 出でる   나오다
  ▶ 飛とび出る, 飛とび出だす   뛰어나오다

●방에 ~하다

```
         ┌ 閉とじこもる              틀어박히다
         │ (冷房れいぼうを) 入いれる   (냉방을) 넣다
• 部屋に │ (机つくえを) 入いれる       (책상을) 들여놓다
         └ (足あしを) 踏ふみ込こむ    (발을) 들여놓다
```

●방(안)으로 ~하다

```
              ┌ 入はいる                  들어·오다[가다]
              │   ▶ 立たち入いる         들어서다
              │   ▶ 持もって 入はいる
• 部屋(の中なか)に│                         가지고 들어·가다[오다]
              │ (植木うえき鉢ばちを) 持もち込こむ
              │                         (화분을) 들여놓다
              └ (足あしを) 踏ふみ込こむ  (발을) 들여놓다
```

복합구성

- 部屋 +
  - 代(だい)   방세   (~だい·~대)
  - 割(わり)   방 배정   (わる·나누다)

- 勉強(べんきょう)
  子供(こども)
  大(おお)
  空(あき)
  店(みせ)
  + 部屋(べや)

  - 공부 방   (べんきょう·공부)
  - 어린이 방   (こども·어린아이)
  - 큰[넓은] 방   (おお~·크~)
  - 빈방   (あく·비다)
  - (길 쪽으로 있는 방으로서, 길 쪽으로도 문을 열 수 있는 방) **가게 방**   (みせ·가게)

······ 572 명사 표현력 ······

(학문 등에 힘쓰는 것) **공부**

※ 이는 업주 입장에서의 물품의 가격을 싸게 할인해 주는 의미로도 사용된다.

短文에서 조사가 생략되고 뒷말은「동사는 연용형, 형용사와 형용동사는 어간」으로 바꾸어, "~하기" "~하는 것[사람]" 등의 명사로 전성되기도 하며, 이 때 뒷말의 첫 글자가 무성음일 경우에 발음의 편의상 탁음이 붙기도 한다.

●공부가 ~(하)다

- 勉強が
  - 面白い / 楽しい   재미있다 / 즐겁다
  - 易しい / 難しい   어렵다 / 쉽다
  - 嫌いだ   싫다

  - ※勉強が 好きだ[嫌いだ]
    → 공부를 좋아하다[싫어하다]

    [참고]「好きだ・嫌いだ」는 그 대상을 나타내는 조사「~が」는「~을/를」로 해석된다.

  - ※勉強が よく できる → 공부를 잘한다

  - ※勉強に なる → 공부가 되다

●공부를 ~하다

- 勉強を
  - する   하다
    - 熱心[一生懸命]に   열심히
    - うまずたゆまず   꾸준히
    - 粘り強く   끈질기게, 끈기 있게
    - 夜遅くまで   밤늦게까지
  - ▶しすぎる   너무하다

    [참고]「すぎる」는 동사의 연용형에 접속되어 지나침을 나타내는「너무 ~하다」라는 의미의 복합동사를 만든다.

>
> ▶したがる　　　　　　　　　하고 싶어하다
>
> [참고] 이는「する」에 희망을 나타내는 조동사「〜たい (〜하고 싶다)」가 접속된「したい (하고 싶다)」에, 다시 접미어「〜がる (〜해 하다)」가 접속된 표현이다.
>
> ▶させる　　　　　　　　　시키다
>
> [참고] 이는「する」에 사역의 의미를 나타내는 조동사「〜せる」가 접속된 표현이다.

　　怠（なま）ける、サボる　　　　　게을리 하다
　　なおざり[おろそか]に する　　소홀히[대충] 하다

●공부로 〜하다

- 勉強で ┌ 忙（いそが）しい　　　　　　　바쁘다
　　　　└ 成功（せいこう）する　　　　　성공하다

●공부에 〜하다

- 勉強に
  - 熱心（ねっしん）だ / 夢中（むちゅう）だ
　　　　　　열심이다 / 열중이다, 몰두하다
  - せいを 出（だ）す （힘을 내다） → 열심히 공부하다
  - 疲（つか）れる （くたびれる）　지치다 (피곤하다)
  - 苦（くる）しんで いる　　　시달리다
  - 嫌気（いやけ）が さす[催（もよお）す]　싫증을 느끼다[내다]
  - 興味（きょうみ）を 持（も）つ　흥미[재미]를 붙이다
  - も こつ[要領（ようりょう）]が ある　〜도 요령이 있다

복합어가 되면, 뒤에 오는 단어의 첫 글자가 무성음일 경우에 발음의 편의상 탁음이 붙는 경우가 많다.

- 勉強 +
  - 部屋ヘゃ　　공부방　　　　　　　　　　　　（へや・방）
  - の-虫ぉし　공부벌레　　　　　　　　　　　（むし・벌레）
    = がり勉べん　공부벌레

○ 試験しけん ┐
　にわか　 ┘ + 勉強
　　試験＋勉強　시험공부　　　　　　　　　　（しけん・시험）
　　にわか＋勉強　벼락치기 공부　　　　　　（にわかだ・갑자기다）
    = 一夜いち漬づけ　당일치기

返事 へんじ

3급

(상대의 질문과 부름 등에 대답하는 것. 또는 그 말 그리고 상대의 편지에 대한 답신) **대답. 답변**

短文에서 조사가 생략되고 뒷말은「동사는 연용형, 형용사와 형용동사는 어간으로 바뀌어, "~하기" "~하는 것[사람]" 등의 명사로 전성되기도 하며, 이 때 뒷말의 첫 글자가 무성음일 경우에 발음의 편의상 탁음이 붙기도 한다.

●답변이 ~하다

- 返事が
  - ない　　　　　　　　　없다
  - はっきり しない　　　　확실치 않다
  - あいまいだ　　　　　　애매하다
  - 苦くるしい　　　　　　난처하다

●답변을 ~하다

- 返事を
  - する　　　　　　　　　　　　하다
    - ▶はっきり する　　　　　　확실히 하다
    - ▶あいまいに する　　　　　애매하게 하다
  - 聞きく　　　　　　　　　　　듣다
  - ためらう　　　　　　　　　　망설이다
  - 出だす　　　　　　　　　　　보내다
  - 避さける　　　　　　　　　　피하다
  - 要求ようきゅう[催促さいそく]する　　요구[재촉]하다
  - 待まつ　　　　　　　　　　　기다리다

●답변을 ~하다

- 返事に - 苦くるしむ　　　　　　고심하다

576 명사 표현력

〈더위·추위 또는 먼지를 막기 위하여, 그리고 맵시를 위해 머리에 쓰는 것〉 모자

短文에서 조사가 생략되고 뒷말은「동사는 연용형, 형용사와 형용동사는 어간으로 바뀌어, "~하기" "~하는 것[사람]" 등의 명사로 전성되기도 하며, 이 때 뒷말의 첫 글자가 무성음일 경우에 발음의 편의상 탁음이 붙기도 한다.

●모자가 ~하다

- 帽子が
  - 大きい / 小さい   크다 / 작다
  - 似合う   어울리다
  - 脱げる / 飛ばされる 벗겨지다 / 날아가다

●모자를 ~하다

- 帽子を
  - かぶる / 脱ぐ   쓰다 / 벗다
    - ▶脱がせる   벗기다
  - ▶かぶらせる   씌우다
  - 取る   집다, 잡다
  - 掛ける / はたく   걸다 / 털다
    - 전·명 帽子がけ : 모자걸이

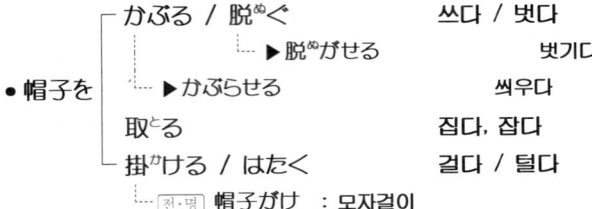

○ 麦わら ┐
  中折れ │ +帽子
  毛皮   │
  毛糸 の┤
  筆   ┘

밀집모자
중절모자
모피모자
털모자
붓 뚜껑

참고
학생모 →
学生帽

(항성·혹성·혜성·위성 등 모든 천체를 가리키는 말이나, 일반적으로는 태양과 지구·달 이외의 천체를 말하는 경우가 많다) **별**

短文에서 조사가 생략되고 뒷말은「동사는 연용형, 형용사와 형용동사는 어간으로 바꾸어, "~하기" "~하는 것[사람]" 등의 명사로 전성되기도 하며, 이때 뒷말의 첫 글자가 무성음일 경우에 발음의 편의상 탁음이 붙기도 한다.

●별이 ~(하)다

- 星が
  - 多ᵃᵃい / 少ˢˡᵃ<ない   많다 / 적다
  - 明ᵃᵏᵃるい   밝다
  - 出ᵈる   나오다, 뜨다
  - 光ʰⁱᵏᵃる / きらめく / またたく
         빛나다 / 반짝이다 / 깜박거리다
  - 降ᶠᵘり注ˢˢˢぐ   쏟아지다
  - 流ⁿᵃᵍᵃれる / 落ᵒᵗちる   흐르다 / 떨어지다
    - 전·명 流れ星ᵇᵃˢⁱ : 유성 • ~が 落ᵒᵗちる ~이 떨어지다
  - ささやく   속삭이다

●별을 ~하다

- 星を
  - 見ᵐⁱる / 仰ᵃᵃぎ見ᵐⁱる   보다 / 쳐다보다
  - 数ᵏᵃᶻᵒえる   세다
  - 取ᵗᵒる、ち切ᵏⁱる   따다
    - 전·명 星取り : (승패에서 승을「○」로, 패를「●」로 표시하여, 그것을 세는 것) 승패계산
      - • ~表ʰʸᵒᵘ   ~표

※ 空ˢᵒʳᵃの星取り   하늘의 별따기

- 星 +
  - 空(そら)　　별 밝은 하늘　　　　　　　　　　(そら・하늘)
  - の - 光(ひかり)　별빛　　　　　　　　　　　　(ひかり・빛)

○ ▲綺羅(きら) - 星(ほし)　　기라성

○ 空(そら) - の - 星(ほし)　하늘의 별　　　　　　(そら・하늘)
　　• ～取(と)りだ。　　　～ 따기다.

3급 ホテル　호텔　☞ page 659 「旅館」

 (서적) **책**

短文에서 조사가 생략되고 뒷말은「동사는 연용형, 형용사와 형용동사는 어간으로 바뀌어, "~하기" "~하는 것[사람]" 등의 명사로 전성되기도 하며, 이때 뒷말의 첫 글자가 무성음일 경우에 발음의 편의상 탁음이 붙기도 한다.

●책이 ~(하)다

- 本が
  - 古ふるい / 新あたらしい — 낡다 / 새것이다
  - 厚あつい / 薄うすい — 두껍다 / 얇다
  - 積つまれる — 쌓이다
  - (よく) 売うれる — (잘) 나가다, 팔리다

●책을 ~하다

- 本を
  - 見みる / 読よむ — 보다 / 읽다
  - 開ひらく / 閉とじる — 펴다 / 덮다
  - 立たてる / 差さし込こむ — 세우다 / 꽂다
    - ···[전·명] 本立たて [本立たて] : 책꽂이
  - 並ならべる — 늘어놓다
  - めくる — 넘기다, 뒤지다
  - 破やぶる / ちぎる — 찢다 / 째다
    - ···[참고]「ちぎる」는 손끝으로 가늘게 잘라냄을 나타낸다.
  - 折おる — 접다
  - 写うつす — 베끼다
  - 作つくる / 出だす — 만들다 / 내다
  - 編あむ — 엮다, 매다
  - (脇わきに) 抱かかえる — (옆구리에) 끼다
  - まくらに する — 베개로 삼다, 베다

◎책에서 ~하다
- 本で – (知識ちきを) 得える / 見みる　　(지식을) 얻다 / 보다

◎책으로 ~하다
- 本に
  - する / 出だす / 出でる　　하다 / 내다 / 나오다
    - 研究けんきゅうの 結果けっかを 本に して 出だす.
      연구 결과를 책으로 해서 내다.
    - 研究けんきゅうの 結果けっかが 本に 出でる.
      연구 결과가 책으로 나오다
  - ※本に なる → 책이 되다

◎책에 ~하다
- 本に
  - 載のる / 載のせる　　실리다 / 싣다, 올리다
  - 落書らくがきを する　　낙서를 하다

복합어가 되면, 뒤에 오는 단어의 첫 글자가 무성음일 경우에 발음의 편의상 탁음이 붙는 경우가 많다.

- 本 +
  - 屋や　　책방 = 書店しょてん 서점　　(~야·~가게)
  - 箱はこ　　책장　　(はこ·상자)
  - 棚だな　　책 선반　　(たな·선반)
  - の
    - 代金だいきん　　책값　　(だいきん·대금)
    - 間あいだ　　책 사이, 책갈피　　(あいだ·사이)
      - ~に しおりを はさむ.
        ~에 서표를 끼우다.

참고
※ 책가방 → 学生がくせいがばん　　※ 책갈피 → しおり
※ 책장 → 本のページ　　※ 책받침 → 下敷したじき
※ 책상다리 → あぐら

… まえ 581

4급
前 まえ
(얼굴과 시선이 향하고 있는 방향과 사물의 앞쪽 장소) **앞**

4급
後ろ うし
(얼굴과 시선이 향하고 있는 것과의 반대 방향과 사물의 뒤쪽 장소) **뒤**

[비교] 다른 것보다 시간·순서적으로 "앞·먼저"와 "뒤·나중"는 「先(さき)」와 「後(あと)」로 표현된다.

前後ぜんご 전후

短文에서 조사가 생략되고 뒷말은「동사는 연용형, 형용사와 형용동사는 어간으로 바뀌어, "~하기" "~하는 것[사람]" 등의 명사로 전성되기도 하며, 이 때 뒷말의 첫 글자가 무성음일 경우에 발음의 편의상 탁음이 붙기도 한다.

◎앞[뒤]이/가 ~(하)다

- 前
- 後ろ] が

  ┬ 見みえる   보이다

  ├ ※ 앞이 캄캄하다 → お先(が) 真まっ暗くらだ
  ├ ※ 뒤가 켕기다 → 後ろめたい
  ├ ※ 뒤가 구리다 → 後ろ暗くらい
  └ ※ 뒤가 든든하다 → 後あとが 心丈夫こころじょうぶだ

◎앞[뒤]을/를 ~하다

- 前
- 後ろ] を

  ┬ 見みる / 見みせる   보다 / 보이다
  │   ▶前が 見られない   앞을 보지 못하다
  │   ▶前を 見ることが できない   앞을 볼 수 없다
  │   ▶前を 見そこなう   앞을 보지 못하다
  │   [참고] 눈에 장애가 있어 「앞을 못보는[보지 못하는] 사람」은 「目めの不自由ふじゆうな 人(눈이 불편한 사람)」으로 표현된다.

  ├ 振ふり返かえる、振ふり向むく   돌아보다
  └ 向むく   향하다

|　遮^{さえぎ}る　　　　　　　　　　　가로막다

- ※ 앞을 다투다 → 先を 争^{あらそ}う
- ※ 앞을 내다보다 → 先のことを 見通^{みとお}す

◉앞[뒤]에서 ～하다
※ 장소를 나타내는 명사에 붙는「～에서」가, 1) 그 동작이 행해지는 "행위의 장소"이면 조사「～で」로, 2) 그 동작과 작용이 그곳에서부터 발생 또는 발견하게 되었다는 "행위·발생의 기점 및 출처"이면 조사「～から」로 표현한다.

- 前　　で / から
  後ろ

　　　┌ 引^ひく　　　　　끌다
　　　│ 押^おす　　　　　밀다
　　　│　[전·명] 後ろ押し : 뒤를 밂, 후원함
　　　│ 呼^よぶ　　　　　부르다
　　　└ 操^{あやつ}る　　　　조정하다

◉앞[뒤]에 ～하다

- 前　　に
  後ろ

　　　┌ いる・ある / (い)ない　있다 / 없다
　　　│ 座^{すわ}る　　　　앉다
　　　│ 立^たつ / 立^たてる　서다 / 세우다
　　　│　▶ 立^たたせる　　　서게 하다, 세우다
　　　│　※앞(장)세우다　→ 先^{さき}に 立たせる,
　　　│　※전면에 내세우다　→ 前面^{ぜんめん}に 押^おし立てる
　　　│　※앞(장)서다　→ 先頭^{せんとう}に 立つ
　　　│　[전·명] 後ろ立^だて　후원자
　　　│ 隠^{かく}れる　　　　숨다
　　　└ 並^{なら}べる　　　　늘어놓다, 나란히 하다
　　　　　▶ 前に 並べ　(구령) 앞으로 나란히

　　　※[참고] 열중쉬어 → 休^{やす}め
　　　　　　　바로　　 → 直^{なお}れ

●앞으로 ~하다

※ 장소를 나타내는 명사에 붙는「~에」가, 그 행위의 진행이 1) 그 지점을 목적지로 향하고 있다는 "행위의 도달지점"이면 조사「~に」로, 2) 그쪽 방향으로 향하고 있다는 "행위의 방향"이면 조사「~へ」로 표현된다.

- 前/後ろ に/へ
  - 進(すす)める / 行(い)く 나아가다
    - ▶前に・進め[行け] : (구령) 앞으로 가!

    ※[참고] 뒤로돌아   → 回(まわ)れ
            뒤로돌아 가 → 回(まわ)れ前に進め
            우로 봐   → 頭(かしら)右(みぎ)

  - 出(で)る   나오다, 나가다
  - 引(ひ)く / 押(お)す   당기다 / 밀다
  - (体(からだ)を) △屈(かが)める (몸을) 숙이다, 굽히다
  - (体(からだ)を) 反(そ)らす   (몸을) 젖히다
  - 倒(たお)れる   쓰러지다
  - 傾(かたむ)く   기울다

복합명사

복합어가 되면, 뒤에 오는 단어의 첫 글자가 무성음일 경우에 발음의 편의상 탁음이 붙는 경우가 많다.

- 前+
  - 歯(は)   앞니   (は・이)
  - 足(あし)   (앞으로 내민 발) 앞발   (あし・발)
    - ~で ける   ~로 차다
      [전・명] 前足げり : 앞발질
  - 脚(あし)   (동물의) 앞다리   (あし・발)
  - 庭(にわ)   앞마당, 앞뜰   (にわ・정원)
  - 後(うし)ろ 앞 뒤, 전후   (あと・뒤)
    - ~を よく 見(み)る   ~를 잘 보다
  - 頭(あたま) 앞머리   (あたま・머리)

- 後ろ +
  - 姿 すがた　　뒷모습　　　　　　　　　　　　　　　(すがた・모습)
  - 足 あし　　뒷발 = 後足 あと あし　　　　　　　　　(あし・발)
  - 手 て　　(양손을 뒤로 돌리는 것) 뒷짐　　　　　　(て・손)
  - 盾 だて　　뒷막이　　　　　　　　　　　　　　　(たて・방패)

> 참고
> ※ 앞두다 (목전에 두다) → 目の前に する
> ※ 앞뒤가 막히다
> ① (빠져나갈 곳이 없다) → 四方 ほう が ふさがれる
> ② (융통성이 없다) → 融通性 ゆう ずう せい が ない

복합어가 되면, 뒤에 오는 단어의 첫 글자가 무성음일 경우에 발음의 편의상 탁음이 붙는 경우가 많다.

- 後ろ +
  - 暗 ぐら い　 (마음속으로 나쁘다고 느끼다)　　　(くらい・
  　　　뒤가 껄끄럽다　　　　　　　　　　　　　어둡다)
  - めたい　 (마음속으로 나쁘다고 느끼다)
  　　　뒤가 켕기다

4급	町 まち	(도시의 사람이 많이 모여 사는 곳) 동네 ; 도회지

[참고] 「まち」는 상점이 많이 즐비한 지역과 번화한 길을 나타내기도 하는데, 주로 「街」로 표현한다.

4급	村 むら	(「町」에 비해 주로 농업·어업에 종사하는 사람들이 모여 사는 시골 동네) 마을

 短文에서 조사가 생략되고 뒷말은「동사는 연용형, 형용사와 형용동사는 어간으로 바뀌어, "~하기" "~하는 것[사람]" 등의 명사로 전성되기도 하며, 이때 뒷말의 첫 글자가 무성음일 경우에 발음의 편의상 탁음이 붙기도 한다.

◎마을이[동네가] ~(하)다

- 町が ┌ できる   생기다
       │ 静しずかだ   조용하다
       └ 騒さわがしい 시끄럽다, 떠들썩하다

◎마을을[동네를] ~하다

- 町を ┌ 回まわる   돌다
       │ ┈▶ 見みて回る   돌아보다
       └ 守まもる   지키다

◎마을[동네]에 ~하다

- 町に ┌ 住すむ   살다
       └ 慶事けいじが ある 경사가 나다

◎마을[동네]에서 ~하다

- 町から ┌ 離はなれる   떨어지다
         │ ┈ 전·명 村はずれ : 변두리   · ~に 住すむ ~에 살다
         └ 出でる   나오다

3급

(특히 매년 정해진 날에 사람들이 "神社"에 모여 행해지는 신을 기리는 예식과 그와 함께 개최되는 행사나 뭔가를 기념하거나 축하하기 위해 개최되는 행사) **축제**

[참고] 말을 美化시켜 표현할 때에는 접두어 「お~」를 붙여 「お祭り」라고 한다.

 短文에서 조사가 생략되고 뒷말은 「동사는 연용형, 형용사와 형용동사는 어간」으로 바뀌어, "~하기" "~하는 것[사람]" 등의 명사로 전성되기도 하며, 이때 뒷말의 첫 글자가 무성음일 경우에 발음의 편의상 탁음이 붙기도 한다.

●축제가 ~(하)다

- 祭りが
  - 開^{ひら}かれる　　　　　열리다, 벌어지다
  - 始^{はじ}まる / 終^おわる　　시작되다 / 끝나다
  - 楽^{たの}しい　　　　　　즐겁다

●축제를 ~하다

- 祭りを
  - 行^{おこな}う / 開^{ひら}く / 催^{もよお}す
    　　　　　　행하다 / 열다, 벌이다 / 치르다
  - 待^まつ　　　　　　　기다리다
  - 準備^{じゅんび}する　　　　준비하다
  - 始^{はじ}める / 終^おえる　시작하다 / 끝내다
  - 楽^{たの}しむ　　　　　　즐기다

●축제로 ~하다

- 祭りで
  - 楽^{たの}しい / うきうき(と)する　즐겁다 / 들뜨다
  - 興^{きょう}に 乗^のる　　　　흥이 나다
    - ・興に 乗って 踊^{おど}りを 踊^{おど}る。 흥이 나 춤을 추다
  - 混^こんで いる　　　　붐비다

◎축제에 ~하다

• 祭りに ┌ 行く　　　　　　　　가다
　　　　└ 出る　　　　　　　　나가다

복합동사 복합어가 되면, 뒤에 오는 단어의 첫 글자가 무성음일 경우에 발음의 편의상 탁음이 붙는 경우가 많다.

o 桜		벚꽃 축제	(さくら·벚꽃)
雪		눈 축제	(ゆき·눈)
花	+祭り	(석가탄신일을 축하하는 행사)	(はな·꽃)
りんご		사과 축제	(りんご·사과)
町		마을의 축제	(まち·마을)
国	の	나라의 축제	(くに·나라)
世界		세계의 축제	(せかい·세계)

참고
※불꽃축제 → 花火大会
※대학축제 → 大学祭

(채광과 통풍을 위하여 벽에 설치한 것) **창(문)**

短文에서 조사가 생략되고 뒷말은「동사는 연용형, 형용사와 형용동사는 어간」으로 바뀌어, "~하기" "~하는 것(사람)" 등의 명사로 전성되기도 하며, 이때 뒷말의 첫 글자가 무성음일 경우에 발음의 편의상 탁음이 붙기도 한다.

●창문이 ~(하)다

- 窓が
  - 開あく、開ひらく / 閉しまる、閉とじる　　**열리다 / 닫히다**
    - ▶ 開ひらかれる　　(뭔가에 의해) **열리다**
  - 閉とざされる　　**잠기다**
    - [참고] 나가고 들어오고 싶어도 그렇게 할 수 없는 상태로 된 것을 나타낸다.
  - 揺ゆれる　　**흔들리다**

●창문을 ~하다

- 窓を
  - 閉しめる、閉とじる / 開あける　　**닫다 / 열다**
    - [비교] 같은 의미이나 「閉める」는 열었던 것을 원래대로 닫음을, 「閉じる」는 열려있는 것을 뭔가의 목적이 있어 의도적으로 막힌 상태로 하기 위하여 닫음을 나타낸다.
    - ▶ 開け放はなつ, 開け放はなす　　(활짝) **열어 젖히다**
  - 閉とざす　　**잠그다**
    - [참고] 나가고 들어오지 못하도록 채우는 것을 나타낸다.
  - 造つくる / つける　　**만들다 / 내다**

└─ 越こす　　　　　　　　　　　　　　넘다
　　전·명 窓越こし : 창 너머　　•~に 見える　~로 보다.

　　▶ 乗のり越こえる　　　　　　　　타넘다

◉창문에서 ~하다

• 窓から
　┌ 見み下おろす / 眺ながめる　　　내려다 보다 / 바라보다
　│ 飛とび下おりる　　　　　　　　뛰어 내리다
　│ 落おちる　　　　　　　　　　　떨어지다
　└ 頭あたまを 出だす　　　　　　　얼굴을 내밀다

◉창문에 ~하다

• 窓に
　┌ ガラスを はめる　　　　　　　유리를 끼우다
　│　• ガラスを 入いれ替かえる　　유리를 갈아 끼다
　│ カーテンを する「かける」　　　커튼을 치다
　└ 紙かみを はる　　　　　　　　　종이를 바르다

복합어가 되면, 뒤에 오는 단어의 첫 글자가 무성음일 경우에 발음의 편의상 탁음이 붙는 경우가 많다.

• 窓＋
　┌ 枠わく　　　　창(문)틀
　│ 際きわ　　　　창가
　└ 口ぐち　　　　창구

(어느 물체나 장소의 주위) 둘레, 주위, 주변

短文에서 조사가 생략되고 뒷말은「동사는 연용형, 형용사와 형용동사는 어간」으로 바꿔어, "～하기" "～하는 것[사람]" 등의 명사로 전성되기도 하며, 이때 뒷말의 첫 글자가 무성음일 경우에 발음의 편의상 탁음이 붙기도 한다.

● 둘레[주위]가 ～(하)다

- 周りが ┌ 静かだ   조용하다
         └ 広い   넓다

● 둘레[주위]를 ～하다

- 周りを ┌ 歩く   걷다
         │ 見回る   둘러보다
         └ 一周する   일주하다, 한바퀴 돌다

● 둘레[주위]에 ～하다

- 周りに ┌ 座る   앉다
         │ 道が ある   길이 있다
         └ 花を 植える   꽃을 심다

오른쪽 ☞ page 541 「左(ひだり)」

(화학적인 의미로는, 수소와 산소로 된 무색 투명한 액체인 화합물로서, 생명유지에 중요한 역할을 하거나 산업 등의 여러 면에 있어서 이용된다) 물

短文에서 조사가 생략되고 뒷말은「동사는 연용형, 형용사와 형용동사는 어간」으로 바뀌어, "~하기" "~하는 것[사람]" 등의 명사로 전성되기도 하며, 이때 뒷말의 첫 글자가 무성음일 경우에 발음의 편의상 탁음이 붙기도 한다.

●물이 ~(하)다

- 水が
  - 冷つめたい / 熱あつい / ぬるい
    - 차다 / 뜨겁다 / 미지근하다
  - 澄すむ　　　　　　　　맑다
  - きれいだ / 汚きたない　깨끗하다 / 더럽다
  - 澄すむ / 濁にごる　　　맑다 / 흐리다, 탁하다
    - ▶清きよい : (아름다울 정도로) 맑고 깨끗하다, 청명하다
      - 水みずが 清きよければ 魚さかなが 住すまない。
        물이 맑으면 물고기가 살지 않는다.
  - おいしい, うまい　　　맛있다
  - 深ふかい / 浅あさい　　깊다 / 낮다
  - 出でる / 入はいる　　　나오다[가다] / 들어오다[가다]
  - 流ながれる　　　　　　흐르다
  - たまる / 集あつまる　　고이다, 괴다 / 모이다

いっぱいに なる	가득 차다
こぼれる	넘치다
ひく	빠지다
漏(もれ)る	새다
かれる, 干(ひ)上(あ)がる	마르다
跳(は)ねる, とびちる	튀다
つく	묻다
腐(くさ)る	썩다

- ※물이 끓다 → (お)湯(ゆ)が 沸(わ)く
- ※물이 빠지다 → 色(いろ)が 落(お)ちる

◉물을 ~하다

• 水を

飲(の)む	마시다
[전·명] 飲み水	마시는 물
▶飲ませる	먹이다
吐(は)く	뱉다
×汲(く)む, すくう	푸다, 긷다 / 뜨다
▶くみ上(あ)げる	퍼올리다
▶くみ出(だ)す	퍼내다
運(はこ)ぶ	나르다
入(い)れる / 入(い)れ替(か)える	넣다 / 갈(아 넣)다
[전·명] 水入れ : (벼루에 쏟는 물을 넣어 두는) 연적	

満みたす / 詰つめる　　（가득) 채우다 / (가득) 담다
割わる　　　　　　→ (물로 나누다[깨다]) 물을 타다

    [전·명] 水割り ：(주로 술에 물을 넣어 농도를 희석시킨 것) 물 탄 것

こぼす　　　　　　흘리다
かぶる　　　　　　뒤집어쓰다
やる[あげる]　　　주다
まく・かける　　　뿌리다

    [비교] 같은 의미이나, 「まく」는 전반적인 범위를, 「かける」는 한 곳에 집중적으로 뿌리는 것을 나타낸다.

つける　　　　　　묻히다
流ながす　　　　　　내리다
集あつめる　　　　　모으다
(田たんぼに) 引ひく / 取とる / 抜ぬく
　　　　　　　(논에) 끌다, 대다 / 잡다 / 빼다
空あける　　　　　　비우다
渡わたる　　　　　　건너다

※ 물을 좋아하다[싫어하다]
　　　　　　　→ 水が 好すきだ[嫌きらいだ]

● 물로 ～하다

- 水で
  - (口くちを) ゆすぐ　　　　(입을) 가시다
  - ぬらす　　　　　　　　적시다
  - (色いろ·味あじを) 薄うすめる　　(색·맛을) 엷게 하다
  - 腹はらを 満みたす　　　　배를 채우다
  - 電気でんきを 起おこす　　　전기를 일으키다

●물에 ～하다

- 水に
  - 浸(ひた)る、漬(つ)かる … 잠기다
  - 浸(ひた)す・漬(つ)ける / 入(い)れる … 담그다 / 넣다
  - 浮(う)かぶ … 뜨다
  - ぬれる / ぬらす … 젖다 / 적시다
    - ▶ 흠뻑 : びっしょり
  - ふやかす … 불리다
  - 溶(と)く / 溶(と)かす / 溶(と)ける … 풀다, 개다 / 녹이다 / 녹다
  - 溺(おぼ)れる … 빠지다
  - (顔(かお)が) 映(うつ)る / (顔(かお)を) 映(うつ)す … (얼굴이) 비치다 / (얼굴을) 비추다

복합어가 되면, 뒤에 오는 단어의 첫 글자가 무성음일 경우에 발음의 편의상 탁음이 붙는 경우가 많다.

- 水+
  - 辺(べ) … 물가
  - ぶくれ … 물집 (ふくれる・부풀어오르다)
  - 鉄砲(でっぽう) … 물총 (てっぽう・총)
  - 薬(ぐすり) … 물약 ※가루약 粉(こな)ぐすり (くすり・약)
  - ばな … 콧물 (はな・코)

- 雨(あま) + 水 … 빗물 (あめ・비)
- 泥(どろ) + 水 … 흙탕물 (どろ・진흙[탕])

> 참고
> ※물과 기름 → 水と油(あぶら)
> ※비눗물 → 石(せっ)けん水(すい)

·· みずうみ 595

（주변을 육지로 둘러싸여 있으면서 물로 담겨져 있는 비교적 넓은 웅덩이.「池(いけ)」보다 크고, 연안식물이 자라고 있는 곳을 말한다) **호수**

短文에서 조사가 생략되고 뒷말은「동사는 연용형, 형용사와 형용동사는 어간」으로 바뀌어, "～하기" "～하는 것[사람]" 등의 명사로 전성되기도 하며, 이때 뒷말의 첫 글자가 무성음일 경우에 발음의 편의상 탁음이 붙기도 한다.

● 호수가 ～(하)다

- 湖が ┌ ある / ない   있다 / 없다
       │ 大(おお)きい / 小(ちい)さい   크다 / 작다
       └ 静(しず)かだ   조용하다

● 호수를 ～하다

- 湖を ┌ 回(まわ)る   돌다
       └ 見回(みまわ)る   돌아보다

● 호수에서 ～하다

- 湖で ┌ 遊(あそ)ぶ   놀다
       └ 住(す)む   살다

● 호수에 ～하다

- 湖に ┌ 入(はい)る   들어가다
       │ 飛(と)び込(こ)む 뛰어들다
       └ おぼれる   빠지다

みせ (상품을 진열하여 팔고 있는 곳) **가게**

短文에서 조사가 생략되고 뒷말은「동사는 연용형, 형용사와 형용동사는 어간」으로 바뀌어, "~하기" "~하는 것[사람]" 등의 명사로 전성되기도 하며, 이때 뒷말의 첫 글자가 무성음일 경우에 발음의 편의상 탁음이 붙기도 한다.

●가게가 ~(하)다

・店が
- 大きい / 小さい　　　　　　　크다 / 작다
- 混雑する　　　　　　　　　　혼잡하다
- 閑散とする　　　　　　　　　한산하다
- すく　　　　　　　　　　　　비다
  - ▶がらがらに すいて いる　텅 비어 있다
  - ▶がらんと して いる　　　썰렁하다, 휑뎅그렁하다
- 並んで いる　　　　　　　　늘어서[줄지어] 있다

●가게를 ~하다

・店を
- 構える　　　　　　　　　　　차리다
- 出す　　　　　　　　　　　　내다
- 開ける / オープンする　　　　열다 / 오픈하다
- 閉める、閉じる　　　　　　　닫다
  - [비교]「しめる」는 매일 시간이 되어 닫는 것을 나타내며,「とじる」는 폐업하는 의미로 사용된다.
- 畳む　　　　　　　　　　　　접다, 걷어치우다
- 売りに 出す　　　　　　　　　내놓다
- 譲り渡す　　　　　　　　　　넘기다, 양도하다

●가게에서 ~하다

※ 장소를 나타내는 명사에 붙는「~에서」가, 1) 그 동작이 행해지는 "행위의 장소"이면 조사「~で」로, 2) 그 동작과 작용이 그곳에서부터 발생 또는 발견하게 되었다는 "행위·발생의 기점 및 출처"이면 조사「~から」로 표현한다.

- 店で ┌ 買う / 売る   사다 / 팔다
       └ 直接に 作る   직접 만들다

- 店から ┌ 出る   나오다
         └ 100メートル   100미터

●가게에 ~하다

- 店に ┌ 行く   가다
       └ 寄る   들르다

복합어가 되면, 뒤에 오는 단어의 첫 글자가 무성음일 경우에 발음의 편의상 탁음이 붙는 경우가 많다.

- 店 + ┌ 部屋   (길가 쪽에 위치한 방) **길가 방**   (へや·방)
       └ 番   (가게를 보는 것) **가게보기**

- 小   ┐   **구멍가게**   (こ~·작은~)
    ちっぽけな ┘ + 店   **자그마한 가게**   (ちっぽけだ·작고
                                                                보잘것없다)

(사람과 동물 또는 차가 다닐 수 있는 통로) 길

短文에서 조사가 생략되고 뒷말은「동사는 연용형, 형용사와 형용동사는 어간」으로 바뀌어, "~하기" "~하는 것[사람]" 등의 명사로 전성되기도 하며, 이때 뒷말의 첫 글자가 무성음일 경우에 발음의 편의상 탁음이 붙기도 한다.

● 길이 ~(하)다

- 道が
  - ある / ない   있다 / 없다
  - 広ひろい / 狭せまい   넓다 / 좁다
  - 険はげしい   험하다
  - 真まっ直すぐだ / 曲まがる   곧다 / 구부러지다
    - ▶ くねくねと 曲がる   꾸불꾸불 구부러지다
  - 平坦へいたんだ / 凹凸でこぼこだ 평탄하다 / 울퉁불퉁하다
  - 急きゅうだ   가파르다
  - 遠とおい   (아직 가야할 길이) 멀다

  - できる   나다
  - ふさがる   막히다
  - 込こむ, 込こみ合あう   붐비다
  - 通とおる   (새로운 길이) 뚫리다, 통하다
  - 開あく   (막혔던 길이) 뚫리다

  - (ふたつに) 分わかれる   (둘로) 갈라지다
    - 전·명 分かれ道 : 갈림길
  - 見みえる   보이다

●길을 ~하다

- 道を
  - 造つくる / つける / 通とおす

    만들다 / 내다 / 뚫다

  - 平たいらに する / ならす　　　닦다 / 고르다
  - ふさぐ / 遮さえぎる　　　　　막다 / 가로막다
    - [비교]「ふさぐ」는 뭔가가 놓여져 있어서 그것이 통행을 전혀 할 수 없게 함을.「遮る」는 통행 도중에 뭔가의 방해가 생겨 진행을 더 이상 못하게 함을 나타낸다.

  - 間違まちがえる　　　　　　　틀리다, 잘못 들다
  - さまよう　　　　　　　　　헤매다
  - 捜さがす / 聞きく、尋たずねる　찾다 / 묻다
  - 教おしえる　　　　　　　　　가르치다

  - 歩あるく / 走はしる　　　　걷다 / 달리다
  - 行いく / 進すすむ　　　　가다 / 나아가다
  - 横よこ切ぎる　　　　　　　가로지르다
  - 渡わたる　　　　　　　　　건너다
  - 抜ぬける　　　　　　　　　빠지다
    - 전·명 抜け道 : 샛길
    - ▶抜ぬけ出でる　　　　　빠져 나오다

  - 急いそぐ　　　　　　　　　서두르다, 재촉하다
  - 間あいだに する　　　　　　사이로 하다[두다]

- ※길을 잃다　→　道に 迷まよう

- ※길을 벗어나다　→　道に ばずれる

◎길에서 ~하다

- 道で ┌ 会あう / 出会であう   만나다 / 마주치다
         └ 遊あそぶ   놀다

◎길에 ~하다

- 道に ┌ 入はいる   들어서다
        │ 水みずを まく[かける]   물을 뿌리다
        │
        └ ※道に 迷まよう (길에 망설이다) → 길을 잃다

복합어가 되면, 뒤에 오는 단어의 첫 글자가 무성음일 경우에 발음의 편의상 탁음이 붙는 경우가 많다.

- 道+ ┌ 端はた   길가   (はた・가장자리)
         │ のり   노정
         │ 順じゅん   길순서, 코스
         │ 案内あんない   길안내   (あんない・안내)
         │ しるべ   길잡이, 길라잡이   (しらべる・조사하다)
         │ 連づれ   길동무   (つれる・데리고 가다)
         └ 幅はば   길 폭   (はば・폭)

o 山^{やま}		산길	(やま・산)
小^こ	+道	좁은 길, 샛길	
横^{よこ}		옆길	(よこ・옆)
わき		옆길	(わき・옆)

> 참고
> ※ 길목 → 角^{かど}
> ※ 길바닥 → ① 路面^{ろめん} ② 路上
> ※ 기찻길 → 線路^{せんろ}
> ※ 골목길 → 路地^{ろじ}, 横町
> ※ 큰길, 한길 → 大通^{おおどおり}

| ● 道+ | 道^{みち} | 길을 가면서 줄곧 |
| | すがら | (「道みち」의 정색한 표현) 길을 (걸어)가면서 |

3급 港 みなと

(해안에 배가 들어오고 나가거나 또는 정박할 수 있게 시설된 곳) **항구**

短文에서 조사가 생략되고 뒷말의「동사는 연용형, 형용사와 형용동사는 어간」으로 바뀌어, "~하기" "~하는 것[사람]" 등의 명사로 전성되기도 하며, 이때 뒷말의 첫 글자가 무성음일 경우에 발음의 편의상 탁음이 붙기도 한다.

●항구가 ~(하)다

- 港が ┌ 遠とおい / 近ちかい   멀다 / 가깝다
       └ 小ちいさい / 大おおきい   작다 / 크다

●항구를 ~하다

- 港を － 出でる   떠나다

●항구에서 ~하다

- 港で － 会あう   만나다

●항구에 ~하다

- 港に ┌ つく / つける   닿다 / 대다
       └ 泊とまる   머물다, 정박하다

●항구(에/로) ~하다

- 港(に/へ) ┌ 入はいる   들어·오다[가다] / 나가다
           │ 寄よる   다가·오다[가다]
           │ 向むかう   향하다
           │ 帰かえる   돌아오다
           └ 集あつまる   모이다

南 みなみ

남(쪽) ☞ page 535 「東ひがし」

耳 みみ

(척추동물의 머리에 위치하면서, 음성과 평형감각을 잡는데 필요한 기관) 귀

短文에서 조사가 생략되고 뒷말은「동사는 연용형, 형용사와 형용동사는 어간」으로 바뀌어, "～하기" "～하는 것[사람]" 등의 명사로 전성되기도 하며, 이때 뒷말의 첫 글자가 무성음일 경우에 발음의 편의상 탁음이 붙기도 한다.

●귀가 ～(하)다

- 耳が
  - 大おおきい / 小ちいさい   크다 / 작다
  - いい / 遠とおい   밝다 / 어둡다, 멀다
    - ▶耳が 遠く なる   귀가 멀어지다
  - かゆい、   가렵다, 간지럽다
  - 痛いたい / ほっとして いる   아프다 / 멍하다
  - 割われる   찢어지다
    - ▶割れそうだ   찢어질 것 같다
  - 聞きこえる   들리다 ; 뚫리다
    - ▶耳が 聞こえない   귀(가) 먹다
      - ・耳の聞こえない 人ひと   귀가 먹은 사람
  - 詰つまる   막히다

- ※귀가 번쩍 뜨이다 → はっと 聞きき耳を 立たてる

- ※귀가 솔깃하다 → 気がそそられる

- ※귀가 설다 → 耳(に) 慣れない

- ※귀가 윙 거리다 → 耳鳴りがする

- ※귀가 따갑다 → 耳にたこができる

- ※귀가 뚫리다 → 語学の耳ができる
  (어학의 귀이 생기다)

- ※귀가 얇다[엷다]
  → 人の話に 付和雷同とうする

● 耳が早い [직역]「귀가 빠르다」·(남의 소문등을 들어서 알게 됨이 빠른 것을 비유하여) **정보가 빠르다**

●귀를 ～하다

取る	잡다
引っぱる	잡아당기다
ふさぐ / 覆おう	막다 / 덮다

[비교]「ふさぐ」는 통하지 못하도록 마개나 뭔가를 끼어서 막음을,「覆う」는 그것에 뭔가를 덮어씌우듯이 막음을 나타낸다.

● 耳を

ほじくる	후비다, 쑤시다
いじる	매만지다, 만지작거리다
こする, すり入む	문지르다, 비비다
洗あらう	씻다

貸かす　　　　　　　　　빌리다
打うつ　　　　　　　　　때리다
　전·명 耳打ち : 귀띔　・こっそり ～する　실짝 ～하다

傾かたむける　　　　　　기울이다 (귀 담다)
立たてる　　　　　　　　세우다
　▶そば[ピンと 立てる]　(기울이다) 쫑긋 세우다

※ 귀를 먹다 → 耳が 遠とおく なる

●귀로 ～하다
• 耳で - 聞きく　　　　　　듣다

●귀에서 ～하다
• 耳から ┌ 出でる　　　　　나오다
　　　　└ 音おとが する　　소리가 나다

●귀에 ～하다
• 耳に ┌ (手てを) 当あてる　　(손을) 대다
　　　│ かかる　　　　　　걸다
　　　│ 飾かざる　　　　　꾸미다, 장식하다
　　　└ 전·명 耳飾かざり : 귀고리, 귀걸이 = イヤリング

聞こえる	들리다
入る	들어·오다[가다]
なじむ	익다
たこが できる	못이 박히다, 딱지가 앉다
鮮やかだ	선하다, 쟁쟁하다
※耳に する	(언뜻·얼핏) 듣다
※귀에 익다	耳·慣れる
※귀에 거슬리다	耳·障りだ
※귀에 새롭다	耳·新しい

복합무

복합어가 되면, 뒤에 오는 단어의 첫 글자가 무성음일 경우에 발음의 편의상 탁음이 붙는 경우가 많다.

● 耳 +

学問	귀동냥	(がくもん·학문)
あか	귀(에)지	(あか·때)
くそ	귀(에)지	(くそ·똥)
元	귓가	(もと·아래)
たぶ	귓불	
の 中	귓속	(なか·속)
の 穴	귓구멍	(あな·구멍)

3급
土産 みやげ

선물 ☞ page 180 「おみやげ」

3급
昔 むかし

(현재에서 시간적으로 지난 과거의 한 시점 또는 한때) **옛날**

短文에서 조사가 생략되고 뒷말은「동사는 연용형, 형용사와 형용동사는 어간」으로 바뀌어, "~하기" "~하는 것[사람]" 등의 명사로 전성되기도 하며, 이때 뒷말의 첫 글자가 무성음일 경우에 발음의 편의상 탁음이 붙기도 한다.

◎옛날이 ~(하)다

- 昔が ┌ 懐なつかしい / 思おもい出だす　　그립다 / 생각나다
　　　 └ よい, いい　　　　　　　　 좋다

> 참고
> ※ 昔、昔 ある 所ところに → 옛날, 옛날 어떤 곳에
> ※ はるかな 昔 → 아주 먼 옛날

◎옛날을 ~하다

- 昔を ┌ 話はなす　　　　　　　　　이야기하다
　　　 │　┊ 전·명 昔話はなし : 옛날이야기
　　　 │ 懐なつかしむ / 覚おぼえる　그리워하다 / 기억하다
　　　 └ 振ふり返かえる　　　　　　돌이켜보다, 뒤돌아보다

● 옛날에 ～하다
※대략적인 때를 나타낼 때의 「～에」에 해당되는 조사는 주로 생략된다

- 昔(に) ┌ あった ことだ   있었던 일이다
         └ 行(い)った ことが ある   간 적이 있다

● 옛날로 ～하다

- 昔に ┌ 戻(もど)る   (되)돌아가다
       └ さかのぼる   거슬러 올라가다

● 옛날부터 ～하다

- 昔から – 伝(つた)えられる   전해지다

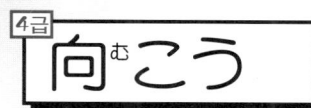

4급 向こう (① 서로 마주하고 있는 정면 ② 자신 쪽에서 조금 떨어져 있는 앞쪽으로 저쪽 방향·방면. ③ 물체의 건너편) **맞은 편 ; 건너편**

短文에서 조사가 생략되고 뒷말은「동사는 연용형, 형용사와 형용동사는 어간」으로 바뀌어, "~하기" "~하는 것[사람]" 등의 명사로 전성되기도 하며, 이 때 뒷말의 첫 글자가 무성음일 경우에 발음의 편의상 탁음이 붙기도 한다.

◎맞은[건너] 편이 ~(하)다

- 向こうが ┌ 見える　　　　　　　　보이다
　　　　　└ 眺められる　　　　　　바라보이다

◎맞은[건너] 편을 ~하다

- 向こうを ┌ 眺める　　　　　　　　바라보다
　　　　　└ ※맞은 편을 향하다 → 向こうに 向かう

◎맞은[건너]에 ~하다

- 向こうに ┌ 立つ / ある　　　　　서다 / 있다
　　　　　└ ※向こうに 向かう → 맞은 편을 향하다

◎맞은[건너] 편에서 ~하다

※ 장소를 나타내는 명사에 붙는「~에서」가, 1) 그 동작이 행해지는 "행위의 장소"이면 조사「~で」로, 2) 그 동작과 작용이 그곳에서부터 발생 또는 발견하게 되었다는 "행위·발생의 기점 및 출처"이면 조사「~から」로 표현한다.

- 向こうで － 遊ぶ[呼ぶ]　　　　　놀다

- 向こうから － 歩いて[走って] くる　걸어[달려] 오다

(사람·짐승·새·조개 이외의 작은 동물로서 주로 곤충 또는 동물에 기생하여 사는 것) **벌레**

[참고] 낮추어 「虫けら」라고도 표현한다.

短文에서 조사가 생략되고 뒷말은「동사는 연용형, 형용사와 형용동사는 어간」으로 바뀌어, "~하기" "~하는 것[사람]" 등의 명사로 전성되기도 하며, 이때 뒷말의 첫 글자가 무성음일 경우에 발음의 편의상 탁음이 붙기도 한다.

●벌레가 ~(하)다

- 虫が
  - かわいい / 気味_きが悪_{わる}い 　귀엽다 / 징그럽다

  - 住_すむ　　　　　　　　(집을 짓고) 살다
  - 生_いきる / 死_しぬ　　　　(숨이 붙어) 살다 / 죽다
    - ▶生_いき返_{かえ}る　　　　　되살아나다

  - 鳴_なく　　　　　　　　울다
  - かむ / 刺_さす　　　　　물다 / 물다, 쏘다
    - [비교] 「かむ」는 이[치아] 또는 집게로, 「刺す」는 침으로 찌르는 것을 나타낸다.

  - 食_くう　　　　　　　　먹다
    - 전·명 虫食_ぐい : 벌레 먹은 자리[곳]
    - 전·명 虫食い歯_ば : 벌레 먹은 이 = 虫歯_{むしば}

  - 飛_とぶ　　　　　　　　날다
    - ▶飛び回_{まわ}る　　　　　날아다니다

  - はう　　　　　　　　　기다
    - ▶はい·出_でる[上_あがる·回_{まわ}る]
      　　　　　　기어 ·나오다[오르다·다니다]

  - 転_{ころ}がる　　　　　　　구르다
  - 沸_わく / 群_{むら}がる / たかる
    　　　　　　끓다 / 무리 짓다 / 꾀다
  - うごめく　　　　　　　꿈틀거리다

- **虫が いい** 〔직역〕「벌레가 좋다」·(자신의 형편·사정만 생각하고 염치없는 것을 비유하여) **얌체 같다**
  - 虫のいい 考えだ。　　　얌체 같은 생각이다.

- **虫が 知らせる** 〔직역〕「벌레가 알리다」·(왠지 뭔가 좋은 일이 일어날 것 같은 느낌이 듦을 나타내는 표현) **낌새가 좋다**

- **虫が 好かない** 〔직역〕「벌레를 안 좋아하다」·(왠지 마음이 내키지 않음을 나타내는 표현)

●벌레를 ~하다

- 虫を
  - 取る / 食べる、食う　　　잡다 / 먹다
    - 〔전·명〕虫取り すみれ　　벌레잡이 제비꽃
    - 　　　　虫取り なでしこ　끈끈이 대나무
    - ▶取って 食う　　　　　잡아먹다
  - 追う / 育てる　　　　　쫓다 / 키우다
    - ▶追い出す　　　　　　쫓아내다
  - よける / 防ぐ　　　　　피하다 / 막다
    - 〔전·명〕虫よけ　　　　　방충, 방충장치
  - 殺す　　　　　　　　　죽이다
    - ▶虫も 殺さぬ ~　　　벌레도 못 죽이는 ~
  - ×呑み込む　　　　　　삼키다

●벌레에(게) ~하다

- 虫に
  - かまれる / 刺される　　물리다 / 물리다, 쏘이다
  - 驚く　　　　　　　　　놀라다

관용구

● 虫の居所ところが 悪わるい 직역「」・(왠지 기분이 나쁘고, 대수롭지 않은 일에 곧 화를 내는 것을 나타내는 기분임을 표현) **언짢다**

복합어

복합어가 되면, 뒤에 오는 단어의 첫 글자가 무성음일 경우에 발음의 편의상 탁음이 붙는 경우가 많다.

● 虫+

歯ば	충치, 벌레먹은 이	(は・이, 치아)
眼鏡めがね	돋보기, 확대경	(めがね・안경)
かご	(벌레를 넣어 기르는) 벌레(집)상자	(かご・바구니)
こぶ	(곤충의 산란이나 기생으로 잎사귀에 혹 같은 부분) 벌레 혹	(こぶ・혹)
気け	(어린이의) 신경질, 짜증	
酸ず	신물 • ~が 走はしる 신물이 나다	
下くだし	회충약	(くだす・내리다)
の 巣す	벌레집	(す・보금자리)
の 音ね	벌레소리	(ね・소리)

○

弱よわ	겁쟁이	(よわい・약하다)
泣なき	울보	(なく・울다)
本ほん の	책벌레	(ほん・책)
勉強べんきょう の	공부벌레	(べんきょう・공부)
仕事しごと	일 벌레	(しごと・일)

+虫

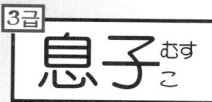
息子 むすこ　(부모에게 있어서의 남자자식) 아들

娘 むすめ　(부모에게 있어서의 여자자식) 딸

短文에서 조사가 생략되고 뒷말은「동사는 연용형, 형용사와 형용동사는 어간」으로 바뀌어, "~하기" "~하는 것[사람]" 등의 명사로 전성되기도 하며, 이때 뒷말의 첫 글자가 무성음일 경우에 발음의 편의상 탁음이 붙기도 한다.

◎아들[딸]이 ~(하)다

- 息子 / 娘 が
  - 生うまれる / 育そだつ　태어나다 / 자라다
  - 真面目まじめだ / 可愛かわいい　착하다 / 귀엽다
  - 大人おとなしい　얌전하다, 점잖다
  - 無[不]ぶ作法さほうだ　버릇없다
  - (~より) ましだ　(~보다) 낫다
  - 結婚けっこん[分家ぶんけ]する　결혼[분가]하다
  - 嫁よめに 行いく　(며느리로 가다) 시집가다
  - 妻つまを めとる　(아내를 맞아들이다) 장가가다
  - ※아들[딸]이 죽다 → 息子[娘]に 死しなれる

◎아들[딸]을 ~하다

- 息子 / 娘 を
  - 生うむ / もうける　낳다 / 얻다
  - 育そだてる　키우다
  - 〖전・명〗生うみ育そだてる　낳아 키우다
  - 養やしなう　기르다, 부양하다

可愛(かわい)がる	귀여워하다
愛(あい)する	사랑하다
憎(にく)む	미워하다
世話(せわ)を する	보살피다
偏愛(へんあい)する	편애하다
結婚(けっこん)[分家(ぶんけ)]させる	결혼[분가]시키다
嫁(よめ)に やる (며느리로 주다)	시집보내다

※아들을 장가보내다
→ 息子に 妻(つま)を めとらせる

◉아들[딸]에게 ～하다

- 息子 / 娘 に
  - やる — 주다
  - 苦(くる)しめられる — 시달리다
  - 頼(たの)む / 頼(たの)まれる — 부탁하다 / 부탁 받다

  ※息子に 妻(つま)を めとらせる
  아들에게 (아내를 맞이하게 하다) **장가보내다**

- 独(ひとり)+
  - 息子(むすこ) — 외동아들
  - 娘(むすめ) — 외동딸

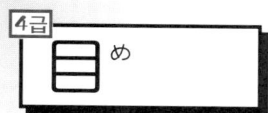

4급

目　め

(사람과 동물에게 있어서 사물을 보는 역할을 하는 기관) 눈

短文에서 조사가 생략되고 뒷말은「동사는 연용형, 형용사와 형용동사는 어간으로 바뀌어, "~하기" "~하는 것(사람)" 등의 명사로 전성되기도 하며, 이때 뒷말의 첫 글자가 무성음일 경우에 발음의 편의상 탁음이 붙기도 한다.

●눈이 ~(하)다

- 目が
  - いい / 悪い　　　　　　좋다 / 나쁘다
  - 大きい / 小さい　　　　크다 / 작다
    - ▶くりくり(と)する　　부리부리하다
    - ▶くりくり(と)した 目　부리부리한 눈
  - 細い　　　　　　　　　가늘다
  - 丸い, まんまるい　　　 동그랗다
    - ▶(まん)丸く なる　　 (휘)둥그러지다
  - 澄む / 濁る / かすむ / ほうっとする
    　　　　　　　　　　맑다 / 탁하다 / 흐리다 / 뿌옇다
  - 赤い / 青い / 茶色だ
    　　　　　　　　　　빨갛다 / 파랗다 / 갈색이다
    - ▶赤く 充血する　　　빨갛게 충혈 되다
  - 鋭い　　　　　　　　　날카롭다, 예리하다
  - 怖い / かわいい　　　　무섭다 / 귀엽다
  - 痛い　　　　　　　　　아프다
    - ▶ひりひり(する・痛い)　따끔따끔(하다・아프다)
  - まぶしい　　　　　　　부시다
  - (ぽってり) はれる　　　(퉁퉁) 붓다
  - くらむ　　　　　　　　① (눈이 부셔) 멀다, 어지럽다
    　　　　　　　　　　② (현혹되어) 멀다, 어둡다

覚ざめる / 開あく　　　　　　뜨이다 / 떠지다
　└ 관용구 目の覚ざめるよう　직역 「눈이 뜨이듯」・(아름답고 멋진 모습에 눈이 확 뜨임을 비유하여) 눈이 뜨이듯

行いく / 向むく　　　　　　　가다 / 향하다
届とどく　　　　　　　　　　미치다
輝かがやく、光ひかる　　　　(눈부시게) 빛나다 / 빛나다
　└ ▶きらきらする　　　　　　　　　반짝반짝하다

くぼむ / 引っ込こむ　　　　　패이다 / 들어가다
出でる　　　　　　　　　　　나오다
　└ 전·명 出目でめ　　　　　　　　　　　튀어나온 눈

つり上あがる　　　　　　　　치켜 올라가다
かすんで 見みえる　　　　　침침하다
怒いかりに 満みちる　　　　　분노에 차다
眠ねむそうだ　　　　　　　　졸리운 듯 하다
回まわる　　　　　　　　　　돌다
　└ 관용구 目が 回まわる　직역 「눈이 돌다」・(① 실제로 어지러워 눈이 돌다 ② 현기증이 날 정도로 상당히 바쁨을 비유하여) 눈이 돌다
　　• 目が ぐるぐる 回る。　눈이 빙글빙글 돌다
　　• 目が 回るほど 忙いそがしい。
　　　　　　　　　　　　눈이 돌 정도로 바쁘다

血走ちばしる　　　　　　　　(이익만을 위해) 시뻘겋다
どうか する　　　　　　　　삐다[어떻게 되다]
　└ • 目が どうか したの。これが 本物ほんものなんて。
　　　　　눈이 어떻게 된 거니. 이것이 진짜라니.

─ ※ (졸리어) 눈이 감기다 → まぶたが 合あわさる
　　　　　　　　　　　　　　(눈꺼풀이 합쳐지다)

─ ※ 눈이 틀림없다 → 目に 狂くるいは ない
　　　　　　　　　　(눈에 착오는 없다)

관용구

● 目が 高^{たか}い [직역] 「눈이 높다」·(사물을 구별하는 힘이 있다는 의미로) 눈[안목]이 높다

● 目が ない [직역] 「눈이 없다」·(사물을 구별하는 힘이 있이 없다는 의미로) 보는 눈이 없다

● 目が 肥^こえる [직역] 「눈이 살찌다[기름지다]」·(좋은 물건의 구별을 잘 잘 할 수 있게 됨을 나타내는 의미로) 안목이 높아지다

● 目[玉^{たま}・の玉^{たま}]が 飛^とび出^でる [직역] 「눈(알)이 튀어나오다」·(너무 비싼 가격에 놀라거나 무서움과 공포에 심한 꼴을 당할 때를 비유하여) 눈이 튀어나오다

●눈을 ~하다

• 目を

開^あける・覚^さます — 뜨다

[비교] 「開ける」는 감았던 눈을, 「覚ます」는 잠에서 깬다는 의미이다.
 아울러 「目を 覚ます」는 망설임과 잘못을 자각함과 잠자고 있던 감정이 뭔가의 계기로 움직이기 시작함을 나타내는 「눈을 뜨다」라는 의미로도 사용된다

• かっと~ (번쩍~)   • そっと~ (살며시~)

▶ 見開^{みひら}く — 크게 뜨다, 부릅뜨다

※ 눈을 뜰 수 없다 → 目が 開けられない

閉^とじる・つぶる — 감다

• きちんと~ (꼭~)   • ぐっと~ (딱~)
• ゆっくり~ (서서히 ~)

[참고] 「閉じる」는 "죽다"의 의미로도 쓰이며, 「つぶる」는 "못 본척하다"라는 뜻으로서의 "눈을 감다"로도 사용된다.

• 目を つぶって やる[くれる]。 — 눈감아 주다.

| 覆ぁぉう | 가리다, 덮다 |

- 관용구 目を 覆ぁぉう 직역「눈을 덮다」·(뭔가 끔찍한 것을 봤을 때에 보이지 않도록 하기 위하여 눈을 가리게 됨을 비유하여) 눈을 가리다

| こする | 비비다 |

まんまるく する	휘둥그래하다
怒いからす	부라리다
しばた(た)く	(계속해서) 깜박깜박거리다
ぱちぱちする	(의식적으로) 깜박깜박하다

| つり上ぁげる | 치켜올리다 |
| 伏ふせる | 내리뜨다 |

- 전·명 伏ふし目   내리뜬 눈

| 怒いからす | 부라리다 |

| やる / くれる | 주다 |

[참고]「やる」는 "자신이 남의 쪽을 보다"라는 의미이고, 「くれる」는 "남이 자신 쪽을 보다"라는 의미이다.

| そらす / 離はなす | (더 이상 보지 않고) 돌리다 / 떼다 |
| 移うつす / 向むける | 옮기다 / 돌리다 |

- ※ 새로운 방향이나 방면으로 관심을 가진다는 의미의 "눈을 돌리다"는「向むける (향하다)」로 표현된다.

| 差さす | (태양이 눈을) 쬐다, 비치다 |

─ ※ 目を 泣なきはらす → 눈이 퉁퉁 붓다
(울어서 눈을 퉁퉁 붓게 하다)

─ ※ 눈을 붙이다 → ちょっと 寝ねる (잠깐 자다)

─ ※ 눈을 흘기다 → 横目よこめで にらむ[にらみつける]
(곁눈으로 노려보다[쏘아보다])

─ ※ 눈을 피하다 → 人目ひとめを 避さける

※ 눈을 깜짝이다 → まばたき(を) する
- まばたきして 合図ずする。　눈을 깜빡여 신호하다.

관용구

● 目を 射いる　[직역]「눈을 쏘다」·(찌르듯이 강하게 눈에 들어오다) 눈을 강하게 비치다
- ネオンサインが ～　네온사인이 ～

● 目を 疑うたがう　[직역]「눈을 의심하다」·(뜻하지 않은 일을 만나 그 사실이 거짓말이 아닌가하고 생각하다) 눈을 의심하다

● 目を 奪うばう　[직역]「눈을 빼앗다」·(시선을 집중시키게 하다) 눈을 빼앗다

● 目を 輝かがやかす　[직역]「눈을 빛내다」·(다음에 드는 것[일]이 있을 때에 갑자기 눈이 생기가 돎을 비유하여) 눈을 번쩍이다

● 目を 掛かける　[직역]「눈을 걸다」·(주목하여 역성을 들거나 마음에 들어함을 비유하여) 눈여겨보다, 주목하다
- 監督に 目を かけられる。　감독에게 주목받다.

● 目を 配くばる　[직역]「눈을 나누어주다」·(눈을 나누어주듯이 여기저기 주의하여 사방을 둘러보는 것을 비유하여) 눈길을 주다
- こまかい ことにまで ～。　사소한 일에까지 ～.

● 目を くらます　[직역]「눈을 어둡게 하다」·(상대의 눈을 속여 정체를 알 수 없게 함을 비유하여) 시선을 다른 데로 돌리(게 하)다

● 目を 凝こらす　[직역]「눈을 집중시키다」·(뚫어지게 보는 것을 비유하여) 눈을 집중시키다
- 目を 凝らして、よく みなさい。
　　　　　　　눈을 집중시켜, 잘 보세요.

● 目を 覚さます　☞ page 617

● 目を 皿(さら)のように する [직역]「눈을 접시와 같이 하다」・(눈을 크게 뜨고 뭔가를 보려고 할 때에 그 눈을 접시에 비유하여) **눈을 부릅뜨다**

● 目を 据(す)える [직역]「눈을 붙박다」・(눈을 고정시켜 한곳만을 보는 것을 비유하여) **눈을 고정시키다**

● 目を 注(そそ)ぐ [직역]「눈을 쏟다」・(주의하여 유심히 본다는 의미) **유심히 살피다**

● 目を 背(そむ)ける [직역]「눈을 등지다」・(계속해서 또는 차마 보고 있을 수 없는 기분이 되어 다른 쪽을 본다는 의미로) **눈을 돌리다**

● 目を つける [직역]「눈을 대다」・(특별히 관심을 가지거나 뭔가를 겨냥하여 주목하여 조심스럽게 보는 것을 비유하여) **눈여겨보다, 주목하다**

● 目を つぶる [직역]「눈을 감다」・①(뜨고 있던 눈을 감다) ②(죽다) ③(모르는 체를 하다) **눈감다**
　・今度(こんど)だけは 目を つぶって ください。
　　　　　　　　이번만은 눈감아 주십시오.

● 目を 通(とお)す [직역]「눈을 통하다」・(한번 쭉 훑어 본다는 의미로) **(눈을) 훑(어보)다**

● 目を 盗(ぬす)む [직역]「눈을 훔치다」・(남의 눈을 훔쳐보고서 몰래 한다는 의미로) **눈치를 보다[살피다]**

● 目を 離(はな)す [직역]「눈을 떼다」・(계속해서 주의 깊게 지켜봐야 할 것을 태만하게 한눈을 팔고 다른 곳으로 시선을 둔다는 의미로) **눈을 떼다**

● 目を 光(ひか)らす[光らせる] [직역]「눈을 빛나게 하다」・(나쁜 일을 할 수 없도록 엄하게 감시한다는 의미로) **눈에 불을 밝히다**

● 目を 引(ひ)く [직역]「눈을 당기다」・(남의 시선을 집중시킨다는 의미로) **눈을 끌다**

● 目を 細(ほそ)める[細(ほそ)く する] [직역]「눈을 가늘게 하다」・(상당히 기쁜 얼굴에 웃음을 짓고 있는 모습을 비유하여) **얼굴에 웃음을 짓다[띠우다]**

● 目を 丸まるく する [직역]「눈을 동그랗게 하다」·(뭔가에 깜짝 놀랐을 때에 눈을 크게 뜸을 비유하여) **눈이 휘둥그래하다**

● 目を 回まわす [직역]「눈을 돌리다」·(정신을 잃어 기절하거나 또는 예기치 않은 일에 심하게 놀람을 비유하여) **정신을 잃다, 실신하다**

· いそがしさに[びっくりして] 〜。
　　　바쁨에[깜짝 놀라] 〜.

● 目を 見張みはる [직역]「눈을 지켜보다」·(깜짝 놀라거나 감탄할 때에 움직이지 않고 눈을 크게 뜨고 보는 모습을 비유하여) **눈을 휘둥그래하다**

● 目を むく [직역]「눈을 까다」·(화를 낼 때에 눈을 크게 뜨고 상대를 노려보는 모습을 비유하여) **눈을 부라리다[뒤집다, 까다]**

● **눈으로 〜하다**

· 目で
　　見みる　　　　　　　　보다
　　言いう / 話はなす　　　말하다 / 이야기하다
　　あいさつする　　　　　인사하다

　　※目で 知しらせる → **눈짓으로 알리다**

● **눈에 〜하다**

· 目に
　　見みえる　　　　　　　　보이다
　　　※目に 見みえて　　　(부사적 : 확연하게) **눈에 보이게[띄게]**
　　　· 目に 見えて よく なる
　　　　　눈에 보이게[띄게] 좋아지다

　　つく　　　　　　　　　　띄다

入^{はい}る	들어오다
入^いれる	넣다

・目に 入れても 痛^{いた}くない。
　　　　　　　　　　눈에 넣어도 아프지 않다.

浮^うかぶ　　　　　　　(눈앞에 떠오르다) 어리다

・今でも ありありと 目に 浮ぶ。
　(지금도 뚜렷이 눈에 떠오르다)→
　　　　　　　지금도 눈에 어린다

鮮^{あざ}やかだ	선하다
焼^やき付^つく	새겨지다, 남다
慣^なれる	익다, 익숙하다
▶慣れさせる	익히다, 익숙하게 하다
焼^やきついて いる	밟히다, 아른거리다
怒^{いか}りが こもる	노기가 서리다
血^ちの気^けが ない[ひく]	핏기가 없다[가시다]
殺気^{さっき}が ただよう	살기가 돌다
殺気を 立^たたせる	살기를 띠우다
ほこりが 入^{はい}る	티[먼지]가 들어가다

※ 目に 余^{あま}る → 눈꼴사납다

※ 눈에 거슬리다　　→ 目障りだ

※ 눈에 불을 켜다　　→ 目を 光^{ひか}らす
　　　　　　　　　　　(눈을 빛나게 하다)
　　　　　　　　　→ 目を 皿^{さら}に する
　　　　　　　　　　　(눈을 접시로 하다)

※ 눈에 흙이 들어가기 전에는
　　　→ 目が 黒^{くろ}いうちは　(눈이 검은 동안은)

● 目に 余^{あま}る　[직역]「눈에 남는다」・(너무 심해서 잠자코 보고 지나칠 수 없다) 보고 지나칠 수 없다, 마냥 보고 있을 수 없다, 눈꼴사납다

- 目に 余って 一言^{ひと}こと 言^いった。
  눈꼴사나워 한마디했다.

● 目に 浮^うかぶ　[직역]「눈에 떠오르다」・(지난 일의 모습이 눈앞 보이는 듯함을 비유하여) 눈(앞)에 어른거린다

● 目に 角^{かど}を 立^たてる　[직역]「눈에 각을 세우다」・(화가 나 날카로운 눈으로 보는 모습을 비유하여) 눈에 쌍심지를 켜다, 눈에 칼을 세우다

● 目に 留^とまる　[직역]「눈에 머물다」・(많은 중에서 우연히 눈에 띄거나 유달리 눈을 끌어 눈에 머물게 됨을 나타내는 표현) 눈에 띄다

- たくさんの 本^{ほん}の 中^{なか}で, 一冊^{いっさつ}の 本^{ほん}が ～。
  많은 책 속에서, 한 권의 책이 ～.

● 目には 目, 歯^はには 歯^は　[직역]「눈에는 눈, 이에는 이」・(자신에게 피해를 준 상대에게 같은 방법으로 피해를 준다는 의미로) 눈에는 눈, 이에는 이

● 目に 触^ふれる　[직역]「눈에 스치다」・(자연히 눈에 들어와 띄게 됨을 나타내는 의미로) 눈에 띄다, 눈이 닿다.

● 目に 見^みえて　[직역]「눈에 보이고」・(변화가 확연하게 느낄 수 있을 나타내는 의미) 눈에 띄게

● 目に 物見^{ものみ}せる　[직역]「눈에 뭐가 보여주다」・(심한 꼴을 당하게 하여 깨닫게 해 줌을 비유하는 표현) 본때를 보여주다

● 目に 焼^やき付^つく　[직역]「눈에 새겨지다」・(한번 본 것이 인상이 너무 강해 눈에 남음을 비유하여) 눈에 박히다, 눈에 밟히다

●눈에서 ～하다

- 目から
  - 光ひかりが 出でる   빛이 나(오)다
  - 涙なみだが 出でる   눈물이 나(오)다
  - 火ひが 出でる   불이 나(오)다

●目と鼻はなの先さき [직역]「눈과 코의 끝」·(매우 가까움과 바로 거기임을 비유) 엎어지면 코 닿을 데
- ～に ある。 ～에 있다.

복합어가 되면, 뒤에 오는 단어의 첫 글자가 무성음일 경우에 발음의 편의상 탁음이 붙는 경우가 많다.

- 目+
  - ぶた   눈꺼풀   (ふた·뚜껑)
    - ～が 重おもい   ～이 무겁다
    - 二重ふたえ～   쌍꺼풀
  - 玉だま   눈알   (たま·구슬, 알)
  - 緑ぶち   눈두덩이, 눈가, 눈 가장자리   (ふち·테두리)
  - 尻じり   눈초리, 눈꼬리 ↔ 目頭   (しり·꼬리)
    - [관용구] 目尻を 下さげる [직역]「눈초리를 내리다」·(여자에게 넋을 잃거나 반했을 때의 모습을 비유하여) 침을 질질 흘리다

頭がしら		눈시울 ↔ 目尻
	관용구	目頭が 熱あつく なる 직역 「눈시울이 뜨거워지다」・(감동을 받아 눈물이 눈에 머금게 됨을 비유하여) **눈시울이 뜨거워지다**
元もと		(눈 주위) **눈매** ・~が すずしい[美うつくしい] ~가 시원하다[아름답다]
付つき		(뭔가를 보는 눈의 모양) **눈매** ・~が するどい ~가 날카롭다
くそ[やに]		**눈곱** ・~が たまる ~이 끼다
分量ぶんりょう		**눈대중, 눈어림**
先さき		① **눈 앞** ② **바로 전** ③ **앞을 내다봄**
印じるし		(나중에 알아볼 수 있도록 눈으로 보아 표식해 두는 것) **안식표식**
当あて		(눈에 표시가 되는) **목표**
配くばせ		**눈짓** ・~を する ~을 하다
上うえ		(연령・신분・지위의) **윗사람**
下した		(연령・신분・지위의) **아랫사람**
方かた		**무게**
高だか		**송사리**
白じろ		(눈 주위가 하얀 작은 새) **동박새**
─ 上うえ の ─		**눈 위**
	관용구	目の上の(たん)こぶ 직역 「눈 위의 혹」・(자신의 행동에 방해가 되는 자신보다 지위나 능력이 위에 있는 사람을 비유하여) **눈 위의 사마귀**

| 中^{なか} | 눈 속 |

관용구 目の中に 入れても 痛^{いた}く ない 직역 「눈 안에 넣어도 아프지 않다」·(상당히 귀여워함을 비유하여) 눈 안에 넣어도 아프지 않다

| 前^{まえ} | 눈 앞 |

관용구 目の前が 暗^{くら}く なる 직역 「눈 앞이 어두워지다」·(앞으로의 희망이 없어졌을 때에 심하게 낙담함을 비유하여) 눈앞이 깜깜해 지다

[참고]
눈앞[목전]의 일 → 目先のこと
눈앞[목전]에 두다 → 目前に 控える
눈앞[목전]으로 다가·오다[와 있다]
→ 目前に 迫って くる[いる]
~이 코앞이다 → ~が 目前だ

ふち	눈 가장자리 = 目ぶち	(ふち·테두리)
保養^{ほよう}	눈요기	(ほよう·보양)
病気^{びょうき}	눈병	(びょうき·병)
敵^{かたき}	눈엣가시	(かたき·적)

○伏^ふし ┐   내리 뜬 눈
　上^あがり　│   (눈초리가) 올라간 눈
　下^さがり　├ +目   (눈초리가) 내려간 눈
　垂^たれ 　│   (눈꺼풀이) 처진 눈
　流^{なが}し │   곁눈질　·~に 見^みる　~로 보다
　上^{うわ} ┘   치켜 뜸　·~で 見^みる　~로 보다

참고 ※ 눈웃음　→ 目笑^{もくしょう}

복합동사, 복합형사

- 目+
  - がける (목표로 하고 노리다) 눈을 겨냥하다
  - 指ざす 목표하다
  - 立だつ 눈에 띄다
  - 覚ざめる 눈뜨다

- 目+
  - 覚ざましい 눈부시다
  - 障ざわりだ 눈엣가시다

참고

한눈(을) 팔다	→	よそ[わき]見み(を) する
눈곱만하다	→	雀すずめの 涙なみだほどだ (참새의 눈물정도다)
눈싸움	→	にらめっこ
눈썰미	→	見みまね
눈썹	→	眉まゆ ・~を ひそめる 눈살을 찌푸리다
눈썰미	→	見みまね ・~が ある 눈썰미가 있다
눈동자	→	瞳ひとみ
눈여겨보다	→	見つめる
눈에 익다	→	見慣みなれる
눈 깜짝할 사이에	→	あっと いう 間まに

※ ひどい[さんざんな]目に あう : 심한 꼴을 당하다

※ むごたらしい目に あう : 끔찍한[참혹한] 일을 당하다

眼鏡めがね (시력이 나쁜 것을 조정하거나 보안하거나 또는 강한 광선을 막기 위하여 눈에 끼는 기구) **안경**

短文에서 조사가 생략되고 뒷말은「동사는 연용형, 형용사와 형용동사는 어간」으로 바뀌어, "~하기" "~하는 것[사람]" 등의 명사로 전성되기도 하며, 이 때 뒷말의 첫 글자가 무성음일 경우에 발음의 편의상 탁음이 붙기도 한다.

●안경이 ~(하)다

- 眼鏡が
  - 大おおきい / 小ちいさい   크다 / 작다
  - (よく) 似合にあう   (잘) 어울린다
  - 合あう   (도수가) 맞는다
  - 曇くもって いる   보얗다
  - 折おれる   부러지다
  - 割われる   깨지다

●꿈을 ~하다

- 眼鏡を
  - かける   쓰다
    - ▶かけて いる   쓰고 있다
    - ※ 이는 현재 안경을 쓰고 있는 동작과 원래부터 안경을 착용하고 있는 상태를 모두 나타낸다.
  - はずす、とる   벗다
  - 磨みがく   닦다
  - あつらえる / こしらえる   맞추다 / 만들다

.... めがね 629

- 眼鏡 +
  - 屋や　　　　**안경점**　　　　(~や・~가게)
  - 入いれ　　　**안경집**　　　　(いれる・넣다)
  - の
    - レンズ[玉たま]　**안경・렌즈[알]**
    - フレーム　　　**안경테**
    - つる　　　　　**안경다리**　(つる・덩굴)

- 水みず
  虫むし　+ 眼鏡
  色いろ
  鼻はな
  - **물안경** = 水中すいちゅう　(みず・물)
  - **돋보기**　　　　　(むし・벌레)
  - **색안경**　　　　　(いろ・색)
  - (안경을 코에 건 상태) **코안경**　(はな・코)

- 眼鏡越ごしに : 안경너머로　　・~ 見みる　~ 보다

4급
森もり

숲, 산림　☞ page 517 「はやし」

〈야채와 과일 등을 파는 가게〉 **야채 가게**

[참고] 그런 것을 파는 사람은 「八百屋さん」으로 표현한다.

短文에서 조사가 생략되고 뒷말은[동사는 연용형, 형용사와 형용동사는 어간]으로 바뀌어, "~하기" "~하는 것[사람]" 등의 명사로 전성되기도 하며, 이 때 뒷말의 첫 글자가 무성음일 경우에 발음의 편의상 탁음이 붙기도 한다.

◎야채가게가 ~(하)다

- 八百屋が ┌ ある / ない   있다 / 없다
           │ 遠とおい / 近ちかい   멀다 / 가깝다
           └ できる   생기다

◎야채가게를 ~하다

- 八百屋を - 構かまえる   차리다

◎야채가게에서 ~하다

※ 장소를 나타내는 명사에 붙는 「~에서」가, 1) 그 동작이 행해지는 "행위의 장소"이면 조사 「~で」로, 2) 그 동작과 작용이 그곳에서부터 발생 또는 발견하게 되었다는 "행위·발생의 기점 및 출처"이면 조사 「~から」로 표현한다.

- 八百屋で - 買かう / 売うる   사다 / 팔다

- 八百屋から ┌ 出でる   나오다
            └ 遠とおい / 近ちかい   멀다 / 가깝다

◎야채가게에 ~하다

- 八百屋に ┌ ある / ない   있다 / 없다
          └ 行いく / よる   가다 / 들르다

野菜(やさい) 〔4급〕

(식용으로 기른 식물) 야채

短文에서 조사가 생략되고 뒷말은「동사는 연용형, 형용사와 형용동사는 어간」으로 바뀌어, "~하기" "~하는 것[사람]" 등의 명사로 전성되기도 하며, 이 때 뒷말의 첫 글자가 무성음일 경우에 발음의 편의상 탁음이 붙기도 한다.

◎ 야채가 ~(하)다

- 野菜が
  - ある / ない — 있다 / 없다
  - 多様(たよう)だ、いろいろだ — 다양하다
  - 新鮮(しんせん)だ — 신선하다, 싱싱하다
  - しおれる — 시들하다

  - ※野菜が 好(す)きだ[嫌(きら)いだ]
    → 야채를 좋아한다[싫어한다]

◎ 야채를 ~하다

- 野菜を
  - 作(つく)る / 食(た)べる — 가꾸다 / 먹다
  - いためる / 煮(に)る / 湯(ゆ)がく / 和(あ)える
    볶다 / 삶다 / 데치다 / 무치다, 버무리다

  - ※야채를 익히다 → 野菜に 火(ひ)を 通(とお)す

복합어가 되면, 뒤에 오는 단어의 첫 글자가 무성음일 경우에 발음의 편의상 탁음이 붙는 경우가 많다.

- 野菜 +
  - スープ — 야채수프
  - サラダ — 야채사라다

(육지가 주변의 보다는 현저하게 높아진 곳) **산**

短文에서 조사가 생략되고 뒷말은「동사는 연용형, 형용사와 형용동사는 어간」으로 바뀌어, "~하기" "~하는 것[사람]" 등의 명사로 전성되기도 하며, 이때 뒷말의 첫 글자가 무성음일 경우에 발음의 편의상 탁음이 붙기도 한다.

◎산이 ~(하)다

- 山が
  - 高い / 低い　　　　　　높다 / 낮다
  - 青い　　　　　　　　　푸르다
  - はげる　　　　　　　　벌거벗다, 헐벗다
    - 전·명 はげ山 : 민둥산
  - 険しい　　　　　　　　험하다 [험준하다]
  - 崩れる　　　　　　　　무너지다
    - 전·명 山崩れ : 산사태
      - ・~が 起こる　~가 일어나다
  - 鳴る　　　　　　　　　울다
    - 전·명 山鳴り : 산울림　・~が する　~이 나다
  - そびえて いる　　　　　솟아있다
  - 気に 入る　　　　　　　마음에 들다

- ※山が 好きだ[嫌いだ]
  → 산을 좋아한다[싫어한다]

◉산을 ~하다

- 山を
  - 登ºのぼる / 降ºおりる   オ르다 / 내려·가다[오다]
  - 越ºこえる   넘다
    - 전·명 山越ºこえ : (산을 넘는 것) **산 넘기**
  - 守ºまもる   지키다
    - 전·명 山守ºもり : (산을 돌며 지키는 것 또는 그것을 업으로 하는 사람) **산지기**
  - 焼ºやく   태우다

◉산에서 ~하다

※ 장소를 나타내는 명사에 붙는 「~에서」가, 1) 그 동작이 행해지는 "행위의 장소"이면 조사 「~で」로, 2) 그 동작과 작용이 그곳에서부터 발생 또는 발견하게 되었다는 "행위·발생의 기점 및 출처"이면 조사 「~から」로 표현한다.

- 山で
  - 狩ºかる / 取ºとる   잡다 / 채취하다
    - 전·명 山狩ºかり : (산에서 수렵하거나 또는 산 속으로 도망간 범인을 수색하여 잡는 일)
  - 出ºだす   나다
  - 掘ºほる   캐다
    - ▶掘ºほり出ºだす   캐내다
  - 暮ºくらす   살다, 지내다

- 山から
  - 出ºでる   나오다
  - 聞ºきこえて くる   들려오다

◉산에 ~하다

- 山に
  - 登ºのぼる / 行ºいく   오르다
    - 전·명 山登ºのぼり : 산 오름, 등산 = 登山ºざん
  - 入ºはいる / 住ºすむ   들어가다 / 살다
  - 植ºうえる / 埋ºうめる   심다 / 묻다
  - 囲ºかこまれる   (으로) 둘러싸이다

 복합어가 되면, 뒤에 오는 단어의 첫 글자가 무성음일
경우에 발음의 편의상 탁음이 붙는 경우가 많다.

● 山 +
- 奥ぉく　　(깊은) 산 속　　　　　　　　　　(おく·깊숙한 곳)
- 合ぁぃ　　산골짜기, 산간 = 谷間たに ま
- 辺ベ　　　(산의 근처) 산가　　　　　　　(〜べ·〜가)
- もと　　　산기슭 = ふもと
- 道みち　　산길　　　　　　　　　　　　(みち·길)
- 岸ぎし　　산비탈　　　　　　　　　　(きし·벼랑)
- 手て　　　산(이 있는)쪽　　　　　　　(て·손)

- 寺でら　　산사　　　　　　　　　　　(てら·절)
- 小屋ごや　오두막　　山荘さんそう　　(こや·오두막집)
- 里さと　　산골(짜기 마을), 산촌 = 山間さんかん
- 国ぐに　　① 산이 많은 지방　② 산촌　(くに·나라)
- 人びと　　산사람　　　　　　　　　　(ひと·사람)
- 猫ねこ　　산고양이　　　　　　　　　(ねこ·고양이)
- 鳥どり　　산새　　　　　　　　　　　(とり·새)
- 川 ┌ ① [やまかわ]　(산과 강) 산천　　(かわ·강)
　　 └ ② [やまがわ]　(산 속에 흐르는 시내) 산천

- 番ばん　　산지기
- 火事かじ　산불　　　　　　　　　　　(かじ·화재)
- 彦ひこ　　메아리 = こだま
- 陰かげ　　산그늘　　　　　　　　　　(かげ·그림자)
- 形がた　　산 모양　　　　　　　　　(〜かた·〜모양)
- 向こう　　산너머, 산 저쪽　　　　　(むこう·건너편)

└ の
- ふもと　　산기슭　　　　　　　　　(ふもと·기슭)
- 中腹ちゅうふく　산중턱　　　　　　(ちゅうふく·중턱)
- 頂いただき　산꼭대기　　　　　　　(いただき·꼭대기)
　　= 山頂さんちょう

|　背セ　　　산등성이　　　　　　　　　(せ・등)
|　手て　　　지대가 높은 주택가　　　(て・손)
└　神かみ　　산신　　　　　　　　　　(かみ・신)

○はげ ─┐
　　　　├＋山
緑みどり─の┘

민둥산, 벌거숭이 산　(はげる・벗겨지다)

푸른산　　　　　　　　　　(みどり・녹색)

복합어가 되면, 뒤에 오는 단어의 첫 글자가 무성음일 경우에 발음의 편의상 탁음이 붙는 경우가 많다.

● 一山ひとやま─ 当てる　(투기로) 한밑천 잡다

> 참고
> ※ 산 넘어 산이다　→ 山また山だ
> ※ 산골짜기　　　　→ 谷間たにま ＝ 山あい
> ※ 산등성이　　　　→ 尾根おね
> ※ 산나물, 산채　　→ 山菜さんさい

① (물을 끓여 뜨겁게 한 것) 뜨거운 물
② (목욕을 하기 위해 데운 물) 목욕물

短文에서 조사가 생략되고 뒷말의「동사는 연용형, 형용사와 형용동사는 어간으로 바뀌어, "~하기" "~하는 것[사람]" 등의 명사로 전성되기도 하며, 이때 뒷말의 첫 글자가 무성음일 경우에 발음의 편의상 탁음이 붙기도 한다.

◉ (뜨거운·목욕)물이 ~(하)다

- (お)湯が - 沸く、たぎる   끓다

  [비교]「沸く」는 뜨겁게 한다는 의미로,「たぎる」는 부글부글 끓어오르는 상태를 나타낸다.

◉ (뜨거운·목욕)물을 ~하다

- (お)湯を ┌ 沸かす   끓이다, 데우다
         └ 引く   끌다

◉ (뜨거운·목욕)물에 ~하다

- (お)湯に ┌ 入る   들어가다
         └ 入れる   넣다, 타다

◉ (뜨거운·목욕)물에 ~하다

- (お)湯から ┌ 上がる   나오다
           └ においが する   냄새가 나다

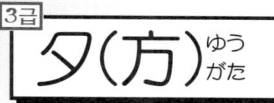

3급 夕(方) ゆうがた

저녁(때, 나절), **해질녘** ☞ page 45

4급 雪 ゆき

(기온이 섭씨 0도 以下의 대기 상층에서, 구름속의 수증기가 응고하여 그것이 뭉쳐져 지상으로 떨어지는 것) 눈

短文에서 조사가 생략되고 뒷말은「동사는 연용형, 형용사와 형용동사는 어간으로 바뀌어, "~하기" "~하는 것[사람]" 등의 명사로 전성되기도 하며, 이때 뒷말의 첫 글자가 무성음일 경우에 발음의 편의상 탁음이 붙기도 한다.

●눈이 ~(하)다

- 雪が
  - 白しろい　　　　　　　　　희다
  - (こんこんと) 降ふる　　　(평평) **내리다**
    - 雪が 降りそうだ　　　눈이 올 것 같다
    - ▶降ふり出だす　　　　내려대다

  積つもる　　　　　　　　쌓이다
  解とける / 消きえる　　녹다 / 사라지다
  　[전·명] 雪解とけ : 눈 녹음 ; (화해의) 해빙
  　　　・~の水みず　　　눈 녹은 물

  崩くずれる　　　　　　　무너지다
  　[전·명] 雪崩 :(「なだれ」라고 읽으며, 특히 눈사태나 또는
  　　　그와 같은 사태임을 나타낸다) (눈)사태
  　　　・~が おこる　　~가 일어나다

  ※雪が 好すきだ[嫌きらいだ]
  　　　　　→ 눈을 좋아한다[싫어한다]

●눈을 ~하다

- 雪を
  - 見る — 보다
    - 전·명 雪見 : 눈 구경
  - かく / はく — 치다 / 쓸다
    - 전·명 雪かき : (눈을 치우는 일이나 필요한 도구) 제설 (도구)
  - 下ろす — 떨구다
    - 전·명 雪下ろし (지붕 위에 쌓인 눈을 내리는 일)
  - 集まる / 積む — 모으다 / 쌓다
  - 固める — 뭉치다
  - 解かす — 녹이다
  - 頂く — 이다

- ※눈을 맞다 → 雪に打たれる[ぬれる(젖다)]

●눈으로 ~하다

- 雪で
  - 遊ぶ — 놀다
    - 전·명 雪遊び : 눈 장난, 눈 놀이
  - 作る — 만들다

●눈에 ~하다

- 雪に
  - う(ず)もれる — (파)묻히다
  - (足が) ˣ嵌まる — (발이) 빠지다
  - 埋める — 묻다
  - ぬれる — 젖다
  - さらす — 맞히다
  - 閉ざされる — 갇히다
  - 覆われる — 덮이다

 복합어가 되면, 뒤에 오는 단어의 첫 글자가 무성음일 경우에 발음의 편의상 탁음이 붙는 경우가 많다.

● 雪+	空そら	눈이 내릴듯한 하늘	(そら・하늘)
	道みち	눈길	(みち・길)
	山やま	눈 쌓인 산	(やま・산)
	雲ぐも	눈구름	(くも・구름)
	花はな	눈꽃송이	(はな・꽃)
	靴ぐつ	눈 장화	(くつ・신발)
	雪崩なだれ	눈사태	(なだれ・사태)
	達磨だるま	눈사람	(だるま・오뚜기)
	合戦がっせん	눈싸움	(かっせん・접전)

○ ぼたん		함박눈	(ぼたん・모란)
粉こ(な)	+雪	가랑눈	(こな・가루)
大おお		(많이 오는 눈) 대설	(おう〜・큰〜)
小こ		(조금 오는 눈) 소설	(こ〜・작은〜)

 ※눈보라 → 吹雪ふぶき

指ゆび

(척추동물의 손과 발의 끝에 몇 개인가로 나누어져 갈라진 부분) 손가락, 발가락

[참고] 특히 발가락은 「足(あし)の指」라고 구분하는 것이 확실하다.

短文에서 조사가 생략되고 뒷말은「동사는 연용형, 형용사와 형용동사는 어간」으로 바뀌어, "~하기" "~하는 것(사람)" 등의 명사로 전성되기도 하며, 이때 뒷말의 첫 글자가 무성음일 경우에 발음의 편의상 탁음이 붙기도 한다.

● 손가락이 ~(하)다

- 指が
  - 長ながい / 短みじかい   길다 / 짧다
  - 太ふとい / 細ほそい   굵다 / 가늘다
  - 折おれる   부러지다

● 손가락을 ~하다

- 指を
  - 伸のばす   펴다
  - 折おる   접다, 오므리다
    - [전·명] 指折り : 손꼽음, 손꼽힘
      - 指折り・数かぞえる[数えて 待まつ]
        (간절히 바라다) 손꼽다[손꼽아 기다리다]
      - 指折りの・人物じんぶつ   손꼽히는 인물
  - 指さす   가리키다 (손가락질하다)
    - 指を 指さされる   손가락질 받다
  - 吸すう   빨다
  - くじく   삐다
  - 切きる   자르다
    - [전·명] 指切り : 손가락을 걺
      - 指切りする   손가락을 걸다

◎손가락으로 ~하다

- 指で
  - 指さす [참고] 人さし指 — 가리키다 / 검지(손가락)
  - 押す — 누르다
  - (ちくちく) つつく — (쿡쿡) 찌르다

◎손가락에 ~하다

- 指に
  - (指輪ゆびわを) はめる — (반지를) 끼다
  - (たばこを) 挟はさむ — (담배를) 끼우다
  - (インキが) つく — (잉크가) 묻다
  - つける — 묻히다
    - ▶つけて 食たべる — 찍어먹다

복합어가 되면, 뒤에 오는 단어의 첫 글자가 무성음일 경우에 발음의 편의상 탁음이 붙는 경우가 많다.

- 指+
  - 輪わ — 반지 ・~を はめる ~를 끼우다
  - 尺しゃく — 뼘으로 재는 자
  - 相撲すもう — 손가락 씨름
  - 先さき — 손가락 끝

- 指差さす (손가락으로) 가리키다

 (수면 중에 사실과 같이 머리 속의 생각이 나타나는 것. 바람을 비유하기도 한다) 꿈

 短文에서 조사가 생략되고 뒷말은「동사는 연용형, 형용사와 형용동사는 어간으로 바꾸어, "~하기" "~하는 것[사람]" 등의 명사로 전성되기도 하며, 이때 뒷말의 첫 글자가 무성음일 경우에 발음의 편의상 탁음이 붙기도 한다.

●꿈이 ~(하)다

- 夢が
  - 甘(あま)い / 怖(こわ)い   달(콤하)다 / 무섭다
  - いい / 不吉(ふきつ)だ   좋다 / 불길하다
  - 大(おお)きい / 小(ちい)さい   크다 / 작다
  - 多(おお)い / 少(すく)ない   많다 / 적다
  - ある / ない   있다 / 없다

  - 当(あ)たる   (들어)맞다
  - かなう / 破(やぶ)れる   이루어지다 / 깨지다
    - ▶ ちりぢりに 破れる   산산이 부서지다

  - ※신혼의 단 꿈 → 新婚(しんこん)の 甘(あま)い 夢

●꿈을 ~하다

- 夢を
  - 見(み)る、   꾸다
    - 전·명 夢見 : 꿈자리
      - ・~が 悪(わる)い   ~가 나쁘다[사납다]
  - 解(と)く   풀다
    - 전·명 夢解き : 꿈풀이, 해몽(가)
  - 抱(いだ)く / 持(も)つ / 追(お)う   품다 / 가지다 / 쫓다

|描えがく | 그리다
|遂とげる / かなえる | 이루다 / 이루어주다
|破やぶる | 깨다
|捨すてる | 버리다

※夢を 結むすぶ → (「자다」의 雅語的 표현) 꿈나라다

●꿈에서 ~하다

※ 장소를 나타내는 명사에 붙는 「~에서」가, 1) 그 동작이 행해지는 "행위의 장소"이면 조사 「~で」로, 2) 그 동작과 작용이 그곳에서부터 발생 또는 발견하게 되었다는 "행위·발생의 기점 및 출처"이면 조사 「~から」로 표현한다.

- 夢で ┌ 見みる   보다
       └ でも 会あいたい   에서라도 만나고 싶다

- 夢から- 覚さめる   깨다

●꿈에 ~하다

- 夢に ┌ 見みえる / 見みる   보이다 보다
       │ (胸むねが) 膨ふくらむ   (가슴이) 부풀다
       └ も 思おもわなかった   에도 생각 못했다

●夢を 描えがく 직역 「꿈을 그리다」· 꿈을 그리다

복합어가 되면, 뒤에 오는 단어의 첫 글자가 무성음일 경우에 발음의 편의상 탁음이 붙는 경우가 많다.

- 夢 +
  - 路(じ) 꿈길 ・~を たどる ~을 더듬다
  - 物語(ものがたり) 꿈 이야기
  - 合(あ)わせ[占(うら)・判断(はんだん)・判(はん)じ] 해몽
  - うつつ (꿈인지 현실인지 멍한 상태) 꿈결

- の
  - 国(くに) 꿈나라
  - 中(なか) 꿈속
  - 間(あいだ) (시간이 빠름을 비유) 꿈결
    ・~に 時(とき)は 流(なが)れた。
    　~같이 시간이 흘렀다

※ 꿈(결·만)같다 → 夢のようだ, 夢みたいだ
※ 꿈이나 생시냐 → 夢か 現(うつつ)か

- 夢-さら   꿈엔들, 꿈에조차
  ・~忘(わす)れられない
  　~잊을 수 없다

3급 用意(<ruby>よう<rt></rt></ruby><ruby>い<rt></rt></ruby>)

(어떤 행위·행동을 하기 전에, 미리 필요한 것을 갖추어 놓는 것) **채비, 준비**

短文에서 조사가 생략되고 뒷말은「동사는 연용형, 형용사와 형용동사는 어간으로 바뀌어, "~하기" "~하는 것[사람]" 등의 명사로 전성되기도 하며, 이때 뒷말의 첫 글자가 무성음일 경우에 발음의 편의상 탁음이 붙기도 한다.

◎채비[준비]가 ~(하)다

- 用意が ┌ 簡単(かんたん)だ   간단하다

  ├ 遅(おそ)く なる、遅(おく)れる   늦어지다

  ┊… [비교]「遅くなる」는 뭔가가 늦게 되어 버리는 상태에 놓이게 되는 결과를,「遅れる」는 뭔가 객관적인 원인으로 인하여 결국 정해진 시간에 이루어지지 못한 상황을 나타낸다.

  └ 終(お)わる   끝나다

◎채비[준비]를 ~하다

- 用意を ┌ する   하다
  └ 終(お)える / 済(す)ませる   끝내다 / 마치다

◎채비[준비]로 ~하다

- 用意で ┌ 忙(いそが)しい   바쁘다
  └ 一日(いちにち)を 費(つい)やす   하루를 허비하다

◎채비[준비]에 ~하다

- 用意に ― 一日(いちにち)かかる   하루 걸리다

(하지 않으면 안 되는 용건. 또한 용변을 나타내기도 한다) **볼일**

短文에서 조사가 생략되고 뒷말은「동사는 연용형, 형용사와 형용동사는 어간으로 바뀌어, "~하기" "~하는 것[사람]" 등의 명사로 전성되기도 하며, 이때 뒷말의 첫 글자가 무성음일 경우에 발음의 편의상 탁음이 붙기도 한다.

●볼일이 ~(하)다

• 用事が	ある / ない	있다 / 없다
	多ああい / 少すくない	많다 / 적다
	できる	생기다

●볼일을 ~하다

• 用事を	する / 足たす	보다 / (용변을) 보다
	終ぁえる / 済ずます	끝내다 / 다보다, 마치다

●볼일로 ~(하)다

• 用事で	忘いそがしい	바쁘다
	遅ぁくれる	늦어지다

(일주일간의 날) **요일**

短文에서 조사가 생략되고 뒷말은「동사는 연용형, 형용사와 형용동사는 어간으로 바뀌어, "~하기" "~하는 것[사람]" 등의 명사로 전성되기도 하며, 이때 뒷말의 첫 글자가 무성음일 경우에 발음의 편의상 탁음이 붙기도 한다.

◉요일이 ~(하)다

- 曜日が ┌ 決^きまる   정해지다
-          └ 違^{ちが}う   다르다

◉요일을 ~하다

- 曜日を ┌ 決^きめる   정하다
-          └ 選^{えら}ぶ   고르다, 택하다

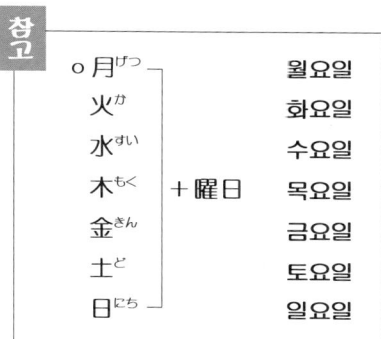

참고		
月^{げつ}	+曜日	월요일
火^か		화요일
水^{すい}		수요일
木^{もく}		목요일
金^{きん}		금요일
土^ど		토요일
日^{にち}		일요일

◉~요일로 ~하다

- ~曜日に ┌ する / 決^きめる   하다 / 정하다
-            └ 変^かわる / 変^かえる   바뀌다 / 바꾸다

3급 横 よこ

(前後에 대한, 左右로의 방향) **옆**

※ 左右로의 길이를 나타내는 「가로」의 의미도 갖는다. ☞ page 404

[참고] 이웃하고 있는 의미의 「옆」은 「隣となり」로, 또한 간격이 없이 붙어있는 바로 「옆, 곁」은 "そば" 또는 "かたわら"로 표현한다.

短文에서 조사가 생략되고 뒷말은 「동사는 연용형, 형용사와 형용동사는 어간으로 바뀌어, "~하기" "~하는 것(사람)" 등의 명사로 전성되기도 하며, 이때 뒷말의 첫 글자가 무성음일 경우에 발음의 편의상 탁음이 붙기도 한다.

●옆이 ~(하)다

- 横が
  - 長ながい / 短みじかい　　길다 / 짧다
  - 広ひろい / 狭せまい　　　넓다 / 좁다
  - ない / ある　　　　　　없다 / 있다

●옆을 ~하다

- 横を
  - 見みる　　　　　　　　　보다
    - 전·명 横見 : 한눈　• ~(を) する　한눈(을) 팔다
  - 向むく　　　　　　　　　① 향하다　② 외면하다

●옆에서 ~하다

※ 장소를 나타내는 명사에 붙는 「~에서」가, 1) 그 동작이 행해지는 "행위의 장소"이면 조사 「~で」로, 2) 그 동작과 작용이 그곳에서부터 발생 또는 발견하게 되었다는 "행위·발생의 기점 및 출처"이면 조사 「~から」로 표현한다.

- 横で
  - 見みる　　　　　　　　　보다
  - 遊あそぶ [寝ねる]　　　　놀다 [자다]

- 横から
  - 見みる　　　　　　　　　보다
    - • 横から 見みても 縦たてから 見みても
      (가로로 봐도 세로로 봐도) 어느 모로 보나
    - • 横から 見みたら 違ちがう。　옆에서 보면 다르다.

	取る	집다
	전·명 横取り : 가로챔　•~を する　가로채다	
	殴なぐる	때리다
	전·명 横殴り : 옆에서 들이침　•~の雨　옆에서 들이치는 비	
	出す	꺼내다
	▶口を 出す	(말을 꺼내다) 끼여들다

◉옆에 ~하다

- 横に - ある[置く・座る・立つ]　있다[놓다・앉다・서다]

◉옆으로 ~하다

※ 장소를 나타내는 명사에 붙는 「~に」가, 그 행위의 진행이 1) 그 지점을 목적지로 향하고 있다는 "행위의 도달지점"이면 조사 「~に」로, 2) 그쪽 방향으로 향하고 있다는 "행위의 방향"이면 조사 「~へ」로 표현되며, 이 경우에는 「~(으)로」로 해석되기도 한다.

• 横に

	書く	쓰다
	전·명 横書き : 횡서	
	振る	흔들다
	(体・首などを) 向く	(몸・고개 등을) 돌리다
	▶横向きに 寝る	옆으로 누워 자다

　※ 말을 옆으로 돌리다 → 話を わきへ そらす

	揺れる	흔들리다
	전·명 横揺れ : 좌우로 흔들림　•~が ひどい　~이 심하다	
	広がる	퍼지다
	移す	옮기다
	(線) 引く	(선을) 긋다
	切る	자르다
	▶横切る	가로지르다, 횡단하다　•道を ~　길을 ~

└ ※横に なる → (가로로) 눕다

● 横へ
- 見る   보다
- それる, 外れる   빗나가다
- 向く   ① 향하다 ② 외면하다
  - [전·명] 横向き : 옆을 향함
    - ~に 座わる   옆을 향해 앉다
    - ~の 写真   옆으로 찍은[측면] 사진
- 流す   흘리다
  - [전·명] 横流し : 부정유출, 빼돌림
    - ~する   부정 유출하다, 빼돌리다
- 流れる   흐르다
  - [전·명] 横流れ : 부정 유출됨, 빼돌린 물건
    - ~を 買う   ~을 사다
- 太る   살찌다
  - [전·명] 横太り : 땅딸이

복합어가 되면, 뒤에 오는 단어의 첫 글자가 무성음일 경우에 발음의 편의상 탁음이 붙는 경우가 많다.

● 横+
- 道   옆길   = わき道
- 顔   옆얼굴
- 目   곁눈   • ~で 見る   ~으로 보다
                   • ~を 使う   ~질을 하다
- っ腹   옆구리
- 文字   가로글씨
- じま   가로줄 무늬
- 車   억지   • ~を 押す   ~를 부리다

예습 ☞ page 561 「復習(ふくしゅう)」

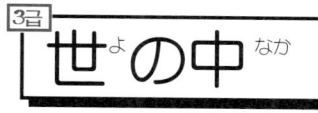
(사람들이 모여 생활하여 살아가는 터전)
세상

短文에서 조사가 생략되고 뒷말은「동사는 연용형, 형용사와 형용동사는 어간」으로 바뀌어, "~하기" "~하는 것[사람]" 등의 명사로 전성되기도 하며, 이 때 뒷말의 첫 글자가 무성음일 경우에 발음의 편의상 탁음이 붙기도 한다.

◉세상이 ~(하)다

- 世の中が ┌ 明(あか)るい / 暗(くら)い　　밝다 / 어둡다
　　　　　│ 美(うつく)しい / 険(けわ)しい[厳(きび)しい]
　　　　　│　　　　　　　　　　아름답다 / 험하다
　　　　　└ いやに なる　　　　싫어지다

　　　※세상이 바뀌다[변하다]
　　　　　→ 世(よ)(の中)を 変(か)わる

◉세상을 ~하다

- 世の中を ┌ 正(ただ)しく 見(み)る　　올바르게 보다
　　　　　│ 生(い)きて いく　　　　살아가다
　　　　　└ 作(つく)る　　　　　　만들다

　　　※세상을 바꾸다 → 世(よ)(の中)を 変(か)える
　　　※세상을 떠나다 → 世(よ)(の中)を 去(さ)る

├─ ※세상을 등지다
│   → 世(の中)に 背を 向ける
└─ ※세상을 만나다 → 世に あう

◎세상에서 ~하다

- 世の中で ┌─ 一番・だ[いい]　　　　　제일·이다[좋다]
　　　　　│
　　　　　└─ ※この世で たった 一つだけだ
　　　　　　　　　→ 이 세상에서 단 하나 뿐이다

◎세상에 ~하다

　　　　　┌─ 知らせる　　　　　　　알리다
　　　　　│ 捨てられる　　　　　　버림받다
- 世の中に │ まれだ　　　　　　　　드물다
　　　　　│ 二つと ない　　　　　둘도 없다
　　　　　│
　　　　　│　　　　　　　　　　　단지 하나뿐이다
　　　　　│
　　　　　├─ ※世(の中)に 背を 向ける
　　　　　│   → 세상을 등지다
　　　　　│
　　　　　└─ ※この世に たった 一つだけだ
　　　　　　　　→ 이 세상에 단 하나 뿐이다

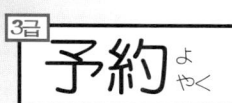

(미리 약속해 두는 것. 또는 그 약속) **예약**

短文에서 조사가 생략되고 뒷말은「동사는 연용형, 형용사와 형용동사는 어간으로 바뀌어, "~하기" "~하는 것[사람]" 등의 명사로 전성되기도 하며, 이 때 뒷말의 첫 글자가 무성음일 경우에 발음의 편의상 탁음이 붙기도 한다.

●예약이 ~(하)다

• 予約が	ある / ない	있다 / 없다
	取れる	잡히다, 되다
	たまる	밀리다
	して ある	되어있다

●예약을 ~하다

• 予約を	する / 取る	하다 / 취하다
	受ける	받다
	確認する	확인하다
	取り消す	취소하다

654 명사 표현력

 夜^{よる} (저녁부터 아침까지의 사이) 밤 ↔ 昼^{ひる}(낮)

 短文에서 조사가 생략되고 뒷말은「동사는 연용형, 형용사와 형용동사는 어간」으로 바뀌어, "~하기" "~하는 것(사람)" 등의 명사로 전성되기도 하며, 이때 뒷말의 첫 글자가 무성음일 경우에 발음의 편의상 탁음이 붙기도 한다.

●밤이 ~(하)다

• 夜が
- 長^{なが}い / 短^{みじか}い　　　　길다 / 짧다
- 怖^{こわ}い / 恐^{おそ}ろしい　　　무섭다 / 두렵다
- 深^{ふか}い　　　　　　　　　깊다
- 更^ふける、深^{ふか}まる　　　깊어지다
- 過^すぎる　　　　　　　　지나다
  - ▶過^すぎ去^さる　　　　　　지나가다
- ※夜が 好^すきだ[嫌^{きら}いだ]
  　　　　　　　→ 밤을 좋아한다[싫어한다]
- ※夜^{よ(る)}が 明^あける　→ 날이 밝다
- ※밤이 되다 → 夜に なる

●밤을 ~하다

• 夜を
- 怖^{こわ}がる　　　　　　　무서워하다
- 待^まつ　　　　　　　　기다리다
- 迎^{むか}える / 送^{おく}る　　맞이하다 / 보내다
- 照^てらす　　　　　　　　비추다, 밝히다
- 明^あかす　　　　　　　　지새다, 새우다

◉밤에 ~하다

※ 때를 나타내는 말의 기간이 확실히 정해지지 않은 경우에 조사「に」는 생략된다

- 夜(に) ─ 勉強^{べんきょう}する   공부하다
         ├ 働^{はたら}く / 寝^ねる   일하다 / 자다
         └ 釣^つる   잡다

  전·명 夜釣^つり : 밤낚시

복합명사

복합어가 되면, 뒤에 오는 단어의 첫 글자가 무성음일 경우에 발음의 편의상 탁음이 붙는 경우가 많다.

- 夜^よ +
  - 道^{みち}   밤길   (みち/길)
    - ~を 歩^{ある}く[行^いく]
      ~을 걷다[가다]
  - 目^め   밤눈   (ぬ /눈)
    - ~が 利^きく[利^きかない]
      ~이 밝다[어둡다]
  - 空^{そら}   밤하늘   (そう·하늘)
    - ~を 当^あたる   ~을 쐬다
  - 風^{かぜ}   밤바람   (かぜ·바람)
  - 雨^{あめ}   밤비   (あめ·비)
  - 露^{つゆ}   밤이슬   (つゆ·이슬)
  - 霧^{きり}   밤안개   (きり·안개)
  - 汽車^{きしゃ}   밤기차   (きしゃ·기차)
  - 船^{ふね}   밤배   (ふね·배)
  - 中^{なか}   밤중 ·真^ま夜中^{なか} 한밤중   (なか·가운데)
  - 明^あけ   새벽녘   (あける·날이 새다)

```
           ┌─ 街まち        밤거리                    (まち·거리)
           │  間あいだ      밤새, 밤사이              (あいだ·사이)
● 夜よる -の│  仕事しごと    밤일                     (しごと·일)
           │  眠ねむり      밤잠                     (ねむり·잠)
           │                 • ～が 浅あさい    ～이 없다
           └─ 便びん        밤 편                    (～びん·～편)
```

> 참고 ※ 밤참, 야식 → 夜食やしょく

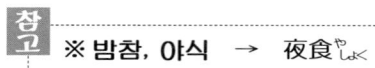 복합어가 되면, 뒤에 오는 단어의 첫 글자가 무성음일 경우에 발음의 편의상 탁음이 붙는 경우가 많다.

```
        ┌─ 昼ひる         밤낮   ～なしに ～없이      (ひる·낮)
        │  ごとに         밤마다                    (～ごとに·～마다)
● 夜 + ─│  も昼ひるも     낮이나 밤이나             (～も·～도)
        └─ 遅おそく       밤늦게                    (おそい·늦다)
```

 4급

(방송국에서 보도하는 방송을 무선으로 수신하는 장치·기계) **라디오**

[참고] [ラジカセ] : 「ラジオ・カセット(라디오카세트)」의 약어

短文에서 조사가 생략되고 뒷말은「동사는 연용형, 형용사와 형용동사는 어간」으로 바뀌어, "~하기" "~하는 것[사람]" 등의 명사로 전성되기도 하며, 이 때 뒷말의 첫 글자가 무성음일 경우에 발음의 편의상 탁음이 붙기도 한다.

◎라디오가 ~(하)다

- ラジオが
  - ある / ない　　　　있다 / 없다
  - 故障する　　　　고장나다
  - 壊れる　　　　부서지다

◎라디오를 ~하다

- ラジオを
  - する　　　　켜다 / 끄다
  - 聞く　　　　듣다
  - 壊す　　　　고장내다

◎라디오로 ~하다

- ラジオで
  - ニュースを 聞く　　　뉴스를 듣다
  - 生きて いく　　　　살아가다

◎라디오에서 ~하다

- ラジオから
  - 音が する　　　　소리가 나다
  - 音楽が 流れる　　　음악이 흐르다

・・・・・・・・・・ 658 명사 표현력 ・・・・・・・・・・

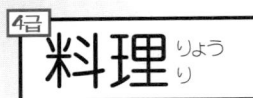

^{4급} 料理(りょうり)   (재료를 가지고 여러 방법으로 익히거나 맛을 내거나 하여 음식물을 만드는 것) **요리**

短文에서 조사가 생략되고 뒷말은「동사는 연용형, 형용사와 형용동사는 어간」으로 바뀌어, "~하기" "~하는 것(사람)" 등의 명사로 전성되기도 하며, 이때 뒷말의 첫 글자가 무성음일 경우에 발음의 편의상 탁음이 붙기도 한다.

◎요리가 ~(하)다

- 料理が
  - でき上(あ)がる   다 되다
  - 上手(じょうず)だ / 下手(へた)だ   능숙하다 / 서툴다
  - ※料理が うまい → 요리를 잘한다
  - ※요리가 되다 → 料理に なる

◎요리를 ~하다

- 料理を
  - する / 作(つく)る   하다 / 만들다
  - 習(なら)う   배우다
  - ※요리를 손보이다 → 料理の 腕(うで)を ふるう
    (요리솜씨를 발휘하다)

◎요리로 ~하다

- 料理で
  - 心(こころ)を とらえる   마음을 사로잡다
  - 恩返(おんがえ)しを する   보답하다, 은혜를 갚다

◎요리에 ~하다

- 料理に
  - 入(い)れる / かける   넣다 / 뿌리다
  - ほれる   반하다

旅館 りょかん

3급

(요금을 받고 여행객의 숙박을 제공하는 일본풍의 숙박시설) **여관**

ホテル

3급

(요금을 받고 여행객의 숙박을 제공하는 서양풍의 숙박시설) **호텔**

短文에서 助詞가 생략되고 뒷말은「동사는 연용형, 형용사와 형용동사는 어간으로 바꾸어, "~하기" "~하는 것[사람]" 등의 명사로 전성되기도 하며, 이때 뒷말의 첫 글자가 무성음일 경우에 발음의 편의상 탁음이 되기도 한다.

◎여관[호텔]이 ~(하)다

- 旅館[ホテル]が ┌ いい / 悪わるい　　　좋다 / 나쁘다
　　　　　　　　└ きれいだ / 汚きたない
　　　　　　　　　　　　　　　깨끗하다 / 지저분하다

◎여관[호텔]을 ~하다

- 旅館[ホテル]を ┌ 予約よやくする　　예약하다
　　　　　　　　└ 捜さがす　　　　　찾다

◎여관[호텔]에서 ~하다

※ 장소를 나타내는 명사에 붙는「~에서」가, 1) 그 동작이 행해지는 "행위의 장소"이면 조사「~で」로, 2) 그 동작과 작용이 그곳에서부터 발생 또는 발견하게 되었다는 "행위·발생의 기점 및 출처"이면 조사「~から」로 표현한다.

- 旅館[ホテル]で ┌ 泊とまる / 寝ねる　묶다, 머물다 / 자다
　　　　　　　　└ 会あう　　　　　만나다

- 旅館[ホテル]から ┌ 出でる　　　　　　나오다
　　　　　　　　　└ 遠とおい / 近ちかい　멀다 / 가깝다

◉여관[호텔]에 ～하다

- 旅館[ホテル]に ┌ 泊まる　　　　　　　묵다, 머물다
　　　　　　　　└ 連絡する　　　　　　연락하다

4급 旅行(りょこう)

(구경 또는 휴식·조사를 위하여, 거주지에서 떨어진 다른 곳으로 떠나는 것) 여행

短文에서 조사가 생략되고 뒷말은「동사는 연용형, 형용사와 형용동사는 어간으로 바뀌어, "～하기" "～하는 것[사람]" 등의 명사로 전성되기도 하며, 이때 뒷말의 첫 글자가 무성음일 경우에 발음의 편의상 탁음이 붙기도 한다.

◉여행이 ～(하)다

- 旅行が ┌ 楽しい　　　　　　　　즐겁다
　　　　│ 長く なる　　　　　　　길어지다
　　　　└ ※旅行が 好きだ[嫌いだ]
　　　　　　→ 여행을 좋아한다[싫어한다]

◎여행을 ~하다

- 旅行を ┬ 計画(けいかく)[準備(じゅんび)]する   계획[준비]하다
         │ 楽(たの)しむ   즐기다
         └ ※여행을 떠나다 → 旅行に 立(た)つ

◎여행으로 ~하다

- 旅行で ┬ 疲(つか)れる   지치다, 피곤하다
         └ ストレスを 解消(かいしょう)する   스트레스를 해소하다

◎여행에 ~하다

- 旅行に ┬ 満足(まんぞく)する   만족하다
         │ 疲(つか)れる   지치다
         └ ※旅行に 立(た)つ → 여행을 떠나다

◎여행에서 ~하다

- 旅行から ┬ 帰(かえ)る   돌아오다
           └ 得(え)る / 習(なら)う   얻다 / 배우다

- 旅行 - 先(さき)   여행지

662 명사 표현력

4급 冷蔵庫 (れいぞうこ)
(식품의 저장을 위하여 사용되는 내부의 온도를 저온으로 유지할 수 있게 된 가전제품)
냉장고

 短文에서 조사가 생략되고 뒷말은「동사는 연용형, 형용사와 형용동사는 어간」으로 바뀌어, "~하기" "~하는 것[사람]" 등의 명사로 전성되기도 하며, 이때 뒷말의 첫 글자가 무성음일 경우에 발음의 편의상 탁음이 붙기도 한다.

◉냉장고가 ~(하)다

- 冷蔵庫が
  - 大(おお)きい / 小(ちい)さい   크다 / 작다
  - 高(たか)い / 安(やす)い   비싸다 / 싸다
  - 気(き)に 入(い)る   마음에 들다

◉냉장고를 ~하다

- 冷蔵庫を
  - 買(か)う / 売(う)る   사다 / 팔다
  - 開(あ)ける / 閉(し)める   열다 / 닫다
    - ▶開けっぱなしに する   열은 채로 두다
  - 掃除(そうじ)[整理(せいり)]する   청소[정리]하다

◉냉장고에 ~하다

- 冷蔵庫に
  - 入(い)れる   넣다
  - ※냉장고(문)에 (병따개를) 붙이다
    → 冷蔵庫(の扉(とびら))に (栓抜(せんぬ)き) つける

◉냉장고에서 ~하다

- 冷蔵庫から
  - 出(だ)す   꺼내다
  - におい[音(おと)]が する   [냄새]소리가 나다

3급
冷房 れいぼう

(실내를 시원하게 하는 것) **냉방**

3급
暖房 だんぼう

(실내를 따뜻하게 하는 것) **난방**

短文에서 조사가 생략되고 뒷말은「동사는 연용형, 형용사와 형용동사는 어간」으로 바뀌어, "～하기" "～하는 것[사람]" 등의 명사로 전성되기도 하며, 이때 뒷말의 첫 글자가 무성음일 경우에 발음의 편의상 탁음이 붙기도 한다.

◎냉방[난방]이 ～(하)다

- 冷房[暖房]が ┌ きく   잘 듣는다
              └ ついて いる   달려 있다

◎냉방[난방]을 ～하다

- 冷房[暖房]を ┌ つける   켜다
              └ 消す   끄다

 (옛날부터 시간의 흐름과 함께 지금까지 경과하면서 생긴 일이나 변화하여 온 과정) **역사**

 短文에서 조사가 생략되고 뒷말은「동사는 연용형, 형용사와 형용동사는 어간」으로 바뀌어, "~하기" "~하는 것(사람)" 등의 명사로 전성되기도 하며, 이 때 뒷말의 첫 글자가 무성음일 경우에 발음의 편의상 탁음이 붙기도 한다.

●역사가 ~(하)다

- 歷史が
  - 長^{なが}い / 短^{みじか}い　　　　길다 / 짧다
  - 深^{ふか}い / 浅^{あさ}い　　　　깊다 / 얕다
  - 繰^くり返^{かえ}される　　　　되풀이되다
  - ※歷史が 好^すきだ[嫌^{きら}いだ]
    → 역사를 좋아한다[싫어한다]

●역사를 ~하다

- 歷史を
  - 習^{なら}う　　　　배우다
  - 変^かえる　　　　바꾸다
  - 繰^くり返^{かえ}す　　　　되풀이하다

●역사에 ~하다

- 歷史に
  - 出^でる　　　　나오다
  - 残^{のこ}る / 残^{のこ}す　　　　남다 / 남기다
  - 興味^{きょうみ}・が ある[を 持^もつ]
    흥미・가 있다[를 가지다]

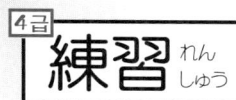

(기능·기예 등이 능숙하게 익숙해질 때까지 같은 일을 반복해서 하는 것) **연습**

短文에서 조사가 생략되고 뒷말은「동사는 연용형, 형용사와 형용동사는 어간」으로 바뀌어, "~하기" "~하는 것[사람]" 등의 명사로 전성되기도 하며, 이 때 뒷말의 첫 글자가 무성음일 경우에 발음의 편의상 탁음이 붙기도 한다.

●연습이 ~(하)다

- 練習が
  - ある / ない   있다 / 없다
  - 始まる   시작되다
  - 終わる   끝나다
  - でき上がる   힘들다

●연습을 ~하다

- 練習を
  - する / 尽くす   하다 / 다하다
  - 始める   시작하다
  - 終える / 済ます   끝내다 / 끝마치다
  - 怠ける、サボる   게을리 하다

●연습으로 ~하다

- 練習で 倒れる   쓰러지다

●연습에 ~하다

- 練習に
  - 入る   들어가다
  - 疲れる   지치다

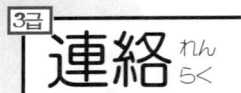

連絡 れんらく　(관계가 있는 사람에게 알리는 것) **연락**

短文에서 조사가 생략되고 뒷말은「동사는 연용형, 형용사와 형용동사는 어간」으로 바꿔어, "~하기" "~하는 것(사람)" 등의 명사로 전성되기도 하며, 이때 뒷말의 첫 글자가 무성음일 경우에 발음의 편의상 탁음이 붙기도 한다.

●연락이 ~(하)다

- 連絡が
  - ある / ない　　　　　　　　있다 / 없다
  - 遅おそい / 遅おくれる　　　　늦다 / 늦어지다
  - 行いく / 来くる　　　　　　가다 / 오다
  - 届とどく　　　　　　　　　　닿다

●연락을 ~하다

- 連絡を
  - する / 取とる　　　　　　　하다 / 취하다
  - もらう　　　　　　　　　　받다

●연락에 ~하다

- 連絡に
  - (みんなが) 驚おどろく　　　　(모두가) 놀라다
  - 慌あわてる、うろたえる　　당황하다

廊下 ろうか

(건물 안의 방과 방을 연결하는 통로) 복도

단문장: 短文에서 조사가 생략되고 뒷말은「동사는 연용형, 형용사와 형용동사는 어간으로 바뀌어, "~하기" "~하는 것[사람]" 등의 명사로 전성되기도 하며, 이때 뒷말의 첫 글자가 무성음일 경우에 발음의 편의상 탁음이 붙기도 한다.

●복도가 ~(하)다

- 廊下が
  - 広ひろい / 狭せまい　　　넓다 /좁다
  - 長ながい / 短みじかい　　　넓다 /좁다
  - できる　　　나다
    - ▶できて いる　　　나 있다

●복도를 ~하다

- 廊下を
  - 歩あるく　　　걷다
  - 通とおる　　　지나다
    - 通り過すぎる　　　지나치다
  - 渡わたる　　　건너다
    - [전·명] 渡り廊下　　　공중통로
  - 抜ぬけ出でる　　　빠져나·가다[오다]

●복도에서 ~하다

- 廊下で
  - 出会であう　　　맞닥뜨리다
  - (人ひとと) ぶつかる　　　(사람과) 부닥치다

(왜 그러한 상태가 되었가 되었는가 하는 이유. 그 사항이 성립하는 근거) **사정**

短文에서 조사가 생략되고 뒷말은「동사는 연용형, 형용사와 형용동사는 어간」으로 바뀌어, "~하기" "~하는 것[사람]" 등의 명사로 전성되기도 하며, 이때 뒷말의 첫 글자가 무성음일 경우에 발음의 편의상 탁음이 붙기도 한다.

◎사정이 ~(하)다

- 訳が ┌ ある / ない　　　　　　있다 / 없다
　　　└ ※訳が わからない → 사정을 모르다

◎사정을 ~하다

- 訳を ┌ 知しる / 知しらない　　　알다 / 모르다
　　　├ 聞きく　　　　　　　　　묻다
　　　└ 言いう[話はなす]　　　　말하다 [이야기하다]
　　　　⋯ 전·명 言いい訳 : 변명
　　　　　　　• ~を する　~을 대다

몸으로 따라하고 몸으로 느끼는

명사 표현력

2004년 8월 15일 인쇄
2004년 8월 25일 발행

저　자 : 이학의
발행인 : 이재명
발행처 : 삼지사
등　록 : 1983년 8월 1일 제4-6호

　　　　서울특별시 중구 신당동 249번지 20호
　　　　　전화 : 2234-4560, 2234-0733
　　　　　팩스 : 2232-3710

　　　정가 **12,000**원

ISBN 89-7358-361-1　13730

지금 서점으로 가자! 「일본어 문법사전」
문법을 알아야 표현이 보인다.

홀로 일본어 문법

이학의 지음

충분한 설명과 예문을 통하여 누구나 쉽게 혼자서도
이해하기 쉬운 **사전식** 必소지의 문법서

나를 문법사전이라고 불러다오!!
문법을 알아야 표현이 보인다!!

지금 서점으로 가자! 「만화 유우머 일본어」

우리들이 흔히 알고 있던 유우머를 통하여, 일본어 문법을 한번 이상은 접할 수 있도록 4컷만화로 구성했습니다.

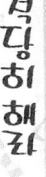

[만화 유우머 일본어] 남자 주인공 다께시와 여자 주인공 리에가 엮어가는 못 말리는 일본 생활 이야기

다께시! タケシ
적당히 해라

기획·해설 | 이학 의
만   화 | 안명규

"배운 문법도 복습하시고,
당신의 회화력을 키워보십시오"

SAMJI BOOKS

지금 서점으로 가자! 「일본어 문형쯤이야」

그 많은 문형을 언제 다 외우시겠습니까!

조사·조동사 사전을 겸한 문형을 형성과정을 파악할 수 있다